STAATLICHE
KUNSTHALLE
KARLSRUHE

Museumsstück

STAATLICHE KUNSTHALLE KARLSRUHE

Von Kirsten Claudia Voigt

DEUTSCHER KUNSTVERLAG

Die Publikation erscheint dank der großzügigen Unterstützung der Vereinigung der Freunde der Staatlichen Kunsthalle Karlsruhe e.V.
Herausgegeben von
Kirsten Claudia Voigt
und Pia Müller-Tamm

Lektorat und Projektsteuerung
David Fesser
(Deutscher Kunstverlag)

Gestaltung
Rüdiger Kern, Berlin

Druck und Bindung
F&W Mediencenter, Kienberg

Bibliografische Information der Deutschen Bibliothek
Die Deutsche Bibliothek verzeichnet diese Publikation in der Deutschen Nationalbibliografie; detaillierte bibliografische Daten sind im Internet über http://dnb.ddb.de abrufbar

Deutscher Kunstverlag GmbH
Berlin München
Paul-Lincke-Ufer 34
D-10999 Berlin

www.deutscherkunstverlag.de

ISBN 978-3-422-97148-6

INHALT

VORWORT

Die Staatliche Kunsthalle Karlsruhe zählt zu den ältesten und bedeutendsten Kunstmuseen in Deutschland. Ihre Sammlung wurde von den Markgrafen und späteren Großherzögen von Baden begründet; ihre Anfänge lassen sich bis zum Beginn des 16. Jahrhunderts zurückverfolgen. Während sich die Fürstensammlung zunächst dank Mitgift und persönlicher Vorliebe der markgräflichen Familie unsystematisch entwickelte, gewinnt sie bereits in der Mitte des 18. Jahrhunderts ihre besondere Physiognomie: Die kunstsinnige Markgräfin Karoline Luise erwarb im wesentlichen zwischen 1759 und 1764 im europäischen Kunsthandel über 200 Gemälde, die mehrheitlich von französischen und niederländischen Künstlern des 17. und 18. Jahrhunderts stammen. Später wurde mit dem 1858 erfolgten Ankauf der Sammlung des Freiburger Domkapitulars J. B. von Hirscher die Abteilung Alter Meister entscheidend verstärkt. Auch in der Folgezeit ist der international renommierte Bestand der Kunsthalle kontinuierlich gewachsen. Seit 1958 konnten dank der Museumsstiftung Baden-Württemberg hervorragende Kunstwerke erworben werden, die gleichrangig an die internationale Qualität der historisch gewachsenen Sammlung anknüpfen. Auch in der jüngeren Abteilung ist ein beeindruckender Ausbau der Sammlung gelungen, der exemplarisch wichtige Entwicklungen in Moderne und Gegenwart aufzeigt.

Trotz der unterschiedlichen Intentionen der fürstlichen und der musealen Sammler ist über die Jahrhunderte ein relativ klar strukturierter Bestand auf hohem Qualitätsniveau gewachsen: Schwerpunkte der Sammlung sind die deutsche Malerei des 15. bis 21. Jahrhunderts, bei besonderer Akzentuierung regionaler Tendenzen; die flämische und holländische Malerei des 16. und 17. Jahrhunderts; die französische Malerei des 17. bis 21. Jahrhunderts; die Plastik des 19. bis 21. Jahrhunderts; Zeichenkunst und Druckgrafik des 15. bis 21. Jahrhunderts, vor allem in Entsprechung der Sammelschwerpunkte in der Malerei. Besondere Aufgaben stellen sich bei der Weiterführung der Sammlung mit Blick auf die zeitgenössische Kunst, in der die überkommenen Länderschwerpunkte nicht mehr gelten. Innovative Ansätze in der Kunstvermittlung sind angesichts von Veränderungen in der Gesellschaft, im Mediengebrauch und in der Aneignung von Kultur für die Museumsarbeit der Kunsthalle ebenso bedeutsam wie attraktive digitale Angebote, die als ein weiteres Standbein für die künftige Ausrichtung der Kunsthalle, gerade mit Blick auf das jüngere Publikum, gezielt ausgebaut werden.

Die Sammlung der Kunsthalle ist in einem einzigartigen architektonischen Rahmen zu erleben: Das Hauptgebäude der Kunsthalle, eröffnet 1846, gehört in die Reihe der frühen deutschen Museumsbauten. Errichtet im Auftrag des Großherzogs Leopold wurde es von dem badischen Baumeister Heinrich Hübsch als Gesamtkunstwerk aus Architektur, Wand- und Deckenmalereien und Skulpturen sowie der großherzoglichen Sammlung konzipiert. Auch die späteren Flügel der Kunsthalle verdanken sich badischen Baumeistern der nachfolgenden Generationen, Joseph Durm und Heinrich Amersbach. Seit der Eröffnung ihres letzten Anbaus 1990 – nach Plänen des Karlsruher Architekten Heinz Mohl – stellt sich das Hauptgebäude als geschlossene Vierflügelanlage um einen offenen Innenhof dar. Die Besucher sind außerdem in die Orangerie mit der Sammlung der Moderne und der Gegenwart sowie – zwischen Hauptgebäude und Orangerie gelegen – die Junge Kunsthalle mit wechselnden Programmangeboten insbesondere für Kinder und Jugendliche geladen.

Derzeit befindet sich die Kunsthalle in einem umfassenden Transformationsprozess: 2017 hat das Land Baden-Württemberg einen zweistufigen Architektenwettbewerb ausgelobt, bei dem 20 Vorschläge für die Sanierung des Hauptgebäudes (Realisierungsteil) und für die Erweiterung auf dem östlich benachbarten Grund-

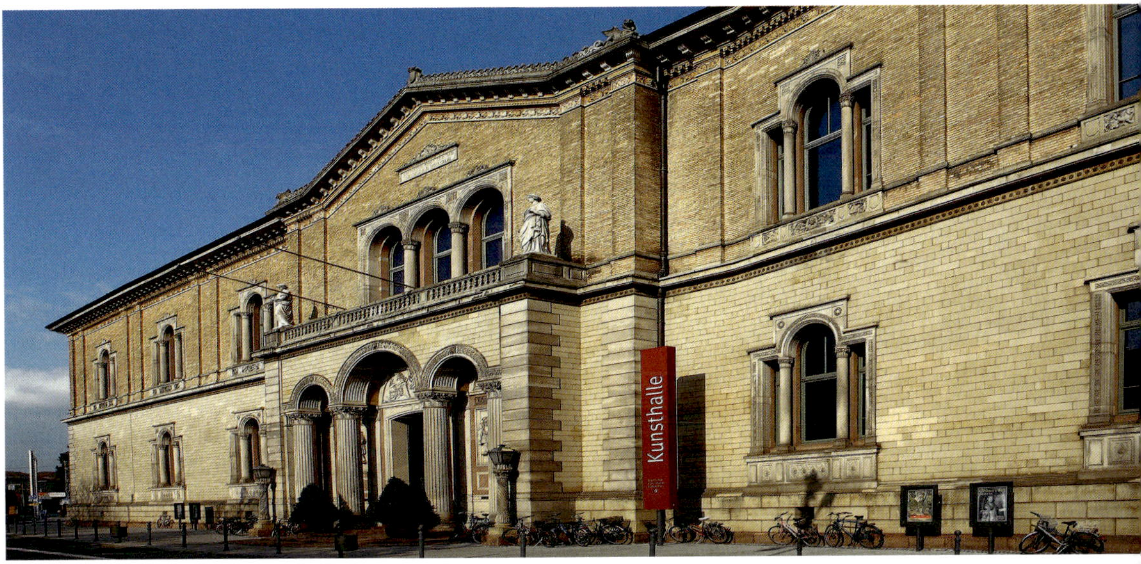

Haupteingang der Kunsthalle

stück (Ideenteil) eingereicht wurden. Seit 2018 wird mit dem Finalisten des Wettbewerbs, dem Büro Staab Architekten, Berlin, die erste Baumaßnahme planerisch vorbereitet: Neben zahlreichen Sanierungsaufgaben geht es vor allem um den bisher ungenutzten Innenhof der Vierflügelanlage, der zur neuen Mitte des Museums entwickelt wird. 2022 soll mit der baulichen Ertüchtigung des Bestandsgebäudes begonnen werden. Parallel dazu wird die dringend notwendige Erweiterung vorbereitet. Auch in der bevorstehenden mehrjährigen Schließzeit des Hauptgebäudes wird die Kunsthalle – analog und digital – mit ihren kostbaren Sammlungsbeständen sichtbar sein.

Die vorliegende Publikation ist die aktualisierte Fassung eines erstmals 2005 veröffentlichten Kurzführers zur Geschichte des Museums und seiner Sammlungen. Die nach wie vor verlässliche textliche Grundlage wurde an mehreren Stellen überarbeitet, um die Entwicklung der Sammlung der letzten 14 Jahre zumindest punktuell sichtbar zu machen. Die Betreuung der Neuauflage wurde von Dr. Kirsten Claudia Voigt, der Autorin des in drei Sprachen vorliegenden Kurzführers, vorgenommen. Ihren ausgezeichneten Kenntnissen und ihrer Sorgfalt ist dieser komprimierte Leitfaden zur Institutions- und Sammlungsgeschichte der Kunsthalle zu verdanken. Dankbar sei auch die großzügige finanzielle Unterstützung durch die Freunde der Staatlichen Kunsthalle Karlsruhe e. V. unter dem Vorsitz von Dr. Siegmar Holsten hervorgehoben, die diese Publikation ermöglicht haben.

PIA MÜLLER-TAMM

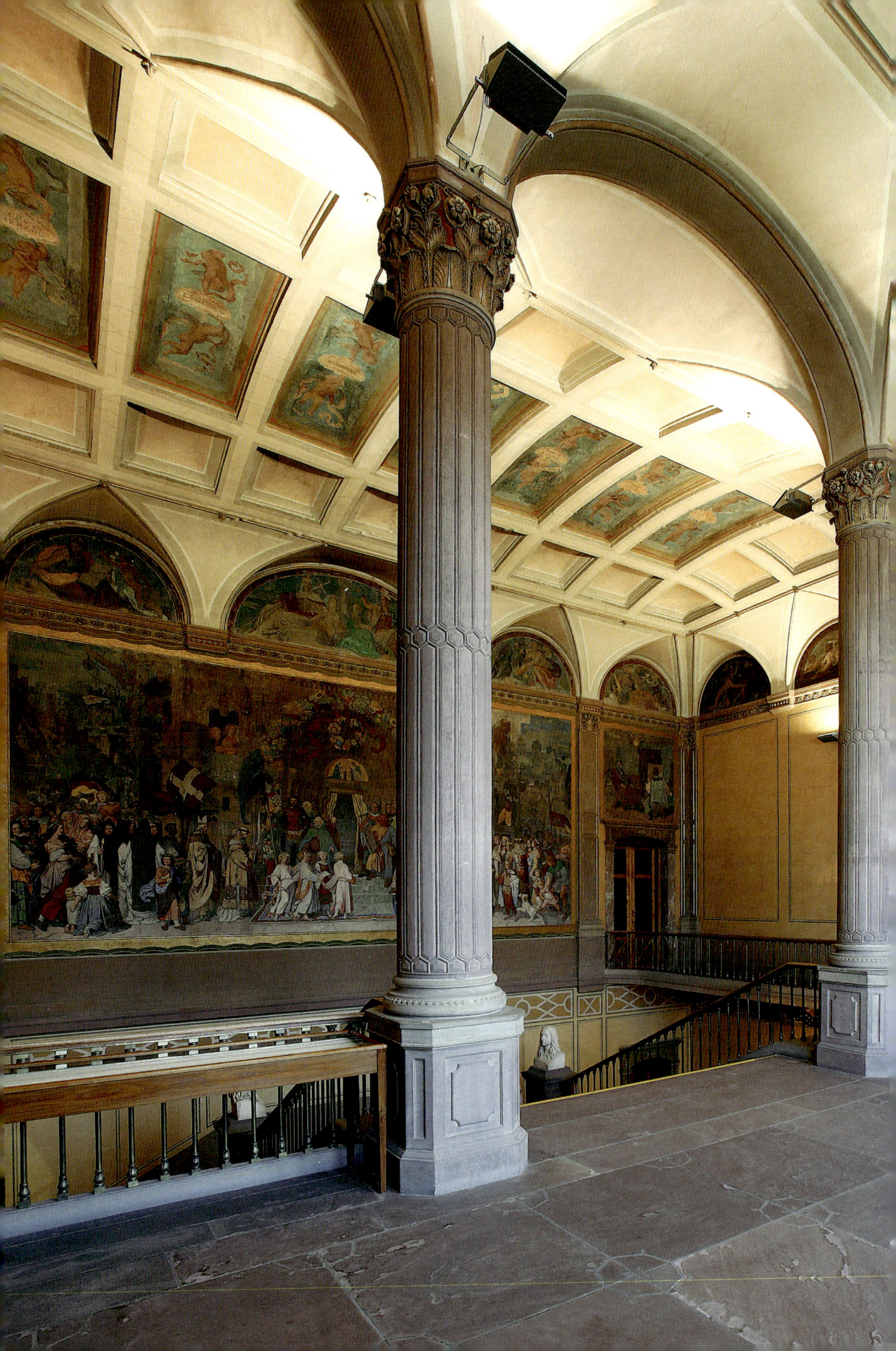

BAUGESCHICHTE UND DEKORATION

Ein Gesamtkunstwerk – entworfen von Heinrich Hübsch

Die Staatliche Kunsthalle Karlsruhe mit dem Hauptgebäude und der benachbarten Orangerie bildet heute in vielfacher Hinsicht ein architekturhistorisch einmaliges Ensemble in der deutschen Museumslandschaft. In ihm manifestiert sich nicht nur die Entwicklung eines Architekten, ihres Entwerfers Heinrich Hübsch (1795–1863), über mehr als zwanzig Jahre hinweg, sondern auch dessen romantische Idee eines Gesamtkunstwerks aus Architektur, Malerei und Skulptur. Das Hauptgebäude bewahrt authentisch eines der raren Zeugnisse der historischen Polychromie von Ausstellungssälen des 19. Jahrhunderts. Und schließlich verwirklichten insgesamt vier Architekten über 150 Jahre hinweg die Gesamtanlage, die – bei allen historischen Umbrüchen und Verschiebungen – Hübschs projektierter Grundidee zumindest in wesentlichen Zügen folgt. An der modifizierten Vollendung seines Idealplans wirkten außer ihm Joseph Durm (1837–1919), Heinrich Amersbach (1850–1928) und Heinz Mohl (geb. 1931). 1990 wurde der letzte Flügel des Hauptgebäudes eröffnet, das in naher Zukunft einer umfassenden Sanierung unterzogen und umgebaut werden soll, um auch den Innenhof durch eine Überdachung nutzbar zu machen.

Kurz nach dem Beginn seiner Regentschaft im Jahr 1830 beschloss der Erbprinz und spätere Großherzog Leopold von Baden (1790–1852), das alte, in der zweiten Hälfte der 1780er Jahre entstandene Akademiegebäude umzubauen und dann, im »Interesse des öffentlichen Unterrichts«, ein »Neues Academie Gebäude« errichten zu lassen.[1] Seit 1811 waren im Altbau Gemälde, Antiken und Kupferstiche aus dem Schloss gezeigt worden, außerdem befanden sich hier Wohn- und Atelierräume der einstigen Akademie- und späteren Museumsdirektoren. Carl Ludwig Frommel (1789–1863), seit 1818 badischer Hofmaler, wurde 1830 zum Galeriedirektor ernannt und machte im Jahr darauf Vorschläge zum Umbau des Akademiegebäudes, dessen desolaten und sicherheitstechnisch bedenklichen Zustand er konstatiert hatte. Aus dem Jahr 1835 datieren zwei erste Zeichnungen Heinrich Hübschs für einen neuen, an das Akademiegebäude anschließenden Komplex. Nur wenige Museumsgründungen waren in Deutschland vorausgegangen, darunter 1830 Leo von Klenzes Glyptothek in München und Karl Friedrich Schinkels Museum in Berlin. Die Münchner Pinakothek befand sich seit 1826 im Bau und wurde 1836 eröffnet.

Das erste Raumprogramm für den Neubau in Karlsruhe, das um 1836/37 vorgelegt wurde, umfasste außer den Sälen für die Dauerausstellung der einst markgräflichen und seit 1806 großherzoglichen Kunstsammlungen unter anderem Künstlerateliers, Räume für eine »Kunstunterrichtsanstalt« und schließlich Wechselausstellungsflächen für den 1818 gegründeten Kunstverein.

Der Begründer eines neuen Stils

Heinrich Hübsch, 1795 in Weinheim geboren, studierte von 1813 an zwei Jahre lang Philosophie und Mathematik in Heidelberg. 1815 siedelte er nach Karlsruhe über, um sich hier bei Friedrich Weinbrenner (1766–1826) zum Architekten ausbilden zu lassen. Es folgten zwischen 1817 und 1821 ausgedehnte Studienreisen nach Italien, Griechenland und Konstantinopel. 1824 war er an der Bauschule in Frankfurt am Main mit einem Lehramt betraut worden. 1827 kehrte er nach Karlsruhe zurück, um die Nachfolge Weinbrenners anzutreten. Zu seinen ersten größeren Aufträgen hier gehörten die Finanzkanzlei und das Polytechnikum. Sein ambitioniertestes Projekt in Karlsruhe blieb jedoch (neben dem später entstandenen Hoftheater) das neue Akademiegebäude, das seit seiner Eröffnung ›Kunsthalle‹ hieß. Er entwarf sie als Vier-

◀ Treppenhaus über der Eingangshalle

flügelanlage, die sich als Baublock um einen offenen Innenhof schließen sollte.

Der erste Flügel des Hauptgebäudes, dessen Bau 1837 begonnen und der 1846 eröffnet wurde, stellt somit eines der früheren Werke Hübschs dar, in dem dieser einige kühne konstruktive Neuerungen realisierte. Die leichter wirkende, lichte Orangerie – mit einer von der heutigen Funktion freilich weit abweichenden Aufgabenstellung – entwarf er zwischen 1853 und 1856. Die in unmittelbarer Nähe des Schlosses gelegenen Gebäude begrenzen zusammen mit den ebenfalls von Hübsch geplanten Treibhäusern und dem »Torbogengebäude« das grüne Kleinod des Botanischen Gartens auf dessen Süd- und Westseite zur Stadt hin. Sie zeigen die Fähigkeiten eines Baumeisters, der – nicht nur – in den Augen der Zeitgenossen, wie der Schweizer Kunstkritiker Wilhelm Füßli 1842 schrieb, zu den »Hauptreformern deutscher Baukunst« zählte und »in Süddeutschland so originell dasteht, wie der leider voriges Jahr verstorbene Schinkel im Norden (Berlin), ebenfalls Stifter einer neuen Bauschule. (Schinkel ist mehr ein poetischer, Hübsch mehr ein philosophischer Geist zu nennen).«[2]

Tatsächlich hatte Hübsch im Jahr 1828 – aus Anlass des 300. Todestags von Albrecht Dürer – mit seiner theoretischen Schrift »In welchem Style sollen wir bauen?«[3] eine Debatte initiiert, die den Architekturdiskurs des 19. Jahrhunderts lange beherrschen sollte. Er plädierte darin für eine Lösung der Architektur vom klassizistischen Diktat, für ein konstruierendes Denken in eher funktionalen als stilistischen Kategorien. Im Kunsthallenbau manifestierte sich diese rationalistische Haltung und das, was er post festum 1847 in seiner zweiten architekturtheoretischen Abhandlung – »Die Architektur und ihr Verhältnis zur heutigen Malerei und Skulptur« – forderte: »Nur ein gründliches architektonisches Verständnis aller hinter uns liegenden verschiedenen Bauarten, nur ein wiederholtes Studium der Monumente selbst kann den heutigen, in moderner Affektation und Unwahrheit lebenden Architekten von krankhaften Launen und Eigensinn heilen, vor oberflächlicher einseitiger Schwärmerei bewahren und auf eine mehr objektive Stufe erheben, wo Auge, Gefühl und Gedanke Hand in Hand miteinander gehen. Wenn wir nun für die eben angesprochenen Bestimmungen einen speziellen historischen Anknüpfungspunkt ... suchen, so liegt solcher unleugbar zwischen der altitalienischen Bauart und der Früh-Renaissance.«[4]

Sein theoretisch propagierter und im Kunsthallenbau mit Konsequenz und Rationalität umgesetzter »Rundbogenstil« bildete eine kritische Antwort auf den Klassizismus Friedrich Weinbrenners, eine Säulen- und Architrav-Architektur der großen Geste. Hübsch verstand dessen Bauweise als stilistisch, funktional und technisch überholt, seine eigenen Gewölbe-Konstruktionen hingegen als adäquate Antwort auf die Herausforderung der modernen Zeit und höchste Kunst seines Standes.

Polychromie als Programm

Der Baukörper des Hübsch-Flügels ist ein klar definierter, unverputzter Kubus mit flach geneigtem Dach. Während das Untergeschoss mit seinen je drei den Eingang flankierenden Fensterachsen und seinen großflächigen und wenig gegliederten Wänden die horizontale Ausdehnung des Baus betont, pointierte Hübsch mit stützenden und rahmenden Lisenen im Obergeschoss stärker die Vertikale. Dies und der wechselnde Mauerverbund der Backsteinfassade im Unter- und Obergeschoss vereint die Solidität einer schwereren Basis mit einer aufstrebenden Leichtigkeit im Stockwerk darüber. Das Eingangsportal ist als dreibogiger – an einen Triumphbogen erinnernder – schwach vortretender Mittelrisalit mit Giebel gebildet. Das Motiv der drei Bögen des Portals nimmt der Architekt in der Gestaltung der Fensterstellung wieder auf, die einerseits an ein Triptychon erinnert und deren Herleitung von Andrea Palladio (1508–1580) andererseits offensichtlich ist.

Kurz nach dem Baubeginn 1837 – Hübsch war nochmals nach München gereist, um Klenzes Bauten in Augenschein zu nehmen und Fachkräfte zu requirieren – publizierte er 1838 seine Vorstellungen über »Das Museum zu Carlsruhe«: »Mein Haupt-Bestreben ging bei diesem Bau dahin, die monumentalen Ei-

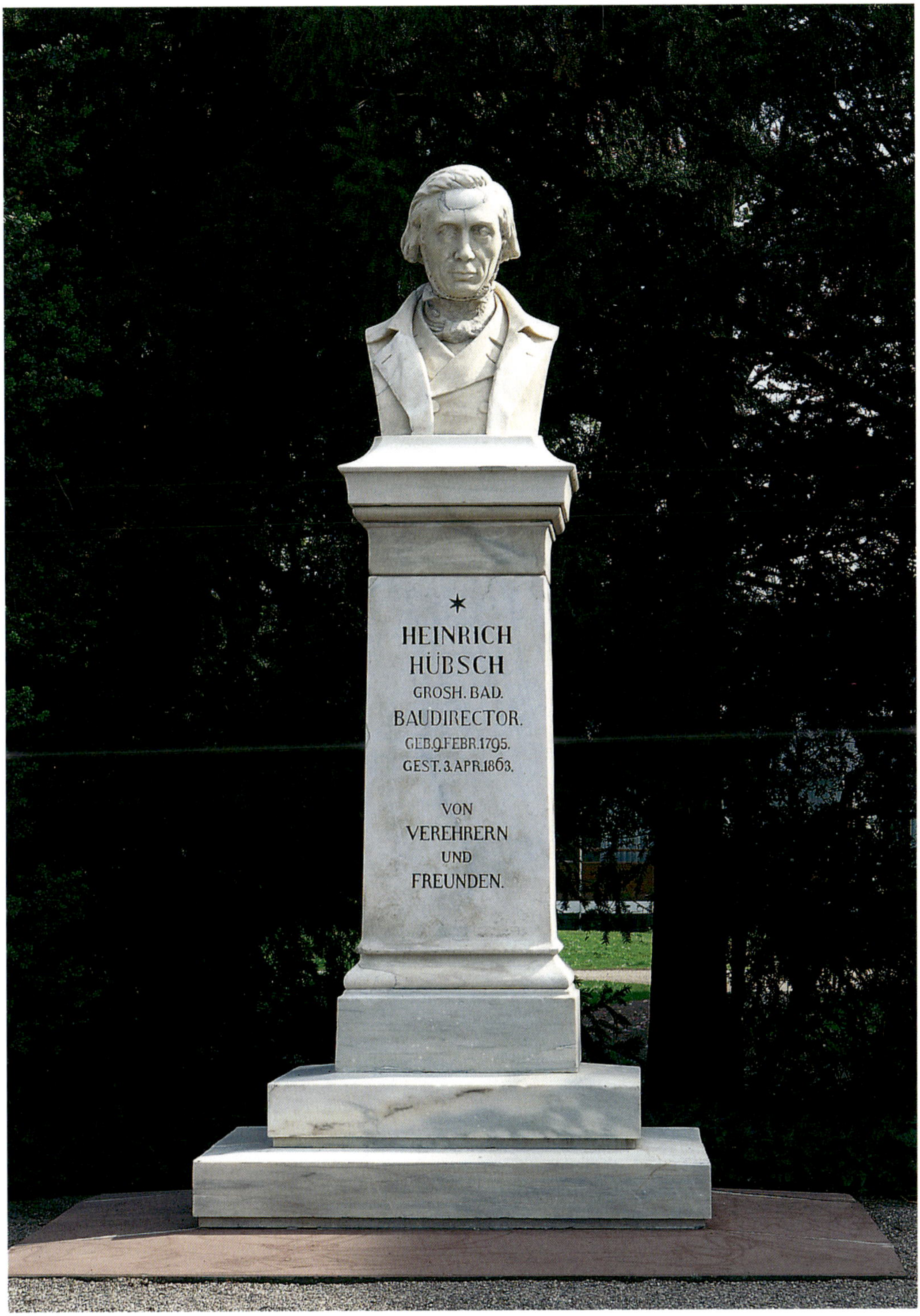

Büste Heinrich Hübschs von Friedrich Moest, 1867, im botanischen Garten zwischen Hauptgebäude und dem einstigen Haus des Gartenbaudirektors, das heute die Junge Kunsthalle beherbergt

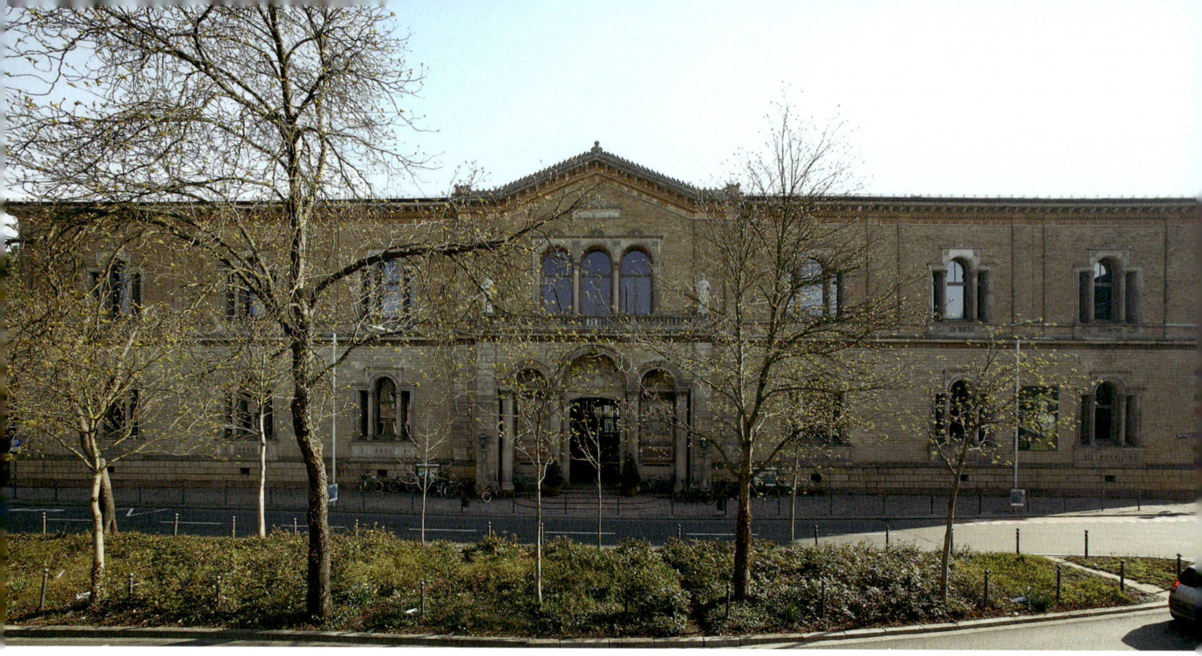

Ansicht des Hauptgebäudes von Südwesten

genschaften nicht bloß auf einzelne Teile, etwa auf die Haupt-Façade zu beschränken, sondern vielmehr gleichmäßig auf das Ganze auszudehnen.«[5] Dies gelang Hübsch in der von ihm angestrebten »soliden Opulenz« durch die Wahl verschiedener, ausgeklügelt aufeinander abgestimmter Materialien für Sockel, Pfeiler, Säulen, Gurte, Gesimse und die rechteckigen Einfassungen um die rundbogigen Fenster. Wie ein Resümee des im Kunsthallenbau Verwirklichten liest sich denn auch das Credo in seiner architekturästhetischen Schrift von 1848: »Am Äußeren unserer Gebäude soll sich wohl – was sich im Innern von selbst versteht – eine mit Maß und Ziel zu übende Polychromie geltend machen. Die Einfarbigkeit aller Bestandteile einer Façade sieht oft sehr schwer und langweilig aus.«[6]

Dieser Gefahr entging Hübsch mit gestalterischer Bravour. Neben jener Vielfarbigkeit, die ihm, unter anderem inspiriert durch die aufwändige Ausstattung italienischer Museen, für seinen Bau erstrebenswert erschien, war auch sein hoher Qualitätsanspruch ausschlaggebend für die Wahl der verschiedenen Steinsorten. Unter Vermeidung von Verputzen und Anstrichen wurde also 1838 vorgesehen, mit hellgrauem Sandstein zu arbeiten und die Wandflächen mit einer »Verkleidung von scharfkantigen hartgebrannten Backsteinen, welche mit unseren lagerhaften und plattenartigen Bruchsteinen (einer harten roten Sandstein-Gattung) eine gleichmässige Masse bilden«, zu versehen. »Die Säulen und überhaupt die Steinhauer-Arbeiten des Treppen-Hauses bestehen aus verschiedenen, theils weissen, theils röthlich geflammten Sandstein-Gattungen, welche sehr feinkörnig sind und Politur annehmen. Die in den Sälen befindlichen Säulen bestehen aus blass-röthlichem Marmor, und desgleichen werden hoffentlich im Innern alle Sockel-, Thür- und Fenster-Einfassungen mit Marmor-Platten verschiedener Gattungen verkleidet werden.«[7]

Schon im zweiten und dritten Jahrzehnt des 19. Jahrhunderts war die Debatte um eine mögliche farbige Fassung antiker Architektur geführt worden. Die griechische Klassik als Vorbild, befürwortete Leo von Klenze die Benutzung der Stucco-lustro-Technik, und Gottfried von Semper publizierte 1834 »Vorläufige Bemerkungen über bemalte Architektur und Plastik bei den Alten«.[8] Während die Glyptothek ihre Innenausstattung jedoch beim Wiederaufbau einbüßte und im Königsbau der Neuen Residenz in München die Stucco-lustro-Oberflächen rekonstruiert wurden, blieben die von Hübsch konzipierten farbigen Wände und die Dekoration der Decken in der Karlsruher Kunsthalle – wenn auch durch den Krieg beschädigt – im Wesentlichen original erhalten. Sie wurden zwischen 1986 und 1988 behutsam und umfangreich restauriert. Der zweistöckige Bau sollte in den Untergeschoss-Räumen vor allem die Plastik und die zu Studienzwecken angeschafften Gipsabgüsse antiker Skulpturen beherbergen und in den mit Oberlichtern ausgestatteten Obergeschoss-Sälen die Gemäldesammlung aufnehmen.

Besonderen Wert legte Hübsch auf eine handwerklich solide Umsetzung seiner Pläne. Sein Biograph Karl Zell berichtete 1864: »Nichts war ihm in letzterer Beziehung unerheblich; nichts entging seinem Scharfblick. Mit dem gleichen eindringlichen Eifer bestand er auf regelmäßiger, solider Mauerung wie auf präciser Ausführung einer schwierigen Holz- oder Eisen-Construktion; und die Beschaffung tadelloser Ziegelware wurde mit der gleichen Energie betrieben wie die Überwachung der Bauholz- und Bruchsteinlieferung.«[9] Diese Schilderung verdeutlicht Hübschs Ambitionen: Weinbrenners Bauten – wie etwa die Evangelische Stadtkirche oder das Hoftheater –, die sich aufgrund der Verwendung mäßig haltbarer Materialien als fortgesetzt renovierungsbedürftig erwiesen, wirkten als abschreckendes Beispiel auf ihn. Hübschs Bau erhob Anspruch auf Erhabenheit und Ewigkeit, den unvergänglichen Meisterwerken der Kunst angemessen, die in ihm präsentiert werden sollten.

Mit annähernd sakraler Würde vermittelt sich dieses Verständnis dem Besucher vor allem durch den Raumeindruck, den er beim Eintreten in die zweigeschossige, dreiachsige Eingangshalle gewinnt. Sparsam ornamentierte Gewölbe spannen sich hoch über ihm. Als mögliches Vorbild für diese Anlage wurde die Kirche San Marco in Rom benannt.[10] Sakralbauten machen einen wesentlichen und stilprägenden Bestandteil von Hübschs Schaffen aus. Jenes Werk, das er selbst »als Glanzpunkt« seiner »Künstlerlaufbahn« betrachtete – den Wiederaufbau des Westwerks des Speyerer Doms –, begann er 1846 kurz nach der Eröffnung der Kunsthalle. Den Dom begriff der Architekt als das größte historische und politische Monument der deutschen Nation.[11]

Architektur und Ausstattungsprogramm der Kunsthalle zeigen klar, wie Hübschs Denken in vielerlei Hinsicht darauf abzielte, Einheit zu stiften: »Alle schönen Künste – Poesie, Musik, Malerei, Sculptur und Architectur – wurden«, resümierte er 1847, »von der neuern Philosophie als die nothwendig sich ergänzenden Seiten einer Totalität nachgewiesen.«[12] Diese Totalität wird innerweltlich, politisch, gesellschaftlich, ästhetisch, aber vor allem auch religiös begriffen. Die Künste sind für den Romantiker Hübsch – als Manifestationen menschlicher Erfindungsgabe – Zeichen humaner Teilhabe an einer größeren, kosmischen Schöpferkraft und Instrument ihrer Verherrlichung.

Hübschs Ehrgeiz und Fähigkeit, bautechnisch innovativ zu arbeiten, verdankt die Kunsthalle nicht nur die Abfolgen verschieden großer kuppelüberwölbter Räume im Unter- und Obergeschoss, sondern auch die statisch erstaunlichste Konstruktion des Architekten: das von ihm so genannte flache, aber ausgesprochen weit gespannte »Trichtergewölbe« über dem Treppenhaus, das sich »anders als die Untersicht vermuten lässt, als eine recht komplizierte Kombination unterschiedlicher Konstruktionselemente« darstellt.[13] Während der Raumeindruck im Untergeschoss vor allem von dessen Höhe bestimmt wird, eröffnet sich dem Besucher, wenn er das doppelläufige Treppenhaus hinter sich gelassen hat, im Obergeschoss der Blick auf einen weiten, sanft überwölbten Raum, von dem vier Türen abzweigen und in den durch die hohe Fensterfront viel Licht dringt. Das anvisierte und erreichte Ziel war es, eine leicht erscheinende Gewölbekonstruktion zu bauen, die an die Grenzen des statisch Machbaren reicht. Wie prekär und hybrid Hübschs Wagemut auf die Zeitgenossen wirkte, veranschaulichte mit allerdings wohlwollendem Humor Moritz von Schwind 1842/43 in einer Karikatur: Sie zeigt den Architekten – offenbar in einem Kunsthallen-Raum – zwischen dem Teufel und einem mit bangem Gesicht hinter ihm knienden Engel, der ihn am Rock zieht. Hübsch jedoch schließt davon unbeirrt in diesem Augenblick einen Pakt mit dem Satan, auf dem zu lesen steht: »Herstellung eines unmöglichen Gewölbes betreffend / dem Teufel / meine Seele.«

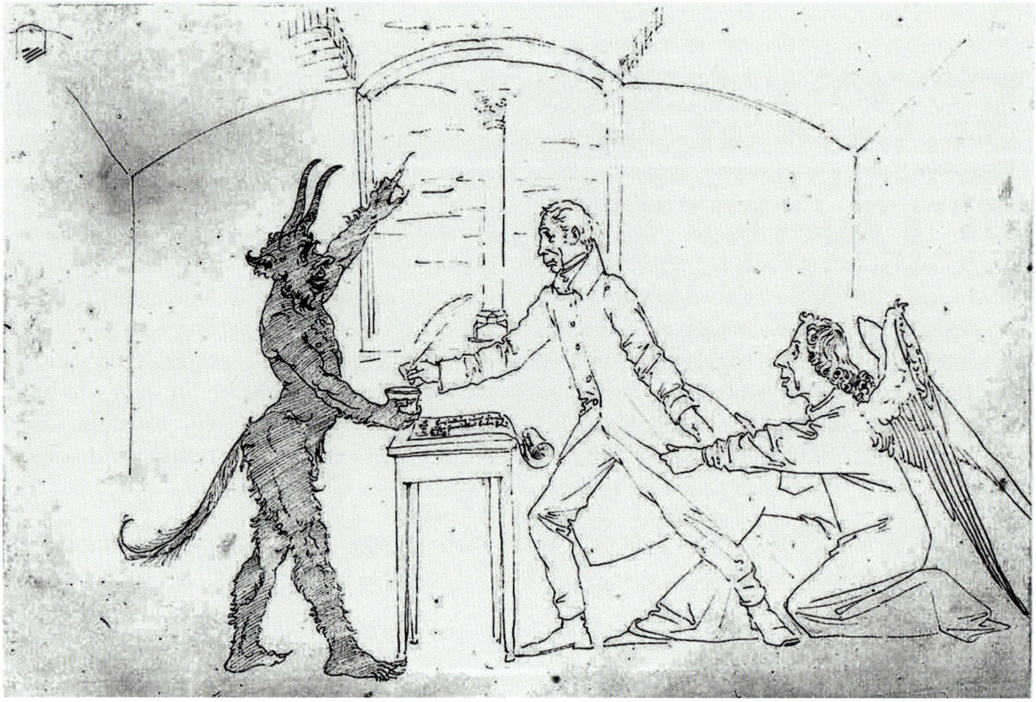

Heinrich Hübsch schließt einen Pakt mit dem Teufel, Karikatur von Moritz von Schwind, 1842/43

Die Fresken Moritz von Schwinds

Schon kurz nach dem Beginn der Bauarbeiten an der Großherzoglichen Kunsthalle hatte Hübsch – auf Empfehlung Julius Schnorr von Carolsfelds hin – Kontakt zu Moritz von Schwind (1804–1871) aufgenommen. Schwind hatte sich mit seinen Vorgängerarbeiten für diese Aufgabe empfohlen: insbesondere mit dem Kinderfries für den Rudolf von Habsburg-Saal der Münchner Residenz, von dem für Karlsruhe 1837 auch einige Kartons angekauft worden waren. Im Jahr 1838 wurde zunächst die Ausmalung des Treppenhauses genehmigt, für die Schwind 5000 Gulden erhalten sollte. Vereinbart wurde die Darstellung der Einweihung des Freiburger Münsters durch »Herzog Berthold, den Zähringer« in lebensgroßen Figuren. Man wies Schwind vertraglich an, »noch im Laufe dieses Jahres [1838] – um sich der Porträt-Ähnlichkeit Herzog Bertholds und der Situation des Münsters zu versichern – nach Freiburg zu reisen, und den ausgeführten Carton nebst Farben Scizze längstens bis Ende des folgenden Jahres [1839] zu Stande zu bringen«.[14] Vermutlich im Frühjahr 1839 reiste Schwind nach Freiburg, um das Münster in Augenschein zu nehmen. Hier kontaktierte er auch Lucian Reich und Anton Geck, die später die Ausmalung der Erdgeschoss-Säle der Kunsthalle ausführen sollten. Schwinds historische Recherchen ergaben eine Korrektur gegenüber dem Vertrag. Schon ein Aquarell-Entwurf von 1838 zu dem Projekt – und natürlich auch das ausgeführte Wandbild selbst – zeigt, wie die Inschrift besagt, Konrad von Zähringen als Ahnherrn des Badischen Hauses bei der Einweihung des Münsters.

Die Kartons für Karlsruhe waren im Februar oder März 1840 vollendet und wurden offensichtlich vier Tage lang in München ausgestellt. Im August befanden sie sich wohl in Karlsruhe und wurden vom Großherzog genehmigt. Die Deckenbemalung wurde vor Schwinds Ankunft von einem Baden-Badener Maler fertig gestellt.[15] Die sieben mittleren rechteckigen Felder blieben ausgespart. Für sie schuf Schwind Skiz-

Blick in das Treppenhaus mit Fresken von Moritz von Schwind, 1841/42 ►

zen von insgesamt vierzehn einander gegenüber schwebender Engel mit Kartuschen. Auf diesen Feldern steht quer über das Treppenhaus hinweg die Inschrift: »Gross-Herzog Leopold widmete der Kunst diese Raeume im Jahre MDCCCXLIV«.

Schwind traf am 22. September 1840 in Karlsruhe ein. Die Anlage des Treppenhauses sah zu diesem Zeitpunkt nicht mehr ganz so aus, wie der Vertrag es ursprünglich vorgesehen hatte, denn Hübsch hatte ein vormals geplantes hohes Gewölbe über einer Loggia eben in sein »Trichtergewölbe« über einem geschlossenen Treppenhaus verwandelt. Schwind entwarf deshalb für die drei so entstandenen Lünetten über seinem Fresko neue Kompositionen. Die beiden äußeren freskierte er bis Mitte Dezember 1840, sie zeigen die »Phantasie« und die »Mathematik« als Voraussetzungen der Architektur. Dann brach der Winter herein und die Arbeiten ruhten.[16] Nach München zurückgekehrt, entwarf Schwind den Karton für die mittlere Lünette, in der »Die Architektur von Staat und Kirche beschützt« zu sehen ist. Er malte sie bis Anfang Juli 1841, nachdem er sich im Mai in Karlsruhe niedergelassen hatte. Sein Arbeitseifer war groß, seine Stimmung frohgemut, und voller Hoffnung schrieb er im Dezember 1841: »Dazu kommt, dass Karlsruh für mich die interessanteste Stadt von der Welt geworden ist. Es gibt keine schönere Gegend, keine schöneren Straßen, keine schöneren Sterne als hier. Dieses neugebackene Loch enthält alles, was ich brauche, ob es darum mein wird, ist aber noch eine Frage. Wirkungskreis und Frau, den will ich sehen, der mehr verlangen kann, höchstens einen Haufen Kinder dazu.«[17] Ganz so positiv sollte Schwind vier Jahre später nicht mehr über Karlsruhe denken, denn die Zusammenarbeit mit Hübsch gestaltete sich schwierig.

Mit der Ausführung des Hauptfreskos war Schwind 1841/42 beschäftigt. Das Ergebnis seiner Arbeit ist ein vielfiguriges Historienbild, das ein politisches Programm formuliert. Dem kulissenhaft zentral angeordneten, girlandengeschmückten Rundbogen-Portal des Münsters nähern sich von beiden Seiten festliche Züge. Knaben schlagen einen vor dem Tor hängen-

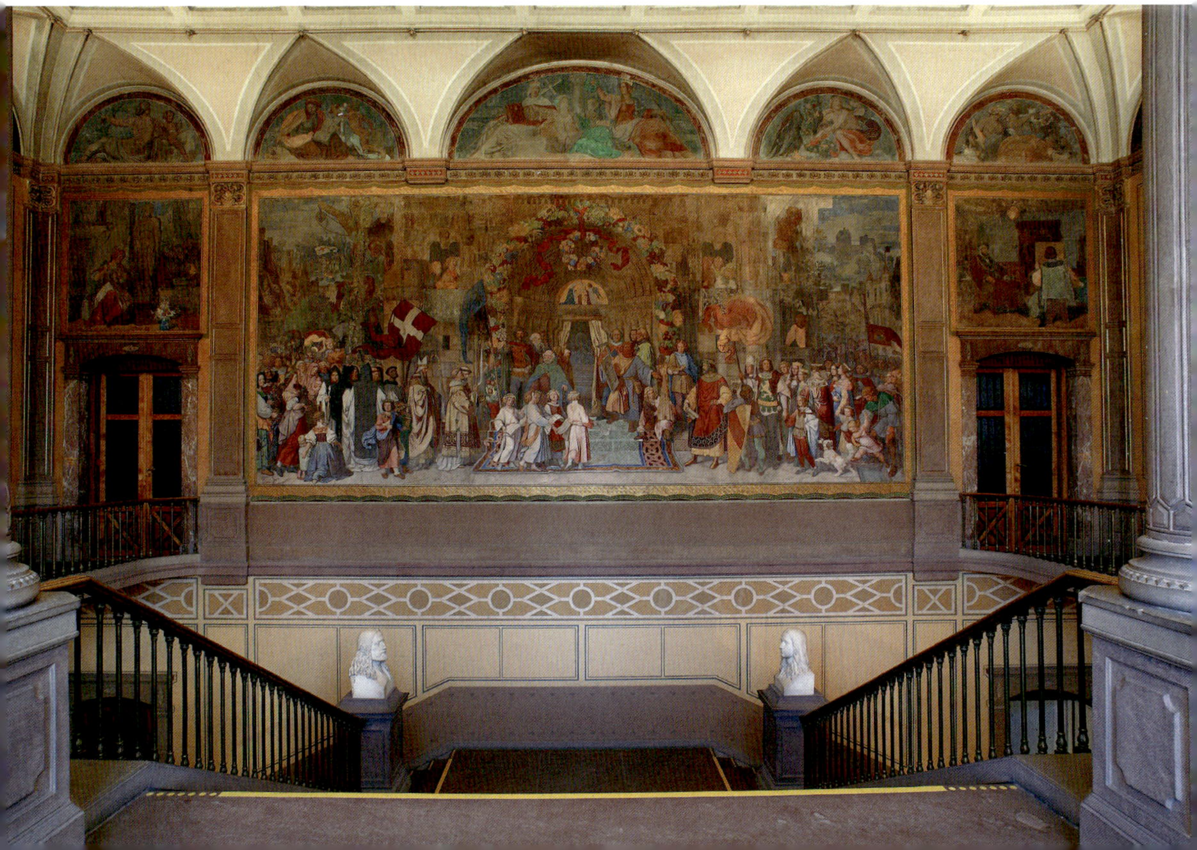

den Vorhang zur Seite, sodass der Blick auf das Kircheninnere und den Hochaltar freigegeben wird. Vor dem Tor – am rechten Gewände – erwarten der Architekt und Mitglieder der Bauhütte des Münsters (hinter ihm in der Mitte der Architekt der Kunsthalle, Heinrich Hübsch, und – daneben mit dem Winkeleisen – dessen Lehrer Friedrich Weinbrenner) die Ankunft des Zähringers. Dieser nähert sich der Kirche von rechts mit einem Schildknappen und dem Träger einer Fahne mit den badischen Farben, seinem Hofstaat, Kindern, den vornehmen Freiburger Patriziern und Handwerkern im Gefolge. Der Architekt weist auf einen knienden Knaben hin, der dem Herrscher das Modell des Münsters präsentiert, sodass der Bau en miniature in jener Gestalt zitiert wird, die er erst im 13. Jahrhundert annehmen sollte. Von links ist eine Prozession Geistlicher herangetreten, die vorausgegangenen, singenden Chorknaben stehen schon auf dem prächtig ornamentierten Teppich, der auf den Stufen vor dem Portal ausgebreitet liegt. Ihnen folgen zwei Diakone mit einem Prozessionskreuz, ein Bischof und Mönche. Neugierige blicken aus den Fenstern des Münsters, ein Kind springt am rechten Bildrand, begleitet von einem Hund und vom Vater fürsorglich unterstützt, über ein Freiburger »Bächle«. Auch die Bauleute auf den Gerüsten beobachten die Ankömmlinge mit regem Interesse. Unter sie hat sich Schwind selbst gemischt. Er blickt, in Profilansicht porträtiert, von der oberen Etage des Gerüsts rechts neben dem Portal hinunter auf das bunte Treiben an einer der Flanken des Kirchenbaus. Im Hintergrund neben dem Gotteshaus deutet Schwind eine mittelalterliche Stadtarchitektur an, rechts die Zähringer-Burg auf dem Berg und am Waldrand eine kleine Gruppe, die vom Heiligen Bernhard von Clairvaux (1090–1153) angeführt wird, der das Freiburger Gotteshaus erstmals in einer Predigt im Jahr 1146 erwähnte.[18]

Architektur und Kostüme lassen erkennen, dass Schwind in diesem prächtigen, scheinbar wie ein Gobelin vor der Wand aufgespannten Bild einerseits die Zeit des älteren Konrad zu imaginieren sucht, der von 1122 bis 1152 regierte und die Stadtpfarrkirche Freiburgs gründete. Graf Konrad I. (1236–1272) hingegen vollendete den gotischen Westturm, der hier im Modell gezeigt wird, als wolle der Architekt sich und seinen Plan für die Weiterführung des Baus empfehlen, bis zur halben Höhe. Schwind benannte seine Quellen 1841 in einem Brief an Wilhelm Füßli: »Das Bild, das ich hier male, stellt, wie Ihnen Merz geschrieben hat, die Gründung des Freiburger Münsters unter Conrad von Zeringen, dem Ahnherrn des badischen Hauses, dar. Von Büchern hatte ich nichts als die Beschreibung und Geschichte des Freiburger Münsters von Pr. Schreiber in Freiburg, den ich übrigens auch besucht und von seiner mündlichen Mitteilung profitiert habe. Aus jener Zeit (1080) ist überhaupt wenig da, und was da ist, Urkunden und Stiftungsbriefe, geben wenig Ausbeute für das Malerische.«[19]

Die Darstellung der Einweihung des Münsters diente von Seiten des Auftraggebers der Demonstration eines doppelten Machtanspruchs. Am 15. April 1806 hatte im Freiburger Münster die Übergabe des bis dato vorderösterreichischen Breisgaus an Baden stattgefunden. Karl Friedrich von Baden nahm damals, um die weit in die Vergangenheit zurückreichende Verbundenheit seines Geschlechts mit jenem Landstrich zu bezeugen, den Namen eines Herzogs von Zähringen an. Dennoch blieben die Freiburger ihren einstigen Herren, den Habsburgern, stärker zugeneigt als den neuen. Mit Schwinds Darstellung des romanischen, zur Zeit der Zähringer errichteten Gründungsbaus – der historisch zu Schwinds Zeit so gar nicht mehr fassbar war – wurde diese altehrwürdige Verbindung bildlich bezeugt. Daraus erklärt sich, wieso der Maler ein fiktives romanisches Portal und nicht etwa das gotische Gotteshaus zeigt, dessen Chor erst 1513 unter der Herrschaft der Habsburger geweiht wurde: Der Habsburger Maximilian I. wird am Freiburger Münster als Stifter etwa in den Glasfenstern des Chores genannt. Gleichzeitig propagiert das Bild in der deutlichen Orientierung aller Beteiligten auf Konrad die Macht der weltlichen Fürsten über den Klerus – auch dieser Aspekt des Freskos wird aus der politischen Zeitstimmung in Baden vor der Mitte des 19. Jahrhunderts verständlich. Die Einigung der badischen Lande sollte durch landesherrliche Vorgaben auch an die katholische Kirche vorangetrieben und sichergestellt werden.

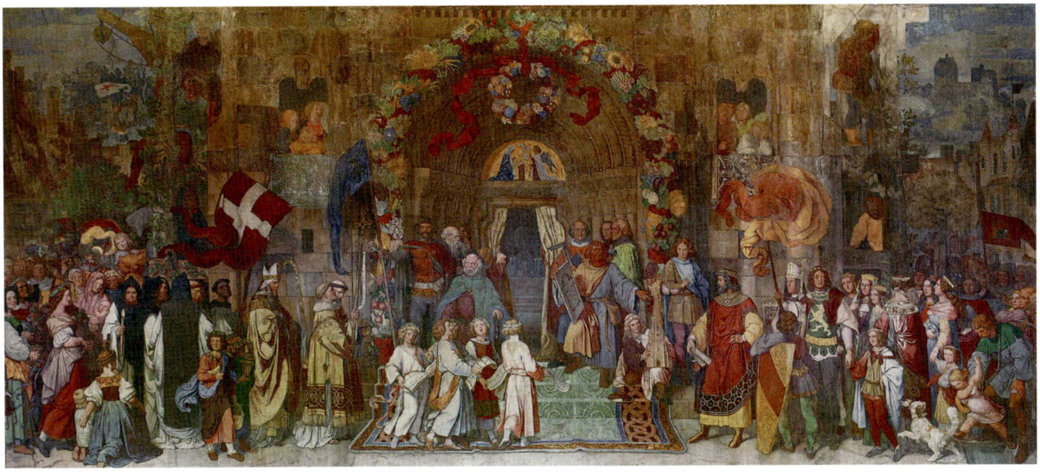

Einweihung des Freiburger Münsters, Fresko von Moritz von Schwind, 1841/42

Schwind hat eine annähernd 700 Jahre badische Geschichte repräsentierende, bewusst mit Anachronismen operierende Fiktion des historischen Ereignisses geschaffen. Die Figuren aus der Zeit der Einweihung des romanischen Baus, für deren Darstellung – aus kunsthistorisch leicht einsehbaren Gründen – keine Vorlagen mit Porträtähnlichkeit eruierbar waren, erhalten die Züge anderer historischer Personen. So tritt an prominenter Stelle, neben Konrad, eine Figur mit den Zügen seines Nachfahren, Großherzog Leopolds, des Stifters der Kunsthalle, synchron auf. Er hat den Erbprinzen an der Hand, ihm folgen die Großherzogin und die Prinzessinnen. Als einziger Geistlicher auf der Seite der Zähringer erscheint wiederum Konrads Sohn Rudolf, der 1167 Bischof von Lüttich wurde und 1191, nach der Rückkehr vom zweiten Kreuzzug, in der Nähe von Freiburg starb. Der Dominikanermönch mit der brennenden Kerze wurde als Bertold Schwarz identifiziert, der in Freiburg das Schießpulver erfunden haben soll, und wiederum neben Hübsch, Weinbrenner und dem anonymen Baumeister der Freiburger Pfarrkirche steht rechts vom Gewände des Portals Erwin von Steinbach, der Architekt des Straßburger Münsters, der hier als Lehrling der Freiburger Bauhütte vorgestellt wird.

Nach dem Hauptbild wurde Schwind verpflichtet, über den Türen seitlich der »Einweihung« zwei große quadratische Felder auszumalen: Links sieht man »Sabine, Tochter Erwins von Steinbach mit der Bildhauer-Arbeit des Straßburger Münsters beschäftigt«, gezeigt wird die legendäre Frau – deren historische Existenz im 19. Jahrhundert noch als gesichert galt – bei der Arbeit an der zu jener Zeit wohl berühmtesten Gewändefigur des Münsters, der »Synagoge«. Das rechte Fresko sollte vergegenwärtigen, wie »Herzog Berthold der Reiche durch Baldung Grün portraitirt« wird. Es entstand in Abwandlung des vertraglich Vereinbarten die Szene mit der Darstellung des Markgrafen Christoph I. Für das Porträt Christophs gab es historische Vorlagen, als wichtigste Hans Baldung Griens 1511 gefertigtes Holzschnittporträt und – von der Hand desselben Künstlers – die um 1509/12 gemalte Darstellung Christophs im Kreis der markgräflichen Familie, die sich um die Heilige Familie mit Anna, Maria und dem Jesusknaben schart.[20]

Wie Schwind seine Arbeit für die Kunsthalle einschätzte, lässt ein Brief an Füßli erkennen: »Wenn Sie im Herbst nach Carlsruhe kommen«, schreibt er, »wollen Sie nur in das neue Akademische Gebäude, und immer dahinein gehen, wo angeschrieben steht: ›Verbotener Eingang‹. Da kommen Sie gerade zu mir, und ich werde Ihnen zeigen können, was noch für Räume da sind, von deren Verwandlung in Bilder der Großherzog als von einer ausgemachten Sache spricht. Wenn

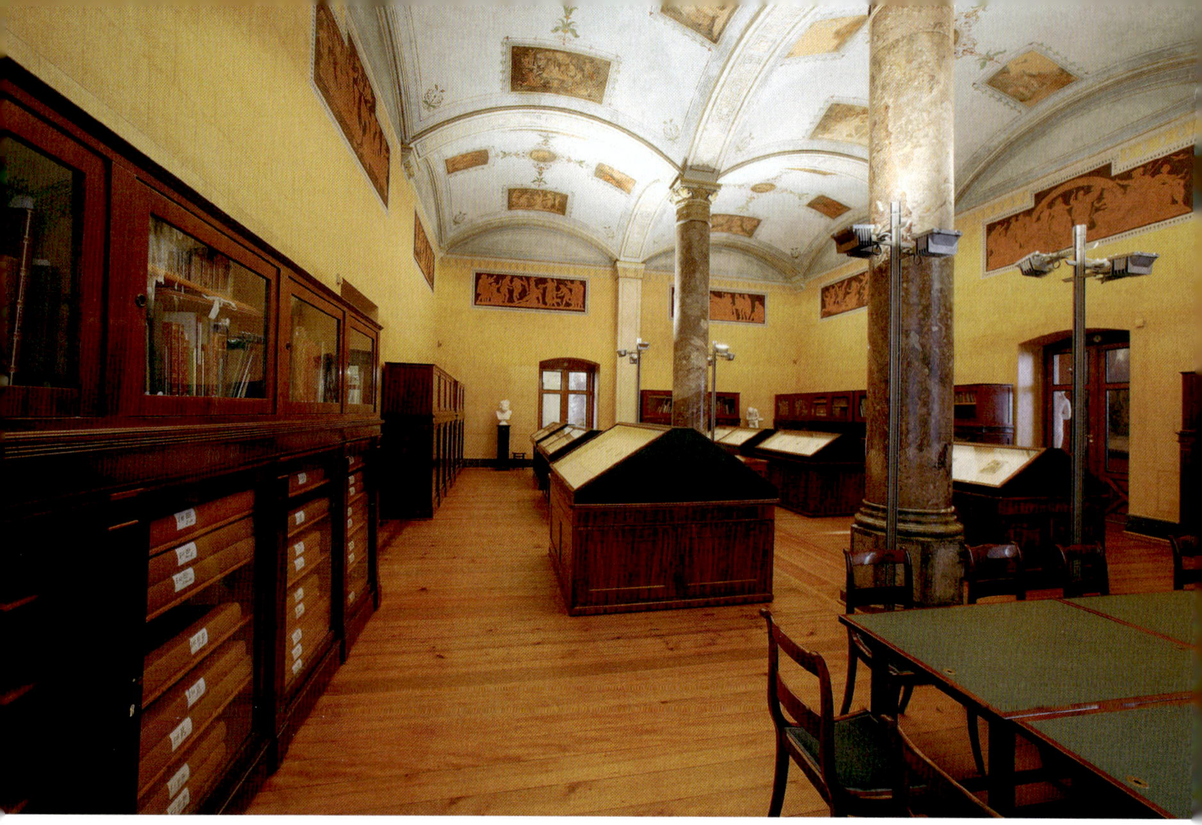

Studiensaal mit Moritz von Schwinds Fresken, den »Philostratischen Bildern«

das so fertig wird, ist es eine ganz bedeutende Arbeit.«[21]

Die Fortsetzung des Auftrags wird am 5. Februar 1842 in einem neuen Vertrag mit Schwind beschlossen. Hübsch hatte für die Säle im Erdgeschoss, in denen die Vasen und Abgüsse nach antiken Skulpturen aufbewahrt werden sollten, ursprünglich eine Verzierung mit Stuckaturen und gerahmten Arabesken vorgesehen, beantragte aber im Januar 1842 eine Aufstockung der Mittel, da diese Lösung »sehr arm und nüchtern aussehen« werde: »Es müssen notwendiger Weise hier grössere – zwar allerdings durch Arabesken umgebene – Felder und Friese angelegt werden, welche passende historische Compositionen enthalten, z.B. Szene [sic!] aus den olympischen Spielen, aus der Ilias – in 3–4 Fuss hohen Figuren, welche übrigens gleich den Darstellungen auf den heturischen Vasen und in mehreren Sälen des Königsbaues in München nur conturiert und ein- oder zweifarbig auf dunklem Grund auszuführen wären.«[22] Der Maler wird beauftragt, Entwürfe für die Erdgeschoss-Säle zu liefern, von ihm wird nicht erwartet, dass er diese auch auf die Wand überträgt. Seine Vorzeichnungen entstehen vermutlich zwischen Ende 1842 und Oktober 1843. Die mit ihrer Umsetzung betrauten Maler Lucian Reich und Anton Geck beschließen ihre Arbeit 1844.

Tatsächlich schuf Schwind nicht alle Kompositionen selbst. Den Entwurf für die Friese im grünen Saal überließ er – in Zeitnot geraten – seinem Freund Ludwig Schaller (1804–1865), der Darstellungen der Olympischen Spiele ausarbeitete. Die »Philostratischen Bilder« im heutigen Vorlegesaal gehen hingegen auf Schwind zurück. Er zitiert die »Eikones«, eine um 200 nach Christus entstandene Schrift eines Autors mit Namen Flavius Philostratos, der in seinem Text die Bilder einer anonymen neapolitanischen Sammlung beschreibt. Ob diese überhaupt real existierte oder einer Imagination der Autoren entsprang, ist ungewiss. Künstler des 19. Jahrhunderts entwickelten für dieses Thema ein Interesse, das nicht zuletzt durch Johann Wolfgang von Goethes Aufsatz »Philostrats Gemälde, Antik und Modern« aus dem Jahr 1818 mit angeregt wurde. Schwind zog sowohl diesen Text als auch das Original zu Rate.[23] Die Figuren werden einfarbig, in einem Terrakotta-Ton vor dunklem Hintergrund gegeben und zitieren zahlreiche Vorbilder antiker Gemmen und Skulpturen.[24]

Das 38 Bildfelder umfassende Programm gliedert sich in sieben Themenkreise, die ebenfalls Goethe vorgab: »Die Liebesannäherung«, »Geburt und Erziehung«, »Herakles«, »Jäger und Jagden«, »See- und Wasserstücke oder Landschaften«, »Poesie, Gesang und Tanz« und Darstellungen, die um Tod und Trauer kreisen. Annähernd enzyklopädisch ist das Aufgebot mythologischer Figuren und Episoden zu nennen. Allein in den zentralen Medaillons der sechs Gewölbe erkennt man Aphrodite und Eros, Iris, Hebe und Herakles, Artemis, Pan und Apoll. Zu den Hauptszenen, die sich jeweils um diese Leitfiguren gruppieren, gehören, um nur einige zu erwähnen, »Perseus befreit Andromeda«, »Cheiron lehrt Achill den Bogen führen«, »Herakles ringt als Kind mit den Schlangen«, »Narziss verliebt sich in sein Spiegelbild«, »Orpheus spielt vor Pflanzen und Tieren« und die »Trauer des Achill um Antilochos«.

Für den dritten, rosafarbenen Saal, der Darstellungen aus der Geschichte Roms gewidmet sein sollte, legte Schwind braun in braun gemalte und weiß gehöhte Figuren vor grünlichem Grund an. Verwiesen wird in diesem Saal auf die beiden konkurrierenden Gründungsmythen Roms: Gegenüber dem Eingang von der Halle her sieht man unter anderem die Landung des Gründers Äneas bei Cumae und seine Vermählung mit Lavinia, der Tochter des Königs Latinus. Auf der den Fenstern gegenüberliegenden Wand wird die zweite Gründungssage zitiert: Man erkennt eine Darstellung der Wölfin, die Romulus und Remus säugt, und auf einem anderen Feld wird der Raub der Sabinerinnen geschildert.

Im daran anschließenden Saal widmete man die Fresken Allegorien bedeutender Kunstzentren Deutschlands und Italiens. Acht weibliche Figuren stehen für die Städte Köln, Nürnberg, München, Rom, Florenz, Venedig, Mailand – und

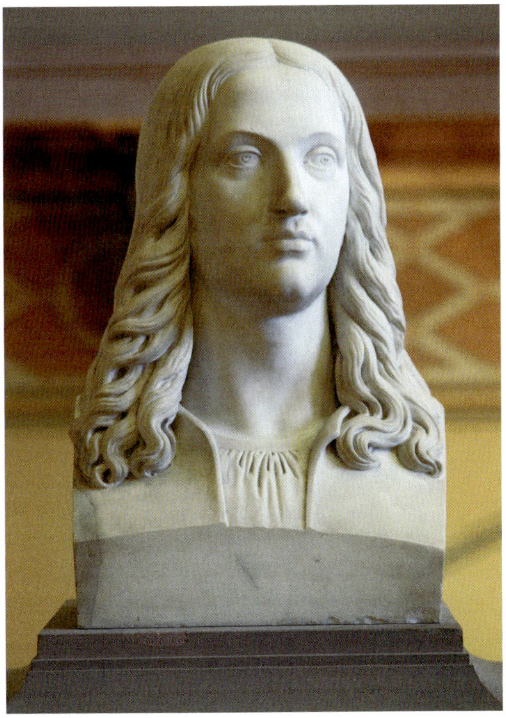
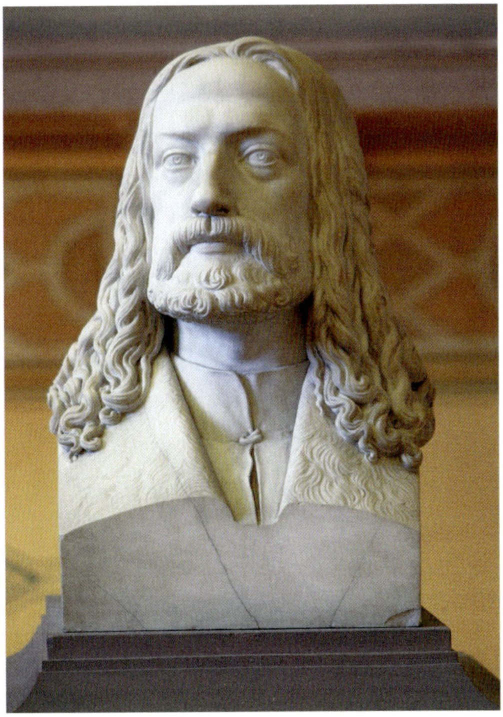

Porträtbüsten Raffaels und Dürers von Christian Lotsch, 1838–1840 Deckenmalerei im Durm-Flügel

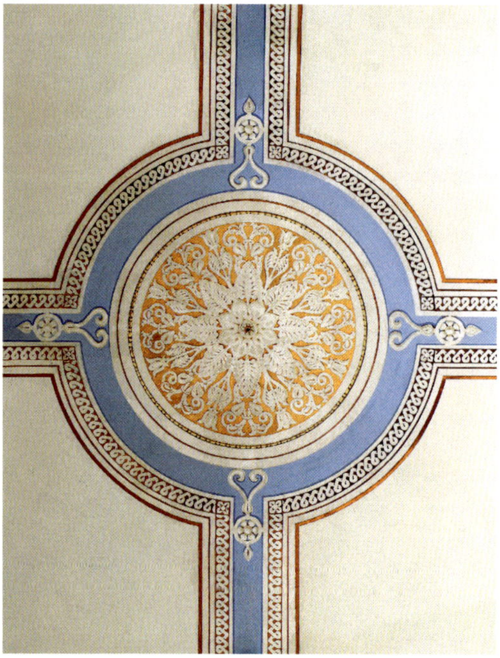

Deckenmalerei im Durm-Flügel

Karlsruhe. Die Personifikation Karlsruhes flicht einen Kranz aus Eichenlaub und reiht sich – legitimiert durch die Gründung des Museums durch den Großherzog – selbstbewusst in eine prominente Schar ein. Von Schwinds Entwürfen abweichend, gestalteten Anton Geck und Lucian Reich diese Medaillons farbig.

Schwind selbst hielt seine künstlerische Leistung in Karlsruhe für verkannt, als er am 2. Februar 1845 an Ernst Foerster schrieb: »In einer Sackgasse wie Carlsruh dürfte man Wunderwerke gemacht haben, es wäre umsonst, denn niemand weiß davon.«[25] Heute gehören Schwinds Fresken und die Erdgeschoss-Säle zu den nachhaltigsten Eindrücken bei Rundgängen durch die Kunsthalle.

Teil dieses sehenswerten Ausstattungsprogramms ist auch die Bauplastik Franz Xaver Reichs (1815–1881): Vom Bronzeportal herab begrüßen zwei weibliche Gestalten in antikem Gewand den Besucher – auf Schrifttafeln, die sie halten, steht dort: »SALVE MUSIS AMICE«. Auf Reliefs, die den Eingang flankieren, stellte Reich Raffael und Michelangelo, Dürer, Holbein und den Bildhauer Peter Vischer dar, für den Balkon schuf er die Personifikationen von Malerei und Bildhauerei. Und nochmals wird im Innern, auf dem Wendepodest der Treppe, der deutschen und italienischen Kunst gehuldigt: Christian Lotsch (1790–1873) schuf die Porträtbüsten Dürers und Raffaels, die sich hier seit nun mehr als 150 Jahren Auge in Auge gegenüberstehen.

Über den Wert des Gesamtkunstwerks herrscht heute Einigkeit: »Hübsch hat mit den bescheidenen Mitteln der badischen Hauptstadt ein Museum errichtet, das mit den Museen Münchens und Berlins konkurrieren konnte: seine baukünstlerische Qualität, seine komplexe Verbindung von Bauform, Baukonstruktion, Ausstattung und Inhalt sind außerordentlich.«[26]

Der Flügel von Joseph Durm

Nach Hübschs Tod im Jahr 1863 verging mehr als ein Vierteljahrhundert, bis der Raumbedarf der Kunsthalle es nahe legte, ihre Planung fortzuführen. Im Oktober 1887 beantragte die oberste Behörde des großherzoglichen Hofes beim Finanzministerium erstmals Mittel für eine Vergrößerung der Kunsthalle. Erst 1891 legte Baudirektor Joseph Durm jedoch eine beschlussfähige Planung vor, die – nach Abriss des dortigen Hofzahlamtes – eine Fortsetzung des Baukörpers im Osten vorsah. Beauftragt mit einer Erweiterung des Hauses, führte er diese ganz im Stil des Hübsch-Flügels fort, behielt an der Ostfassade Hübschs architektonische und dekorative Sprache bei und gestaltete lediglich die schmale, dem Schloss zugewandte Nordostfassade in einer aufwändigeren, neu-barocken Formensprache. Ausgestattet wurde der 1896 abgeschlossene Bau dort mit zwei allegorischen Reliefs und Skulpturen von Adolf Heer (1849–1898), die Dürer und Holbein zeigen. An seiner Innengestaltung arbeiteten mehrere Maler mit, unter anderem Edmund Kanoldt (1845–1904) – jedoch wurde diese reiche Ausstattung 1944 zerstört. Heute machen die Obergeschoss-Räume im Durm-Flügel einen überaus zeitgemäß funktionalen Eindruck, da dieser Gebäudeteil in den Jahren 1998/99 grundlegend renoviert und klima- und ausstellungstechnisch modernisiert wurde.

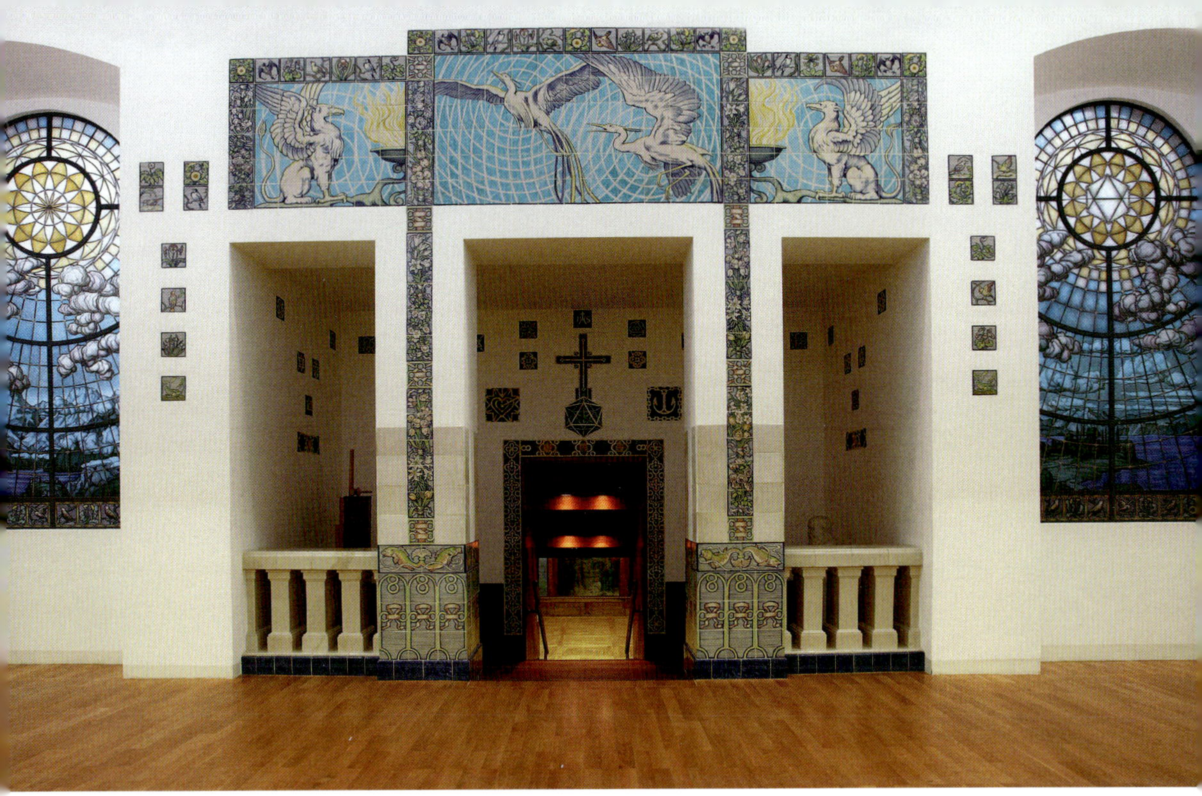

Eingang zur »Thoma-Kapelle«

Der Flügel von Heinrich Amersbach und die »Thoma-Kapelle«

Um das Jahr 1904 keimte der Entschluss, die Kunsthalle um einen dritten Flügel zu erweitern. Er ging auf die gemeinsame Initiative des damaligen Kunsthallendirektors Hans Thoma (1839–1924) und Großherzog Friedrich I. (1829 bis 1907) zurück, der den aus dem Schwarzwald stammenden Maler besonders schätzte und förderte. Der Großherzog, der die Vollendung dieses Projekts nicht mehr erleben sollte, hatte Thoma den Vorschlag unterbreitet, ihm ein eigenes, von der Kunsthalle abgetrenntes Museum zu errichten, das ausschließlich für die von seiner »Meisterhand geschaffenen Werke bestimmt sein« sollte.[27] Zunächst war wohl an ein pavillonartiges, von der Kunsthalle separiertes, aber dem alten Akademiebau benachbartes Gebäude im Botanischen Garten gedacht. Thoma behandelte das Projekt zögerlich und nahm, erst nachdem er den Hauptteil seines Bilderzyklus zum Leben Christi abgeschlossen hatte und auf Drängen des Großherzogs hin, Kontakt zu Oberbaurat Heinrich Amersbach auf.

Amersbach legte mehrere variierende und zunächst weiter von Hübschs Grundideen abweichende Pläne vor, die schließlich in einer – vor allem in der Nachfolge alles andere als geglückt empfundenen – Lösung mündeten, die dem rechtwinklig an den Durm-Flügel anschließenden Erweiterungsbau eine kleine achteckige Kapelle in den Hofbereich vorlagerte. Es war erklärtes Ziel, Hübschs Vorgaben ansonsten möglichst treu zu bleiben. Der Jugendstil-Architekt Hermann Billing, der sich erboten hatte, am Projekt mitzuwirken, wurde mit der Erklärung zurückgewiesen, man wolle »im alten Stil« weiterbauen. Amersbachs Plan für einen dreigeschossigen Nordflügel wurde 1908 Großherzog Friedrich II. (1857–1928) vorgelegt und der Bau ab Oktober 1908 mit erhöhtem Tempo vorangetrieben, da man das Thoma gewidmete Untergeschoss und die oktogonale Kapelle zu dessen 70. Geburtstag am 2. Oktober 1909 einweihen wollte. Dies gelang, und die Einrichtung des ersten Stocks wurde 1910 abgeschlossen.

Der Thoma-Trakt war durch einen eigenen Zugang vom Schlossplatz her erreichbar, und der Künstler hatte sich akribisch um die Aus-

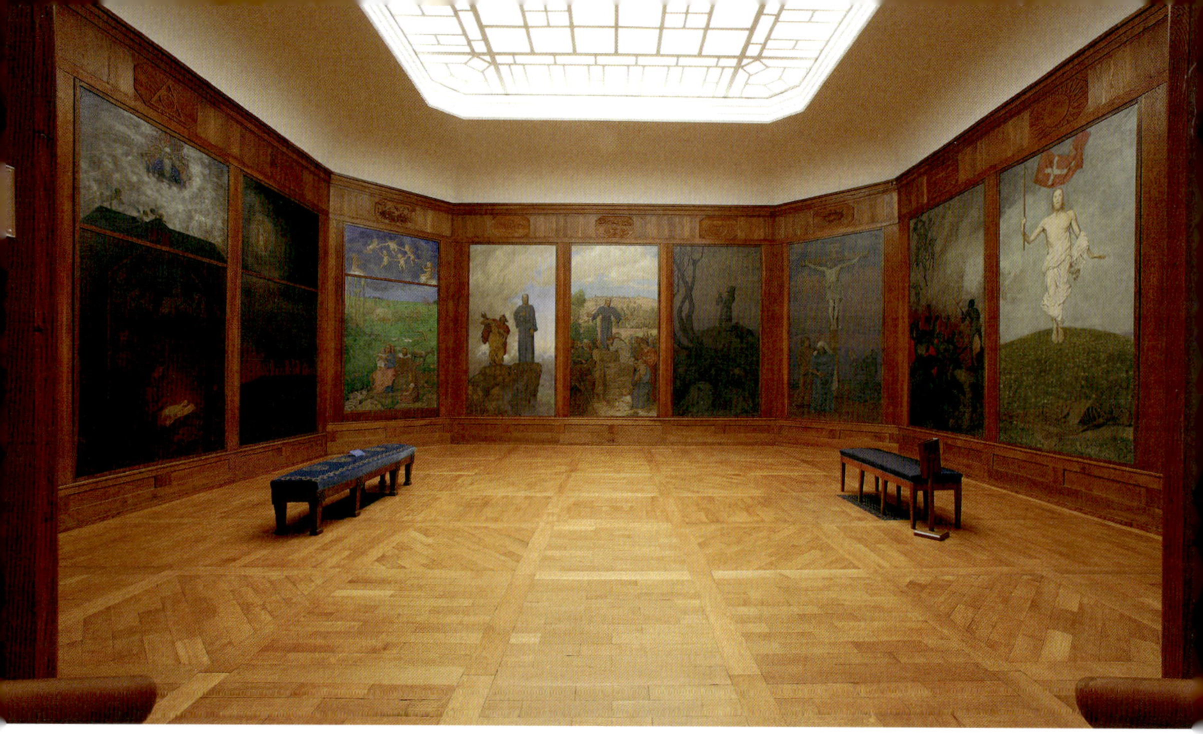

Blick in die »Thoma-Kapelle«

stattung der Säle gekümmert. Zur Eröffnung waren von ihm insgesamt 39 Ölstudien und Handzeichnungen sowie neunzehn Gemälde ausgestellt, zu denen sein »Selbstbildnis mit Amor und Tod« und ein 1909 gemaltes Bildnis des Großherzogs Friedrich I. zählten.

Das Projekt für die Kapelle wurde zu Beginn vom Wunsch der Großherzogin mitbestimmt, die Thoma um einige »Weihnachtstransparente« gebeten hatte. Thoma schuf daraufhin ein Triptychon mit der »Verkündigung an die Hirten«, der nächtlichen »Anbetung des Kindes« und dem »Zug der Heiligen Drei Könige«. Dieses Triptychon bildet den Auftakt der Bildfolge in der Kapelle. Sie entspinnt sich weiter über die Motive der »Ruhe auf der Flucht«, der »Versuchung Christi«, »Das Lehramt Chisti«, »Christus am Ölberg« und die »Kreuzigung«. Weiter folgt – parallel zum Weihnachtstriptychon – ein Ostertriptychon, bestehend aus der Darstellung der »Hölle«, der »Auferstehung« und der »Gefilde der Seligen«. Zu diesen Bildern komponierte Thoma an die beiden Schrägen der Türwand Darstellungen von Sonne, Mond, Mars, Merkur, Jupiter, Venus, Saturn und Erde und darüber, dichter gedrängt, solche der zwölf Monate. Mit kleinen Holzreliefs, die der Bildhauer Oskar Schill nach Thomas Vorgaben schuf, wurden die Tierkreiszeichen den Monatsdarstellungen zugeordnet.

»Die ganze Arbeit«, schrieb Thoma am 18. Dezember 1907 an seinen Freund, den Kunsthistoriker Henry Thode, »ist in tief leidenschaftlicher Bewegung, ja ich darf sagen, aus tiefem Leid hervorgegangen. ... Vielleicht war es notwendig, dass das Leben mir wie ein Trümmerhaufen um mich her lag, und dass es dem alten Mann nichts anderes mehr übrig ließ als sein Schaffen.«[28] Nicht nur war 1901 Thomas Frau Cella gestorben, sondern nun auch noch, am 28. September 1907 im Alter von 81 Jahren, der Großherzog. Im März 1908 beendete Thoma den Zyklus als ein Werk, in dem er nicht nur Schmerz und Todesfurcht zu bewältigen suchte, sondern das er auch zunehmend – und, wie die kunsthistorische Rückschau zeigt, in tragischer Verkennung seiner eigentlichen Leistungen – als sein künstlerisches Vermächtnis zu begreifen begann.

Vom Sommer 1908 an arbeitete Thoma an Entwürfen für jenen triumphbogenartigen Eingang, der von seinem Museum in die Kapelle führen und durch den man in seinen Bilderraum eben wie in einen Tempel eintreten sollte.

Er wurde 1909 mit von ihm entworfenen Majolika-Fliesen und farbigen, von Hans Drinneberg (1852–1931) hergestellten Glasfenstern ausgestattet. Im Rahmen des Umbaus der Kunsthalle wurde die »Thoma-Kapelle« 1982 abgebrochen und unter den Innenhof der Kunsthalle verlegt. 1991 konnten die im Zweiten Weltkrieg zerstörten Fenster nach Fotos rekonstruiert und in die Wand eingesetzt werden. Auf ihr sind Verweise auf Natur, Elemente einer diesseitigen Welt dem vorgeordnet, was an heilsgeschichtlichem, mythologischem und symbolistischem Gedankengut in der Kapelle ausgebreitet wird. Das linke Fenster zeigt eine nördliche Alpenlandschaft mit Bergsee im Morgenlicht, das rechte eine Südansicht der Alpen mit Zypressen auf einer Halbinsel im Abendlicht. Das aus unterschiedlichen Perspektiven aufgenommene Landschaftspanorama hat den Charakter einer Weltlandschaft im Lauf der Tageszeiten.

Die Majolika-Fliesen zeigen blühende Pflanzen, Fische, Fledermaus, Frosch und verschiedene Vögel, auf dem breiten Kachelbild über dem Portal schwingen sich – flankiert von Greifen mit Feuerschalen – zwei phantastische Vögel auf. In einer Art sich anschließender Vorhalle zeigen die Zierkacheln christliche Symbole wie Anker, Herz und Kreuz. Zur aufwändigen Dramaturgie, mit der Thoma den Betrachter an seine Bild- und Gedankenwelt heranführte, hat Klaus Gallwitz bemerkt: »Auf die große ausgebreitete Kulisse folgten die dämmerigen Propyläen des Vorraums, den Blick in die Tiefe der lichten Kapelle freigebend. Der optische Abschluss war die szenische Darstellung von ›Christus als Lehrer und Menschenfreund‹. In dieser Anordnung vermischten sich sakrale mit bühnenhaften Ideen, volkstümliche Lehren mit theatralischer Inszenierung, das ›spectaculum mundi‹, eines Künstlers, dem Raum und Zeit sich romantisch zu entfremden begannen.«[29]

Der Bau schließt sich – Heinz Mohls Ergänzungsbau

Im Zweiten Weltkrieg wurde die Kunsthalle durch Brandbomben stark beschädigt. Das Dach des Durm-Flügels war zerstört, und sogar die Gewölbe über den Untergeschoss-Sälen waren

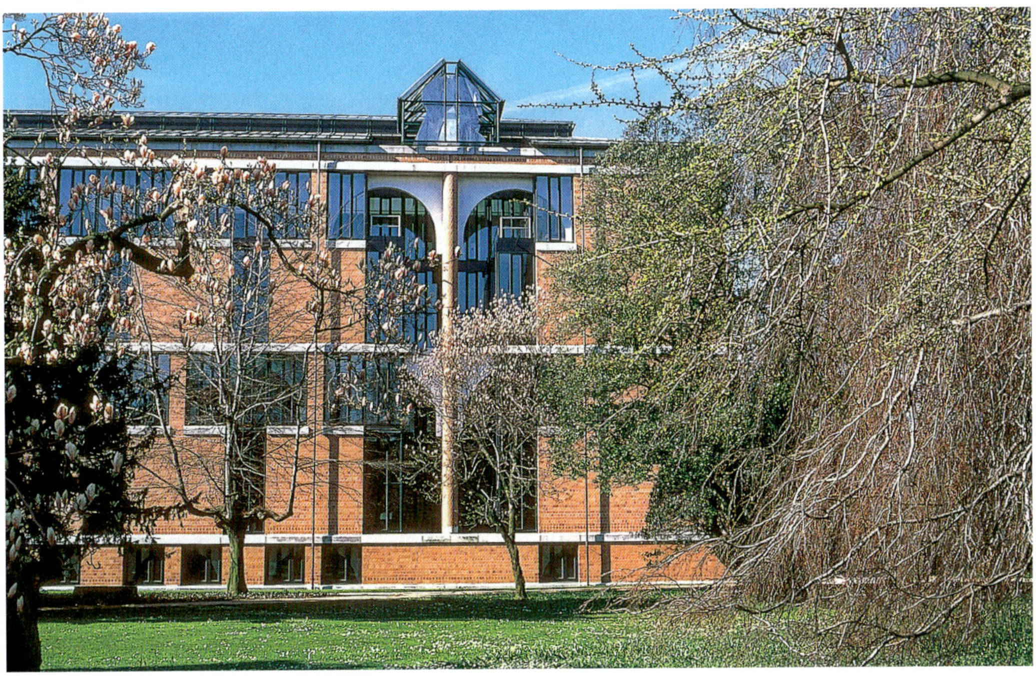

Ergänzungsbau von Heinz Mohl

in Mitleidenschaft gezogen, was sich noch verschlimmerte, da nun Wind und Regen ungehindert in den dachlosen Bau eindringen konnten. Die Ausstattung der Obergeschoss-Säle ging weitgehend verloren, während diejenige im Untergeschoss zwar stark litt, jedoch erhalten blieb. Auch der Ursprungsbau der alten Akademie aus dem 18. Jahrhundert musste am 16. April 1951 abgerissen werden. Da der dreigeschossige Amersbach-Flügel für einen Rundgang auf zwei Etagen ungeeignet war, riss man mit Ausnahme der Nordostfassade 1981/82 auch diesen nieder. Damit war Raum für eine Fortführung des einst von Heinrich Hübsch konzipierten Projektes geschaffen.

Die Aufgabenstellung des im Jahr 1978 ausgeschriebenen Wettbewerbs für den Ergänzungsbau der Kunsthalle umfasste unter anderem die Öffnung der historischen Schauräume, die seit Jahrzehnten als Arbeitsräume genutzt wurden, die Erhaltung der »Thoma-Kapelle« und die Einrichtung eines Rundgangs im Obergeschoss. Mit der Ausführung betraute man den Karlsruher Architekten Heinz Mohl. 1982 wurde der Bau begonnen, der heute auf vier Geschossen über einem ausgebauten Keller das Kupferstichkabinett mit einem unmittelbar angegliederten Ausstellungsbereich, eine Ausstellungsetage, Räume für Werkstätten, wissenschaftliches Personal und Verwaltung umfasst. Mohls Stahlbeton-Skelettbau schließt sich im Nordwesten mit sieben Achsen an Hübschs Gründungsbau an.

Konzeptionell vollendet dieser im Jahr 1990 eröffnete Erweiterungsbau Hübschs Idealplan. Er zitiert die Stützenabstände des Altbaus, die palladianische Fensterordnung in einer die Geschosse verbindenden Umdeutung, führt auch die Sockel-, Gurt- und Kranzgesimse weiter und nimmt mit der Klinkerverblendung auf Hübschs Fassadenästhetik Bezug. Nicht fortgeführt wird die romantische Idee einer organischen Entwicklung des Baus, denn Mohl bedient sich eines ad infinitum seriell addierbaren Moduls, in das er im Nordwesten einen Einschnitt vornimmt: Hier springt die Fassade in einem Quadrat hinter einem von der Sockelzone bis zum Dach emporragenden Pfeiler zurück, der von einem Stahlstützen-Giebel überkrönt wird. In ihm sitzt wie in einem Gehäuse eine Kopf-Skulptur (mit einbeschriebener Figur) des Karlsruher Künstlers Horst Antes. Die großzügigen Fensterflächen, die den Bau zum Botanischen Garten und dem Schloss hin breit öffnen, gewähren herrliche Ansichten dieser wohl schönsten Oase Karlsruhes mit den sie rahmenden Architekturen: Heinrich Hübschs Gewächshäusern, »Torbogengebäude« und der Orangerie.

Im März 2018 wurde ein zweigeteilter Wettbewerb zur Sanierung und Erweiterung der Kunsthalle abgeschlossen, in dem die Jury den Entwurf des Berliner Büros Staab Architekten mit dem ersten Preis kürte. Im Realisierungsteil der für den Anfang der 2020er-Jahre geplanten Altbau-Sanierung sieht der Entwurf eine Überdachung des Innenhofs und dessen Nutzung als Multifunktions- und Erschließungsraum vor. Der Ideenteil überzeugte durch den Plan eines Erweiterungsbaus jenseits der Waldstraße, der korrespondierend mit dem Hübsch-Bau gleichfalls um einen überdachten Innenhof entwickelt ist.

Die Orangerie

Das Interesse der badischen Markgrafen für die Botanik war seit Jahrhunderten immens. Schon der Hofgärtner Karl Wilhelms, des Stadtgründers, hatte eine Reise nach Afrika unternommen, um exotische Arten aufzuspüren und womöglich nach Deutschland zu importieren. Besondere Aufmerksamkeit widmeten im 18. Jahrhundert auch Markgraf Karl Friedrich und seine naturwissenschaftlich hochinteressierte Frau Karoline Luise botanischen Fragen. Die Markgräfin projektierte über einige Jahre hinweg sogar mit großer Energie die Herausgabe eines Abbildungswerkes zu Carl von Linnés »Systema naturae«, seines botanischen Opus magnum, dessen Edition jedoch vor allem an der europaweit nur sehr geringen Zahl zu ermittelnder Subskribenten scheiterte.

Die Kunsthalle war noch im Bau, da wurde Hübsch 1843 aufgefordert, einen Plan zur Ergänzung der architektonischen Rahmung des Botanischen Gartens zu entwickeln. Es gab Vorgängerbauten schon aus der ersten Hälfte des

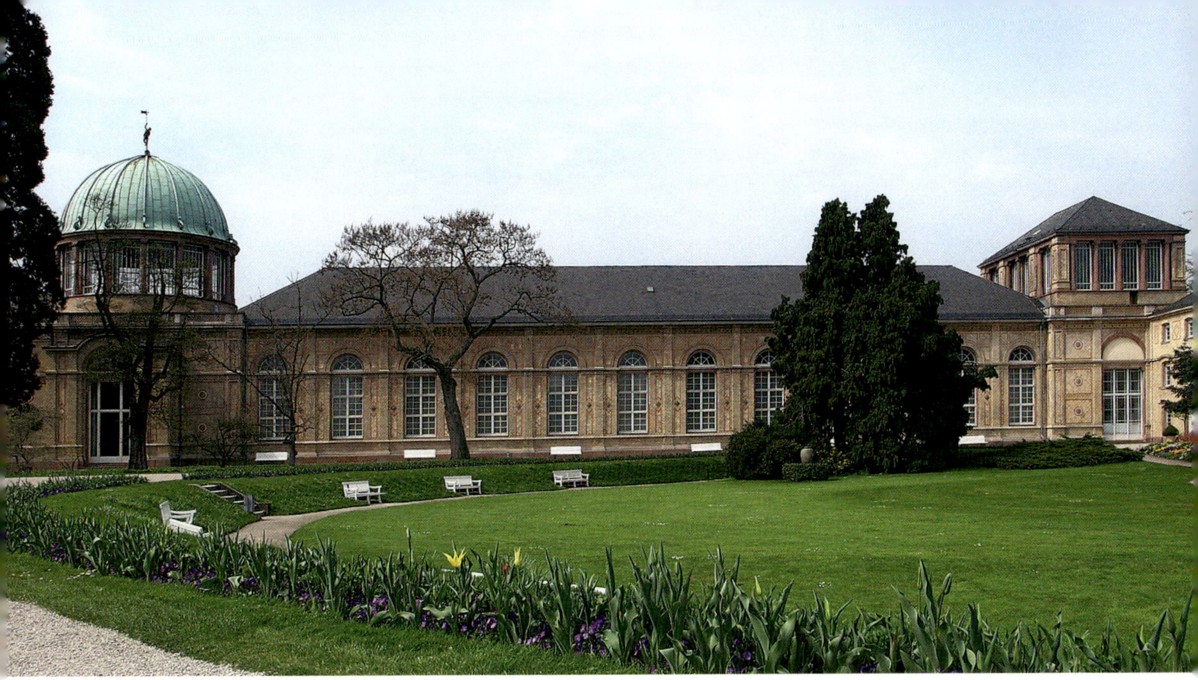

Orangerie, Ostfassade

18. Jahrhunderts, und Friedrich Weinbrenner hatte 1806 begonnen, eine Anlage aus Orangerie und Pflanzenhäusern zu konzipieren, die den Garten nach Süden und Westen abschließen sollte. Im Jahr 1847 brannte das von Weinbrenner errichtete Hoftheater ab, und die Planungen für die neue Orangerie wurden zurückgestellt, weil Hübsch nun mit dem Bau eines neuen Theaters beschäftigt war.

Seine Bemühungen charakterisierte er selbst so: »In Übereinstimmung mit seinem Zwecke, dem Pflanzenreiche zu dienen, das uns hier in der Fülle seiner freien Formen und mannigfaltigen Farben entgegentritt, wie in Übereinstimmung mit der umgebenden Gartenanlage, finden wir hier nicht das Prinzip einer starren Symmetrie und geometrischen Strenge festgehalten, sondern in der ganzen Anlage tritt eine gewisse grössere Freiheit und Mannigfaltigkeit der Form hervor, und eine Berücksichtigung des malerischen Effektes, so weit es die richtigen architektonischen Grundsätze gestatten.«[30] Auf einer Reise nach England 1846 hatte er sich mit den damals wegweisenden Errungenschaften für Gewächshausbauten vertraut gemacht. In noch stärkerem Maße als an der Kunsthalle bediente sich Hübsch hier verschiedenster farbiger Materialien, reliefierte und ornamentierte er den Bau, der in seiner gesamten Länge ein bogenförmig gekrümmtes Glasdach trug, und noch höher blühte aus dem Grünen die große Glaskuppel der Orangerie hervor.

Da die Orangenbaum-Kultur schon kurz nach der Errichtung der Orangerie wieder aufgegeben wurde, nutzte man den Bau bald für andere Zwecke. Um 1930 fanden die Gipse der Kunsthalle hier eine Bleibe. Im Zweiten Weltkrieg wurde die Orangerie derart schwer beschädigt, dass sie erst 1951 wieder mit einer Ausstellung der Werke Wilhelm Trübners eröffnet werden konnte. Heute beherbergt sie die Kunst des 20. und 21. Jahrhunderts.

»War die Kunsthalle der ›Schlüsselbau‹ seiner frühen Jahre, so sind die Orangerie und die Bauten um den Botanischen Garten die wichtigsten späten Bauten Heinrich Hübschs«, resümiert Uta Hassler.[31] Gerahmt von seinen Werken, ist der Architekt bis heute präsent an der Hans-Thoma-Straße: Zwischen dem Hauptgebäude der Kunsthalle und dem einstigen Haus des Gartenbaudirektors, das heute die Junge Kunsthalle beherbergt, steht eine Büste Heinrich Hübschs, die kurz nach seinem Tod von Freunden finanziert, von Friedrich Moest geschaffen und 1867 an diesem Platz aufgestellt wurde (Abb. Seite 11).

Bauliche Zukunft der Kunsthalle

Im Jahr 2017 hat das Land Baden-Württemberg einen offenen zweistufigen Architektenwettbewerb zur Sanierung und Erweiterung der Kunsthalle ausgelobt. Ziel der geplanten Maßnahmen ist es, die in mehrere Baulichkeiten zergliederte Institution auf zwei in etwa gleichwertige Gebäude zu konzentrieren, die durch eine unterirdische Passage mit einander verbunden sind: das Bestandsgebäude der Vierflügelanlage für die Kunst vom Spätmittelalter bis zum 19. Jahrhundert (Realisierungsteil des Wettbewerbs) und der Erweiterungsbau für die Kunst der Moderne und der Gegenwart (Ideenteil) auf dem östlich gelegenen Nachbargrundstück, auf dem sich das 1958–1962 errichtete Gebäude des Amtsgerichts befindet.

Als erste Maßnahme ist die Sanierung der Vierflügelanlage des Bestandsgebäudes geplant: Wichtige Aufgaben sind die Klimatisierung aller Galerien, die Herstellung von Barrierefreiheit und die Verbesserung der räumlichen Orientierung für die Besucher, die Erneuerung der technischen Infrastruktur sowie die konservatorische Erhaltung und Wiederherstellung der denkmalgeschützten Säle im Erdgeschoss. Der Zugang zum Museum wird weiterhin über den historischen Eingang im Hübsch-Flügel erfolgen, der von späteren Einbauten befreit und als Denkmal gestärkt wird. Die Neukonzeption im Inneren sieht einen überdachten Innenhof als neue Mitte des Museums vor. Von dort aus soll die Vierflügelanlage barrierefrei erschlossen werden. Eine Passage unter der Waldstraße stellt nach der Realisierung der zweiten Baumaßnahme die Verbindung zum Erweiterungsbau her. Das Raumprogramm für den Erweiterungsbau umfasst neben den Galerien für die Kunst der Moderne und der Gegenwart den Sonderausstellungsraum, das Depot, die Bibliothek, den Vortragssaal, Büros für Wissenschaft und Verwaltung sowie ein Museumsrestaurant.

Das Preisgericht unter dem Vorsitz des Architekten Matthias Sauerbruch sprach sich im März 2018 einstimmig für den Entwurf des Büros Staab Architekten, Berlin, aus. Damit war ein im Museumsbau sehr erfahrener Planungspartner für das Projekt gewonnen. Das Preisgericht würdigte den sensiblen Umgang mit dem historisch wertvollen Bestandsbau der Vierflügelanlage im Zusammenspiel mit der zukünftigen Erweiterung auf dem Areal des heutigen Amtsgerichts. Die beengte Situation

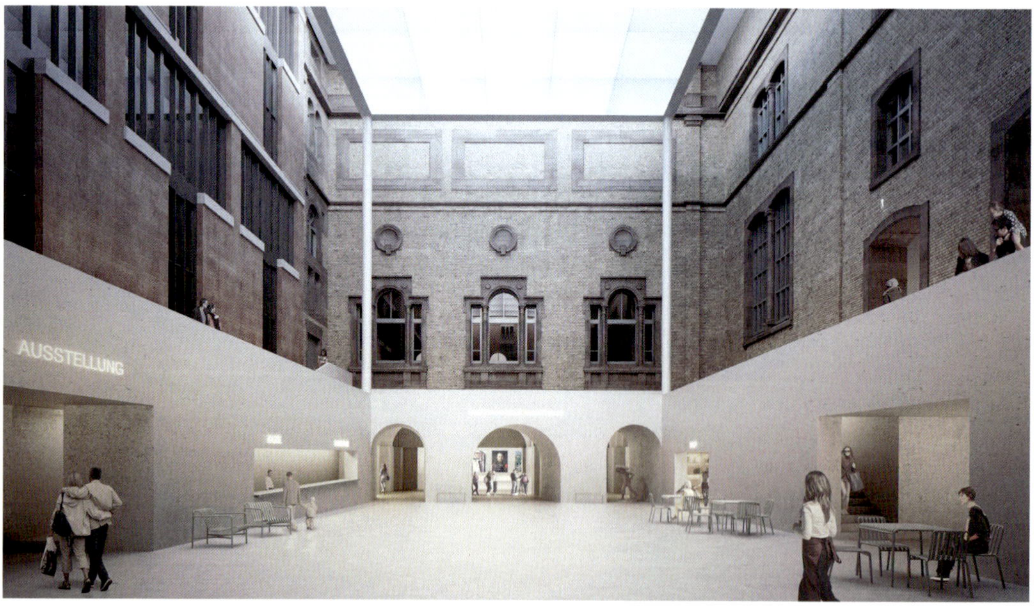

Innenhofentwurf von Staab Architekten

vor dem Eingangsbereich des Hübsch-Baus wird von Staab Architekten durch die Reduzierung der Fahrbahnen und die Vergrößerung des Museumsvorfeldes verbessert. Die Besucher gelangen von dort über den bestehenden Haupteingang ebenerdig in den Innenhof, wo eine umlaufende Galerie Einblicke in das – auf das Gründungsniveau abgesenkte – neue Foyer gewährt. Der Innenhof als neue Mitte des Museums ist durch einen eigenen minimalen Baukörper ausgezeichnet, der die Eigenständigkeit der bestehenden Fassaden akzentuiert und sie gleichzeitig miteinander verbindet. An der westlichen Stirnseite des Innenhofs ist eine breite Treppenanlage mit Sitzstufen vorgesehen, die zur Erschließung des Innenhoffoyers und als Aufenthaltsfläche dient. Von diesem neu geschaffenen zentralen Foyer gelangen die Besucher zu den Servicebereichen, über Fahrstühle und Treppen zu den Galerien der Vierflügelanlage und durch drei bogenförmige Durchgänge in die Passage zum östlich gelegenen, zukünftigen Erweiterungsbau. Die baldachinartige Überdachung des Innenhofs ruht auf vier schlanken Stützen und bildet eine um die Galeriebreite von den Fassaden des Bestandsbaus abgesetzte Lichtdecke. Diese ermöglicht einen geregelten Tageslicht- und Wärmeeintrag sowie die Verdunkelung des Innenhofs.

Der Vorschlag von Staab Architekten im Ideenteil des Wettbewerbs bewahrt die Kubatur und die Fassadenstruktur des heutigen Amtsgerichts. Dessen fehlendes Volumen und städtebauliches Gewicht kompensiert der Entwurf durch einen neu eingestellten, kubischen Baukörper, der die beiden Gebäude von Kunsthallenbau und Erweiterung in eine dialogische Beziehung versetzt. Korrespondenzen zwischen den beiden Gebäuden ergeben sich auch im Inneren durch die überdachten Innenhöfe und die umlaufenden Balustraden.

Der Baubeginn für die Sanierung des Bestandsgebäudes ist für 2022 geplant. Um als Museum voll funktionsfähig zu sein, ist die Erweiterung als zweite Baumaßnahme unerlässlich; sie soll nach einem zweiten Architektenwettbewerb erfolgen. Die Kunsthalle steht somit am Anfang eines mehrstufigen Transformationsprozesses. Die besondere Herausforderung aller Planungspartner besteht darin, die bedeutenden Manifestationen der Baugeschichte der Kunsthalle mit den sich wandelnden Anforderungen an das Museum im 21. Jahrhundert zu verbinden.

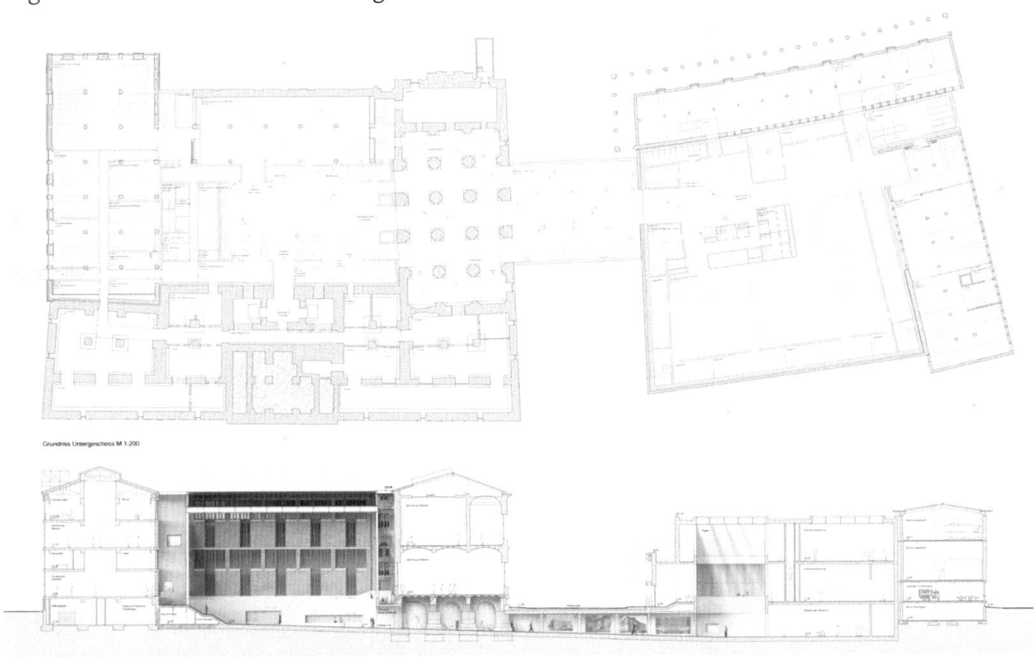

Grundrisse Bestands- und Erweiterungsbau mit Passage von Staab Architekten

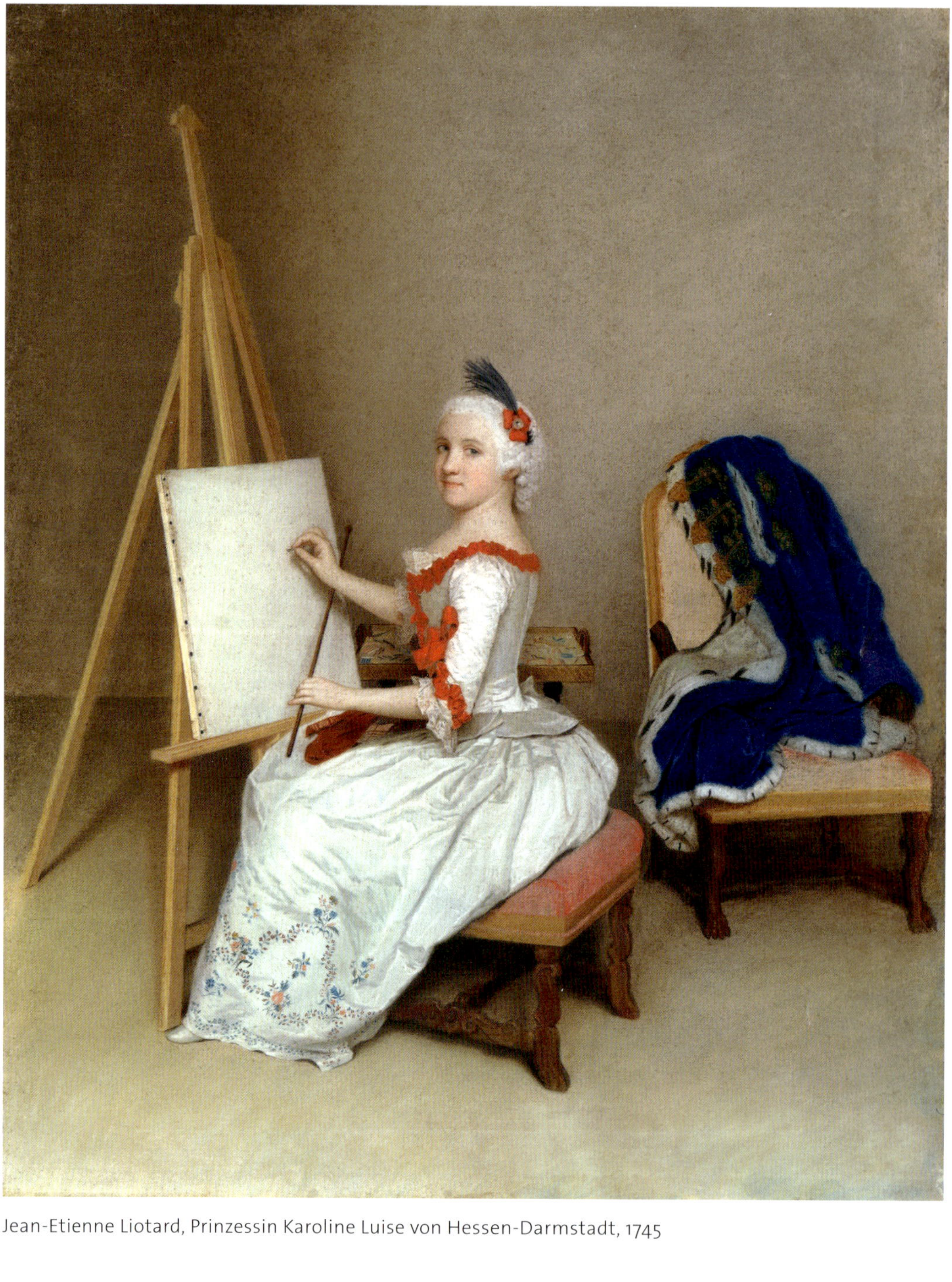

Jean-Etienne Liotard, Prinzessin Karoline Luise von Hessen-Darmstadt, 1745

SAMMLUNGSGESCHICHTE

Die Markgrafen von Baden und Baden-Durlach

Den Grundstein der Sammlung der Staatlichen Kunsthalle Karlsruhe legten die Markgrafen von Baden. Ein Werk, das einen Schlüsselmoment in der Familien- und Sammlungsgeschichte der badischen Herrscher veranschaulicht, besitzt die Staatliche Kunsthalle mit Hans Baldung Griens (1484/85–1545) so genannter Markgrafentafel, die Christoph I. (1453–1527) in Auftrag gab. Das um 1509/12 entstandene Bild zeigt den Landesherrn mit seiner Gemahlin Ottilie von Katzenelnbogen und ihren 15 Kindern – darunter die Söhne Philipp (in Rüstung), Ernst (links hinter ihm am Bildrand) und Bernhard III. (bärtig und mit Netzhaube) – in Anbetung der »Anna Selbdritt«. Christoph hatte Philipp (1479 bis 1533) im Jahr 1503 zum Alleinerben der badischen Stammlande bestimmt. Diese Entscheidung führte zu einem unschlichtbaren Konflikt, da der älteste Sohn Bernhard (1474–1536) und dessen Bruder Ernst (1482–1553) gegen den Willen ihres Vaters auf eine Teilung drängten.

Das Gemälde Baldungs belegt nicht nur den hohen Kunstverstand des Zähringers, der den damals noch jungen Straßburger Künstler mit diesem wichtigen Auftrag betraute, sondern es zeigt Christoph und die Seinen in einem historischen Moment, wenige Jahre vor der schmerzlichen, rund 250 Jahre (bis 1771) währenden Zersplitterung des Hauses Baden. Im Angesicht der heiligen Anna, der Schutzpatronin der Familie, wird die familiäre Eintracht, um die Christoph mit ebenso großem Einsatz rang wie um die Einheit seiner Markgrafschaft, hier zumindest in effigie hergestellt. Tatsächlich jedoch wurde der Markgraf 1516, elf Jahre vor seinem Tod, von seinen Söhnen entmündigt, die ihre Partikular-interessen durchsetzten. Phillipp starb bereits 1533 und hinterließ sein Erbe den beiden Brüdern. Ernst begründete die protestantische Linie und siedelte seine Residenz 1535 zunächst in Pforzheim an. Im Jahr 1565 zog sein Nachfolger Karl II. in die neu errichtete Durlacher »Karlsburg« ein. Bernhard III. stand hingegen dem später wieder zum Katholizismus übergetretenen Baden-Badener Zweig vor, dessen Sitz Philipp II. (1559–1588) mit dem Neuen Schloss in Baden-Baden nach italienischem Vorbild zu einer glanzvollen Residenz ausbaute.

Im Jahr 1562 hatten die Durlacher Markgrafen zusätzlich das »Drachenschlößl« in Straßburg gekauft, das sie in den folgenden Jahrzehnten während kriegerischer Auseinandersetzungen im eigenen Land immer wieder als Exilanten aufsuchten.[32] Im Jahr 1639 erwarb Markgraf Friedrich V. (1594–1659) ein erstes Anwesen von schließlich mehreren Häusern in Basel, wo er zwischen 1642 und 1650 lebte, befreundet unter

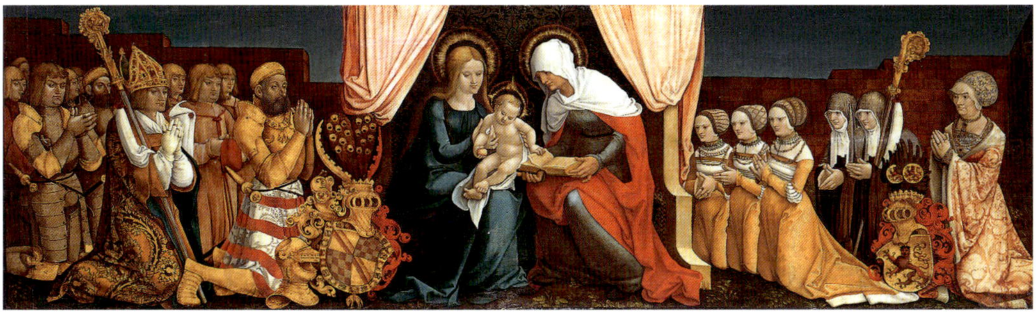

Hans Baldung Grien, Markgraf Christoph I. von Baden mit seiner Familie in Anbetung der heiligen Anna Selbdritt, um 1509/12

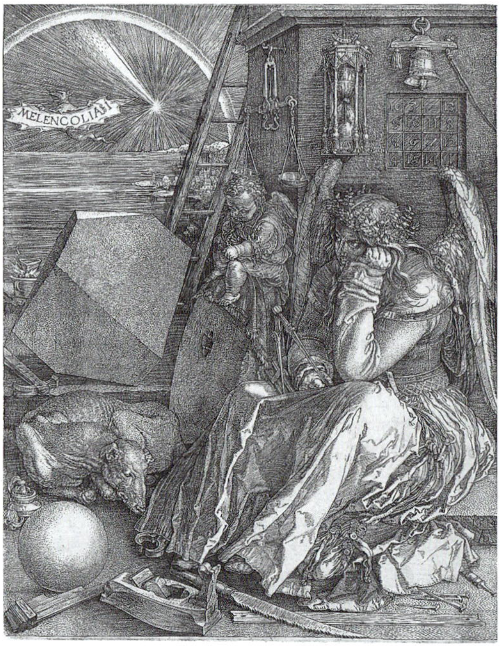

Albrecht Dürer, Die Melancholie (»Melencolia I«), 1514

anderem mit dem Kunstsammler und Universitätsprofessor Remigius Faesch (1595–1667), mit dem er sich über die Strukturen einer Sammlung beriet und hochkarätige Werke tauschte, zu denen unter anderem Blätter von Dürer zählten.

Vor allem auf Friedrich V. geht die Gründung des Kupferstichkabinetts der Staatlichen Kunsthalle Karlsruhe zurück, das zu den ältesten Kabinetten Europas zählt.[33] Der Markgraf erwarb unter anderem in Straßburg das so genannte (aus Studien mehrerer verschiedener Bücher zusammengetragene, über 100 Silberstiftzeichnungen umfassende) Skizzenbuch Hans Baldung Griens und ein großes Konvolut von Zeichnungen, zu dem Blätter von Adam Elsheimer und Hans Schäufelein zählten, daneben rund 1000 Scheibenrisse von Künstlern des 16. und 17. Jahrhunderts. Friedrichs Sammlung an Zeichnungen wuchs damit auf rund 1500 Werke an, die vor allem von am Oberrhein tätigen Künstlern stammten. Das markgräfliche Druckgraphikkabinett umfasste gegen Ende des 17. Jahrhunderts mehr als 4000 Werke, davon vermutlich 1800 Blätter altdeutschen Ursprungs (von Hans Holbein d.J., Lucas Cranach d.Ä., Hans Burgkmair, Albrecht Altdorfer, Hans Baldung Grien, Barthel Beham und Georg Pencz). Das Inventar von 1688 weist unter anderem eine »starcke Sammlung von Albert Durers Holtz und Silberstichen« und ein ungebundenes Exemplar der »Apokalypse« von 1498 aus.[34] Zu den Erwerbungen Friedrichs V. gehörten ferner rund 420 Drucke altniederländischer Manieristen, etwa 100 Blätter von Hendrick Goltzius, rund 150 Stiche nach Rubens und van Dyck und insgesamt weit mehr als 1500 Arbeiten zeitgenössischer Künstler, die zeitweilig im elsässisch-lothringischen Raum oder in Paris tätig waren – unter ihnen Jacques Callot, Wenzel Hollar, Stefano della Bella und Israël Silvestre.[35]

Auch Friedrich VI. (1617–1677) widmete sich – in den Jahren des Friedens – seiner Sammelleidenschaft, deren Ertrag Friedrich VII. Magnus (1647–1709) im Jahr 1688 beim Ausbruch des Pfälzischen Erbfolgekrieges aus der »Karlsburg« nach Basel brachte. Durlach wurde 1689 zerstört. Das Inventar der geretteten Sammlung umfasste zu diesem Zeitpunkt mehr als 700 Gemälde,[36] unter anderem Hans Holbeins d.J. »Heiliger Georg« und die »Heilige Ursula«, Hans von Aachens »Kuppelszene«, Jan van Hemessens »Lockere Gesellschaft«, eines der frühesten und bezwingendsten Hauptwerke moralisierender, altniederländischer Genremalerei (Abb. Seite 60), sowie Hans Burgkmairs großartiges

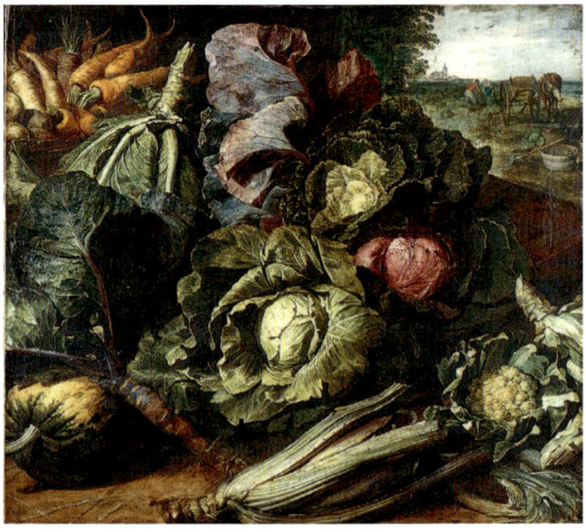

Frans Snyders, Stillleben mit Feldfrüchten – Allegorie der Erde, um 1618/20

Bildnis des Gelehrten, Straßburger Stadtschreibers und Urhebers des »Narrenschiffs«, Sebastian Brant (Abb. Seite 49).[37]

Zu einem passionierten, für das Profil der heutigen Sammlung der Staatlichen Kunsthalle prägenden Kunstkenner entwickelte sich auch Markgraf Hermann von Baden (1628–1691), ein sinnenfroher Mann, der sich in den Kämpfen gegen die Truppen Ludwigs XIV. Meriten erworben hatte und später mit diplomatischen Missionen betraut wurde. Rund 20 Werke, die heute in der Kunsthalle bewahrt werden, stammen aus dem Nachlass dieses Junggesellen, der sich mit Vorliebe mit Bildern seiner Zeitgenossen, vor allem des kraftvollen niederländischen Barock, umgab.[38] Seinem Kunstverstand verdankt die Kunsthalle unter anderem Jacob Jordaens' »Moseswunder« (Abb. Seite 62), das dieser, erst 25-jährig, um 1618/20 schuf, und das »Stillleben mit Feldfrüchten – Allegorie der Erde« des Frans Snyders, das die Fruchtbarkeit der Natur in einem überbordenden Herbst-Tableau veranschaulicht. Ungesichert bleibt die Hypothese, dass Rubens das mit der Ernte beschäftigte bäuerliche Paar im Hintergrund gemalt und das Werk zeitweilig selbst besessen haben könnte.[39] Außerdem stammt Frans Franckens d.J. Gemälde »Das Gleichnis vom Verlorenen Sohn« (um 1630) aus der Sammlung Hermanns (Abb. Seite 65).

Diese vermachte er seinem Neffen Markgraf Ludwig Wilhelm (1655–1707), der als Generalleutnant der kaiserlichen Heere 1691 den Sieg über die Türken davontrug, wovon in der Sammlung der Kunsthalle Ferdinand Kellers 1879 in Auftrag gegebenes Gemälde »Ludwig Wilhelm von Baden in der Schlacht von Salankamen« zeugt (Abb. Seite 113). Sibylla Augusta (1675 bis 1733) aus dem Hause Sachsen-Lauenburg, deren Residenz im böhmischen Schlackenwerth lag, wurde 1690 mit Ludwig vermählt. Im Jahr 1689 war die Baden-Badener Residenz mit einem großen Teil ihrer Kunstschätze einem von französischen Truppen gelegten Brand zum Opfer gefallen. Das Paar siedelte sich deshalb für einige Jahre in Böhmen an. Auch diese Heirat bedeutete für die markgräflich-badischen Kunstschätze einen gewichtigen Zuwachs, der sich noch heute in der Sammlung der Kunsthalle widerspiegelt: Lucas Cranachs »Maria mit dem Kinde« (Abb. Seite 48) aus der Schlosskapelle in Schlackenwerth, aber auch ein »nacketes Bild«, das allenfalls in Privatgemächern, dem Schlafzimmer, gehangen haben kann oder aufbewahrt wurde, nämlich Cranachs wunderbares »Urteil des Paris« von 1530, stammen aus ihrem Besitz. Überraschenderweise zählte offenbar

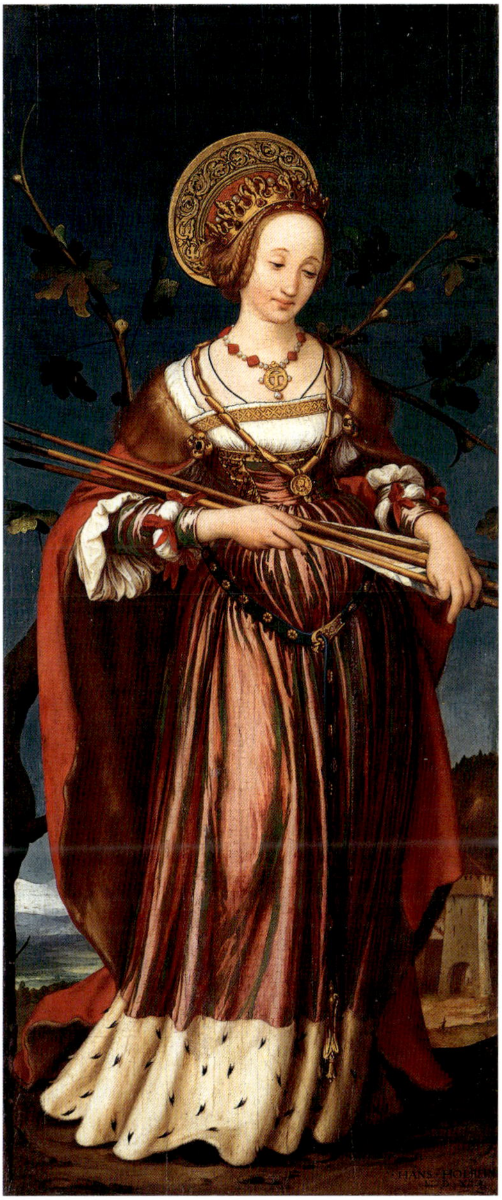

Hans Holbein d.J., Heilige Ursula, 1520

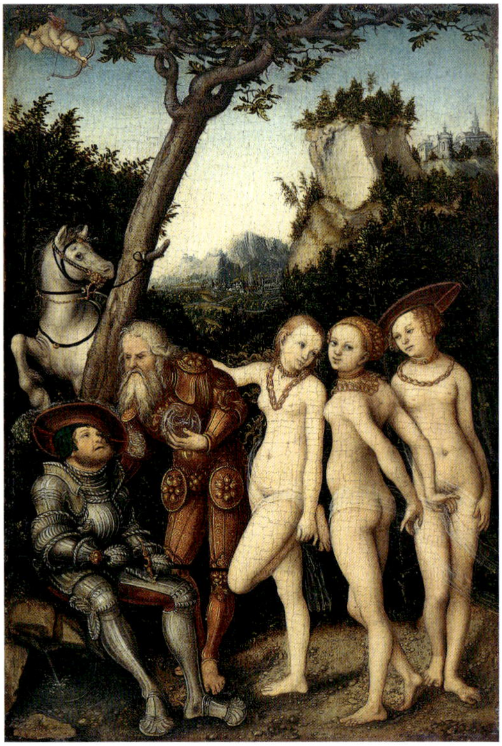

Lucas Cranach d. Ä., Urteil des Paris, 1530

auch ein Stück oberrheinischer Malerei, Hans Baldung Griens »Geburt Christi« von 1539 (Abb. Seite 49), zur Schlackenwerther Sammlung.[40] Im Jahr 1698 war der Bau des Rastatter Schlosses begonnen worden. Sibylla Augustas Sinn für die Kunst und Architektur des Südens verdankt die Staatliche Kunsthalle auch eines ihrer wenigen italienischen Werke, nämlich Lorenzo di Credis Tondo mit der Darstellung der »Maria, das Kind anbetend, mit dem Johannesknaben« (um 1480), der als Retabel auf dem Altar der Rastatter Schlosskirche seinen Platz gefunden hatte. Wenig mehr als diese allerdings wunderbaren Werke ging aus diesem Besitz in den Sammlungsbestand der Kunsthalle ein. Markgraf August Georg, 1706 als letzter Sohn Ludwig Wilhelms geboren, starb 1771 ohne männliche Nachkommen – damit fiel der baden-badische Besitz an das Haus Baden-Durlach zurück.

Karoline Luise und ihr Malerei-Kabinett: »Ich suche nur nach großen Meistern ...«

Den wichtigsten und fruchtbarsten Akzent in der Sammlungsgeschichte der Markgrafen setzte eine Frau, die 1751 in die Durlacher Linie eingeheiratet hatte: Karoline Luise (1723–1783), Prinzessin von Hessen-Darmstadt, wurde 28-jährig mit Markgraf Karl Friedrich (1728–1811) vermählt. Im Jahr 1715 hatte dessen Großvater Karl Wilhelm (1679–1738) mit der Errichtung seines neuen Schlosses in Karlsruhe begonnen. Karoline Luise, talentiert, wissbegierig, fleißig und hochgebildet, entwickelte sich zu einer der sympathischsten und erstaunlichsten Persönlichkeiten des Hauses Baden, ja zu einer herausragenden Aristokratin der Epoche der Aufklärung. Im neuen Schloss, das über Jahrzehnte hinweg eine Baustelle blieb, trug sie eine ansehnliche Bibliothek zusammen, die bei ihrem Tod mehr als 3300 Bände umfasste,[41] ebenso ihr zwischen 1759 und 1764 mit Akribie und Passion aufgebautes »Malerei-Kabinett« und schließlich eine beachtlich fortschrittliche und umfassende Naturaliensammlung – durchgängig auf der Grundlage eigener enzyklopädischer Studien.

Karlsruhe zu einem weltoffenen Musenhof zu machen, schwebte der Frau vor, die Lavater als die »Vielwisserin und Vielfragerin von Baden« bezeichnete.[42] Ihre Privatsammlung wuchs schließlich auf 205 Gemälde an, die vier Zimmer im Westflügel des Schlosses füllten und anhand derer sie sich selbst im Zeichnen zu schulen gedachte, eine Beschäftigung, der sie sich seit langem mit erstaunlichen Fertigkeiten und Begeisterung widmete. Im Jahr 1745 hatte Jean-Etienne Liotard (1702–1789) sie für kurze Zeit unterrichtet und seine 22-jährige Schülerin bei der Arbeit vor der Staffelei in einem entzückenden Pastell auf Pergament porträtiert (Abb. Seite 28). Ihre Zeichenkunst brachte ihr im Jahr 1763 sogar die Ehrenmitgliedschaft der Königlichen Kunstakademie Kopenhagen ein.[43]

Karoline Luise trug vor allem wunderbare Werke einer delikaten und in Format und Thema eher intimen Feinmalerei zusammen. Der niederländische Realismus sagte ihr mehr als die Repräsentationsgesten des Barock oder die höfisch-verspielte Kunst des Rokoko. Sie schickte

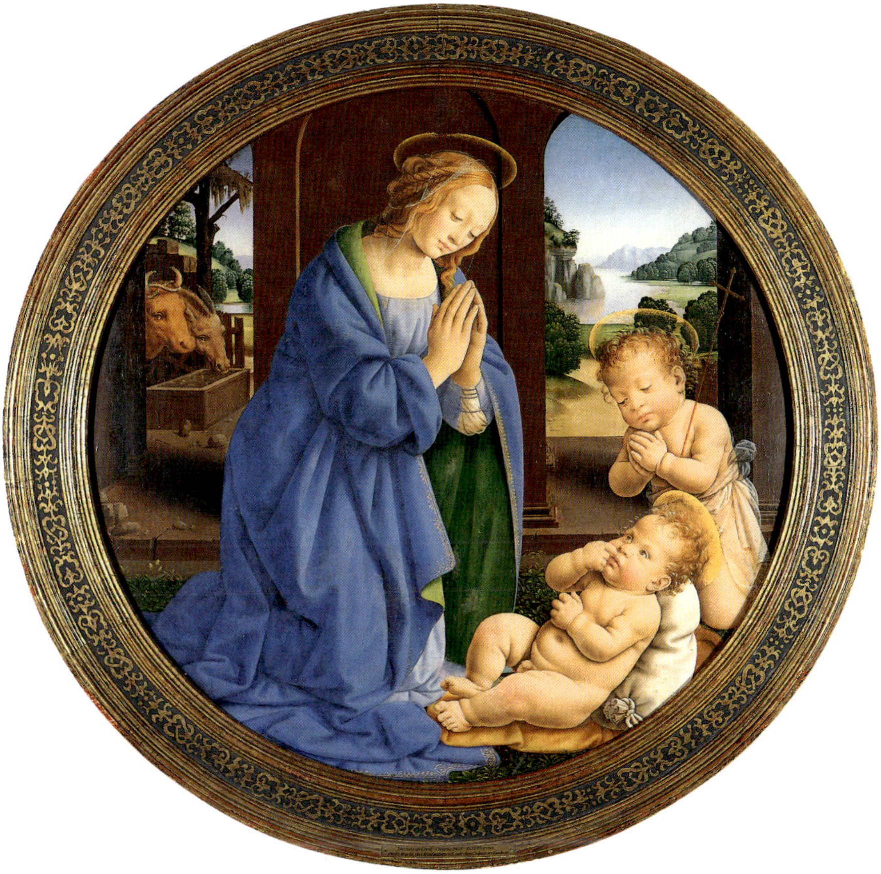

Lorenzo di Credi, Maria, das Kind anbetend, mit dem Johannesknaben, um 1480

ihre Berater nach Werken aus, die »très finis« sein sollten, und sie erwarb so für Karlsruhe Kleinodien. Zu ihnen zählen Willem Claesz. Hedas »Frühstücksstillleben« (um 1635), Adam Pynackers »Waldlandschaft mit Hirten« (um 1660), Frans van Mieris' d. Ä. »Bildnis eines jungen Mannes« (um 1660), Nicolaes Berchems »Winterlandschaft mit Kalkofen« (um 1665/70), Gabriel Metsus »Junges Paar beim Frühstück« (um 1667), Gerrit Dous »Die Spitzenklöpplerin« (1667, Abb. Seite 74), Willem van Aelsts »Stillleben mit Jagdgeräten und totem Rebhuhn« (1668), Melchior de Hondecoeters »Der Friede im Hühnerhof« (1668) und Gerrit Berckheydes »Der Damplatz zu Amsterdam« (1689). Ihr erklärtes Lieblingsbild, Caspar Netschers »Tod der Kleopatra« (1673, Abb. Seite 36), kopierte sie im Jahr 1764 in einem hervorragenden Pastell, das sie der dänischen Akademie als Dank für ihre Berufung überließ.[44]

Ihre Absicht beschrieb die Markgräfin so: »Ich suche nur nach großen Meistern, da ich mein Kabinett wie ein Literat seine Bibliothek als ein Mittel zur Belehrung ansehe.«[45] Zu diesen Meistern zählte Rembrandt Harmensz. van Rijn, dessen »Selbstbildnis« (um 1650) Karoline Luise 1761 erwerben konnte (Abb. Seite 68). Diese Werke sollten ihren Geist beschäftigen, ihren Geschmack bilden, ihr den Blick auf das für ihre Zeit Prägende öffnen, ihren Lerneifer und ihre Neugier befriedigen. »Ihr Verhältnis zum Kunstwerk ist in mancher Hinsicht durch den rationalistischen Geist des Zeitalters der Aufklärung bestimmt; auch in ihren wissen-

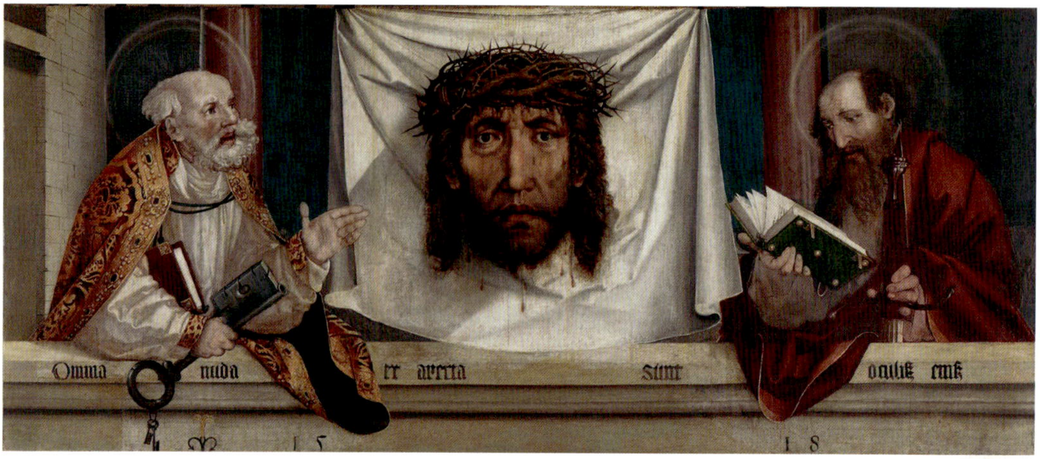

Martin Schaffner, Petrus und Paulus mit dem Schweißtuch der Veronika, 1518

schaftlichen Bestrebungen kommt dies zum Ausdruck, in ihrer Beziehung zu Voltaire oder zu Linné«, schreibt ihr Biograf Jan Lauts über sie.[46]

Vor allem holländische und flämische Werke des 17. Jahrhunderts und französische Malerei der Zeitgenossen fanden Eingang in ihr mit Augenmaß aufgebautes Kabinett. Bei François Boucher (1703–1770) gab sie 1759 zwei Schäfer-Szenen in Auftrag. Von Jean-Baptiste-Siméon Chardin (1699–1779), dem »bürgerlichen Maler des Bürgertums«, wie ihn die Brüder Goncourt nannten,[47] dem progressiven und von ihr hoch verehrten Zeitgenossen, den sie erst 1771 auf einer Paris-Reise kennen lernte, erwarb sie sogar fünf Gemälde, von denen heute noch vier Stillleben zur Sammlung der Kunsthalle zählen (Abb. Seite 37 und 90). In den späten sechziger Jahren schränkte die Markgräfin ihre Bilderkäufe ein, da die Preise auf dem Kunstmarkt nach dem Ende des Siebenjährigen Krieges wieder anzogen und ihrem Sammeleifer, obschon sie auch als Unternehmerin erfolgreich agierte, damit Grenzen gesetzt waren. Dennoch darf man Karoline Luise als »Begründerin der Karlsruher Galerie« betrachten,[48] die das Fundament eines exquisiten Bestandes französischer Malerei vor allem des 17. und 18. Jahrhunderts etablierte und den Grundstein für eine mittlerweile umfangreiche Abteilung niederländischer und flämischer Malerei legte.

Die Sammlung vom 19. Jahrhundert bis heute

Neue Akzente wurden der Sammlung im 19. Jahrhundert zwischen 1830 und 1858 unter der Leitung des Galeriedirektors Carl Ludwig Frommel (1789–1863) hinzugefügt. Er kaufte Kartons seiner mit ehrenvollen Aufträgen der Monumentalmalerei betrauten nazarenischen Zeitgenossen Moritz von Schwind, Friedrich Overbeck (1789–1869) und Julius Schnorr von Carolsfeld (1794–1872). Dem Zeichnerischen gab man den Vorrang vor der Malerei, das nah an der Ursprungsidee Angesiedelte, der Blick auf den Schaffensprozess galt manchem Kenner mehr als das ausgearbeitete Werk.

Durch die Ernennung von Hofmalern, die alle zwei Jahre Pflichtbilder abzugeben hatten – darunter Carl Kuntz (1770–1830), Friedrich Helmsdorf (1783–1852), Marie Ellenrieder (1791–1863), Ernst Fries (1801–1833), Daniel Fohr (1801–1862), Johann Baptist Kirner (1806–1866) und Johann Grund (1808–1887) –, und forciert durch die Gründung der Großherzoglichen Kunstschule wuchs der Anteil von in Baden entstandener Kunst innerhalb der Sammlung stark an. Mit der Berufung Johann Wilhelm Schirmers (1807 bis 1863) im Jahr 1854 als Direktor der künftigen Akademie und der Bestellung des Historienmalers Carl Friedrich Lessing (1808–1880) zum Nachfolger Frommels als Direktor der Kunst-

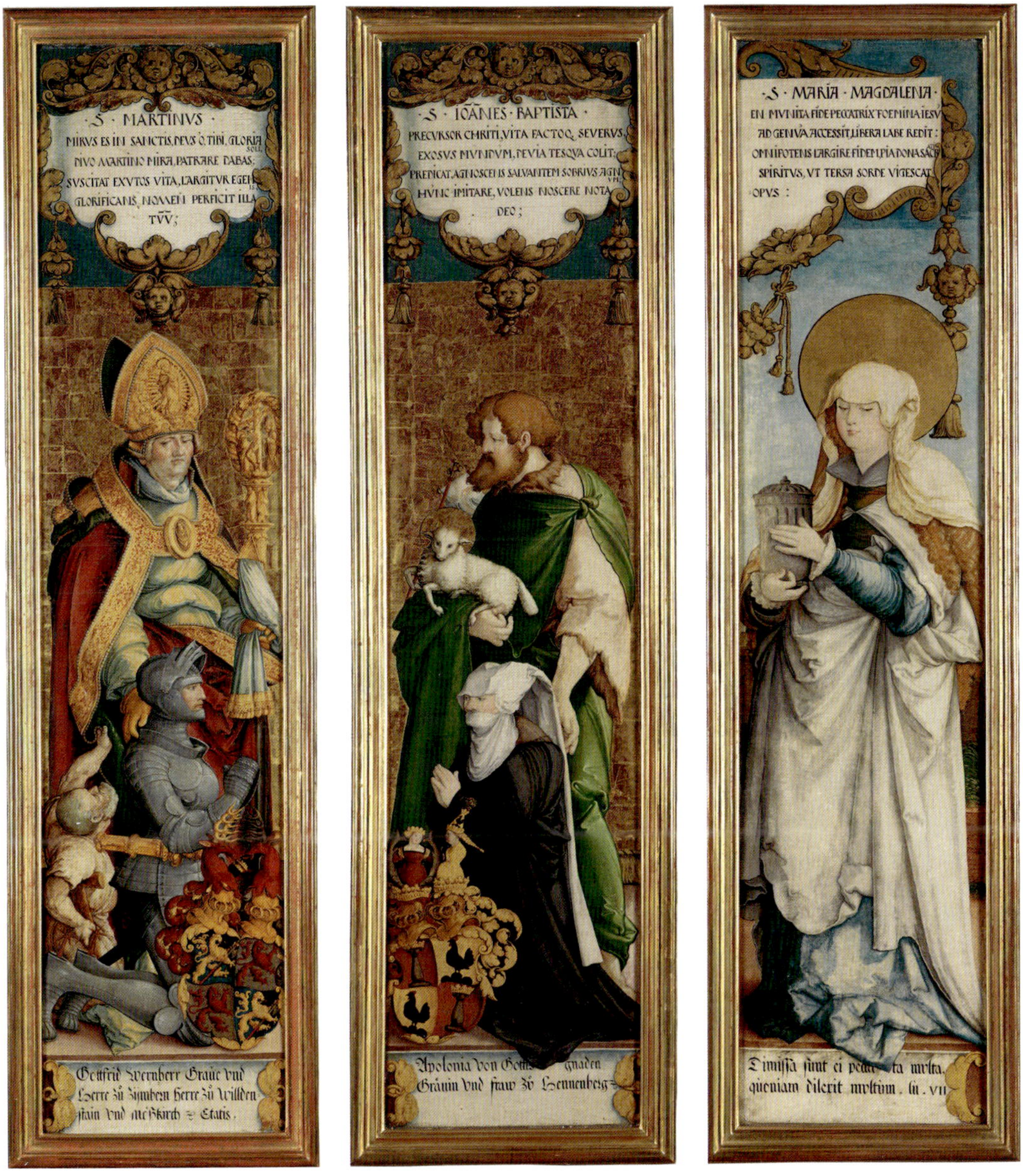

Meister von Meßkirch, Der Heilige Martin mit Bettler und dem Stifter Gottfried Werner von Zimmern, Der Heilige Johannes der Täufer mit Apollonia von Henneberg, Maria Magdalena, 1538

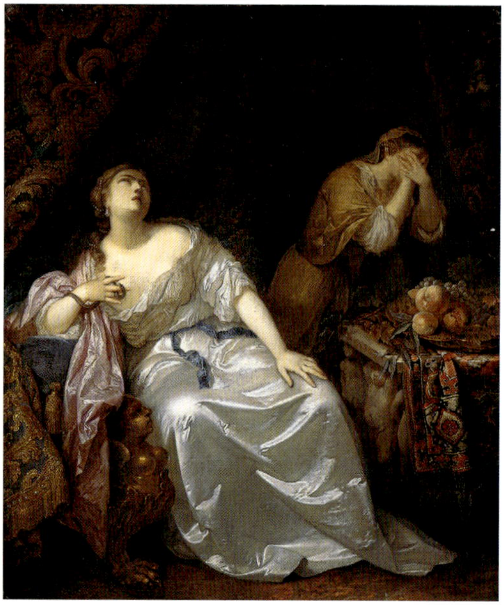

Caspar Netscher, Tod der Kleopatra, 1673

halle 1858 wurden die Weichen für die Orientierung der Sammlung sowohl auf die Ausdehnung der Bestände an Historien- als auch an einer heroisch verstandenen Landschaftsmalerei gestellt.

Prominenten Zuwachs erhielt die Altmeister-Abteilung, als man 1858 beschloss, endlich die bereits 1849 angebotene Sammlung des Freiburger Theologen und Domkapitulars Johann Baptist von Hirscher (1788–1865) anzukaufen. Hirscher hatte um 1815 begonnen, erste durch die Säkularisierung mit Geringschätzung betrachtete Werke religiöser Kunst des 15. und 16. Jahrhunderts zu retten. Zwei Tafeln des Meisters der Sterzinger Altarflügel, das Flügelfragment »Der sakramentale Segen« Bartholomäus Zeitbloms, zwei Teile eines später um das Mittelstück des »Vera Icon« ergänzten Werks mit der Darstellung von Petrus und Paulus von Martin Schaffner (Abb. Seite 34) und die erste Tafel mit der Darstellung der »Dornenkrönung« des Meisters der Karlsruher Passion (Abb. Seite 43) gingen aus der Sammlung Hirscher in den Besitz der Kunsthalle über.

Im Jahr 1890 wurde begonnen, die Orangerie für die Präsentation zeitgenössischer Kunst zu nutzen. Neun Jahre später übernahm Hans Thoma die Direktion der Kunsthalle. In seine Amtszeit fällt eine der wichtigsten Erwerbungen des Hauses, der Ankauf von Matthias Grünewalds Tauberbischofsheimer Altar (Abb. Seite 45 und 46).

Der französische Impressionismus lag jenseits dessen, was Thoma als erwerbenswert befand. Im Alter von 81 Jahren legte er 1920 sein Amt nieder. Es blieb seinen Nachfolgern vorbehalten, den Blick über die Grenzen hinweg und auf das Zeitgenössische zu werfen. Lilli Fischel etwa, die die Kunsthalle von 1927 bis 1933 leitete, kaufte neben Hans von Marées' »Familienbild« Werke der deutschen Impressionisten Lovis Corinth (1858–1925), Max Liebermann (1847–1935) und Max Slevogt (1868–1932) und daneben Gustave Courbets (1819–1877) »Bildnis des Dichters Pierre Dupont« (1868).

In ihren schwierigsten Jahren, von 1934 bis 1956, leitete Kurt Martin die Kunsthalle und wurde 1940 von den Nationalsozialisten gleichzeitig als Staatlich Bevollmächtigter für die Museen im Elsass eingesetzt. Er sammelte fortan sowohl für Karlsruhe als auch für Straßburg. Die komplexe Sammlungsgeschichte jener Jahre, in denen jüdischer Besitz beschlagnahmt oder zu unangemessenen Preisen erworben wurde, beschäftigt die Provenienzforschung bis in die Gegenwart. Vermutlich bewahrte Martin einige Werke der Moderne vor dem Zugriff der Nationalsozialisten, anderes ging in die Bestände durch Überweisungen enteignender Institutionen ein. Nach 1945 prägte Martin die Sammlung vor allem durch den Erwerb von Kunst des 20. Jahrhunderts – Namen wie Franz Marc, August Macke, Erich Heckel, Ernst Ludwig Kirchner, Otto Mueller, Emil Nolde, Oskar Kokoschka und Paul Klee sind seither vertreten.

Von 1958 an wuchs die Sammlung vor allem dank des Einsatzes staatlicher Toto-Lotto-Mittel noch einmal erheblich um Werke der französischen Malerei – mehr als die Hälfte der bis 1966 erfolgten Erwerbungen sind französischen Ursprungs, darunter als ein Prunkstück Claude Lorrains (1600–1682) »Anbetung des Goldenen Kalbes« (1653, Abb. Seite 83). Es gelang, die Abteilung zu einem repräsentativen Überblick über die französische Malerei des 17. und 18. Jahrhunderts auszubauen und Werke

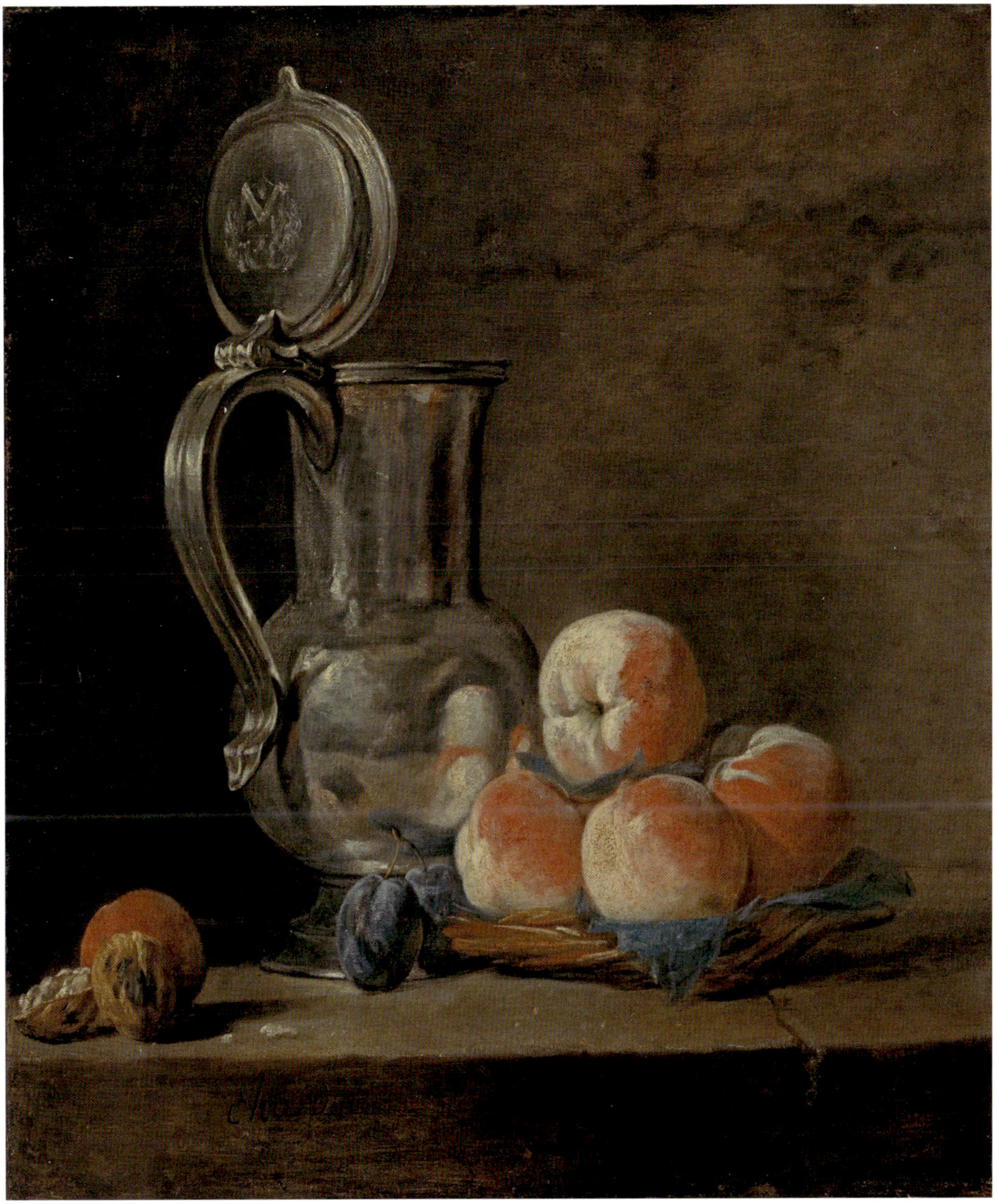

Jean-Baptiste-Siméon Chardin, Stillleben mit Zinnkrug und Pfirsichen, um 1728

der Wegbereiter der Moderne in Frankreich der Sammlung einzufügen. Im Jahr 1959 wurde Paul Cézannes »Blick auf das Meer bei L'Estaque« (Abb. Seite 101) angekauft, es folgten in den sechziger Jahren Bilder von Édouard Manet, Odilon Redon, Camille Pissarro, Claude Monet, Edgar Degas und Paul Gauguin.

Französische Kunst bildet bis zur Gegenwart einen zentralen, alle Epochen umfassenden Sammlungsschwerpunkt des Hauses: So gelangten etwa im Jahr 2008 die 32 »Berühmtheiten des Juste Milieu«, Ton- und Terrakottamodelle Honoré Daumiers (1808–1879) für seine karikaturartigen Bronze-Porträts der Abgeordneten der französischen Nationalversammlung als Dauerleihgabe des Förderkreises in die Staatliche Kunsthalle Karlsruhe; 2016 folgte der Ankauf von Daumiers Gemälde »Don Quijote und Sancho Panza« (1865). Im Jahr 2011 erwarb die Kunsthalle Camille Corots (1796–1875) Ölgemälde »L'Atelier de Corot« (um 1865/68).

Wie ein Bindeglied zwischen der Karlsruher Sammlung und Frankreich wirkt das Werk eines Künstlers, der aus der französischen Schweiz stammte, aber an verschiedenen Fürstenhäusern Europas wirkte, darunter auch in London, Paris und Darmstadt: Jean-Etienne Liotards großes Pastell-Porträt »Madame de Vermenoux huldigt Apoll« (1764) ist neben Liotards Bildnis der Markgräfin Karoline Luise, deren Zeichenlehrer er war, eine im Jahr 2018 erworbene Bereicherung im Sektor der Kunst des 18. Jahrhunderts.

Kontinuierlich und systematisch wurde die Sammlung alter Meister über die Jahrzehnte hinweg aber auch durch Ankäufe deutscher und niederländischer Kunst weiter ergänzt. Höhepunkte der Sammlungsgeschichte in diesem Sektor stellen der Erwerb der beiden für den Frankfurter Heller-Altar geschaffenen Grisaillen Matthias Grünewalds im Jahr 1971 und der spektakuläre Ankauf der »Geißelung Christi« des Meisters der »Karlsruher Passion« dar (Abb. Seite 43). Sieben Tafeln dieses Malers – hinter dessen Notnamen sich vermutlich der zu seiner Zeit hoch gerühmte, wohl um 1450/55 tätige Hans Hirtz verbirgt – sind überliefert. Sie entstanden für die St.-Thomas-Kirche in Straßburg. Sechs davon befinden sich in Karlsruhe. Die letzte bekannte Tafel mit der Darstellung der Geißelung konnte 1999 erworben werden, nachdem sie seit 1902 als verschollen gegolten hatte und erst durch eine Ausstellung der Kunsthalle 1996 wieder ins Bewusstsein der Fachwelt gerufen worden war.[49]

2016 fand Albrechts Bouts »Christus mit der Dornenkrone« (um 1505) den Weg in die Sammlung. Weiteren großartigen Zuwachs erhielt die Abteilung Alter Meister in den Jahren 2013, 2014 und 2018 mit dem Ankauf der drei um 1538 entstandenen Tafeln mit Heiligen-Darstellungen des Meisters von Meßkirch (um 1500–um 1540, Abb. Seite 35).

Die Moderne-Sammlung der Kunsthalle ermöglicht dem Besucher die Begegnung mit Spitzenwerken der Avantgarde – zu denen im neuen Jahrtausend bedeutende Neuerwerbungen hinzukamen: Nachdem 2006 Max Ernsts (1891–1976) »Europa nach dem Regen I« (1933, Abb. Seite 134) angekauft werden konnte, erhielt der Sektor surrealistischer Kunst 2015 noch einmal fulminanten Zuwachs durch den Erwerb von René Magrittes (1898–1967) »Le Goût de l'Invisible« (1927, Abb. Seite 135). Besonderes Augenmerk richtet sich auch auf die Aktualisierung der Sammlung um zeitgenössische Positionen, die nach dem Jahr 2000 mit den Ankäufen von Werken unter anderem von Imi Knoebel, Pia Fries, Leiko Ikemura, Norbert Tadeusz und Peter Dreher repräsentiert werden.

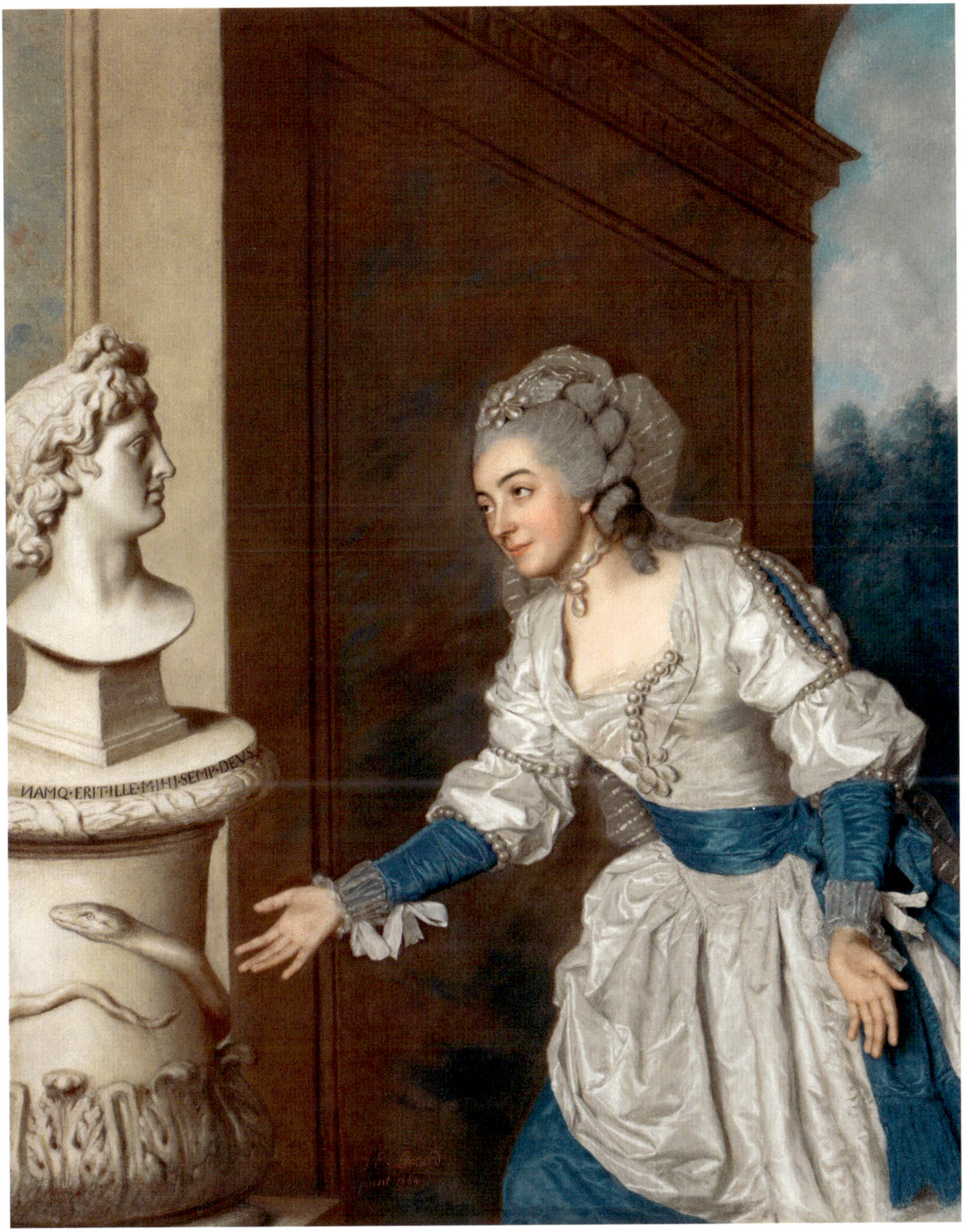

Jean-Etienne Liotard, Madame de Vermenoux huldigt Apoll, 1764

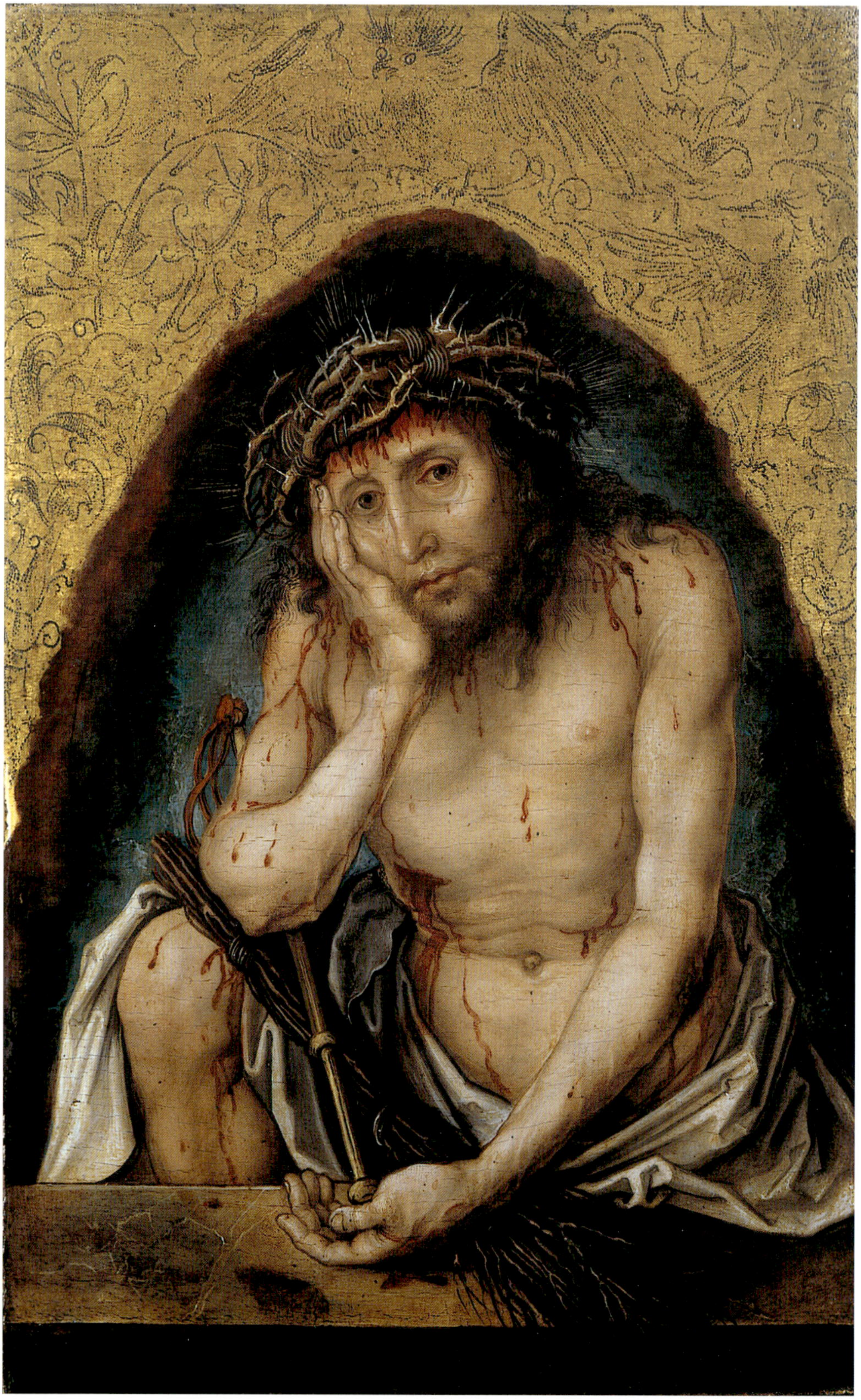

ALTDEUTSCHE MALEREI

Andachtsbilder – Die Passion

Die politischen und sozialen Umwälzungen, die Europa zwischen der zweiten Hälfte des 14. und dem Beginn des 16. Jahrhunderts erfassten, begleitete in der Kunst ein einzigartiger Reichtum an Erfindungen und Neuerungen. Kriegswirren und soziale Instabilität, die großen Pest-Epidemien, der Niedergang der Städte und des Handels sowie das Schisma kennzeichneten die Epoche. In die Malerei, Skulptur und Architektur der Zeit gehen jedoch nicht nur diese apokalyptischen Erfahrungen ein, sondern es erwacht entgegen aller Düsternis ein neuzeitliches Erkenntnisinteresse, das sich auf die Natur, den Menschen, seine Geschichte, den Alltag, den mathematischen Raum und klassische Begriffe von Schönheit richtet. Den Hauptanteil der Sammlung spätgotischer Malerei in der Staatlichen Kunsthalle Karlsruhe, anhand dessen sich einige dieser Wandlungen aufzeigen lassen, bilden Werke oberrheinischer Meister. Gleichwohl stellt ein kleiner Klappaltar, der im Umkreis des Prager Hofes von Kaiser Karl IV. (1316–1378) entstand, den Auftakt eines chronologischen »Streifzugs« durch die Abteilung dar. Schon dieses um 1360 entstandene, noch im Originalrahmen bewahrte Diptychon dokumentiert eine neue, im 14. Jahrhundert entwickelte Bildform, nämlich das für den privaten Gebrauch geschaffene Andachtsbild. Es konfrontiert Anfang und Ende der Heilsgeschichte in zwei anrührenden und formal behutsam aufeinander bezogenen Tafeln. Auf der linken Tafel nimmt man Maria mit dem Kind in einer besonders innigen Haltung wahr. Der böhmische Meister griff hier auf einen in der byzantinischen Kunst vorgeprägten Typus der Mariendarstellung zurück, die so

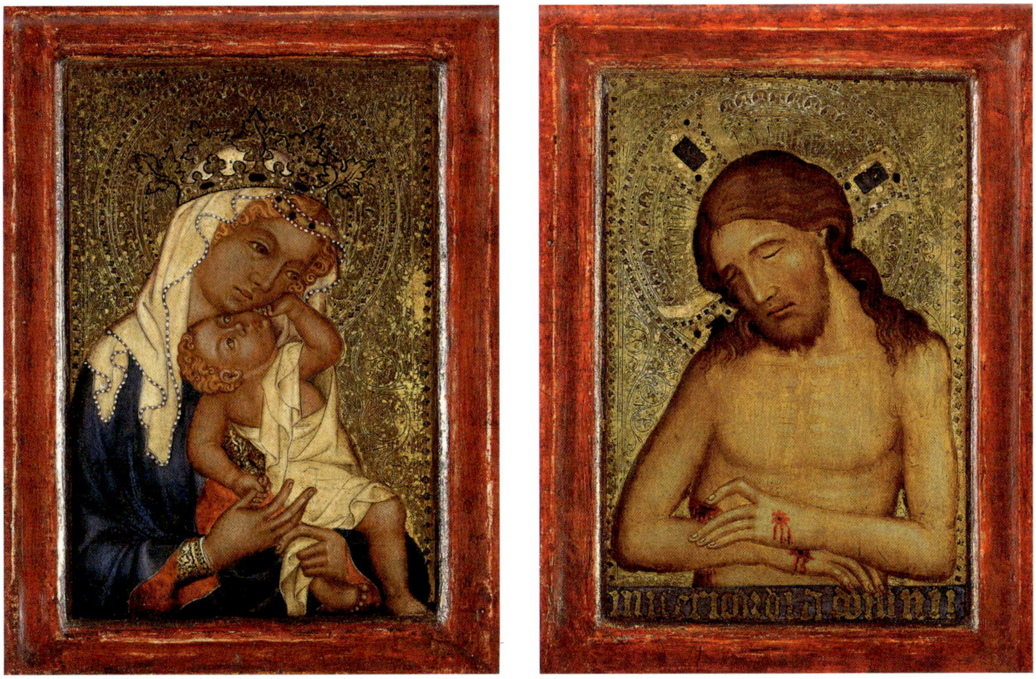

Böhmischer Meister, Diptychon: Maria mit dem Kinde und Christus als Schmerzensmann, um 1360

◄ Albrecht Dürer, Christus als Schmerzensmann, 1493

genannte Glykophilusa, die Süß-Küssende. Das Kind legt den Kopf weit in den Nacken, um die Mutter anzusehen und mit seiner Wange und seiner Rechten ihr Gesicht zu liebkosen, während sein anderes Händchen ihren Daumen fest umklammert hält. Marias gesenkter Blick geht wissend in die Zukunft, derer man in der rechten Tafel ansichtig wird. Sie zeigt ein »Erbärmdebild«, Christus als Schmerzensmann, der mit geschlossenen Augen, gleichsam schwebend zwischen Tod und Auferstehung, seine Wundmale vorweist. Am unteren Bildrand lässt sich die Inschrift »misericordia domini« entziffern, die den Gläubigen zum Mitleiden aufruft und gleichzeitig die Hoffnung auf das göttliche Erbarmen ausdrückt.[50]

Während dieses portable, zweiteilige Andachtsbild das Leiden Christi noch empfindsam idealisiert, nimmt eines der dichtesten und expressivsten Hauptwerke der Sammlung den Betrachter mit dramatischer Vehemenz mitten hinein in das ausführlich geschilderte Passionsgeschehen. Vermutlich war es Hans Hirtz, der die heute nach ihrem Aufbewahrungsort benannten Tafeln der »Karlsruher Passion« um 1450/55 für die St.-Thomas-Kirche in Straßburg schuf. Von dem einst wohl weitaus umfangreicheren Zyklus besitzt die Kunsthalle »Das Gebet am Ölberg«, »Die Geißelung«, »Die Dornenkrönung«, »Die Kreuztragung«, »Die Entkleidung« und »Die Kreuzaufnagelung«.[51] Der Maler schildert mit überraschend scharfem Blick für die Realität und erschütternder Drastik die letzten Stationen im Leben Christi. Auf den kleinformatigen Bildern drängen sich die grausamen, individuell höchst differenziert charakterisierten Schergen in tumultartigen Szenen um ihr Opfer. Frappierend ist nicht nur die Fähigkeit des Malers, Stofflichkeit und Atmosphäre wiederzugeben. Es gelingt ihm auch, die verschiedenen Seelenzustände und moralischen Haltungen der Personen durch deren Mimik und Gebärden zu artikulieren; ein Interesse an der Psychologie der Figuren macht sich bemerkbar. Die Akribie, mit der sich der Meister der Schilderung von Details an Gewändern, Kopfbedeckungen, Rüstungen und Waffen und der Darstellung der Foltermethoden und Grausamkeiten widmet, legt beredtes Zeugnis über seine Gegenwart, die Vertrautheit mit Kriegsgräueln und Gewalt ab. Das Chaotische und Klaustrophobische seiner Kompositionen wird zum kritischen und bannenden Spiegel einer krisenhaften Epoche.

Jenseits erzählerischer Absichten nahm sich hingegen der junge Albrecht Dürer (1471–1528) des Passions-Themas an. Der Maler aus Nürnberg hatte sich 1490 nach Colmar zu Martin Schongauer (um 1450–1491) aufgemacht, der jedoch kurz vor Dürers Ankunft verstorben war. In einer Straßburger Werkstatt dürfte 1493 der »Christus als Schmerzensmann« entstanden sein, wiederum ein kleines Täfelchen für die private Andacht. Es zeigt den Heiland mit Dornenkrone und den Leidenswerkzeugen in einer Art Grabhöhle hinter einer Brüstung. Der Körper der Figur ist muskulös und gezeichnet durch die Wundmale. Ernst, mit weit geöffneten Augen blickt Christus den Betrachter an. Seine Züge folgen einem von Schongauer vorgeprägten Typus, die Haltung, mit der er sein Haupt in die Rechte stützt, lehnt sich an den antiken Gestus des Melancholikers an. Gerahmt wird die grün leuchtende Höhle von einem punzierten Goldgrund, der noch auf die Ausbildung des Malers in der Goldschmiedewerkstatt seines Vaters hinweist. In diesen Grund sind unter anderem Symbole der Verspottung (etwa die angegriffene, »verschrieene« Eule) und des Elends (die Distelranke, die auch »Ellend« genannt wurde) graviert. Dürer kombiniert hier innovativ den Typus des »Christus in der Rast«, der vor der Kreuzigung über das ihm Bevorstehende nachsinnt, mit jenem des (auferstandenen) »Schmerzensmannes«, der den Betrachter mit geöffneten Augen fixiert. In dieser Komprimierung und Neuformulierung ruft das Bild umso eindringlicher zur Kontemplation auf.

Den Gläubigen bei der Andacht zeigt der kurz nach Dürers Täfelchen entstandene festlich goldglänzende Wandelaltar, den Hugo von Hohenlandenberg, Bischof von Konstanz, vermutlich 1496 bei dem am Bodensee ansässigen Michel Haider (tätig 1479–1516) für seine Privatkapelle in Auftrag gab. Die Mitteltafel mit der Kreuzigung versammelt Maria, Maria Magdalena und den Jünger Johannes auf Golgatha unter den Kreuzen Christi und der Schächer. Auf den Außenflügeln flankieren Konrad und Pela-

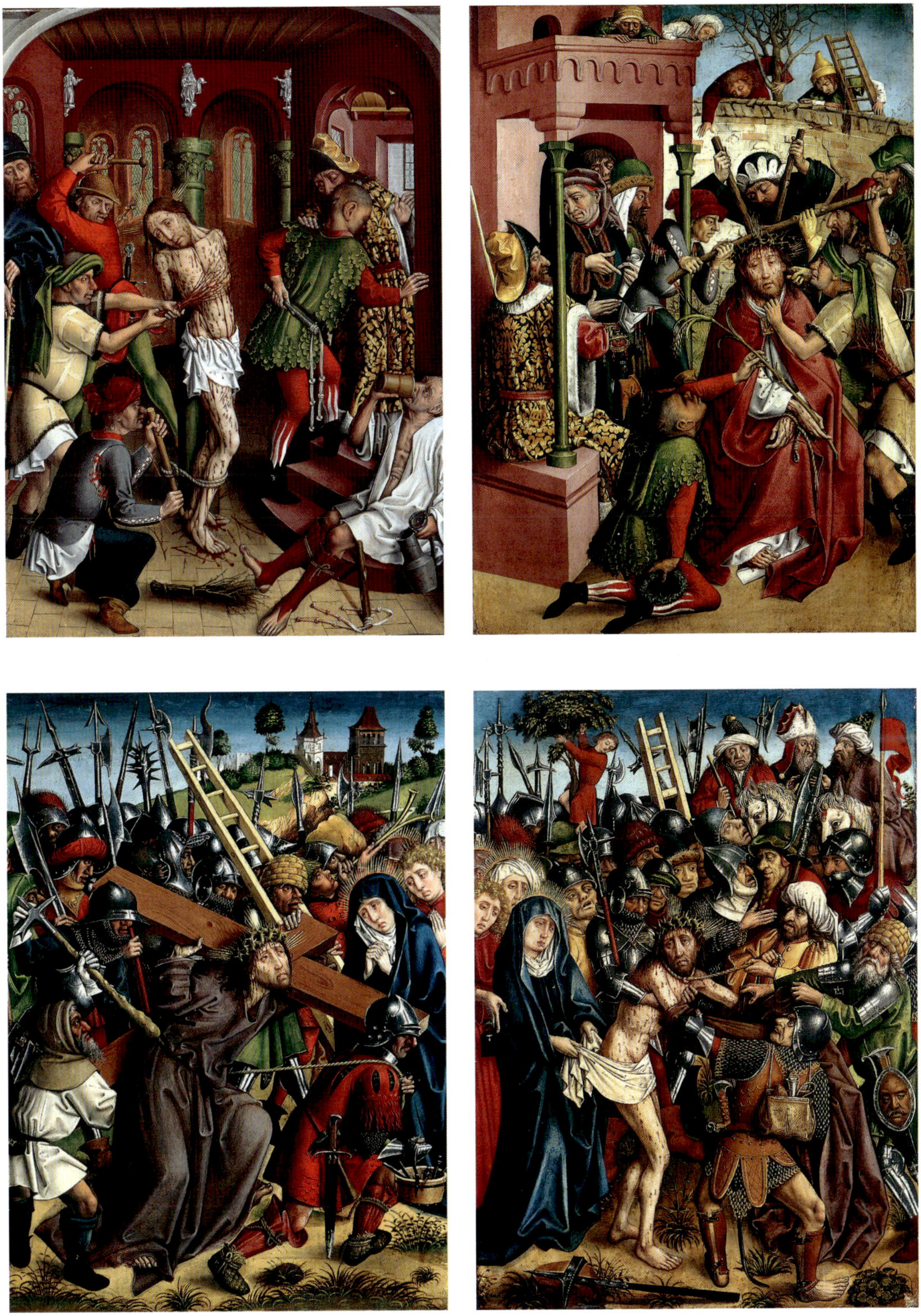

Vier der sechs Karlsruher Tafeln des Meisters der Karlsruher Passion, Geißelung, Dornenkrönung, - Kreuztragung und Entkleidung (von links oben nach rechts unten), um 1450/55

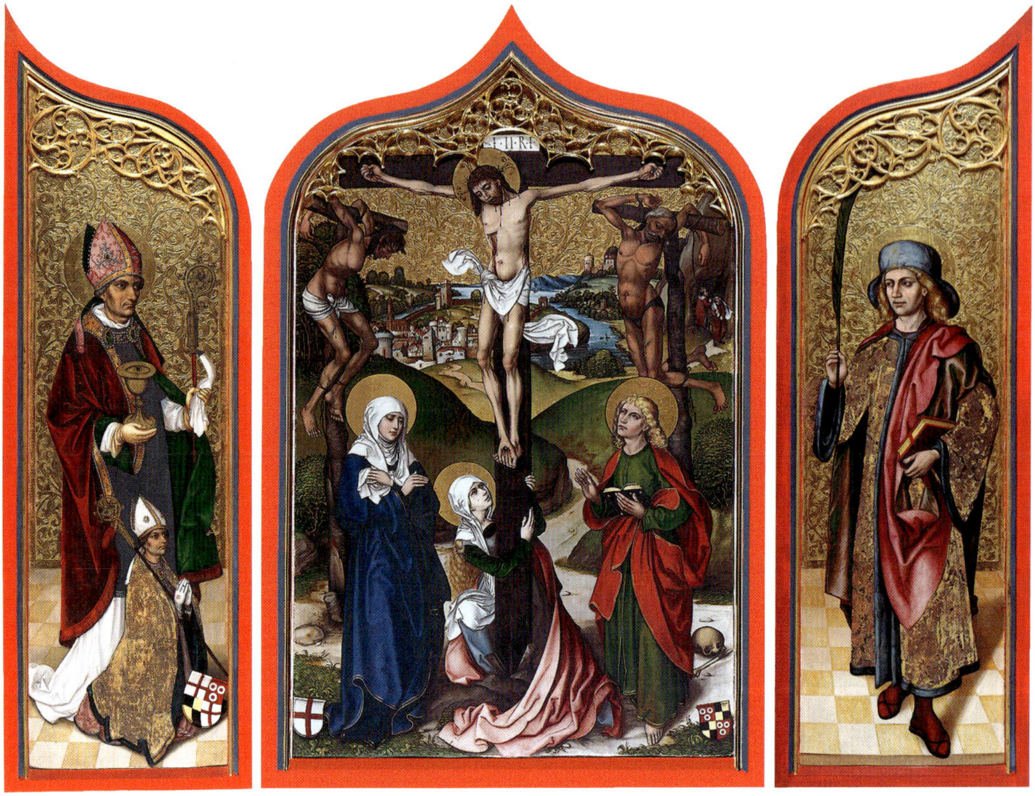

Michael Haider, Triptychon mit der Kreuzigung Christi, Altar des Hugo von Hohenlandenberg, vermutlich 1496

gius, die Schutzheiligen des Bistums Konstanz, diese Szene. Klein, im Vordergrund der linken Tafel kniet der Stifter, Hugo von Hohenlandenberg, von dem die Kunsthalle auch ein Porträt besitzt, das dessen individuelle Züge überliefert. Noch ganz in der Sprache der Spätgotik, mit dem auf die Präsenz des Göttlichen verweisenden Goldgrund, einem hölzernen Maßwerk-Ornament und einer lediglich typisierenden Darstellung der Physiognomie der Figuren, wird die Versenkung des Frommen in die Leidensgeschichte vergegenwärtigt.

Kein anderes Werk der Sammlung appelliert jedoch so erschütternd an den Betrachter, die Passion Christi nachzuempfinden, wie die Vorder- und Rückseite von Matthias Grünewalds (1475/80–1528) Tauberbischofsheimer Altar. Dieses, sein wohl letztes monumentales Werk schuf er um 1523/24. Getragen vom spätmittelalterlichen Postulat der »compassio« und »imitatio« steht es einerseits in der Tradition der mystischen Frömmigkeit des 13. und 14. Jahrhunderts, markiert jedoch andererseits einen epochalen Wandel der künstlerischen Darstellungsmittel, einen Höhepunkt der deutschen Kunst nach 1500. Unter dem Bibelwort Jesaja 53,5 – »ER IST VMB VNSER SVND WILLEN GESCLAGEN« – wird auf der einstigen Rückseite der später geteilten Tafel eine Station auf dem Weg Christi nach Golgatha wiedergegeben. Unter der Last des mächtigen Kreuzesholzes ist der Entkräftete zusammengebrochen. Gequält geht sein Blick zum Himmel, während die Peiniger mit Knüppel und Rute über den Gestrauchelten herfallen, um ihn durch das Tor der Stadtmauer zur Richtstätte zu treiben. Grünewald hat das Figurenaufgebot hier wie auch auf der prominenteren Vorderseite auf ein Mindestmaß reduziert, die körperliche Präsenz und Ausdrucksstärke der Figuren, vor allem des Gekreuzigten aber bis ins Extreme gesteigert. Diesen toten Christus betrauern nur mehr seine Mutter Ma-

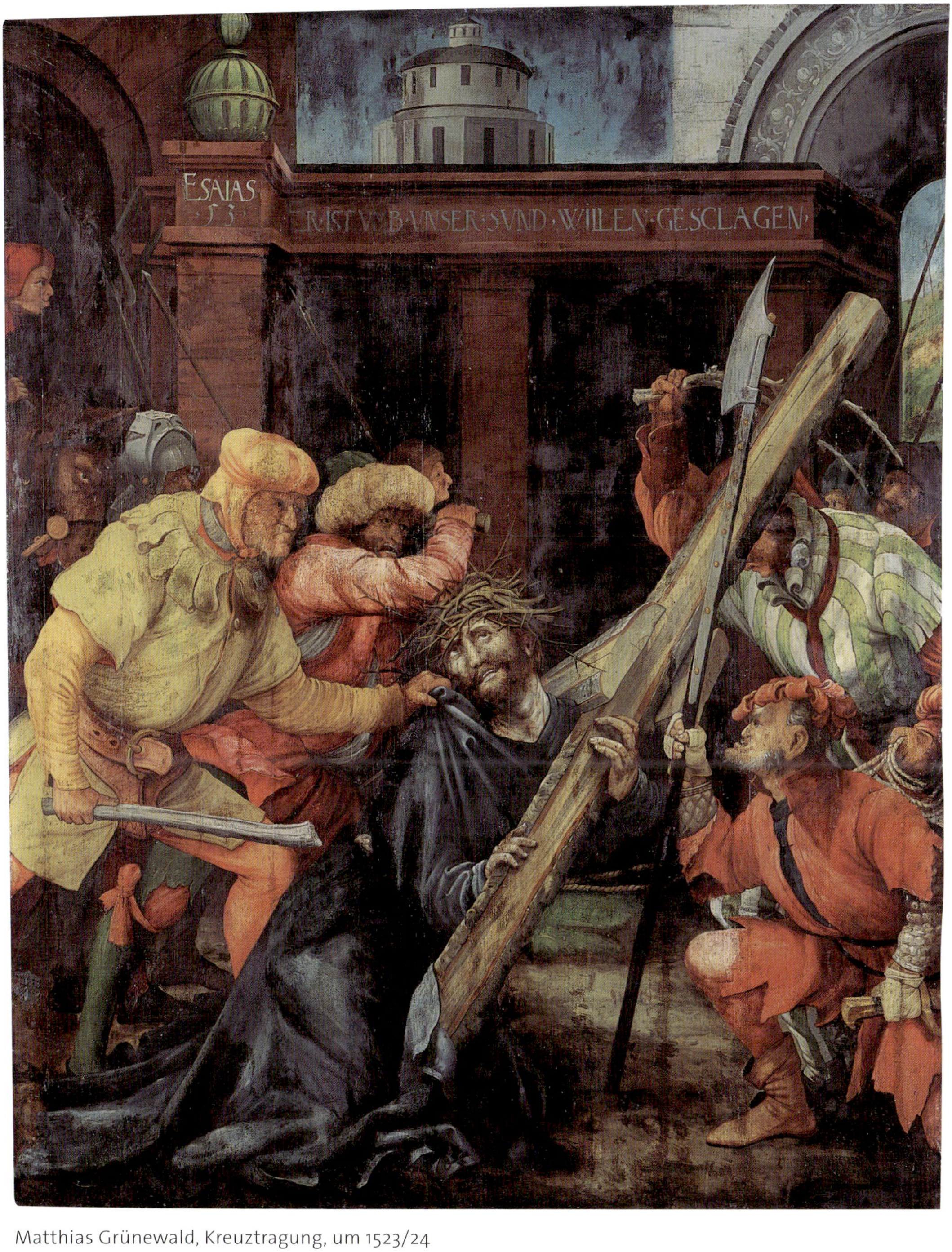

Matthias Grünewald, Kreuztragung, um 1523/24

ria und der Lieblingsjünger Johannes. Sie stehen einsam, betend, in verinnerlichtem oder zornig-verzweifeltem Schmerz in der Finsternis, die mit Christi qualvollem Tod hereingebrochen ist. Der Leib des Gottessohnes, übersät mit blutenden Wunden, hat eine grünlich-fahle Farbe

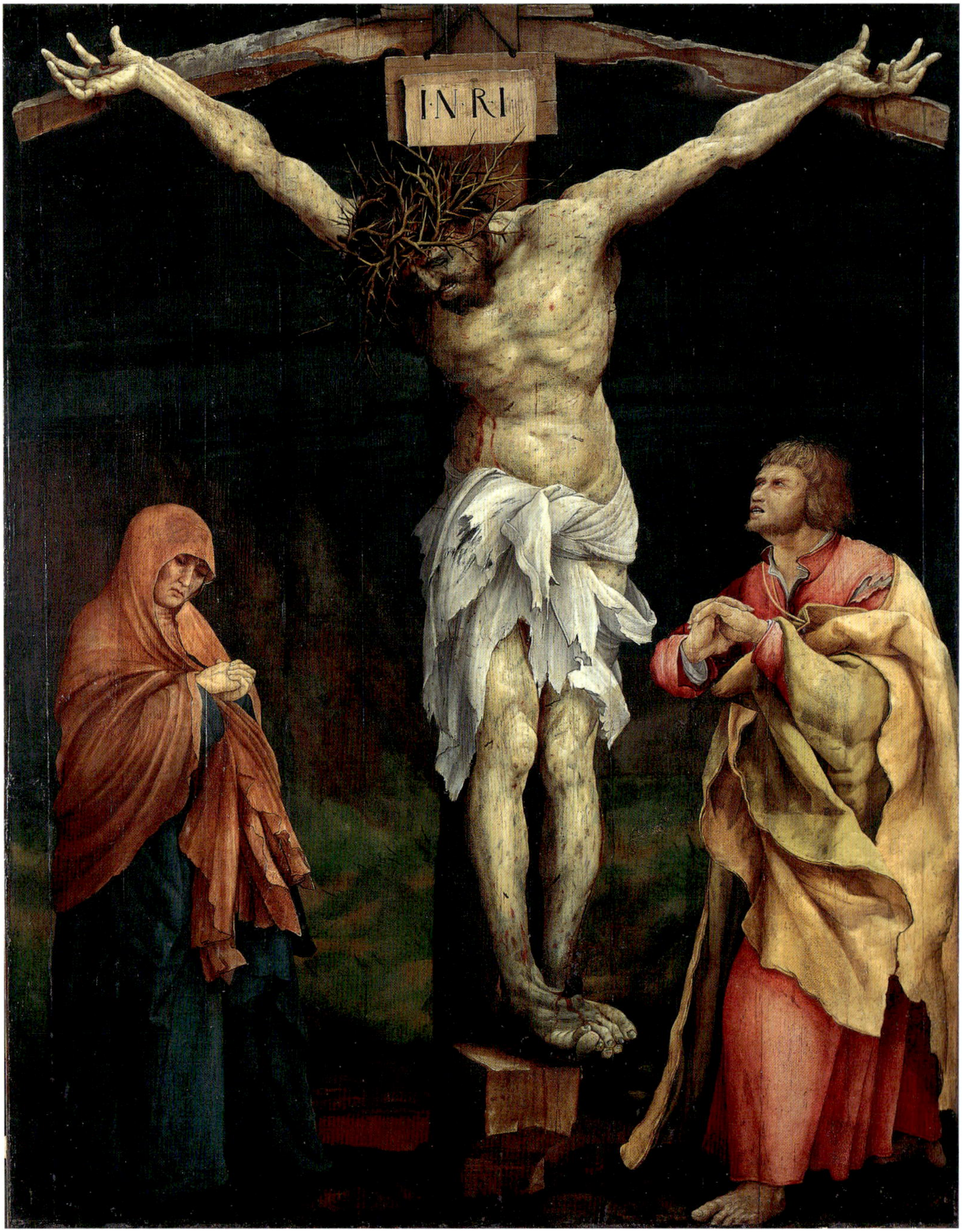

Matthias Grünewald, Kreuzigung, um 1523/24

angenommen und hängt schwer am Kreuzbalken. Die Finger sind schmerzhaft gespreizt, die Arme ausgerenkt, die Füße geschwollen, das Lendentuch hängt zerfetzt um die Hüften des Toten, die Dornenkrone ist tief in sein Antlitz herabgesunken. Nicht ein sieghaft triumphierender, gleichsam entrückter Christus, der den Tod überwindet, sondern ein im höchsten Maße vermenschlichter Gottessohn, der auf qualvolle Weise gestorben ist, wird hier zum Gegenüber des Gläubigen. Ihm sollte er in Andacht und Gebet nahe sein, um schließlich seinem Beispiel im Leben zu folgen.

Von Matthias Grünewald, dem überragenden Meister spätmittelalterlicher Kunst am Oberrhein, bewahrt die Kunsthalle außerdem die schon erwähnten zwei Teile der einstigen Standflügel des Frankfurter Heller-Altars mit der in Grisaille-Malerei ausgeführten Darstellung der Heiligen Elisabeth und einer unbekannten Märtyrerin. Die Mitteltafel des im 17. und 18. Jahrhundert zerstörten Altars, dessen Fragmente in verschiedene Sammlungen zerstreut wurden, hatte Albrecht Dürer geschaffen.

Weitere eindrucksvolle Passionsdarstellungen in der Staatlichen Kunsthalle Karlsruhe stammen unter anderem vom Erfurter Meister des Regler-Altars, dem Meister von Sigmaringen und Hans Murer d. Ä. aus Konstanz.

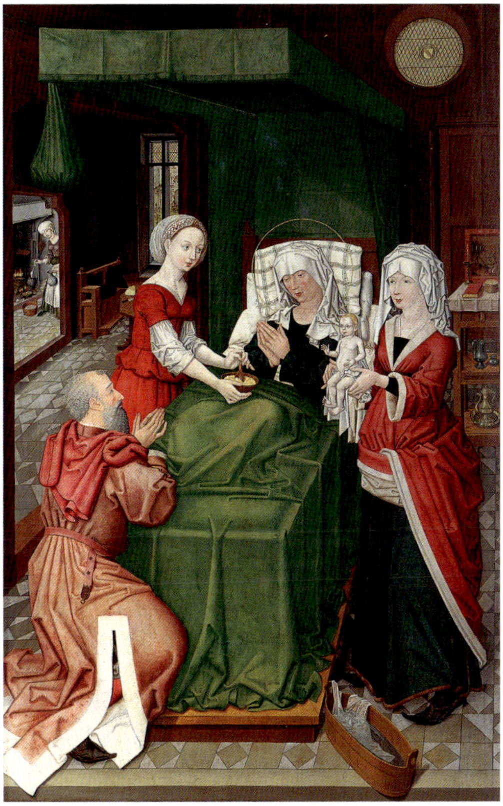

Meister der Lichtenthaler Marienflügel,
Geburt Mariens, um 1489

Mariendarstellungen

Neben dem Passionsthema bilden Darstellungen der Muttergottes oder solche des Marienlebens Hauptmotive gotischer Malerei. Eines der imposanten und gleichzeitig äußerst liebenswürdigen Beispiele hierfür ist das Werk des Meisters der Lichtenthaler Marienflügel. Auf Vorder- und Rückseiten der beiden je 225 × 142 Zentimeter großen Tafeln werden die Geburt Mariens, die Verkündigung, die Heimsuchung und Marias Tod geschildert. Um 1489 schuf der Anonymus für das Zisterzienserinnenkloster Lichtenthal bei Baden-Baden diese beweglichen Teile eines insgesamt mehr als sechs Meter breiten Altars. Dessen Mittelschrein bildete ein geschnitztes Figurenensemble mit der Darstellung der Anbetung des Christuskindes durch die Heiligen Drei Könige.[52] Bemerkenswert ist eine sympathische Vorliebe des Malers für die Darstellung intimer Alltagsszenen und des durch stilllebenhafte Arrangements belebten Innenraums: Auf der Tafel mit der Mariengeburt öffnet sich links neben der Szene am Bett der Wöchnerin Anna mit der neugeborenen Maria der Blick in einen Nebenraum, in dem wir eine Magd am Herd bei der Zubereitung des Essens beobachten können. Rechts neben dem Bett steht eine Kredenz, auf der Waschgerät, Krug und Kanne, Kerze, Buch und Spanholzschachtel als Mariensymbole angeordnet sind, die – ebenso wie die als Bild im Bild integrierte Darstellung des brennenden Dornbuschs – auf die Reinheit der Gottesmutter verweisen.

In jugendlicher, fast kindlicher Unschuld und Schönheit stellte Lucas Cranach d. Ä. (1472–1553) die Madonna wohl um 1518 auf einem kleinen

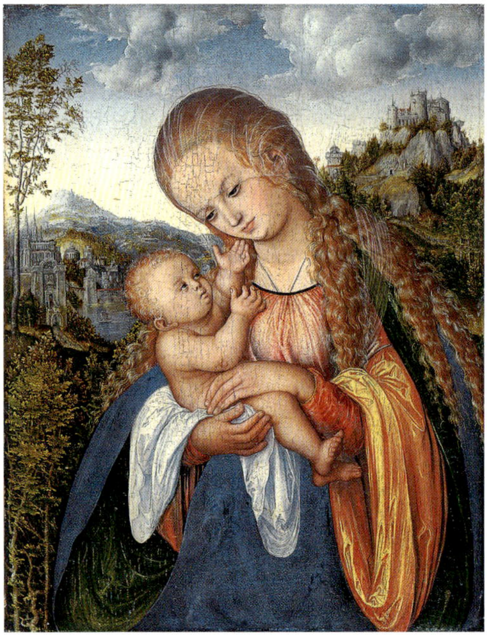

Lucas Cranach d. Ä., Maria mit dem Kinde, um 1518

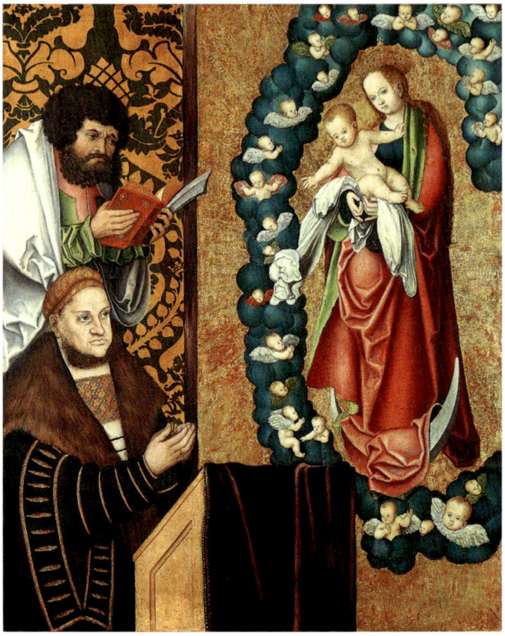

Lucas Cranach d. Ä., Friedrich der Weise in Verehrung der apokalyptischen Muttergottes, um 1515

Lindenholztäfelchen dar. Seine »Maria mit dem Kinde« gehört zusammen mit dem wunderbaren »Urteil des Paris« (1530, Abb. Seite 32) – das sinnlich und kokett die Wiederentdeckung mythologischer Historie durch die Renaissancekunst belegt – zu den liebreizendsten Werken der Kunsthalle. Maria, in herrlich farbenprächtige Gewänder gekleidet, erscheint vor einer weiten, vom ersten Sonnenlicht überglänzten Landschaft. Sie hält das Kind behutsam im Arm. Dieses erhebt beide Hände zu ihr, scheint sie berühren, vielleicht trösten zu wollen, denn trotz der innigen Harmonie dieses Miteinanders wirkt der Blick beider ernst, getrübt vom Wissen um den Auftrag des Sohnes. Im Gegensatz zu dieser intimen Madonnen-Darstellung ist Cranachs großartig-visionäres Gemälde »Friedrich der Weise in Verehrung der apokalyptischen Muttergottes« (um 1515) ein repräsentativ-ambitioniertes Dokument ausgeprägter Marienfrömmigkeit. Es zeigt den Kurfürsten Friedrich III. von Sachsen (1463–1525), der Martin Luther (1483–1546) protegierte und die Reformation unterstützte, an seinem Betpult, hinter ihm den Apostel Bartholomäus. Maria mit dem Kind erscheint im rechten Teil des Bildes auf der Mondsichel, umgeben von einem mandorlaförmigen Wolkenkranz, in dem eine himmlische Heerschar von Putten schwebt. Sie ist das »große Zeichen am Himmel«, dessen Erscheinen in der Apokalypse des Johannes (Kap. 12, Vers 1) angekündigt wird: »... ein Weib, mit der Sonne bekleidet, und der Mond unter ihren Füßen, und auf ihrem Haupt eine Krone von zwölf Sternen.« Auf der Schwelle vom Mittelalter zur Neuzeit vereint diese Komposition eine monumentale Mariendarstellung vor einem punzierten Goldgrund mit dem prächtigen Porträt eines selbstbewussten Renaissance-Fürsten, der sich neuen Ideen nicht verschloss, aber dennoch selbst sein Leben lang am alten Glauben festhielt.

Als letzte Mariendarstellung – viele weitere wie die feierliche »Marienkrönung« (um 1480/85) des Schongauer-Schülers und Franziskanermönchs Martin Schwarz (1485–um 1513) zählen zur ständigen Ausstellung – sei Hans Baldung Griens nächtliche Weihnachtsszene erwähnt. Vermutlich im Jahr 1539 malte er »Die Geburt Christi« mit etwa lebensgroßen Figuren. Die Heilige Familie erscheint in einem warmen,

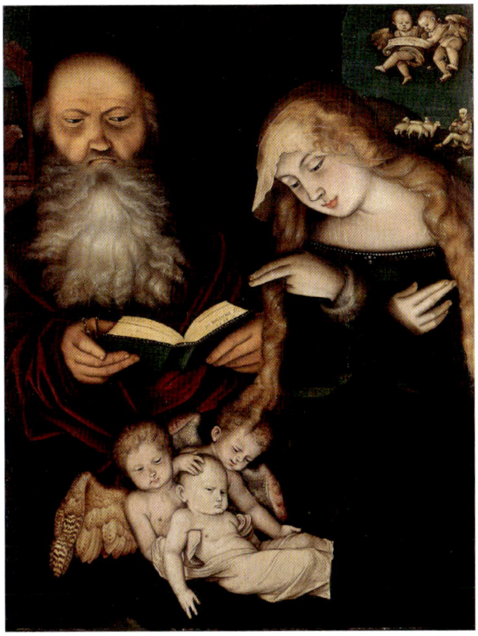

Hans Baldung Grien, Die Geburt Christi, vermutlich 1539

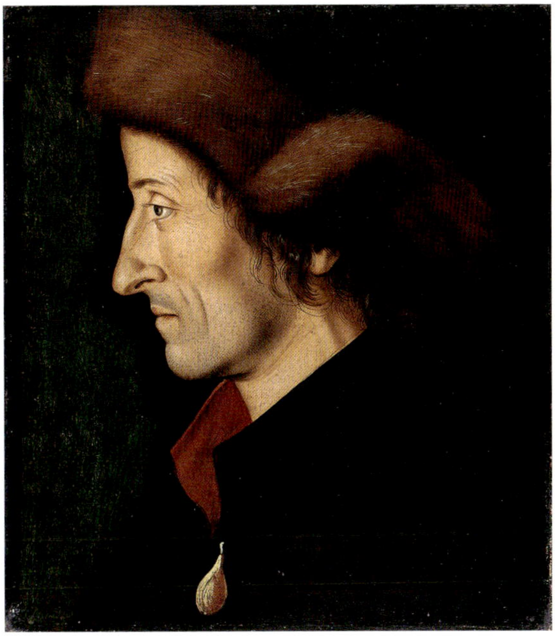

Hans Burgkmair, Bildnis Sebastian Brants, 1508

alles überglänzenden, mystischen Licht, das mit der Geburt des Heilands in die Welt kommt. Der Jesusknabe wird von zwei Engeln gehalten, deren Flügel malerisch minutiös, offenbar nach dem Naturvorbild von Vogelgefieder ausgearbeitet sind. Das Kind wirkt bleich und blickt tief betrübt. Baldung kombiniert hier die Geburtsszene mit einer Anspielung auf die aus dem italienischen Bildkreis entlehnte Engelspietà, also einem Verweis auf den Kreuzestod Christi.

Zu den eindrucksvollsten Weihnachtstafeln im Besitz der Kunsthalle zählt außerdem Ulrich Apts (1455/60–1532) »Die Anbetung des Kindes« (1510), die sich einst in der Sammlung der Königin Christine von Schweden befand.

Profane Tafelmalerei im Zeitalter des Humanismus

Ein scharf geschnittenes Profil leuchtet hell vor dunkelgrünem Grund auf. Der Mann mit Pelzmütze und schwarzem Gelehrtenrock wirkt asketisch, durchgeistigt, hebt die Augenbraue leicht an, hat den Blick eines Skeptikers. Der tropfenförmige goldene Anhänger, den er trägt, weist ihn als Stadtschreiber von Straßburg aus. Der Augsburger Hans Burgkmair (1473–1531) malte den berühmten Basler Doktor der Juristerei und Schriftsteller Sebastian Brant im Jahr 1508. Brant hatte 1494 mit der Veröffentlichung der satirisch moralisierenden, gesellschafts- und kleruskritischen Textsammlung »Das Narrenschiff« Aufsehen erregt. Die für ihn hier gewählte höchst würdevolle Bildnisform geht auf antike Münz-Porträts römischer Kaiser zurück und wurde durch die italienische Renaissance wiederbelebt. In der schönen Reihe ausgezeichneter Renaissance-Bildnisse in der Staatlichen Kunsthalle Karlsruhe – darunter Bernhard Strigels (1460–1528) »Bildnis des Johann Caspar von Laubenberg« (um 1520), Hans Malers (tätig zwischen 1500 und 1529) »Bildnis des Anton Fugger« (um 1525) und Hans Mielichs (1516 bis 1573) »Bildnis des Pankraz von Freyberg« (1545) – steht es prägnant für die antikisierende Schlichtheit und Strenge einer idealisierenden, neuzeitlichen Porträtkunst und das Erwachen eines bürgerlichen Selbstbewusstseins, das sich nicht mehr

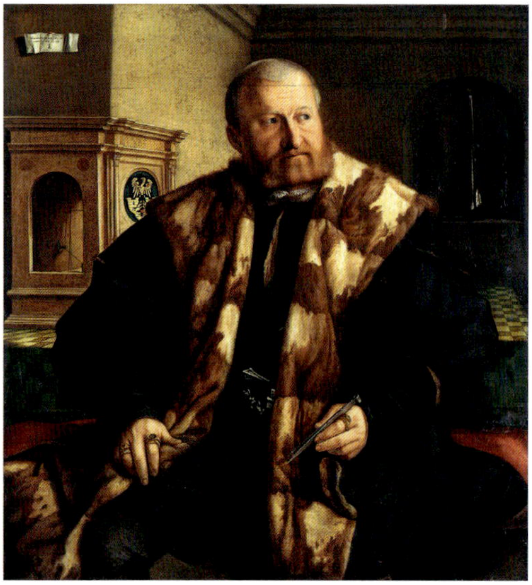

Georg Pencz, Bildnis des Nürnberger Münzkürners Jörg Herz, 1545

auf Herkunft und Stand, sondern auf Leistung, Bildung und Moral stützte.

Dieses Selbstverständnis charakterisiert auch jenen exemplarischen Stellvertreter seines Standes, den der Dürer-Schüler Georg Pencz (1500–1550) kraftvoll und ausdrucksstark im Jahr 1545 porträtierte. Das »Bildnis des Nürnberger Münzkürners Jörg Herz« zeigt einen Mann von mächtiger Statur in seinem 53. Lebensjahr.[53] Er, eine buchstäblich gewichtige Gestalt, sitzt breitbeinig, direkt an die Bildrampe gerückt als Kniefigur in Dreiviertelwendung auf einer Bank. Sein Blick geht wach und prüfend nach rechts. In der Linken hält er eine Pinzette. Sie und die Goldwaage links hinter ihm auf dem Tisch deuten an, was seines Amtes ist: Herz war zuständig für das Münzwesen der freien Reichsstadt Nürnberg. Er prüfte das Geld auf seinen Goldgehalt, dessen Konstanz Garantie für die Stabilität der Währung, den soliden Ruf und die wirtschaftliche Prosperität der Stadt war. Betucht – wie Kleidung und Schmuck belegen – und unbestechlich, zuverlässig und charakterstark wirkt dieser Patrizier. Georg Pencz gelang mit diesem späten Bildnis ein Meisterwerk der Renaissancemalerei.

Die Freude an gelehrten und belehrenden Anspielungen und Allegorien, in deren Gewand sich moralisierend und unterhaltsam Einsichten über das Leben, den Menschen und den Lauf der Welt kleiden ließen, veranschaulicht eines der beliebtesten Bilder der Kunsthalle. Matthias Gerung (um 1500–1568/70?) malte 1558 »Die Melancholie im Garten des Lebens«. Die hier als träge, eher wollüstige und verschwenderisch charakterisierte geflügelte Figur – in fast allem eine Gegenfigur zu Dürers »Melancholie« des Meisterstichs von 1514 (Abb. Seite 30) – sitzt im Zentrum einer weiten, kleinteilig parzellierten Weltlandschaft, in der Wettkämpfe stattfinden, sich Menschen aller Stände – sei es beim Glücksspiel oder im Freudenhaus – vergnügen, aber auch Bauern beim Bestellen der Felder und Arbeiter im Bergwerk gezeigt werden. Synchron präsentiert werden die vier Jahreszeiten, es herrschen gleichzeitig Krieg und Frieden, und neben einstürzenden und brennenden Befestigungsanlagen wird ein neuer Fachwerkbau errichtet. All dies und mehr ereignet sich unter dem Einfluss der am oberen Bildrand verkörperten Gestirne Sol, Luna und Mars. Als kleine Figur am unteren Bildrand erscheint Saturn – ein Geometer, der einen Globus vermisst –, jener Planet, der das melancholische Temperament beherrscht und das Streben nach Erkenntnis symbolisiert. Damit schildert das Bild lebensprall die Totalität des Daseins, seine Vergänglichkeit und das Ausgeliefertsein des Menschen an höhere, kosmische, metaphysische Mächte.

Auf einem Rundgang durch die Abteilung, die natürlich auch Meisterwerke aus Ulmer, Nürnberger und Augsburger Werkstätten vorweisen kann, sollte der Besucher nicht versäumen, weitere Kleinodien wie die vier oberrheinischen Tafeln mit Darstellungen aus dem Leben Johannes des Täufers (frühes 15. Jahrhundert), Friedrich Herlins (1425/30–1500) »Der heilige Georg als Drachentöter« (um 1460/61), das »Anna Selbdritt-Triptychon« (um 1510) des Meisters von Frankfurt oder Martin Schaffners (1477/78 bis 1549) vier Tafeln seines Antonius-Altars von 1517 und seine ganz außergewöhnliche Komposition »Die Heiligen Petrus und Paulus mit dem Tuch der Veronika« (1518, Abb. Seite 34) zu besichtigen.

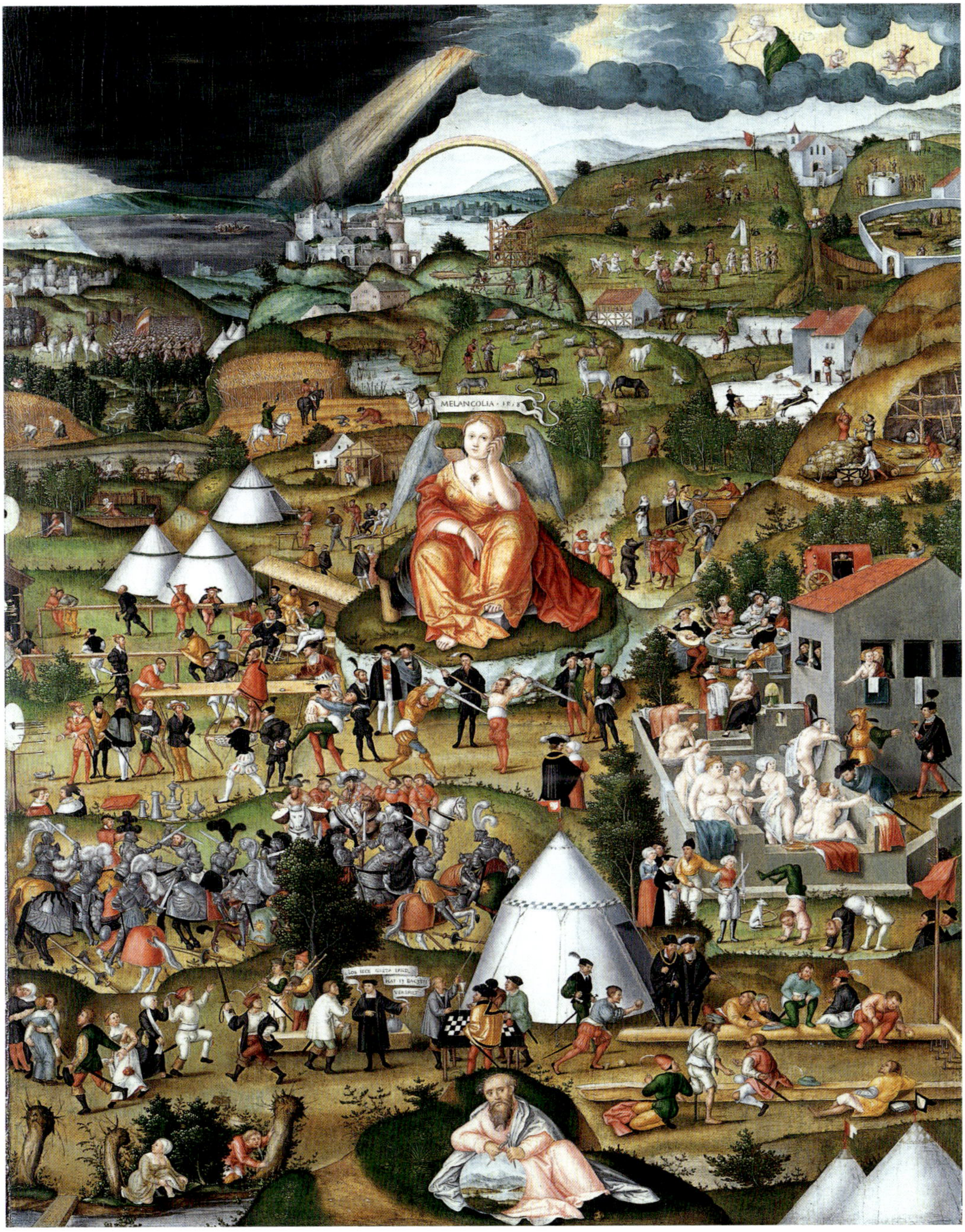

Matthias Gerung, Die Melancholie im Garten des Lebens, 1558

BAROCK UND ROKOKO IN DEUTSCHLAND

Wesentliche Einflüsse empfing die deutsche Kunst des ausgehenden 16. und 17. Jahrhunderts aus Italien. Zu ihren wichtigen Vertretern in der Karlsruher Kunsthalle gehören Johann König (1586–1642), Johann Liss (1597–1629/30) und Johann Heinrich Schönfeld (1609–1682/83). Sie alle reisten nach und lebten in Italien, wo sie die für ihre Arbeit wesentlichen Anregungen erhielten. Johann König, in Nürnberg geboren, hielt sich von 1610 bis 1613 in Rom auf. Dort begegnete er der Kunst des gerade verstorbenen Adam Elsheimer (1578–1610), die auch in seiner schönen, um 1610/30 auf eine kleine Kupferplatte gemalten »Landschaft mit Tobias und dem Engel« anklingt. Der miniaturartigen Detailgenauigkeit dieser minutiösen Malerei zollten die Zeitgenossen hohe Bewunderung. Nachfahren verwechselten Königs Werke nicht selten mit jenen des Meisters, der in Rom mit Rubens und Caravaggio eine neue Epoche der Malerei eingeleitet hatte – dies zeigt sich auch daran, dass das Werk, das die Staatliche Kunsthalle besitzt, nachträglich fälschlich neben dem Namen König mit »Elsheimer« signiert wurde. Als religiöse Staffage betreten von rechts Tobias und der ihn beschützende Engel die Szene. Tobias trägt den im Tigris gefangenen Fisch unter dem rechten Arm, mit dessen Galle er den erblindeten Vater heilen wird. Weitaus größeres Augenmerk als auf die biblische Historie legt der Künstler jedoch auf die Darstellung der weiten parkartigen Landschaft im Licht der tief stehenden Sonne, deren Strahlen eine Stadt im Tal überglänzen. Licht und Schatten, eine valeurreiche Palette breitet der Maler aus, deren Leuchtkraft durch den Bildträger, eine Kupferplatte, zu besonderer Brillanz gesteigert wird.

In einer mythologischen Szene feiert Johann Liss Anfang des 17. Jahrhunderts mit barocker Sinnenfreude die Schönheit des menschlichen Körpers. Der Maler zeigt uns »Venus und Adonis« (um 1625) in einer bukolisch-heiteren Situa-

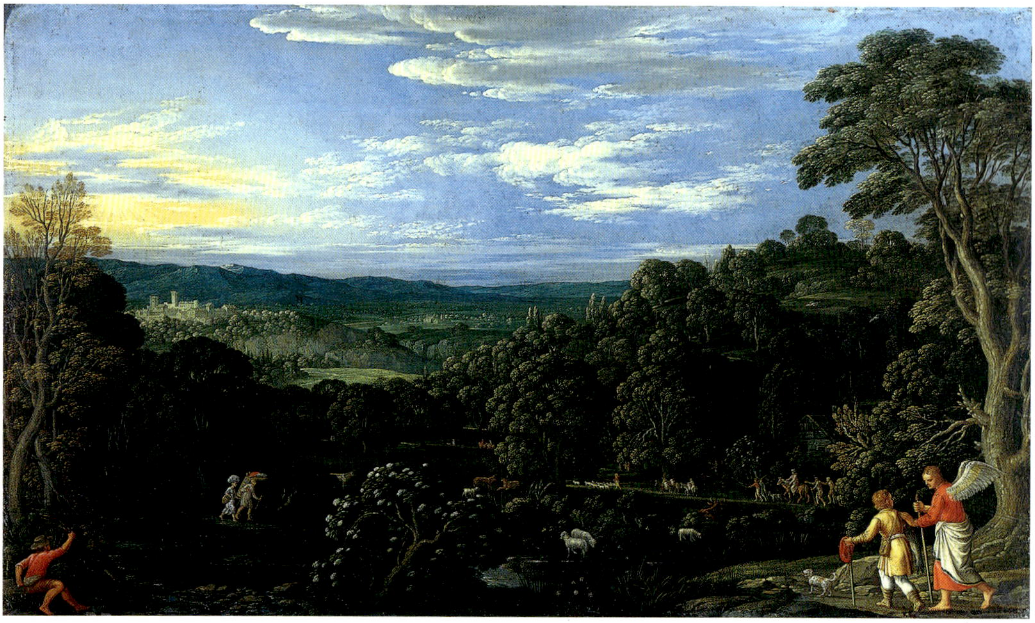

Johann König, Landschaft mit Tobias und dem Engel, um 1610/30

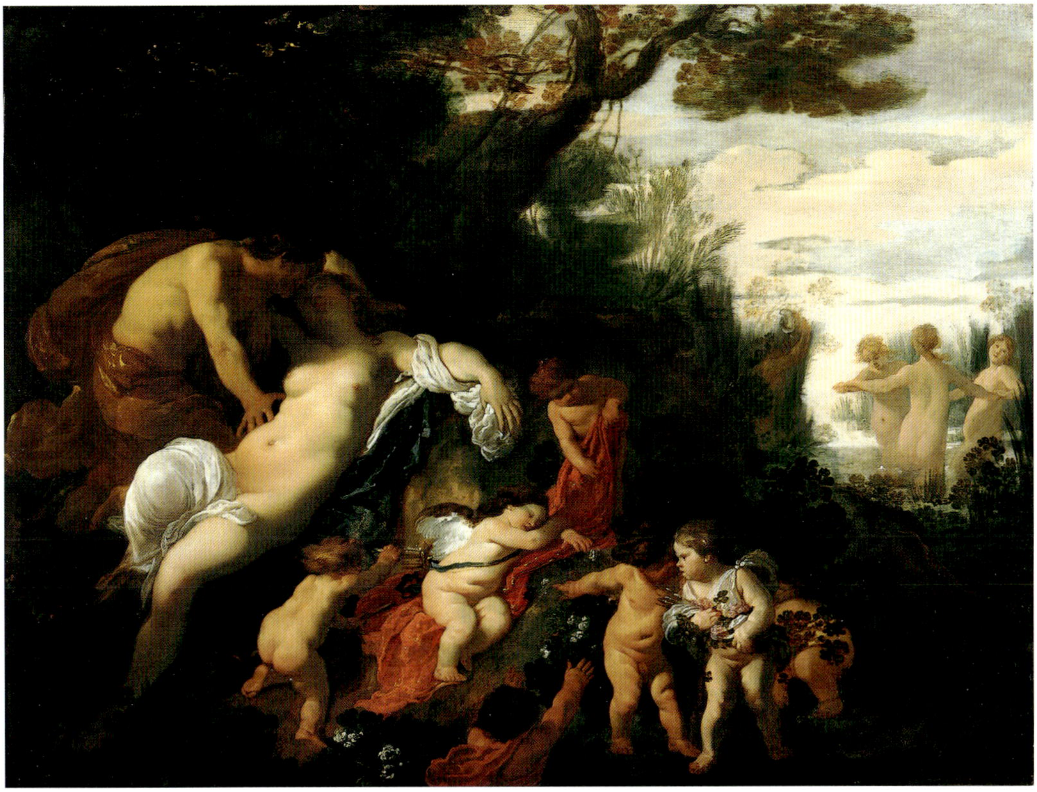

Johann Liss, Venus und Adonis, um 1625

tion, die allegorisch lustvoll auf das Erwachen der Liebe anspielt. Er komponiert gleichsam eine keilförmig abfallende Kaskade aus warmtonig gemalten Leibern in den Vordergrund des Bildes. Adonis nähert sich in einer raschen Bewegung von links her der Schönen, die entspannt ausgestreckt und kaum verhüllt auf einem Hügel ruht. Neben ihr schlummert Amor, um den herum sich eine Schar kleiner Putten tummelt: Sie machen sich an seinem Köcher und dem roten Tuch zu schaffen, auf dem er liegt, tollen und tuscheln miteinander. Eine dieser Amoretten bringt neue Pfeile und Rosen heran. Im sich lichtenden Bildhintergrund tanzen drei Grazien zur Musik eines am Ufer sitzenden Tritonen im seichten Wasser eines Teiches. Auch Liss malte diese köstliche Versammlung in feinen Lasuren auf eine Kupfertafel. Er folgt damit dem Beispiel Elsheimers und jenem des Cornelis van Poelenburch (1594–1667) – die Kunsthalle besitzt von ihm »Die Flucht der Cloelia« von 1502 – oder des Hendrick Goltzius (1558 bis 1617), von dem »Christus am Kreuz« von 1600/01 zur Sammlung gehört. Das Bild mit »Venus und Adonis« zeigt jedoch in gedämpfterer Tonigkeit die koloristischen Fähigkeiten und Vorlieben des Johann Liss, der sich zunächst in Antwerpen an den Meisterwerken des Jacob Jordaens und später, in seiner Wahlheimat Venedig, an jenen Tizians und Veroneses schulte.

Zu den herausragenden Künstlerpersönlichkeiten des 17. Jahrhunderts in Deutschland, in dessen erster Hälfte das kulturelle Leben durch den Dreißigjährigen Krieg gleichsam ausgelöscht wurde, zählt auch Johann Heinrich Schönfeld. Eine der zentralen Vorstellungen des Barock, nämlich, dass die Welt einer Bühne gleicht, auf der sich das Leben wie ein Theaterstück abspielt, greift sein Gemälde »Der Triumph Davids« kompositorisch auf. Es entstand vermutlich in den 1640er Jahren in Neapel: Von rechts reitet David heran, den Kopf des Hünen

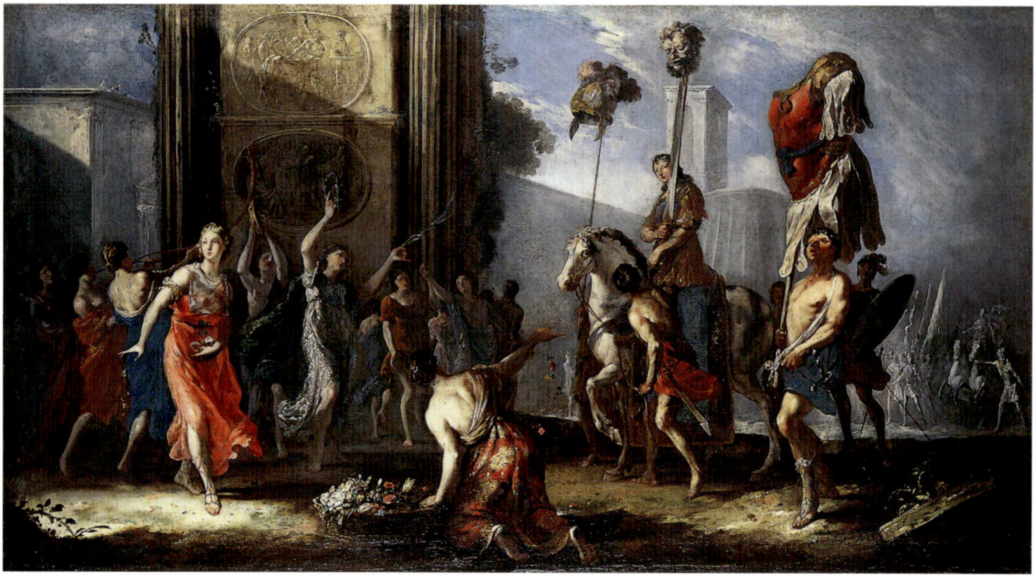

Johann Heinrich Schönfeld, Der Triumph Davids, um 1640/50

Goliath auf sein Schwert gespießt. Flankiert wird er von Soldaten, die Helm und Harnisch des Riesen als Siegestrophäen präsentieren. Diesem im Grunde Grauen erregenden, gleichwohl verheißungsvollen Zug begegnet in der linken Bildhälfte – vermittelt über die zentrale Rückenfigur einer Blumen Streuenden, die neben einem Korb kniet – eine Gruppe tänzerisch elegant bewegter, musizierender und jubilierender junger Frauen. Schönfeld taucht die Szenerie in ein scharfes, von links einfallendes Seitenlicht, das die antike Architektur streift und sowohl die Tanzende im roten Kleid als auch den Harnisch-Träger klarer exponiert als den jugendlichen David, der fast zaghaft und versonnen wirkt. Das kontrastreiche Hell-Dunkel ist ins Blau-Graue gebrochen, im Hintergrund wird die Nachhut dieser alttestamentarischen Prozession distanzierend und wie versteinert in einer stilisierend-kühlen Grisaille-Malerei dargestellt.

Die Reihe barocker Stilllebenmalerei deutscher Meister in der Sammlung ist exquisit – zu ihr gehören unter anderem Georg Flegels (1566–1638) »Vorratskammer bei Kerzenlicht«, das »Stillleben mit Gläsern und Silberpokalen« des Straßburgers Sebastian Stosskopf (1597 bis 1657), Abraham Mignons (1640–1679) »Fruchtstillleben«, Johann Georg Hinz' (1666–1700) »Blumenstrauß in einer Mauernische«, Franz Werner Tamms (1658–1724) »Stillleben mit einem Kaninchen« und Karl Wilhelm de Hamiltons (1668–1754) »Jagdstillleben mit Fuchs und Rebhuhn« oder dessen bezwingend genaue und frische Naturstudien.

Als Meisterwerk der Darstellung barocken Lebensgefühls ragt unter ihnen Jacob Marrells (1613/14–1681) »Vanitas-Stillleben« von 1637 heraus. Der Sohn Antwerpener Emigranten war in Frankfurt am Main tätig, wo dieses Bild entstand. Der Maler arrangiert in einer Wandnische eine sprechende und den Blick verführende Vielzahl von Gegenständen: In einer Glasvase prangt ein voll erblühter Blumenstrauß mit Tulpen, Lilien, Rosen und Wiesenblumen, um den ein Schmetterling und eine Libelle fliegen. Auf gestapelten Büchern liegt ein Totenkopf. An der Wand lehnt eine Geige, darunter, aufgeschlagen, ein Heft, das Noten und Text eines Liebesliedes zeigt. Tintenfass und Federkiel, Siegellack und Siegelring, eine glimmende Zigarre und eine Tonpfeife, verbrannter Tabak, Münzen und Medaillen, Maus und Eidechse, eine halb geschälte Zitrone und ein Messer sind sorgsam zueinander arrangiert. Von den Blumen tropft tränengleich der Tau, ein erstes Blütenblatt fällt zu Boden. Zwei steinerne Putti flankieren die Nische, der eine hält ein Stundenglas, der andere formt Seifenblasen. All dies zeugt vom Vergehen – das Leben ist flüchtig, das Feuer der Pfeife schon erloschen, jenes der Zigarre wird bald verglimmen. Ruhm und Reichtum sind eitel, ja selbst Bildung und die Liebe endlich. Anspielungen auf die fünf Sinne, aber auch auf historische Persönlichkeiten – auf einer der Münzen ist Graf Friedrich von Württemberg-Mömpelgard dargestellt, der sich 1637 auf der Flucht vor den spanischen und österreichischen Truppen nach Straßburg rettete – verdichtet dieses Werk zu einem viel sagenden Tableau der Endlichkeit. Ein stiller Triumph der Kunst über die Vergänglichkeit deutet sich allenfalls in dem kryptischen Selbstporträt an, das Marrell zurückhaltend ins Bild integriert. Die Glasvase zeigt dem Betrachter – wie in einem Konvex-Spiegel – nicht nur einige der Gegenstände noch einmal, sondern auch das Bild des Malers vor der Staffelei. Er überdauert in und mit seinem Werk.

In den fünfziger Jahren des 18. Jahrhunderts entwickelte Franz Anton Maulbertsch (1724 bis 1796) eine Malerei, die sich durch eine bis dato in der deutschen Kunst ungekannte expressive Dramatik und Dynamik auszeichnete. Lichtführung und Malweise nehmen den Figuren ihre scharfen Konturen, lösen deren Körper vielmehr in glühende, lodernd gedehnte fleckige Flächen auf. Sie sind umgeben von gleißendem, zuckendem Licht oder tauchen ins Diffuse einer nahezu undurchdringlichen nächtlichen Finsternis und eines kaum präzise bestimmbaren Raumes ein. In seiner um 1755/56 gemalten »Himmelfahrt Mariens« – ein Thema, das der Künstler wiederholt aufgriff – erscheinen die Apostel und Grabeswächter in einem monumental anmutenden, steilen Hochformat, ergriffen von

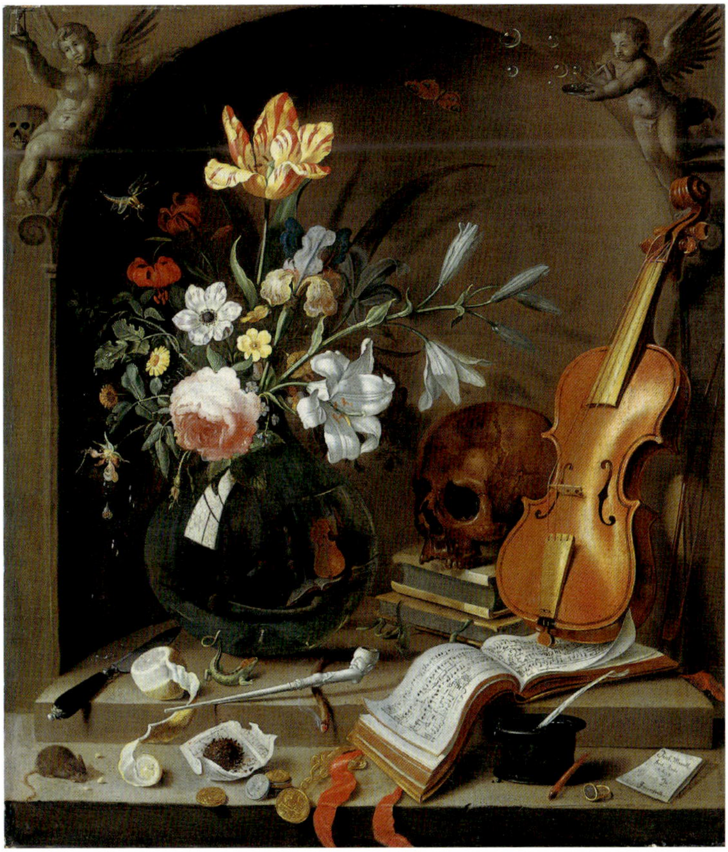

Jacob Marrell, Vanitas-Stillleben, 1637

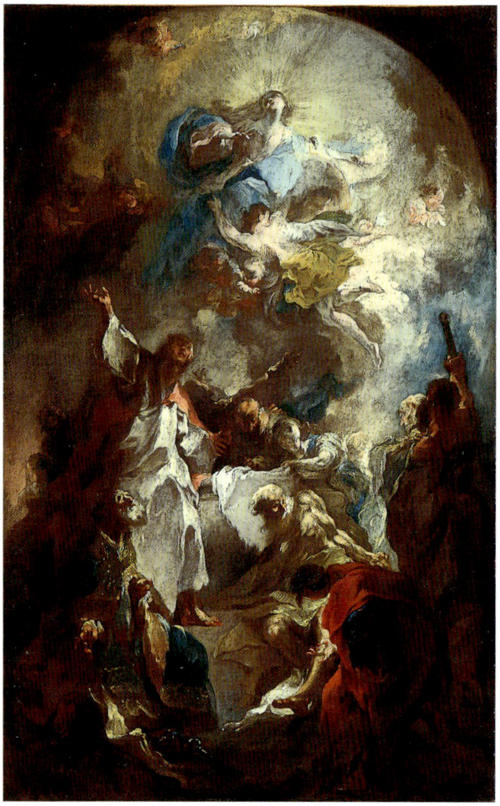

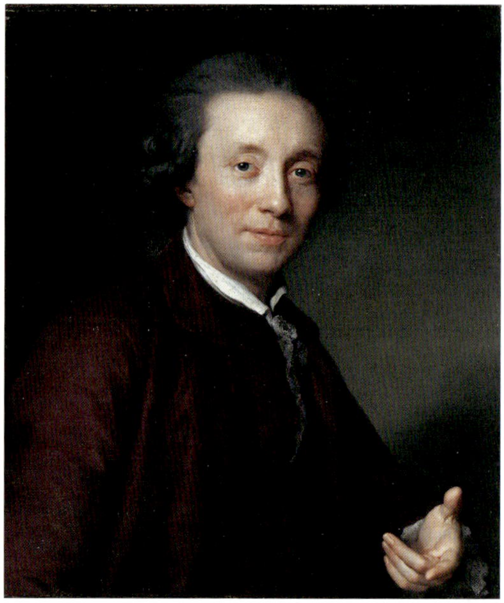

Anton Raphael Mengs, Bildnis des Staatsministers Freiherr Wilhelm von Edelsheim, 1770/72

◀ Franz Anton Maulbertsch, Die Himmelfahrt Mariens, 1755/56

immensen inneren und äußeren Kräften. Mitgerissen und wie in die Höhe erhoben durch das wunderbare himmlische Geschehen schrecken sie erregt, bestürzt, furchtsam und fragend hoch. Es eröffnet sich ihnen ein Blick in eine andere Welt, in die Maria, umstrahlt und selbst strahlend wie ein Gestirn, von Engeln entrückt wird.

Zu den interessantesten Werken der Abteilung zählt das Gemälde »Blick auf Dresden vom Neustädter Brückenkopf« von Bernardo Bellotto, genannt Canaletto (1720–1780). In Venedig geboren, gelangte der Künstler über Rom, Florenz, Turin, Mailand und Verona nach Dresden, wo er zwischen 1747 und 1767 mit nur kurzen Unterbrechungen am Hof des Kurfürsten Friedrich August II. (1696–1763) tätig war, bevor er nach München, Wien, St. Petersburg und Warschau weiterzog. Seine Veduten Dresdens schuf er mit höchster Perfektion unter Zuhilfenahme der »Camera obscura« und nach ausführlichen Detailstudien. Das Karlsruher Bild entstand 1765 als Geschenk an den Kurfürsten, der ihn zum Rektor der Akademie ernannt hatte. Es eröffnet sich entlang der Augustus-Brücke und über die Elbe hinweg ein imposanter Blick auf das barocke Dresden, dessen markanteste Punkte die prächtige Kuppel der Frauenkirche (links), die Terrassen und Bauten des Brühl'schen Schlosses, der stumpfe Turm der im Entstehungsjahr des Bildes eingestürzten Kreuzkirche und die Hofkirche Gaetano Chiaveris (rechts) bilden.

Hofmaler zu Dresden war von 1746 bis 1751 auch Anton Raphael Mengs (1728–1779). Im Jahr 1766 jedoch wurde der Künstler »Erster Hofmaler des Königs von Spanien«, dessen Schlösser in Madrid und Aranjuez er mit Deckengemälden und Altarbildern ausstattete – konkurrierend mit seinem Zeitgenossen Giovanni Battista Tiepolo. Mengs galt seinerzeit als einer der bedeutendsten und einflussreichsten Maler Europas, als ein Reformer, der mit seinen ästhetischen

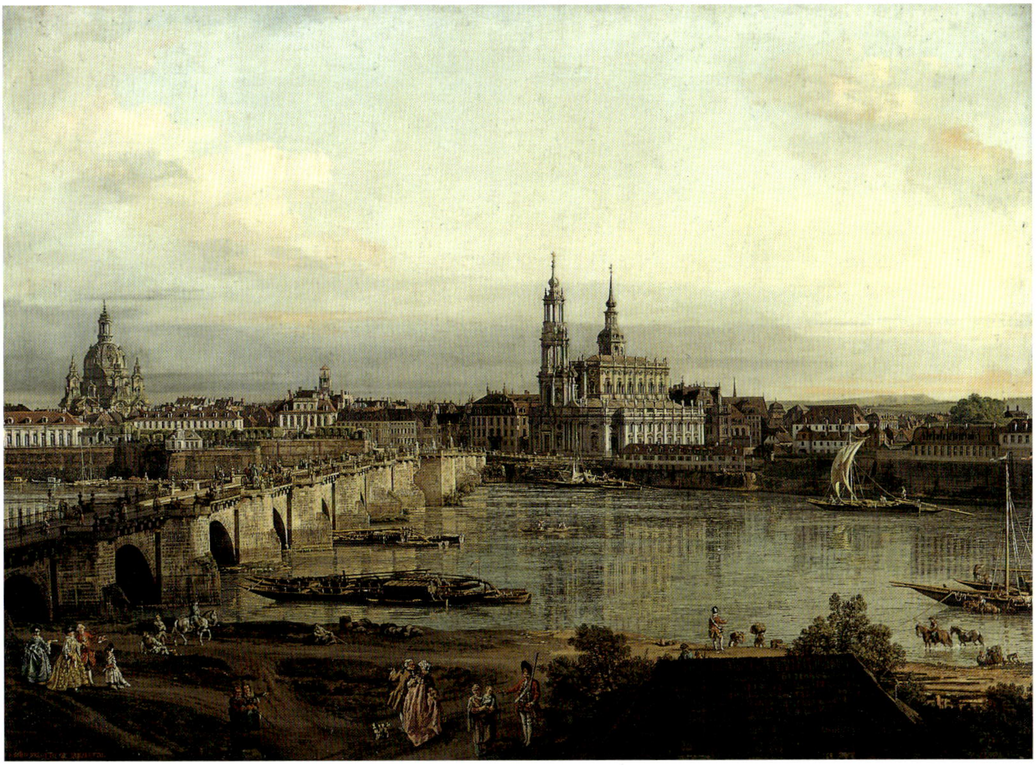

Bernardo Bellotto, Blick auf Dresden vom Neustädter Brückenkopf, 1765

Überlegungen – 1762 unter dem Titel »Gedanken über die Schönheit und den Geschmack« veröffentlicht – zum wichtigsten Theoretiker des Klassizismus wurde. Schon als Zwölfjähriger hatte er, vom Vater dazu angehalten, in Rom nach den vatikanischen Stanzen gezeichnet, später war er ein enger Freund Winckelmanns geworden. Sein »Bildnis des Staatsministers Freiherr Wilhelm von Edelsheim« ist ein gültiges Beispiel seiner Porträtkunst, in der er die Subtilität und den Rang eines Anton Graff (1736–1813) – von dem die Kunsthalle unter anderem das Bildnis des Freiherrn Friedrich Gottlob Benno von Heynitz besitzt – und Joshua Reynolds erlangte. Mengs zeigt den badischen Staatsminister von Edelsheim, der mit Goethe und Lavater befreundet war, in einem eher privaten Bildnis, das sich durch Frische und hohe Malkultur auszeichnet, als einen aufgeschlossenen und sympathisch unprätentiösen Aristokraten.

Auf einem Rundgang durch die weitaus umfangreichere Abteilung sollte man außerdem nicht versäumen, sich auch folgenden Werken zu widmen: Johann Heiss' »Die Großmut des Scipio« (1675/95), Franz de Hamiltons »Konzert der Vögel« (1670/90), Jacob Franz Cippers »Der Maler in seiner Werkstatt« (1710/30), Paul Trogers »König Saul und die Hexe von Endor« (um 1729/43), Johann Georg Plazers »Die Himmelfahrt Mariens« (um 1730/35), Christian Wilhelm Ernst Dietrichs »Die Anbetung der Hirten« (1758) und seiner »Gesellschaft im Park« (1750), schließlich Franz Christoph Jannecks »Vornehme Gesellschaft im Park« (um 1750) und Justus Junckers »Die Morgentoilette« (1752).

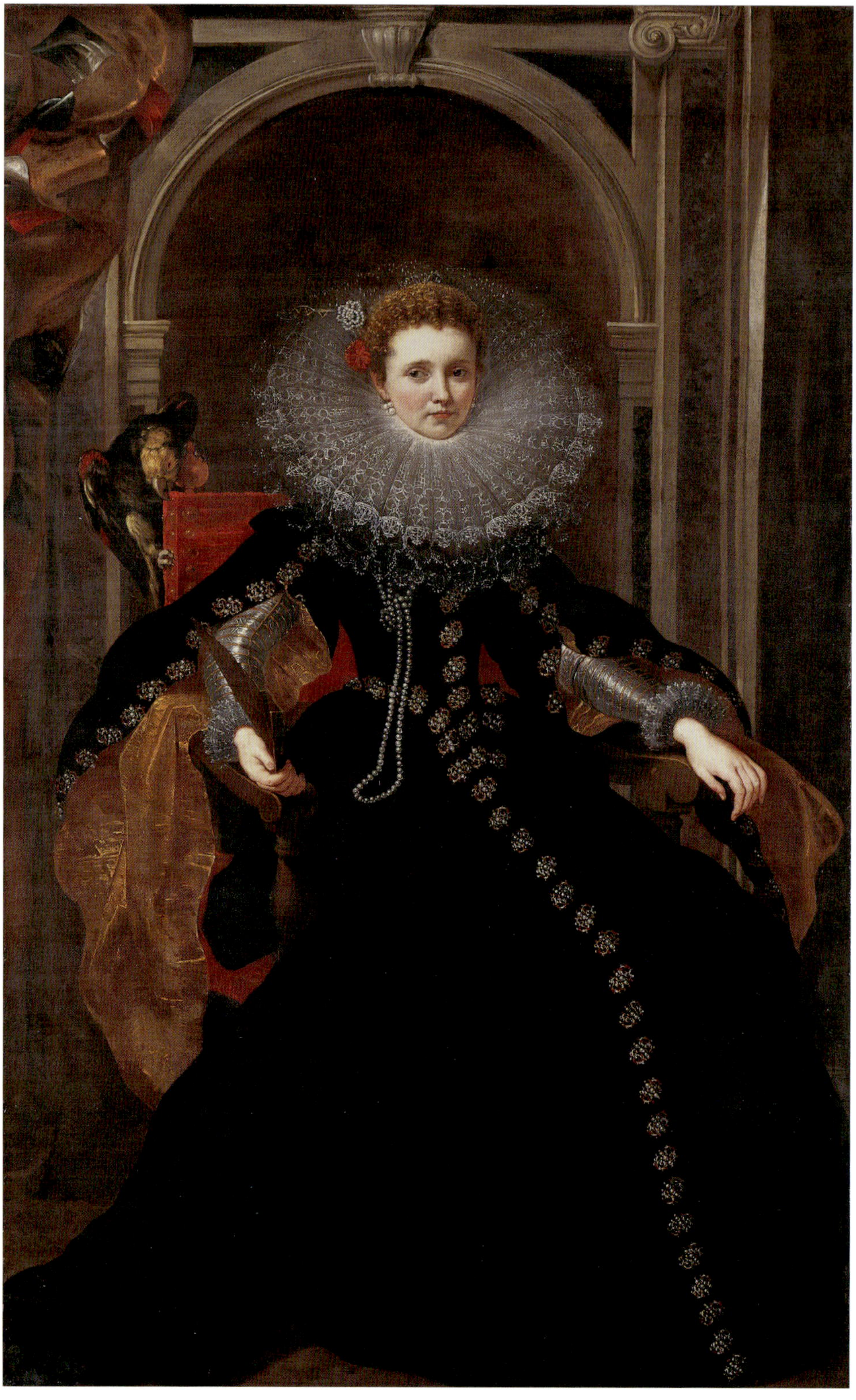

NIEDERLÄNDISCHE MALEREI

Das 16. Jahrhundert

Der Protestantismus breitete sich im dritten Viertel des 16. Jahrhunderts, vermittelt über Frankreich und den Süden, auch im Norden der Niederlande aus. Philipp II. (1527–1598), spanischer König und Neffe des Habsburger Kaisers Ferdinand II. (1503–1564), regierte die Niederlande über einen Generalstatthalter von Brüssel aus. Das 16. Jahrhundert ist in seiner zweiten Hälfte durch die Emanzipationsbestrebungen der protestantischen Niederlande von Habsburg gekennzeichnet. Im Jahr 1579 vereinigten sich die sieben Provinzen und deklarierten ihre Unabhängigkeit. Diese wurde indirekt 1609 akzeptiert, als mit den Spaniern in Antwerpen ein zwölfjähriger Waffenstillstand vereinbart wurde – wobei die offizielle Anerkennung der Niederlande als eigenständiger Staat jedoch erst 1648 erfolgte. Mit der zunächst zeitweiligen und dann endgültigen Befriedung entstanden Bedingungen, die einen liberal florierenden Markt wachsen ließen, der von Auftraggebern verschiedenster Gesellschaftsschichten belebt wurde und damit eine bis dato unbekannte künstlerische Produktivität anstieß.

Den Auftakt eines Rundgangs durch die umfangreiche Niederländer-Abteilung der Staatlichen Kunsthalle bildet eine überschaubare Anzahl exzellenter Beispiele religiöser Malerei, zu der zum Beispiel ein frühes Werk Joachim Pateniers (um 1475/80–1524), die »Felslandschaft mit dem büßenden heiligen Hieronymus«, »Die Anbetung der Heiligen Drei Könige« (1519) des Meisters der von Groote'schen Anbetung und Pieter Coecke van Aelsts (1502–1550) kleiner, um 1535 gemalter Flügelaltar mit der »Auferstehung Christi« zählen.[54] Von Jan Massys (1509–1575) besitzt die Kunsthalle das Gemälde »Der Prophet Elias und die Witwe von Sarepta« (1565). Das fast zeitgleich entstandene Werk eines anonymen südniederländischen Meisters verdient hier außerdem besondere Beachtung. Dessen »Bathseba«, um 1560/70 gemalt, reflektiert Einflüsse, die dieser offensichtlich wohlinformierte Meister von höfischer Kunst aus Florenz, Fontainebleau und Paris empfangen haben muss. Die Geschichte der durch König David Verführten wird in synchronen Szenen erzählt, das Hauptaugenmerk dieses Künstlers der Spätrenaissance liegt jedoch auf der ausführlichen Schilderung nackter Körper in verschiedenen Haltungen, wunderbarer Preziosen, die er im Bildvordergrund als Stillleben ausbreitet, eines weiten, nach den Regeln der französischen Gartenkunst angelegten Parks und einer repräsentativen Palastarchitektur.

Anonym bleiben bis heute die vornehmen Herren – Gelehrte oder Patrizier –, die Quentin Massys (um 1465–1530) und Jan Vermeyen (1500 bis 1559) porträtierten. Während Massys' Gegenüber in »halber Figur« äußerst zurückhaltend und zusätzlich distanziert durch eine Brüstung charakterisiert wird, setzt Vermeyen seinen Protagonisten mit appellierender Gebär-

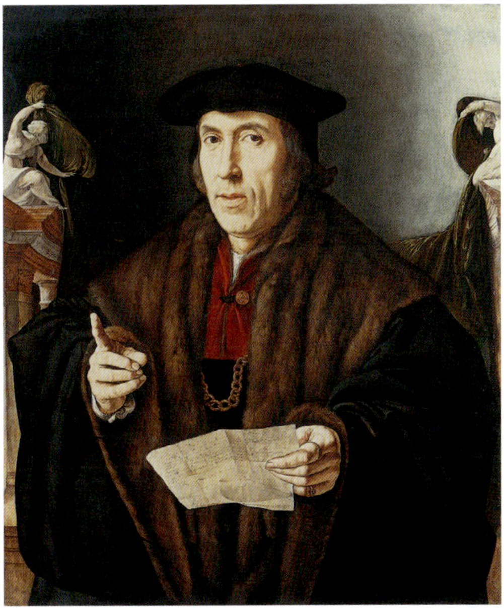

Jan Vermeyen, Männerporträt, um 1540

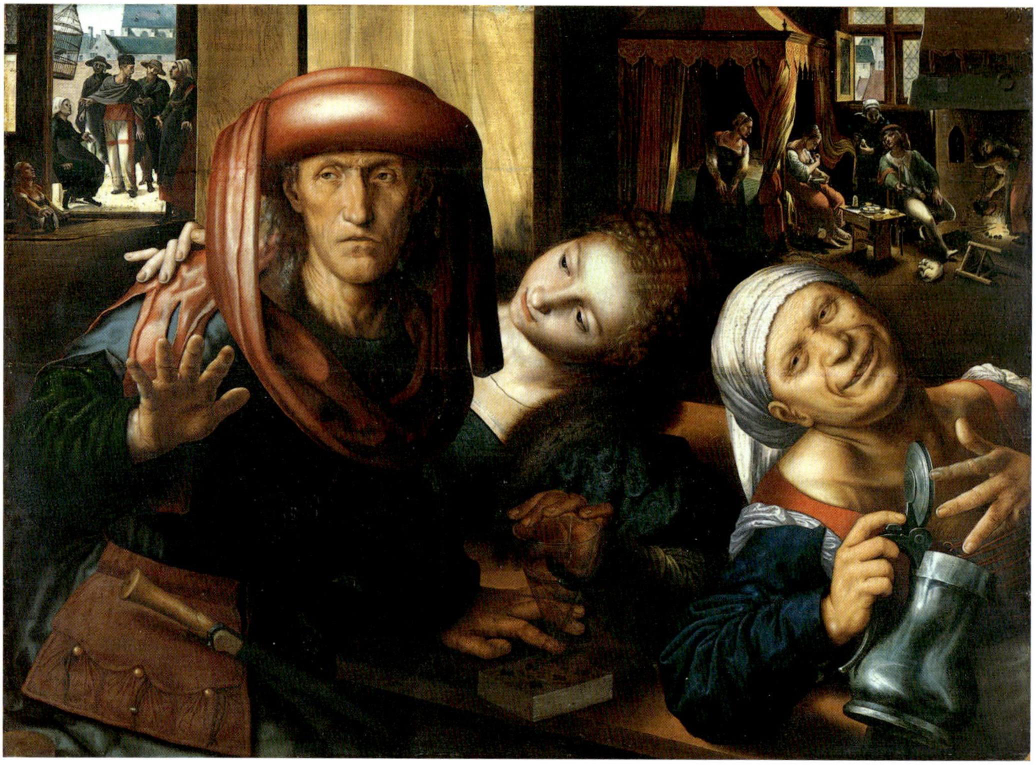

Jan Sanders van Hemessen, Lockere Gesellschaft, um 1540

de und direktem Blick zum Betrachter in Szene, sodass sein eindringliches Gemälde zu einem »sprechenden Porträt« wird.

In anderem Sinne »viel sagend« erscheint Jan Sanders van Hemessens (um 1500 – nach 1563) »Lockere Gesellschaft«. Der in Heemixen bei Antwerpen geborene Maler, dessen Figurenbehandlung von einem Aufenthalt in Italien zeugt und der deshalb zu den niederländischen »Romanisten« gezählt wird, eröffnet mit diesem um 1540 gemalten Werk dem Betrachter den Blick in eine Gaststube, die sich bei näherem Hinsehen als Bordell erweist – worauf nicht nur der Vogelkäfig vor der Tür hindeutet. Nah am Betrachter, gewissermaßen ganz vorne an der Rampe des bühnenartigen Bildraums, ordnet der Künstler drei fast lebensgroße Figuren an: einen älteren Mann mit markanten Gesichtszügen und rotem Hut, eine jugendliche Frau mit hellem Teint, die ihm die Hand auf die Schulter legt und seine Aufmerksamkeit zu gewinnen sucht, und eine hässliche Alte mit zerfurchtem Gesicht, die eine Weinkanne vorweist und sich ebenfalls verführerisch um den Gast bemüht. Der Mann jedoch, ein Wanderer mit Tasche und Schwert, hebt abwehrend die Rechte und scheint sich erheben zu wollen. Auf dem Tisch liegt ein Stapel Spielkarten, darauf steht ein Weinglas. Der Gast will sich offenbar weder durch den Alkohol noch durch das Spiel zu Leichtfertigkeit, Verschwendung und Unkeuschheit verführen lassen. In Nebenszenen, die in den oberen Bildecken angesiedelt sind, zeigt das Gemälde einen Matrosen, der von Männern und Frauen genötigt wird, in dem Etablissement, bei »Venus und ihrem Gefolge«, einzukehren. Rechts erkennt man einen Jüngling, der von vier Dirnen umringt und ihr Opfer geworden ist, hat sich eine der Frauen doch schon seines Geldbeutels bemächtigt. Die kleinfigurigen Darstellungen schuf mutmaßlich nicht Hemessen selbst, sondern der so genannte Braunschweiger Monogrammist, der als Erfinder des Bordell- und Wirtshausbildes gilt. Hemessens Gemälde kennzeichnen die Freude an der drastischen Überzeichnung der Figur, dem dramatischen Hell-Dunkel und eine altmeisterlich akribische Ausführung. Inhaltlich liegt mit ihm eines der ersten Zeugnisse der moralisierenden niederländischen Genremalerei vor.

Die Flamen des 17. Jahrhunderts

Porträt und Figurenmalerei

Unterschiedliche religiöse, politische und soziale Bedingungen prägen im 17. Jahrhundert in Flandern und Holland die Entwicklung der Kunst. Das aufstrebende Bürgertum bildet im Norden die Hauptkäuferschicht eines vielfältig ausdifferenzierten Kunsthandels, in dem profane Bildgattungen wie Landschaft, das stimmungsvolle Interieur, Architektur- und Seestücke, bürgerliches oder bäuerliches Genre, Blumenstücke und die Stilllebenmalerei zu eigenständigen Bildgattungen werden. Im katholischen Süden übernehmen Künstler weiterhin Aufträge von Kirche und Adel, bleiben Repräsentationskunst und biblische Historienmalerei neben den neuen Gattungen wichtige und lukrative künstlerische Aufgaben.

Am Beginn dieses »Goldenen Zeitalters« der Malerei, in dem die niederländischen Maler den Alltag entdecken und in ihrer Porträtkunst mit scharfem Realitätssinn Unvergleichliches leisten, ragt unter den Flamen Peter Paul Rubens (1577–1640) heraus, dessen Kunst in der Sammlung mit vier Werken repräsentiert ist. Das noch in Italien gemalte Porträt der 22-jährigen Marchesa Veronica Spinola Doria (1607, Abb. Seite 58) ist das älteste unter ihnen. Um 1610 entsteht das bürgerliche »Bildnis eines Ehepaars mit einem Kinde«, vermutlich um 1614/15 ein Brustbild des Philosophen Seneca und vor 1622 eine als Entwurf für einen Teppichkarton angelegte Ölstudie mit dem Thema »Die Gründung Konstantinopels«, die Rubens wohl im Auftrag Ludwigs XIII. schuf. Monumental inszeniert der Künstler Veronica Spinola, eine Genueser Adlige, in Ganzfigur auf einem roten Sessel thronend vor einer mit einem Rundbogen abgeschlossenen Mauernische. Ihre schwarze, bodenlange Robe ist kunstvoll und kostbar mit Gold und Silber verziert, der imposante Mühlsteinkragen aus filigraner Spitze rahmt ihr hell leuchtendes, jugendliches Gesicht. Sie trägt Perlen, hält einen Fächer, und auf der Lehne des Sessels hinter ihr sitzt ein Papagei, dessen Gefieder ebenso wie der links oben ins Bild wehende Vorhang die Grundfarben der Komposition – Schwarz, Rot und Goldbraun – aufnimmt. Es handelt sich um die heraldischen Farben der Familie Doria, in die Veronica Spinola eingeheiratet hatte. Vermutlich gab ihr Gatte Gian Carlo Doria das Bild in Auftrag.

Wie Rubens war auch der jüngere Jacob Jordaens (1593–1678) ein Meister des biblischen und mythologischen Historienbildes. In einer kühnen Komposition veranschaulicht er in dem fast zwei mal zwei Meter messenden Karlsruher Gemälde »Moses schlägt Wasser aus dem Felsen« (um 1618/20, Abb. Seite 62) das alttestamentarische Wunder, das den Israeliten auf ihrer Flucht aus der ägyptischen Gefangenschaft widerfährt. Nicht mehr aufgelöst in einzelne erzählende Szenen, sondern auf einen dramatischen Moment vor der Lösung hin zugespitzt, zeigt Jordaens, wie sich Männer verschiedenen Alters, Frauen, weinende Kinder und Tiere am Ausgang einer Felshöhle zu einer dichten Gruppe hinter Moses zusammendrängen. Sie alle sind vom Durst gequält, beobachten erregt, mit flehentlichen und erwartungsvollen Gesten und Blicken, was sich ereignen wird. Sie halten Kannen und Krüge hoch über ihre Köpfe, um das Wasser aufzufangen, das aus dem Stein quellen soll. Über die nackten, muskulösen Leiber spielt ein rot-goldenes Licht. Blendend scheint dies auch das kurz bevorstehende Wunder und damit die Gegenwart Gottes anzukündigen. Moses, in einen licht-violetten Umhang gehüllt, steht aufrecht mit zum Himmel gewendetem Antlitz und hält jenen Stock in der Rechten, mit dem er im nächsten Augenblick an den Felsen schlagen wird. Der Maler zeigt sich mit diesem »chef d'œuvre« von barocker Wucht und kompositorischer Dichte sowohl in der plastischen Darstellung der Körper als auch der menschlichen Affekte auf der Höhe seiner frühen Meisterschaft.

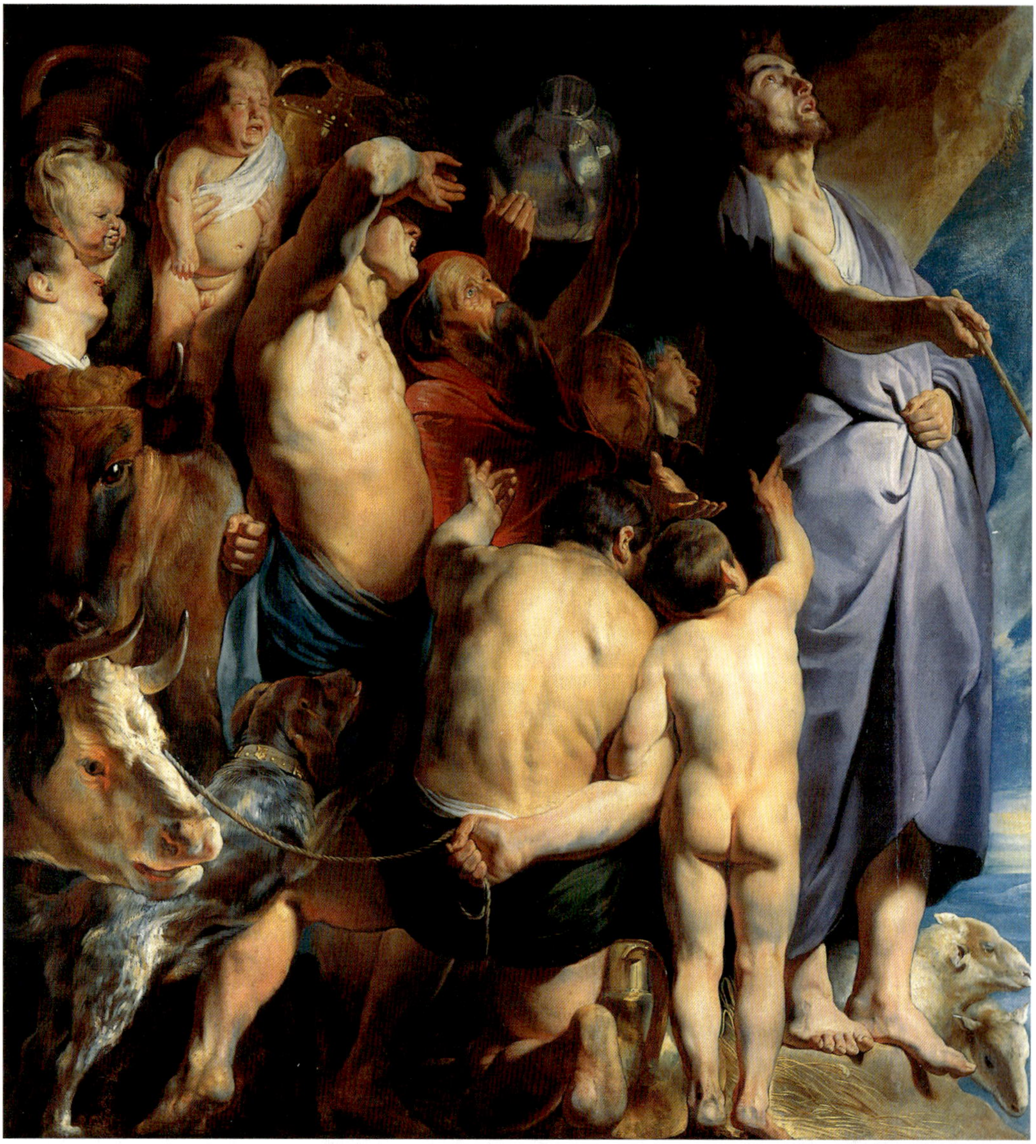

Jacob Jordaens, Moses schlägt Wasser aus dem Felsen, um 1618/20

Stillleben

Vor allem im südlichen, katholischen Teil der Niederlande wird seit der Mitte des 16. Jahrhunderts jene Entwicklung angestoßen, die zur Ausbildung des Stilllebens führt, das sich um 1600 als eigene Gattung etabliert hat und einen wachsenden Kreis von Liebhabern findet.[55] Während die flämischen Künstler im ausladenden Format und reichen, bewegten Arrangements festliche Hymnen auf die Vielfalt der Natur und die Prachtentfaltung ihrer aristokratischen Auftraggeber anstimmen, geht es den calvinistisch-sittenstrengen Holländern in ihren bescheidener dimensionierten Bildern eher darum, die stille Schönheit der Alltagswelt und der einfachen, vom Menschen geschaffenen Gegenstände zu erfassen. Hier wie dort verbergen sich immer auch symbolische Anspielungen hinter den Dingen.

Prall und kraftstrotzend nimmt sich die Wirklichkeit in den Werken des Frans Snyders (1579 bis 1657) aus, dessen vital dynamische Malweise diese emphatische Sicht auf die Realien zusätzlich unterstreicht. Schon erwähnt (im Kapitel zur »Sammlungsgeschichte«) wurde sein opulentes, wohl frühes »Stillleben mit Feldfrüchten – Allegorie der Erde« (Abb. Seite 30), das eine Huldigung an die Fruchtbarkeit der Natur, vielleicht speziell an die heimische Region ist. Snyders wurde 1579 in Antwerpen geboren und war Schüler Pieter Brueghels des Jüngeren. Nach einem mehrjährigen Aufenthalt in Rom und Mailand kehrte er 1609 nach Antwerpen zurück, wo er zuweilen mit Rubens zusammenarbeitete. Zeugnis seines reiferen Stils sind das ihm zugeschriebene »Stillleben mit Blumen, Früchten, einem gesottenen Hummer und toten Vögeln« und das »Stillleben mit Küchengeräten und Lebensmitteln« (um 1630). Beide Gemälde zeigen die dargestellten Gegenstände in Untersicht und könnten demnach als Supraporten gedacht gewesen sein. Das Küchenstillleben kennzeichnet eine eher gedämpfte, brauntonig-erdige Farbigkeit, die an die kargen, gedeckten holländischen Stillleben im zweiten Drittel des 17. Jahrhunderts erinnert. Mit raschem Strich und großzügigem Gestus malt Snyders hier. Das Bild zeigt uns ein in eine Nische eingelassenes Brett, auf dem eine Komposition mit Broten, einem Korb mit Äpfeln, einer Glasvase, Krügen und Schüsseln arrangiert ist. Über dieser Anordnung von Küchengeräten hängen eine Laterne, zwei tote Hühner und Würste. Bewundernswert virtuos differenziert Snyders teils lasierend, teils pastos verschiedene Materialien und deren Tex-

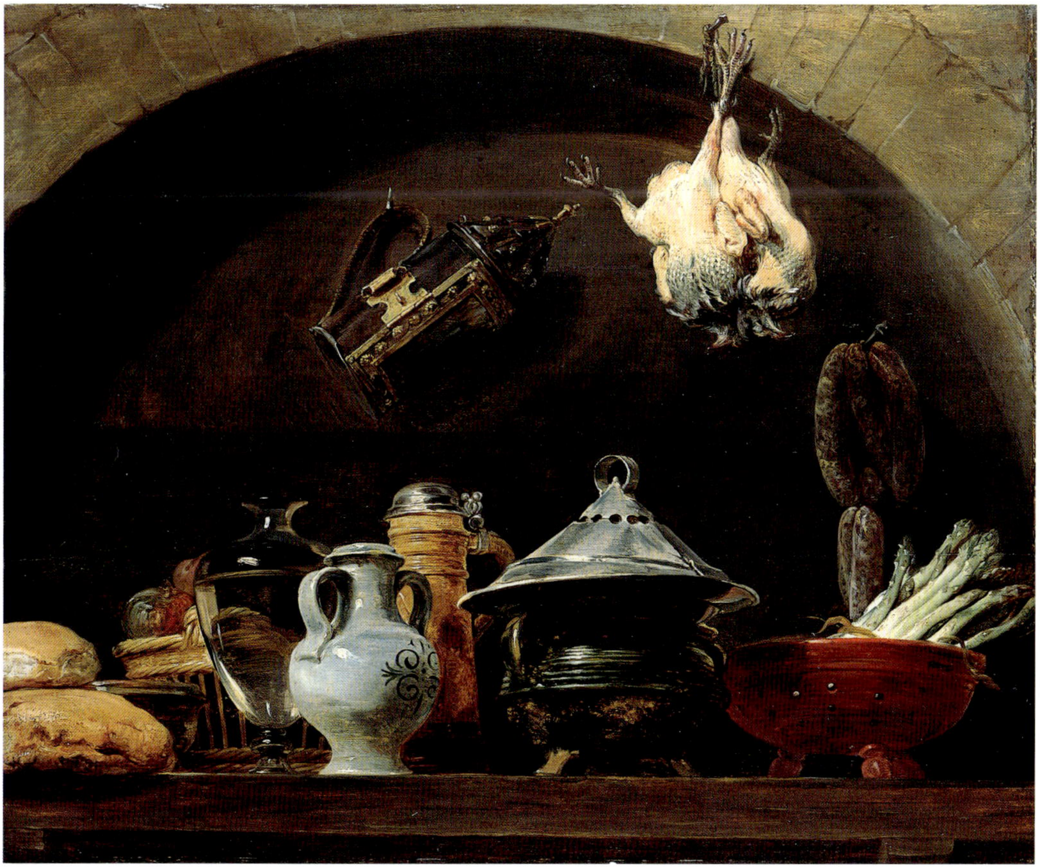

Frans Snyders, Stillleben mit Küchengeräten und Lebensmitteln, um 1630

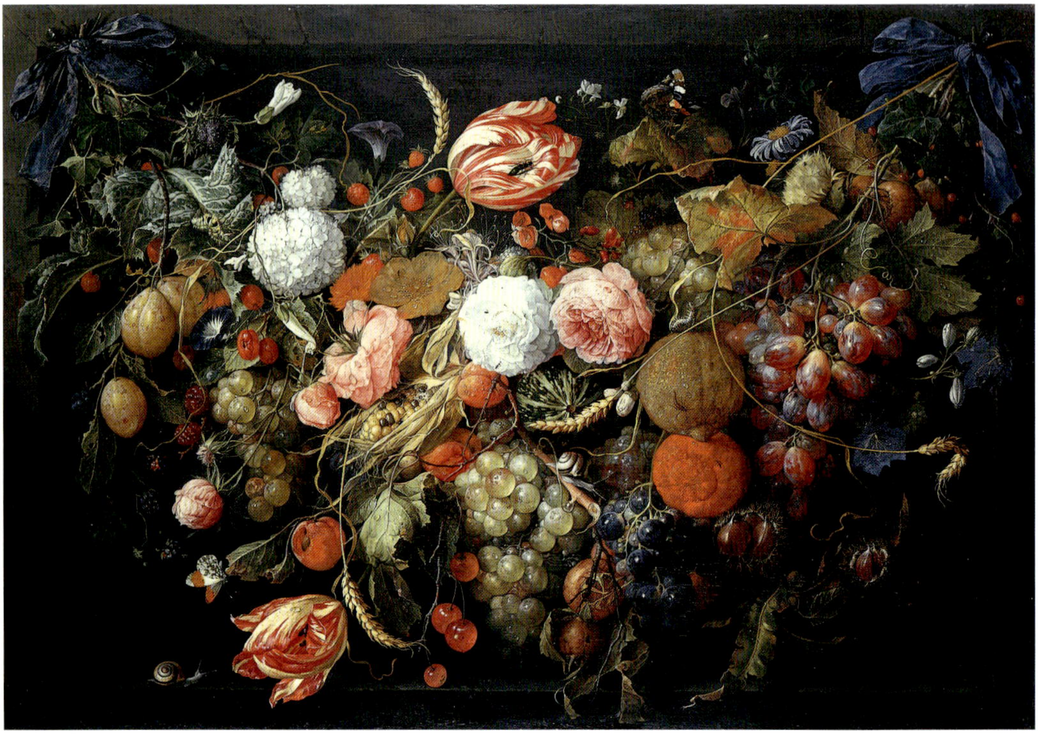

Jan Davidsz. de Heem, Girlande von Blumen und Früchten, um 1660

turen. Vorbilder für dieses Werk könnten Stillleben des 15. und 16. Jahrhunderts gewesen sein, die man als das Auge betrügende Türen vor Nischen setzte, deren tatsächliches Inneres man dieserart schmuck und kunstsinnig verbarg.

Besonderer Beliebtheit erfreuten sich in Flandern und Holland Blumenstillleben, deren früheste vermutlich in der Mitte des 16. Jahrhunderts entstanden. Zu den in der Kunsthalle vertretenen Hauptmeistern dieser Gattung zählt der 1615 als Laienbruder in den Jesuitenorden eingetretene Daniel Seghers (1590–1661). Das Werk der Karlsruher Sammlung, ein »Madonnenrelief in Blumenschmuck« (1644), an dem Cornelis Schut (1597–1655) mitarbeitete, zeugt von Seghers' Spezialisierung, ja wohl sogar seiner Erfindung. Seghers verlegte sich auf die Darstellung von mit Blumengirlanden umgebenen Steinreliefs mit religiösen Szenen.

Jan Davidsz. de Heem (1606–1683/84), in Utrecht geboren, siedelte 1635 nach Antwerpen über. Er, von dem die Kunsthalle drei Werke besitzt und der zu den erfindungsreichsten und fruchtbarsten Neuerern des flämischen Stilllebens wurde, übernahm vermutlich den Bildtypus des Festons von Seghers. Seine »Girlande von Blumen und Früchten« (um 1660) ist ein Meisterwerk malerischer Prachtentfaltung, in dem die Darstellung der üppig prangenden Schätze der Natur zu einem fulminanten, farbenprächtigen Fest fürs Auge gerät. Vor einer schwarzen, marmorierten Steinplatte breitet de Heem mit feinmalerischer Delikatesse, an blauen Schleifen aufgehängt, die ganze Fülle zu verschiedenen Jahreszeiten blühender Blumen und reifer Früchte aus: Geflammte Tulpen, Rosen, Schneebälle, Kornblumen, Disteln, Weinlaub, Trauben, Brombeeren, Pflaumen, Kirschen, Kastanien, Zitronen und Pomeranzen sind zu einem schweren Gebinde arrangiert. Schnecken, Raupe, Wespe und Falter finden hier Nahrung, was auf die Vergänglichkeit dieser Staunen und Bewunderung erzeugenden Hervorbringungen der Natur verweist – andererseits stehen die schwungvoll eingearbeiteten goldglänzenden Kornähren für die Hoffnung auf Auferstehung.

Stark beeinflusst von Jan Davidsz. de Heem war vor allem Abraham van Beyeren (1620/21 bis 1690), dessen »Prunkstillleben« (wohl um 1660) buchstäblich zu den Höhepunkten der Gattung in der zweiten Hälfte des 17. Jahrhunderts zählt – ähnlich wie Cornelis de Heems (1631–1695) »Blumenstrauß«. Daneben stammen weitere prächtige Stillleben der Staatlichen Kunsthalle unter anderem von Joris van Son (1623–1667, »Fruchtstillleben mit gesottenem Hummer«), Nicolaes von Veerendael (1640–1691, »Blumengewinde« oder »Blumengewinde um eine leere Kartusche«) und Jan Fyt (1611–1661, »Jagdstillleben mit Papagei«), einem Schüler Frans Snyders'.

Genre

Eine bunte Gesellschaft beim ausgelassenen Festschmaus: Die Damen sind in große, kostbar verzierte Roben gewandet, die Herren nicht minder vornehm gekleidet. Geflügel und eine Pastete stehen auf dem reich gedeckten Tisch, es werden Austern gegessen, auf dem Boden verstreut liegen Spielkarten, Würfel und ein Trick-Track-Spiel, es wird musiziert und übermäßig getrunken. Was einem Betrachter unserer Tage vergleichsweise harmlos erscheinen könnte, war einst ein Bild verwerflichster Ausschweifung und Verfehlung. Frans Francken d.J. (1581–1642) malte um 1630 »Das Gleichnis vom Verlorenen Sohn« (Lukas 15,11–23) mit der Hauptszene, die den Leichtlebigen bei den Dirnen zeigt, als anschauliche Warnung vor Völlerei und Unkeuschheit. Insgesamt werden sechs Stationen des Irr- und Rückwegs des Sohnes erzählt, dessen glimpflich-gutes Ende – die Wiederaufnahme beim Vater, man findet sie rechts im Bild – symbolisch das Erbarmen Gottes mit dem Sünder verheißt. Franckens Werk steht für die flämische Genremalerei, deren moralisierender Grundton erst im weiteren Verlauf des 17. Jahrhunderts hinter die realistische und atmosphärisch mitunter durchaus beschauliche Schilderung von häuslichen und öffentlichen Festszenen zurücktritt.

Adriaen Brouwer (1605/06–1638) konfrontiert in einem Frühwerk wie »Der Quacksalber« Dreistigkeit mit Einfalt, lässt Betrüger auf täppische Tölpel treffen. Höchst närrisch benehmen sich seine bäuerlichen Figuren, veranschaulicht

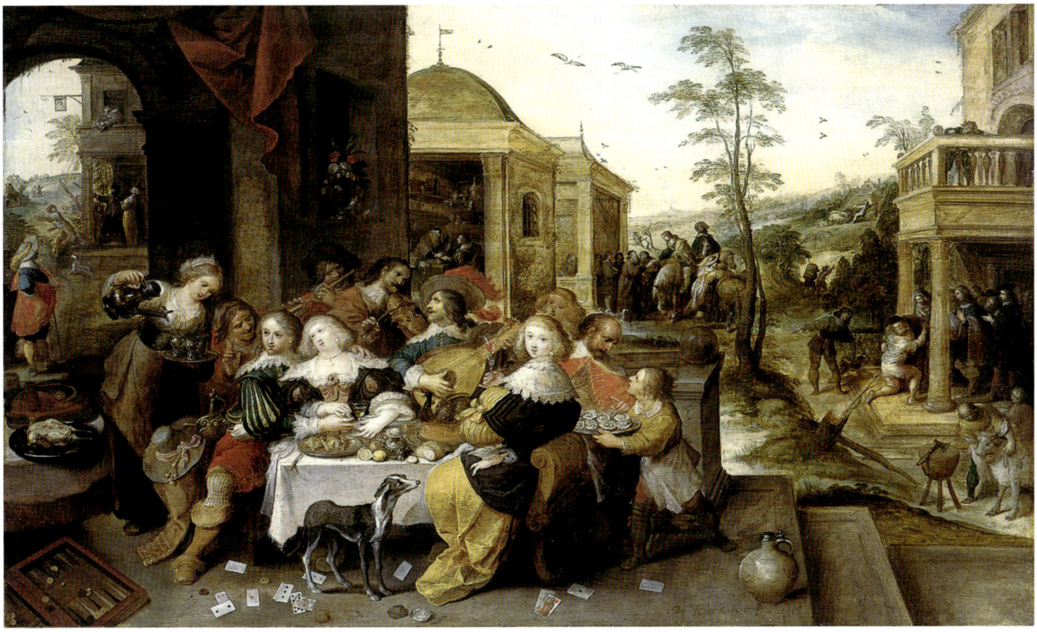

Frans Francken d.J., Das Gleichnis vom Verlorenen Sohn, um 1630

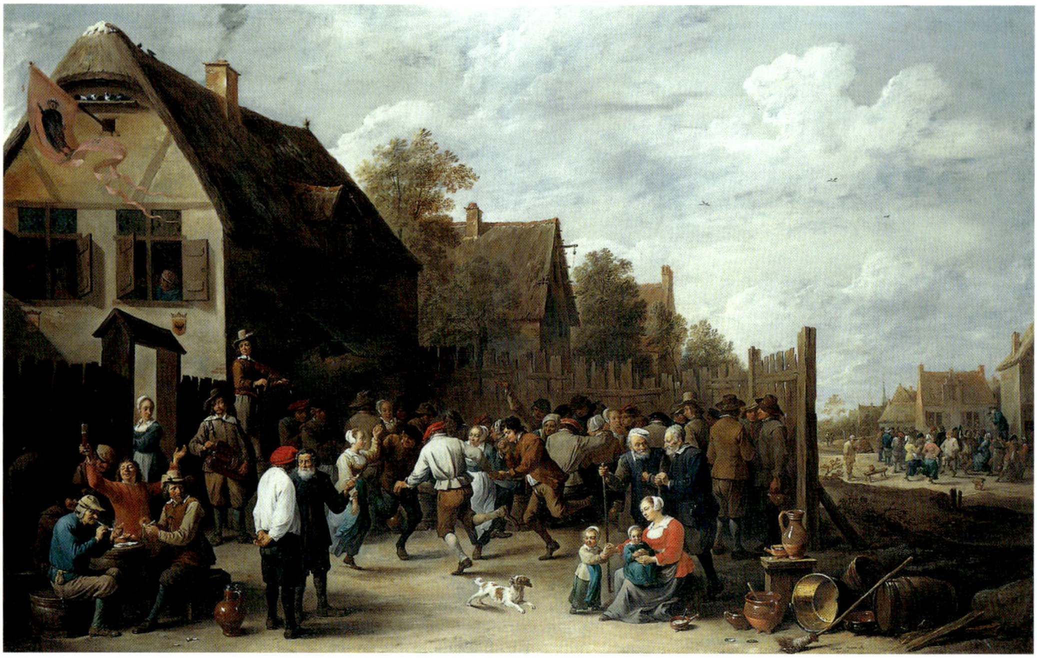

David Teniers d. J., Dorffest, 1648

wird, wie sich die schlichten Gemüter durch falsche Heilsversprechungen täuschen lassen.

Dagegen wirkt der Blick, den David Teniers d. J. (1610–1690) auf den Menschen, vor allem auf Bauern und kleine Leute wirft, alles andere als verdrießlich, sondern vielmehr mild, ja sogar freundlich. Die Kunsthalle besitzt neun eigenhändige Werke des in Antwerpen geborenen, schon zu seiner Zeit höchst gefragten und erfolgreichen Malers, darunter die Darstellung eines ungleichen Paares (»Abendessen in der Scheune«, 1634), Wirtshausszenen (»Bauern in der Schenke«, 1634 und »In der Schenke«, 1648), die nicht nur das lebensfroh-heitere Beisammensein der Gäste zeigen, sondern in die auch subtil eine Darstellung der fünf Sinne verwoben ist. Auch den Fünf-Sinne-Bildern eignet freilich latent ein mahnender Unterton, denn es sind die Sinne, die dem Laster Tür und Tor öffnen.

Teniers' Hauptwerk innerhalb der Sammlung stellt das 1648 gemalte »Dorffest« dar. Am Georgstag – darauf weist die Fahne am Giebel des Fachwerkhauses hin – sind die Menschen auf dem Platz vor dem Wirtshaus zusammengekommen, um zu feiern. Immer wieder auftretende Hauptmerkmale seiner Kunst werden in diesem großformatigen Gemälde manifest: »die betonte Diagonalkomposition; die sichere Erfassung der lebensvollen Figuren, ihre ausgewogene Gruppierung in der Atmosphäre eines tiefen Raumes; die akzentuierende Lichtführung und das punktuelle Einsetzen von Lokalfarben; die reich nuancierte, auf Braun, Beige und Grau gestimmte silbertonige Farbigkeit.«[56] Teniers schuf mit solchen Tableaus »das Idealbild eines ›flämischen Arkadiens‹. Das war sein Beitrag zur flämischen Genremalerei«,[57] der auf uns heute noch überaus sympathisch und anziehend wirkt.

Landschaft

Die Namen Tobias Verhaecht (1561–1631) – er war der erste Lehrer des Peter Paul Rubens –, Kerstiaen de Keuninck (um 1560–1632/35) und Joos de Momper (1564–1635) können innerhalb der Sammlung für die flämische Landschaftsmalerei stehen. Von Verhaecht und Keuninck besitzt die Kunsthalle jeweils eine Darstellung einer Landschaft mit Tobias und dem Engel, von Joos de Momper eine »Gebirgslandschaft

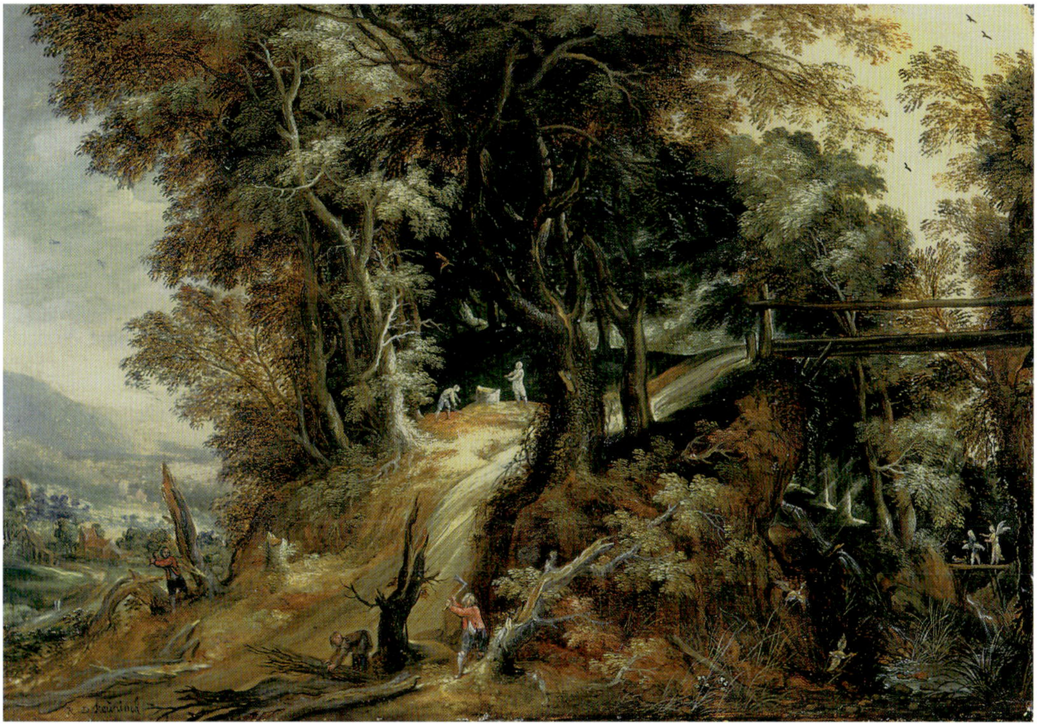

Kerstiaen de Keuninck, Waldlandschaft mit Tobias und dem Engel, um 1610/20

mit Pilgern und fahrendem Volk« (1625). Sie alle erfinden Phantasiepanoramen, mal dramatisch gesteigert, bei Momper etwas näher an der beobachteten Wirklichkeit, mitunter weit in die Bildtiefe gestreckte Überschaulandschaften eher nordischen Charakters, durch die Menschen ziehen – auf der Suche nach dem rechten Weg. Wildnis wird von kultiviertem Land geschieden, verdorrte oder gefällte Bäume deuten an, dass alles Irdische nur von begrenzter Dauer ist, während Kirchen, Kreuze oder Windmühlen als Symbole der Hoffnung auf ein gelingendes Leben eingesetzt werden.

Die Holländer des 17. Jahrhunderts

Porträt und Figurenmalerei

Das bedeutendste Porträt eines holländischen Meisters in der Sammlung der Staatlichen Kunsthalle Karlsruhe ist Rembrandt Harmensz. van Rijns (1606–1669) um 1650 entstandenes »Selbstbildnis« (Abb. Seite 68). Von den mehr als fünfzig erhaltenen Selbstporträts ist dieses Bild, das schon die Markgräfin Karoline Luise 1751 für ihr Malerei-Kabinett erwarb, eines seiner psychologisch differenziertesten. In einem Oval, annähernd lebensgroß, als Halbfigur hat sich der Künstler gemalt, mit leicht zur Seite – das heißt zur Staffelei – gedrehtem Oberkörper und frontal dem Betrachter zugewandtem Gesicht. Melancholisch, forschend, verletzlich und sinnierend blickt er uns an, das bedeutet aber im vor einem Spiegel entstandenen Selbstporträt im Grunde sich selbst. Sichtbar werden weiche, fast etwas schlaffe Züge. Nachdenklich runzelt der Meister, der hier etwa Mitte vierzig ist, die Stirn. Sein Gesicht wirkt wie illuminiert, hebt sich kontraststark von dem Braun seines Baretts, der Haare und des flauschigen Kragens ab, der aus seinem roten Umhang hervorragt. Das Bild eines sensiblen, selbstkritischen und von Rückschlägen und Leid gezeichneten exemplarischen Individuums entsteht, dem jeder Gedanke an selbstgewisse Repräsentation und Stilisierung fremd ist, dem es vielmehr da-

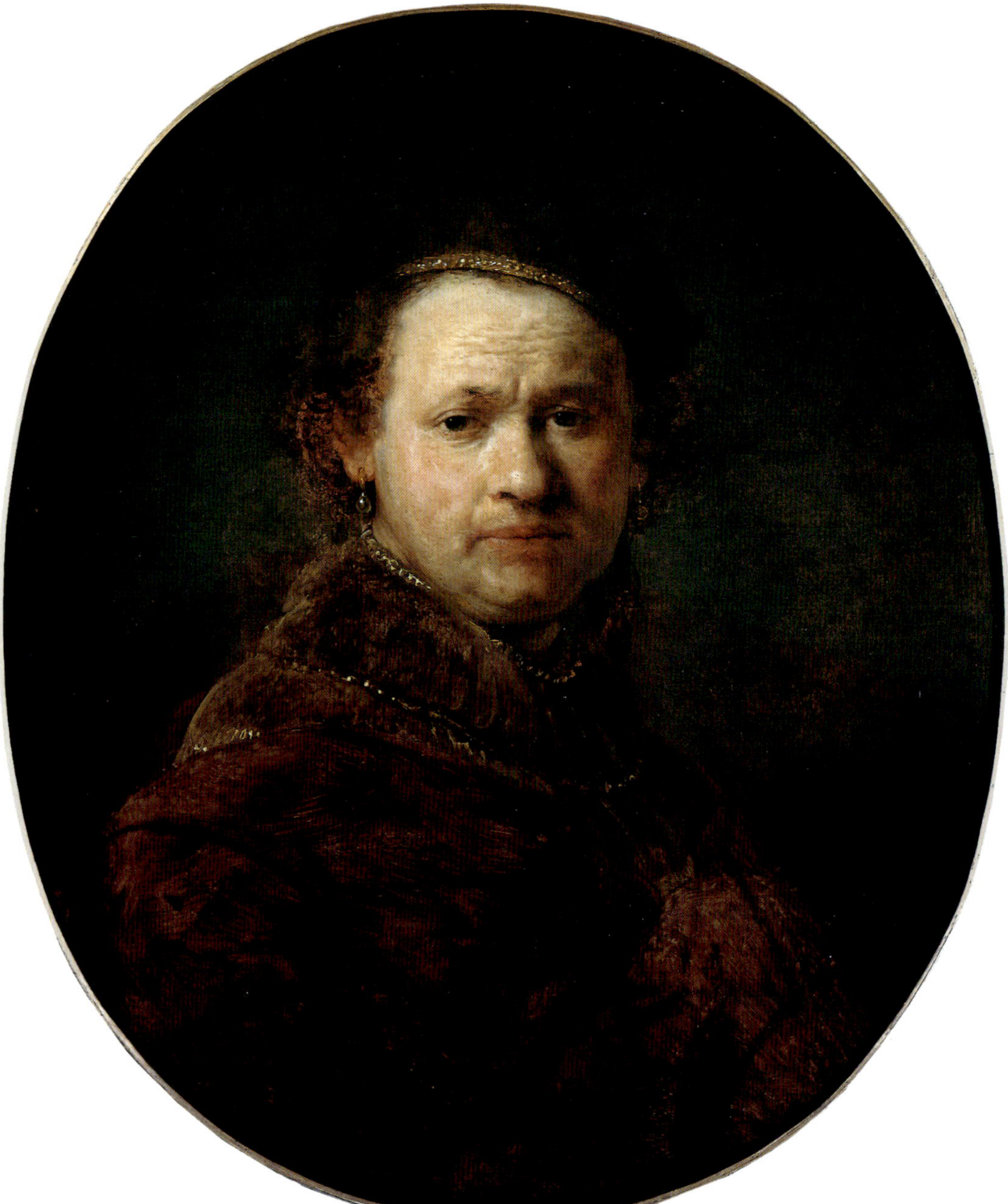

Rembrandt Harmensz. van Rijn, Selbstbildnis, um 1650

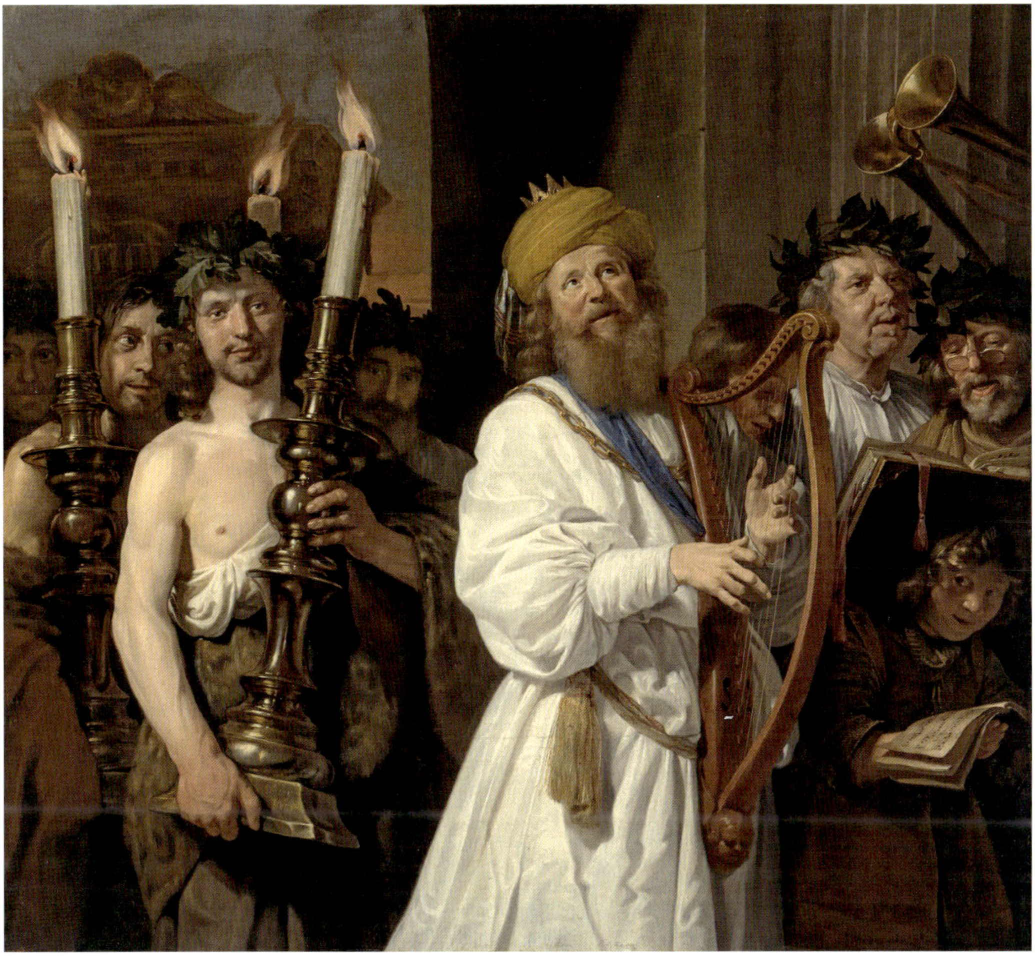

Jan de Bray, König David geleitet die Bundeslade nach Jerusalem, 1670

rum geht, ernsthaft und unprätentiös ein Stück existenzieller Selbstbefragung zu treiben.

Repräsentative, teils ganzfigurige Porträts in dieser Abteilung, unter anderem von Bartholomäus van der Helst (1613–1670, »Bildnis eines Patrizierpaares«), Nicolaes Eliasz. (1590/91 bis 1654/56, »Bildnis eines Mannes«) und schließlich das »Bildnis eines Ehepaares« (1646) von Govaert Flinck (1615–1660), zeugen vornehm und gewichtig vom Selbstbewusstsein des holländischen Bürgertums.

Seit dem Jahr 2011 wartet die Karlsruher Sammlung im Bereich holländischer Figurenmalerei aber nicht nur mit Spitzenwerken der Porträtkunst auf. Es gelang damals der Erwerb eines ersten, gewichtigen Werks nord-niederländischer, biblischer Historienmalerei: Jan de Bray (1626/27–1697) malte im Jahr 1670 »König David geleitet die Bundeslade nach Jerusalem«. Großartig – sowohl im Format als auch in seiner malerischen Qualität – antwortet dieses Gemälde gleichsam auf das flämische Gegenstück des Jacob Jordaens, »Moses schlägt Wasser aus dem Felsen« (1618/20, Abb. Seite 62). Nach alttestamentarischer Überlieferung überführt der singende und tanzende König David – bei de Bray in vorgerücktem Alter gezeigt und mit der Harfe als Attribut ausgezeichnet – die Bundeslade, ein Symbol der Gegenwart Gottes bei seinem auserwählten Volk, in einem glorios-triumphalen Zug zum Berg Zion. De Bray konzentriert sein Gemälde ganz auf die nahsichtig gezeigte, monumentale Figurenkomposition in dramatisch-feierlicher Beleuchtung.

Sowohl im Format als auch in der raffinierten Lichtregie, der Choreographie der dicht gedrängten Figuren, der subtilen stofflichen Wiedergabe der Requisiten, Instrumente und Stoffe, der Charakterisierung der Physiognomien, dem Kontrast bekleideter und nackter Körperpartien und der Blick-Komposition zeigt dieses Werk de Bray auf der Höhe seiner künstlerischen Möglichkeiten.

Stillleben

Sie war nur achtzehn Jahre alt, als sie im Jahr 1612 dieses konzentriert und schlicht komponierte Werk schuf: Clara Peeters (1594–nach 1657), in Antwerpen geboren und schließlich auch wieder dorthin zurückgekehrt, arbeitete ab 1612 in Amsterdam, danach von 1617 an in Den Haag, und ihr »Stillleben mit Blumen und Goldpokalen« ist ein frühes Werk dieser Gattung. Übersichtlich nebeneinander angeordnet, klar vereinzelt, rückt die Malerin Gegenstände mit Bedacht ins Bild, die andeuten, wie die Holländer, ein Volk von Händlern und Seefahrern, mit Fleiß und Erfolg ihren Wohlstand mehrten. Ein schöner Blumenstrauß steht in einer zartgelben Steinzeugvase. Ein goldener Renaissance-Pokal markiert prunkvoll die Mittelachse des Bildes. Ein gotisierender Akelei-Buckel-Pokal – auch »Willkomm« genannt, weil in ihm dem Gast bei seiner Ankunft ein Trunk gereicht wurde – ist, etwas in den Hintergrund gerückt, rechts daneben postiert. Zwischen diesen beiden fein ziselierten und getriebenen Gefäßen steht eine Ming-Schale aus seladongrünem Porzellan, in der eine goldene Kette liegt. Münzen spanischer und südniederländischer Herkunft sowie herrlich gezeichnete und geformte Muscheln vervollständigen die Anordnung, die erahnen lässt, wie kosmopolitisch der Besitzer all dieser Kleinodien gewesen sein muss. Das Werk versinnbildlicht nicht nur die Schönheit von Naturalien und Artefakten, die sich in den Kunst- und Wunderkammern reicher Sammler befanden, sondern freilich – wie die aus dem Strauß gefallene Blume, die bald verwelken wird, andeutet – auch deren Hinfälligkeit und Vergänglichkeit. Ihr gegenüber steht die Dauerhaftigkeit der Kunst. Wie Jacob Marrell in seinem »Vanitas-Stillleben« (1637, Abb. Seite 55) und Abraham van Beyeren in seinem »Prunkstillleben« (um 1660) porträtiert sich die Malerin hier ebenfalls selbst im Bild: Ihr Konterfei erscheint in den Buckeln des rechten Pokals vielfach gespiegelt und perspektivisch leicht variiert. So gibt sie Zeugnis von sich – im Bild präsent, noch Jahrhunderte nach ihrem Tod.

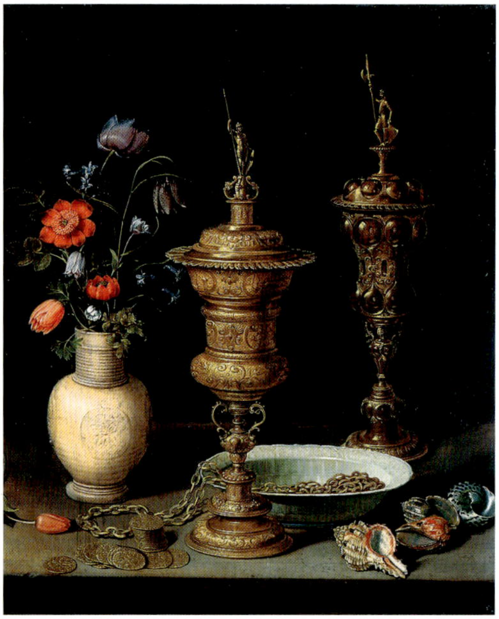

Clara Peeters, Stillleben mit Blumen und Goldpokalen, 1612

Eine Wende in der holländischen Stilllebenmalerei setzt in den dreißiger Jahren ein. Das Licht erlischt in diesen Bildern, die Farbe schwindet aus ihnen – und übrigens auch aus den pittoresken Ansichten der zeitgenössischen Landschafter. Der Betrachter wird nicht durch Opulenz überwältigt, sondern für das Sujet durch eine sachlich-stille Konzentration auf den Gegenstand, seine Plastizität, Präsenz und den Reiz verschiedener Materialien und Oberflächen eingenommen, über die das Licht sanft spielt. Unaufgeräumt, wie soeben verlassen, wirken die Tische, auf deren Darstellung sich zwei in Haarlem tätige Künstler spezialisierten:

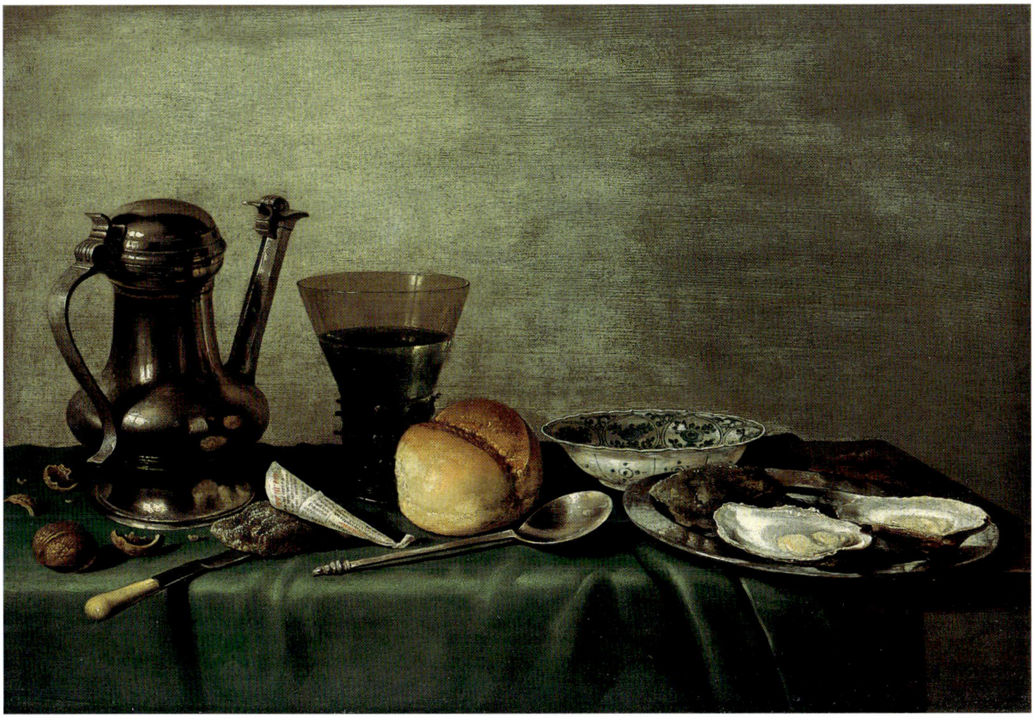

Willem Claesz. Heda, Frühstücksstillleben, um 1635

Pieter Claesz. (1596/97–1661) und Willem Claesz. Heda (1594 bis nach 1680) sind die Meister der »ontbijtjes«, der nicht ganz korrekt als »Frühstücksstillleben« bezeichneten Bilder, deren Gegenstand frugale Zwischenmahlzeiten auf meist die ganze Bildbreite einnehmenden Tischen sind. Die Kunsthalle besitzt Pieter Claesz.' »Frühstücksstillleben mit Silberpokal« (nach 1635) und Willem Claesz. Hedas »Frühstücksstillleben« (um 1635). Die Palette ist zart auf eine Skala zwischen tiefem Grün, lichtem Gelb und verschiedenen Nuancen von ins Blaue, Silbrige oder Schwarze spielendem Grau gestimmt. Ein Solitär unter diesen Künstlern, der malerisch am freiesten vorgehende Stilllebenmaler dieser Epoche war jedoch Willem Kalf (1619–1693), dessen »Stillleben mit Zitrone, Orangen und gefülltem Römer« (1663/64) die Großartigkeit seiner bildnerischen Reflexion der Gegenstandswelt zeigt. Aus einem gleichsam mystischen

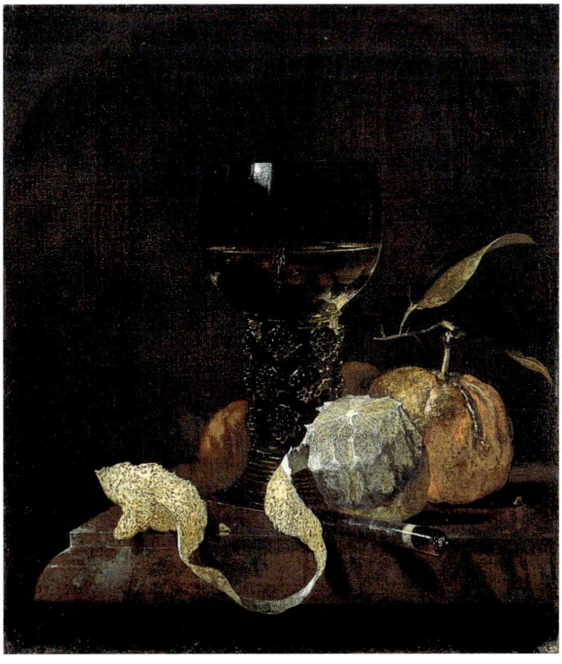

Willem Kalf, Stillleben mit Zitrone, Orangen und gefülltem Römer, 1663/64

Dunkel leuchten die Gegenstände wie Edelsteine hervor, sie scheinen wie aus Farbe modelliert, nicht hart und trocken in Feinmalerei fixiert, sondern durch Licht und Schatten mit einer Tiefe und Körperlichkeit versehen, die ihresgleichen in der Malerei sucht und sich erst spät bei einem der vortrefflichsten Magier der Farbe wiederfindet: in den Stillleben Jean-Baptiste-Siméon Chardins.

Neben vielen weiteren dichten, durchdachten und handwerklich stupenden Werken – von Jacques de Claeuw (1623–nach 1679), Willem van Aelst (1625/26–1683), seiner Schülerin Rachel Ruysch (1664–1750), Jan Weenix (um 1642 bis 1719) und dem genialen Jan van Huysum (1682–1749) – muss ein Wort noch zu Samuel van Hoogstratens (1627–1678) einzigartigem »Augenbetrüger«-Stillleben (1666/78) gesagt werden. Der 1627 in Dordrecht geborene Künstler war um 1642 Schüler Rembrandts und erwarb sich – nach seiner Tätigkeit in Wien, Italien und London – mit Zweierlei Anerkennung: einerseits als Kunstschriftsteller, andererseits aber vor allem mit seinen köstlichen »Quodlibets« oder »Augenbetrüger«-Stillleben. Das herrliche Karlsruher Exemplar ist mehr als ein hochvirtuoses Paradestück des Illusionismus, das uns vor den Fallen der Wahrnehmung, den Verirrungen der Sinne warnen soll – und es ist auch mehr als lediglich ein Stillleben, das wahllos an einem Steckbrett fixierte Gegenstände täuschend echt wiedergibt. Wir sehen vielmehr Dinge, die sehr persönlich Auskunft über ihren Eigentümer Samuel van Hoogstraten geben. Zum Beispiel stecken hinter den quer über die Tafel gespannten Lederriemen ein Buch mit dem Titel »Dorothee« und dem Untertitel »Treurspel« und zwei Broschüren der

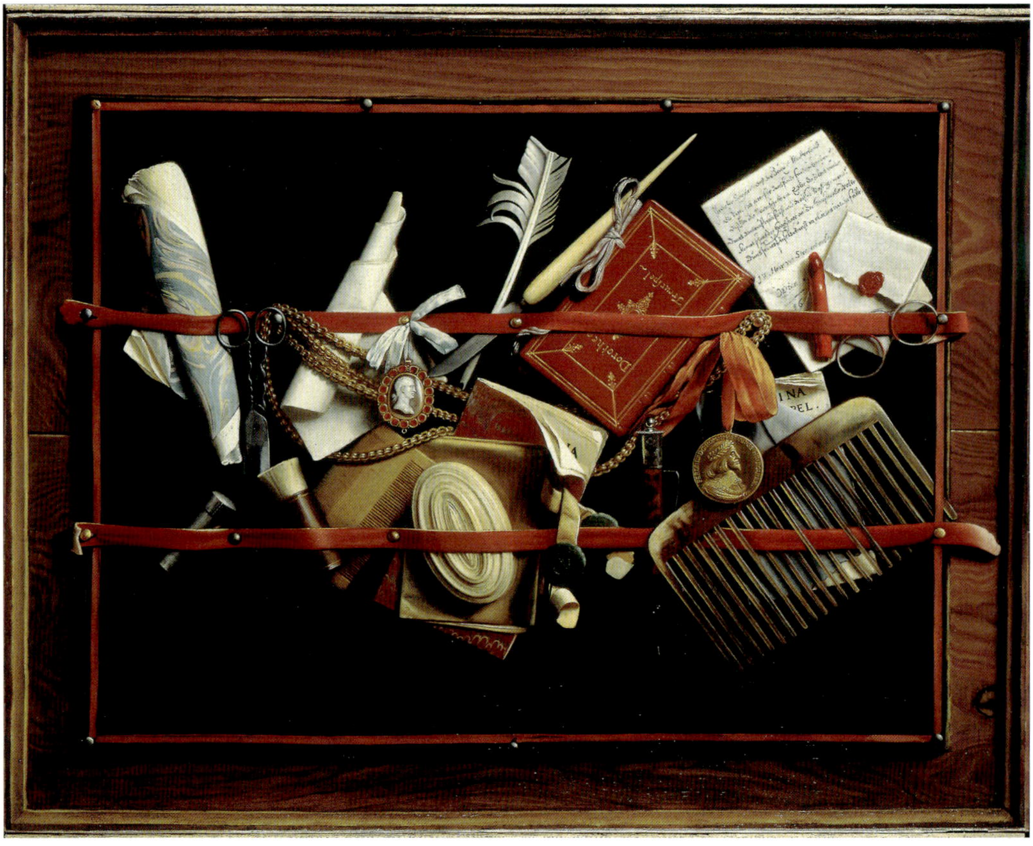

Samuel van Hoogstraten, »Augenbetrüger«-Stillleben, 1666/78

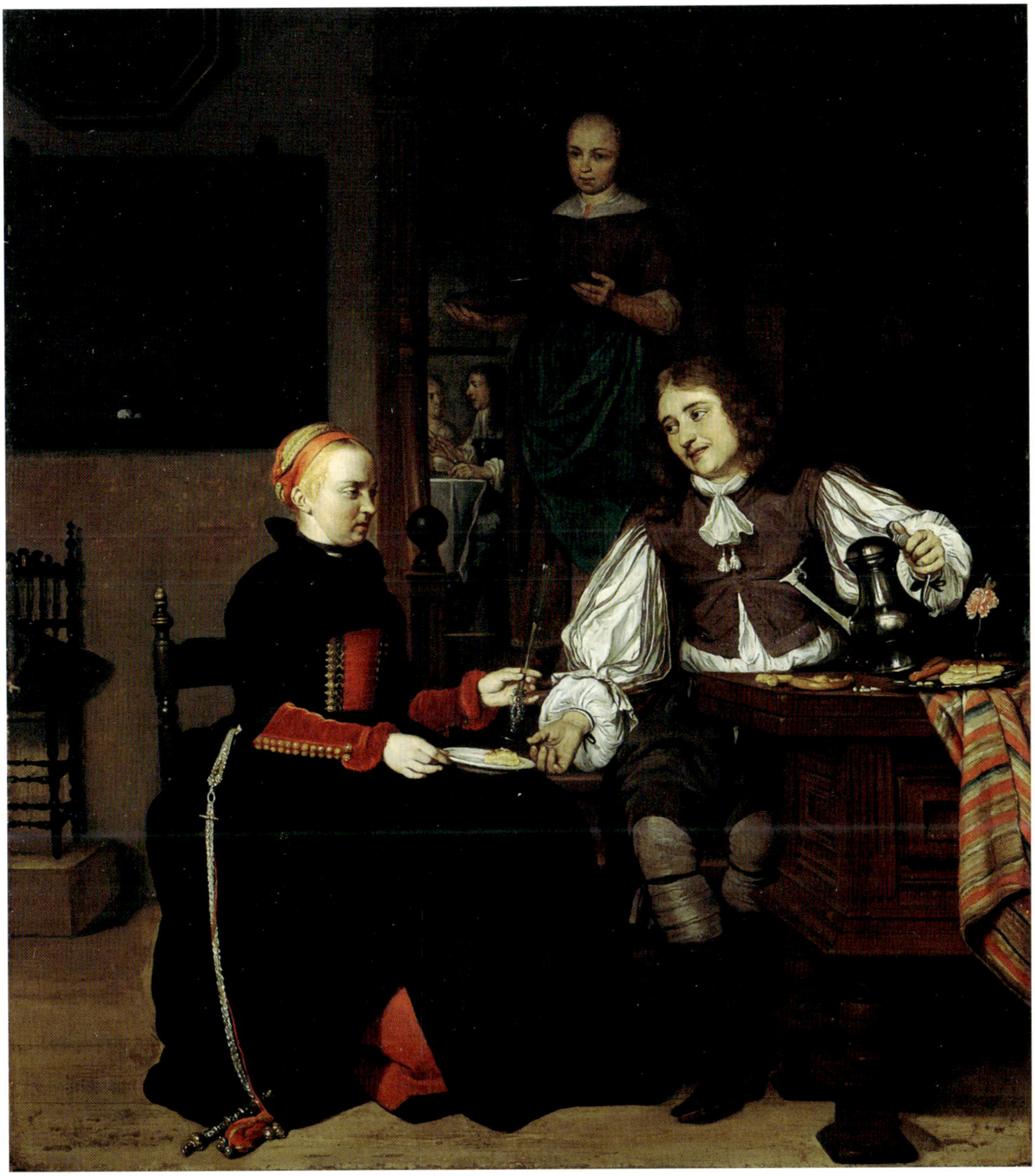

Gabriel Metsu, Junges Paar beim Frühstück, 1667

»Roomsche Pauline« – Werke aus der Feder (die wir auch im Bild sehen) des schreibfreudigen Künstlers. Daneben verweist ein Schriftstück rechts oben auf Hoogstratens Fähigkeiten: Hier wird eine Anekdote erzählt, nach der Kaiser Ferdinand III. sich einst von einem derartigen »trompe l'œil«-Bild des Meisters narren ließ. Darunter hängt die Medaille mit dem Porträt des Herrschers an einer Kette. Sie wurde van Hoogstraten in Wien für seine Verdienste verliehen. Der Maler arrangiert mit Hilfe dieser Realien eine Art Selbstporträt – auf diesen Zug des Gemäldes, seine amüsant raffinierte Doppelbödigkeit, spielt auch die Elfenbeinkapsel an, die üblicherweise als Behältnis für Porträts diente.

Genre

Lachend die Wahrheit zu sagen, ist nicht nur ein Prinzip der Komödie, sondern auch eines der holländischen Genremalerei des 17. Jahrhunderts. Sie charakterisiert jedoch nicht nur ein überscharfer kritischer, mitunter satirischer Sinn für Humor und Überzeichnung, sondern auch ein behutsames Einfühlungsvermögen in Figuren verschiedenster Herkunft, unterschiedlichen Alters und beiderlei Geschlechts. Das Ganze der sozialen Schichtungen der holländischen Gesellschaft lässt sich anhand der Genrebilder dieser Zeit wie aus Einzelansichten rekonstruieren: Die ruralen Wirtshausbilder eines Adriaen van Ostade (1610–1685), der 1630/40 »Zechende und rauchende Bauern« in einer scheunenartigen Gaststätte malte, geben Einblick in die Lebenswelt der Landbevölkerung, und Adriaen van de Vennes (1589–1662) »Wellust« (um 1635), ein monochrom in Brauntönen gehaltenes Bild, führt die Ärmsten der Armen bei ihren schlichten Vergnügungen unter freiem Himmel vor. Anthonie Palamedesz.' (1601 bis 1673) »Geselliges Beisammensein« (1634) lässt ahnen, wie sich Angehörige des niederländischen Bürgertums mit musikalischen Unterhaltungen die Zeit vertrieben, und Pieter Coddes (1599–1678) »Nächtliche Herberge« (um 1630) ist ein Exempel des damals weit verbreiteten Genres der Wachstubenbilder.

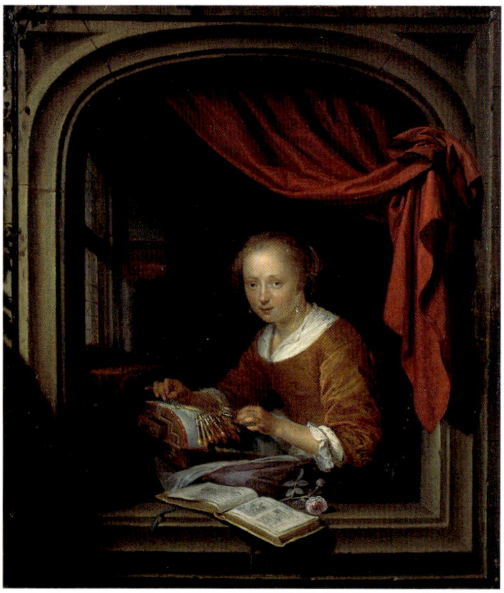

Gerrit Dou, Die Spitzenklöpplerin, 1667

Das Amouröse spielt stets eine unterhaltsame, doch gleichwohl zwielichtige Rolle in der Bildwelt der Niederländer. So finden sich in der Sammlung Jan Steens (1625–1679) Spätwerk »Im Wirtsgarten«, das die Beobachtung eines bürgerlichen Liebespaars beim Tête-à-tête in der Laube eines Gartenlokals erlaubt und mit unmissverständlich anzüglichen Hinweisen ausstaffiert ist, und Jacob Ochtervelts (1634–1682) »Liebesantrag an die Lesende« (um 1675).

Gabriel Metsu (1629–1667) zeigt ein »Junges Paar beim Frühstück« (1667). Hier handelt es sich jedoch nur auf den ersten Blick um das Interieur eines bürgerlichen Haushaltes. Ein junger Mann sitzt an einem Tisch, auf dem Reste einer Mahlzeit liegen geblieben sind. Er hält eine Kanne und scheint im Begriff, das Weinglas der jungen, in ihrer Steifheit fast verängstigt wirkenden Frau zu füllen, das diese ihm hinhält. Der Kavalier, mutmaßlich ein Städter, trägt ein graues Wams über weißem Hemd und grauer Hose, die blasse Frau eine züchtig hochgeschlossene schwarze, westfriesische Tracht. Schöne Akzente bilden das rote Band in ihrem Haar und die ebenfalls roten Partien ihres Kleides – Ärmel, Mieder und Unterrock. Im Bildmittelgrund tritt eine Magd aus einem höher gelegenen Nebenzimmer herein. In jenem Raum sitzt ein weiteres Paar beisammen. Links im Bild hängt ein Ankreidebrett an der Wand. Der Betrachter wird also Zeuge nicht etwa des unverfänglichen Miteinanders zweier Eheleute, sondern einer Bordellszene, in der jedoch der Mann die Frau zu Weingenuss und Unkeuschheit zu verführen sucht. Dazu, das rechte Maß und Gleichgewicht im Leben zu halten, mahnt die Figur der Magd, die ihre große Schale vorsichtig hält und ausbalanciert.

Die didaktischen Absichten, die mit Genrebildern verfolgt wurden, schlugen sich allerdings nicht nur in Negativ-Darstellungen der Liederlichkeit und des Sittenverfalls, sondern ganz im Gegenteil auch in liebreizenden und vorbildhaften Werken nieder, die feinsinnig und anmutig das Lob der holländischen Frau, der fleißigen Mutter, der gebildeten und tätigen Gattin, ihrer Reinlichkeit, Bescheidenheit und Häuslichkeit

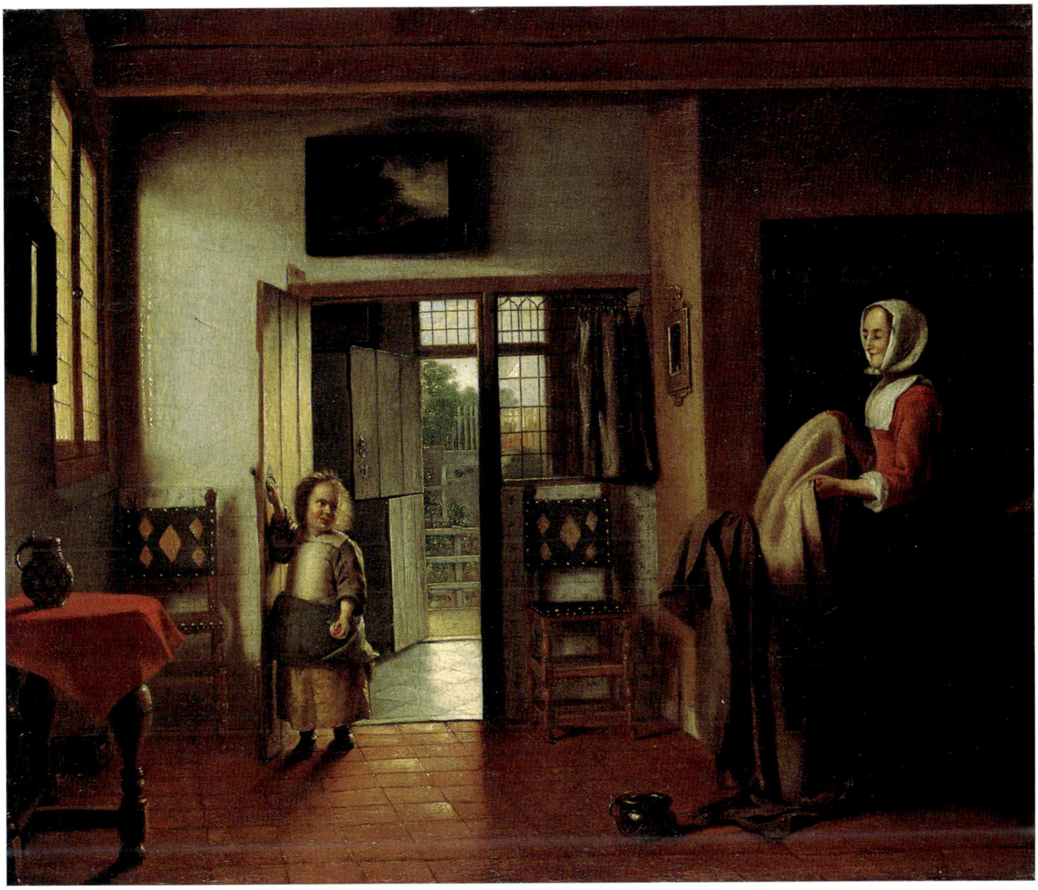

Pieter de Hooch, Im Schlafzimmer, um 1658/60

anstimmten. Gabriel Metsus Lehrer Gerrit Dou (1613–1675), der erste Schüler Rembrandts, begründete den Kreis der Leidener Feinmaler. Mit Lupe und Einhaarpinsel ging Dou zu Werke. Das Ergebnis war eine Malerei von höchster Präzision, einer zauberhaften Darstellungsschärfe und geschickt gesetzter Beleuchtungseffekte. Zwei seiner miniaturhaft-intimen Szenen befinden sich in der Sammlung – die »Köchin am Fenster« (1652) und die »Spitzenklöpplerin« (1667). Bei beiden Werken handelt es sich um für die Leidener Schule typische Fensterbilder. Die Spitzenklöpplerin sucht das Licht nicht nur für ihre nützliche Tätigkeit, sondern auch für die Lektüre, in die sie sich offenbar von Zeit zu Zeit vertieft. Auf der Brüstung vor ihr liegt nämlich neben einer Rose ein aufgeschlagenes Emblembuch. Diese erbauliche Lektüre, in der in aufeinander bezogenen Bildern und Texten anschaulich Handlungsmaximen und moralische Sentenzen an den Leser vermittelt wurden, stand nicht nur einer sittsamen Frau wohl an. Auf die in diesen Büchern ausgeprägte und weiten Kreisen der Bevölkerung damit geläufige und verständliche Symbolsprache gründet sich auch wesentlich die Metaphorik der niederländischen Kunst des 17. Jahrhunderts.

Sinnbild harmonischen Familienglücks, eines stillen häuslichen Friedens ist schließlich Pieter de Hoochs (1629–1684) »Im Schlafzimmer« (um 1658/60). Es öffnet sich der Blick in eine bürgerliche Stube mit Alkovenbett. Eine junge Frau schüttelt gerade die Decken auf und blickt lächelnd hinüber zu einem kleinen Mädchen mit zerzaustem Haar, das in diesem Augenblick eingetreten zu sein scheint. Es hat

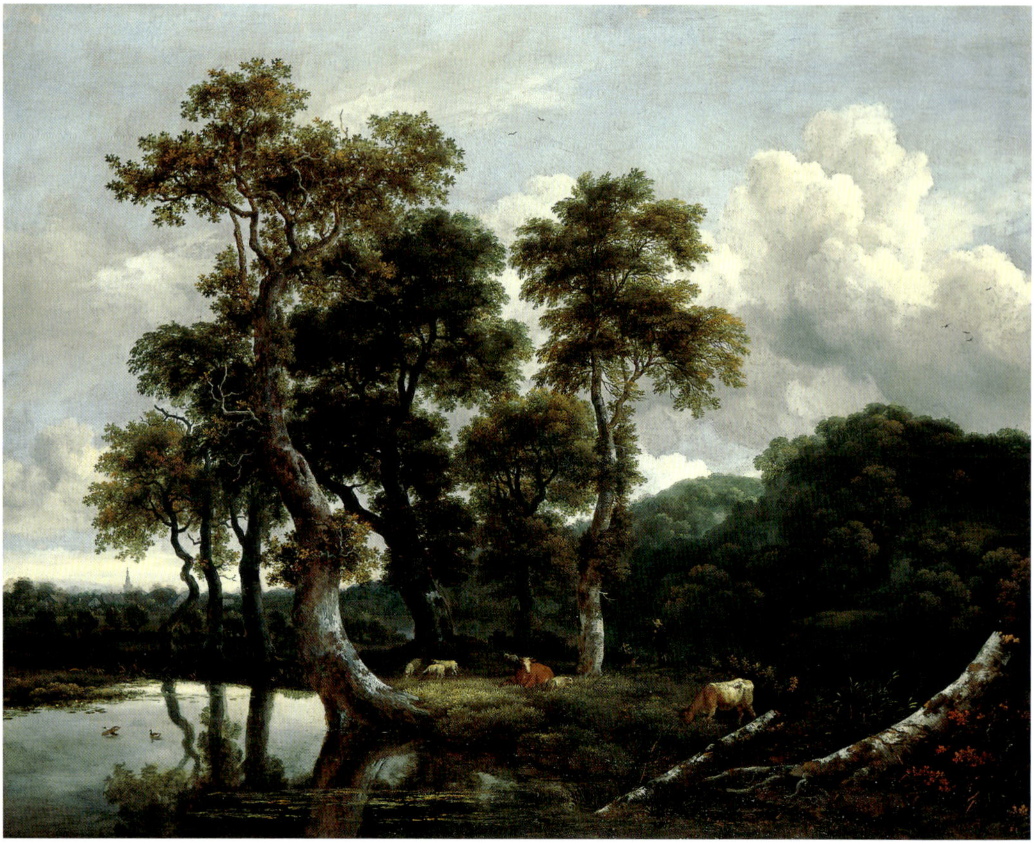

Jacob van Ruisdael, Große Baumgruppe am Wasser, um 1665

die schwere Tür geöffnet, nachdem es durch einen Vorraum aus dem Garten ins Haus hereingekommen ist. Von draußen hat es sich offenbar einen Apfel mitgebracht. Das Kind steht im Schnittpunkt zweier Lichtachsen: Von links wird es sanft beschienen, und durch die Tür im Hintergrund fallen frühmorgendliche Sonnenstrahlen in den Raum, dessen Ausstattung vom Wohlstand seiner Bewohner zeugt. Gemälde und ein Spiegel an den Wänden, mit Leder bezogene Stühle, ein kleiner Tisch mit einem Krug und ein Fußwärmer (zu jener Zeit als »der Liebling der Frauen« bezeichnet) gehören unter anderem zum Mobiliar. Alles ist wohl geordnet, anheimelnd, von schlichter Schönheit. Vielleicht steht die Szene unter dem Signum des Kreuzes, das im Bildzentrum durch die sich überschneidenden Balken von Türpfosten und Türsturz sehr dezent angedeutet scheint. Pieter de Hooch hat einen poetischen Moment des Glücks in diesem Bild festgehalten, der bis heute nichts von seiner Frische und Ausstrahlung eingebüßt hat. Wie ein Inbegriff der Epoche zeugt dieses Bild nicht von Weltverachtung, sondern von der Liebe zum Diesseits, zu den Erscheinungen und zum Augenblick.

Landschaft

Landschaftsmaler waren zu allen Zeiten weit gereiste Männer – nicht so der Maler und Arzt Jacob van Ruisdael (1628/29–1682). Anders als sein Freund Nicolaes Berchem oder »Italianisanten« wie Jan Both, Bartholomeus Breenbergh, Karel Dujardin, Hendrik Verschuring und vermutlich auch Adrian van de Velde (von denen sich Werke in der Sammlung befinden) reiste er nicht nach Rom. Ruisdael studierte vor allem die heimische Landschaft. Seine »Große Baum-

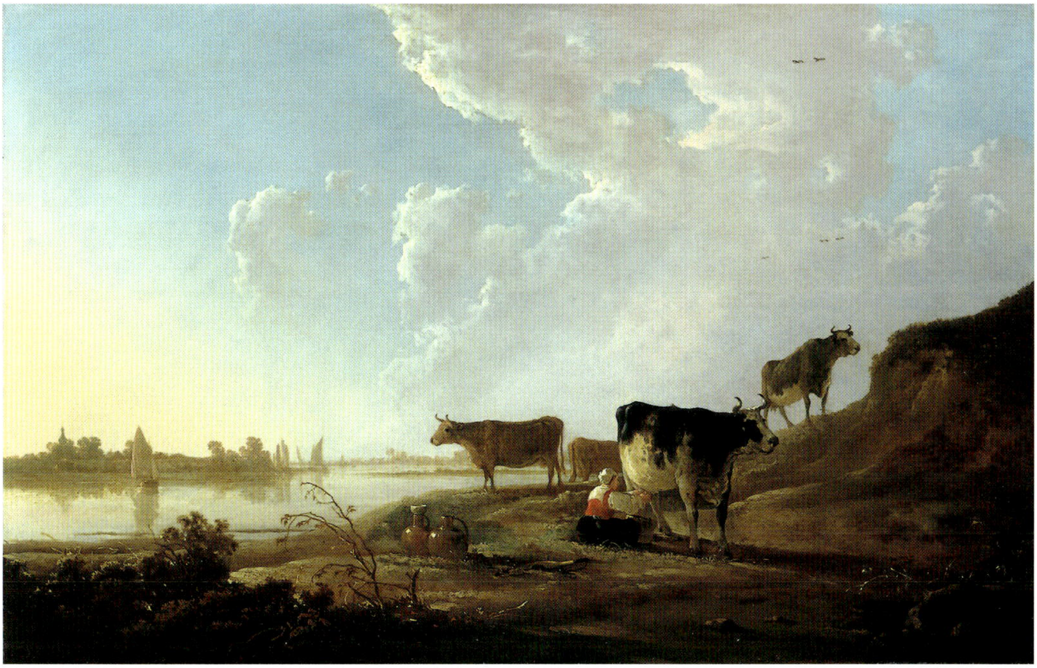

Aelbert Cuyp, Flusslandschaft mit Melkerin, um 1646

gruppe am Wasser« (um 1665) zeigt jedoch keine authentische Ansicht einer niederländischen Gegend, sondern eine heroische Kompositlandschaft – ähnlich urwüchsig wie Adam Pynackers (1621/22–1673) »Waldlandschaft mit Hirten« (um 1660). Wir blicken auf einen Teich am linken Bildrand, hinter dem eine Stadtsilhouette im Abendlicht erkennbar wird. Das Bildzentrum beherrschen im Mittelgrund knorrige Eichen, in deren Schatten Kühe und Schafe weiden. Rechts türmt sich ein hohes Wolkengebirge über bewaldeten Hügeln, im Vordergrund liegt ein umgestürzter und gebrochener Baumriese. Er symbolisiert mit dramatischer Wucht die Hinfälligkeit und Vergänglichkeit auch des Mächtigen. Ruisdaels Kunst ist also nicht primär Schilderung landschaftlicher Wirklichkeit, sondern Allegorese.

Wesentlich stärker dem Atmosphärischen zugeneigt, arbeitete der Dordrechter Maler Aelbert Cuyp (1620–1691). Ein Bild wie seine lichtdurchflutete und überlegt komponierte »Flusslandschaft mit Melkerin« (um 1646) lässt verstehen, wieso seine Kunst so nachhaltig auf englische Landschaftsmaler wie Turner, Constable und Bonington wirkte. Am Ufer eines breiten Flusses sitzt eine Bäuerin, die wir bei einer schlichten und alltäglichen Tätigkeit, dem Melken einer Kuh, beobachten. Der Horizont ist tief heruntergezogen, sodass der weite, bewölkte Himmel mit seiner zartblauen, von den goldgelben Strahlen der Morgensonne erfüllten Helligkeit mehr als die Hälfte der Bildfläche einnimmt. Gegen die Feinstofflichkeit von Himmel und Wasser setzt sich das keilförmig den Vordergrund beherrschende Braun des Geländes in einem schweren, erdigen Kontrast ab. Das Werk der Kunsthalle entstand in jenen Jahren, als Cuyp zum Stil seiner wichtigsten Schaffensperiode fand, einer feinsinnigen und großartigen Lichtmalerei, für die er noch ein Jahrhundert später als der »holländische Claude« gepriesen wurde.

Besonders stimmungsvolle und anziehende Kleinodien der Abteilung sind auch die Winterbilder von Jan van Goyen (1596–1656) und Nicolaes Berchem (1620–1683). In diesen und einem Werk wie Jan van de Capelles (1623/25–1679) »Fischerboote am Strand« (1653) wird die Schilderung der heimischen holländischen Gefilde

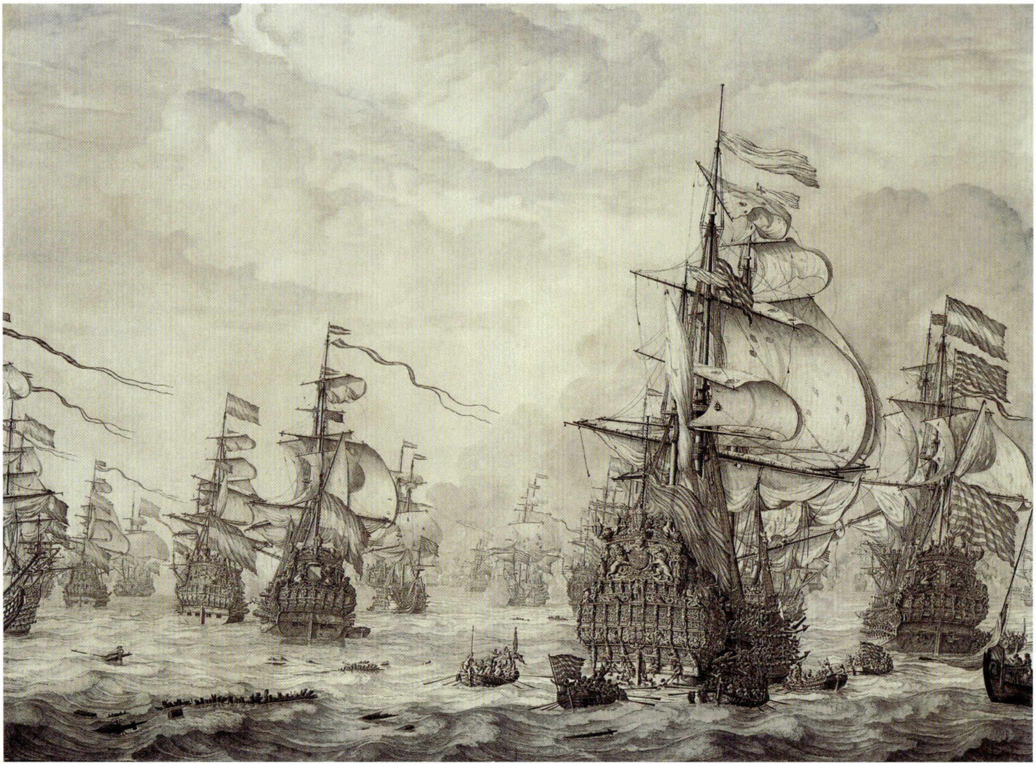

Willem van de Velde d. Ä., Die Eroberung der »Royal Prince« während der Viertägigen Schlacht 1666, 1672

mit genrehaften Darstellungen sich vergnügender oder arbeitender Menschen kombiniert.

Historienmalerei

Die Marinemalerei gehört zu jenen Gattungen, die vor allem in den Niederlanden im 17. Jahrhundert entwickelt und gepflegt wurden. Als Kriegsberichterstatter der holländischen Admiralität wirkte Willem van de Velde d. Ä. (1611 bis 1693), der im Jahr 1672 für den Kardinal Leopoldo de' Medici »Die Eroberung der ›Royal Prince‹ während der Viertägigen Schlacht 1666« schuf. Es handelt sich um ein Historienbild, das an ein Gefecht aus dem zweiten holländisch-englischen Seekrieg (1665–67) erinnert. Am dritten Tag der Kämpfe, aus denen die Holländer siegreich hervorgingen, floh die englische Flotte zurück in die Themsemündung. Bei diesem Manöver setzte eines der Flaggschiffe, die »Royal Prince« rechts im Vordergrund, auf einer Sandbank auf und konnte so im Handstreich von den Holländern erobert und anschließend in Brand gesteckt werden. Willem van de Velde hält das Geschehen in einem höchst virtuosen, eher gezeichneten als gemalten Werk fest. Der Meister entwickelte eine eigene Technik, die darin bestand, mit Feder auf einen mit Bleiweiß abgemischten harten Malgrund zu zeichnen. Lichter und Schatten, die dichten Wolkenformationen und der Wellengang des Meeres wurden zusätzlich mit dem Pinsel laviert.

Einer legendären antiken Historie nahm sich hingegen mit eindeutig moralischen Absichten der bedeutendste holländische Vertreter des barocken Klassizismus an: Gerard de Lairesse (1641–1711). Er malte 1676 »König Seleukos übergibt seinem Sohn Antiochos die Herrschaft und seine zweite Gemahlin Stratonike«. Die hier geschilderte historische Begebenheit – ein Exemplum vornehmster Tugendhaftigkeit aller Beteiligten – erfreute sich im 17. Jahrhundert als Stoff für Bühne und Oper hoher Wertschätzung; und auch fast genau einhundert Jahre nach der Entstehung des Gemäldes zollte Jo-

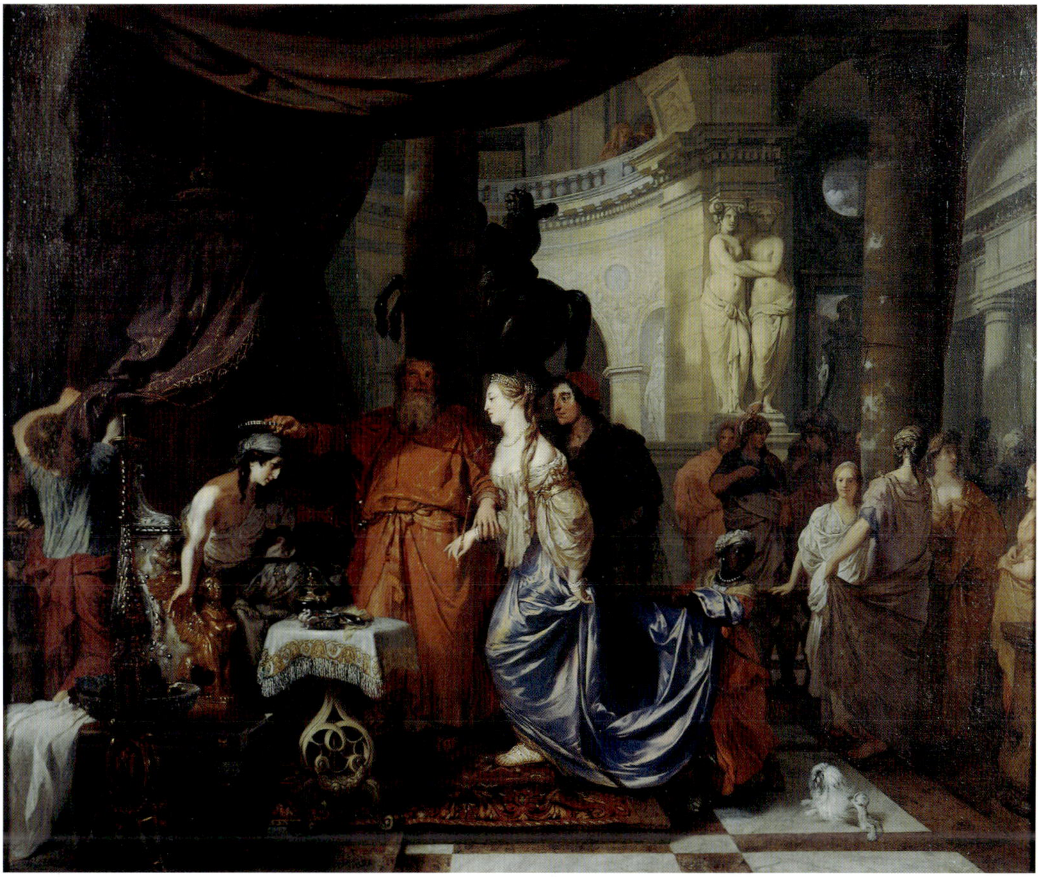

Gerard de Lairesse, König Seleukos übergibt seinem Sohn Antiochos die Herrschaft und seine zweite Gemahlin Stratonike, 1676

hann Joachim Winckelmann (1717–1768) diesem in einer Abhandlung tiefe Bewunderung.[58] Die badische Markgräfin Karoline Luise, die sich mit Lairesses theoretischen Schriften über die Malerei befasst hatte und von Winckelmanns Bemerkungen zu diesem Bild beeindruckt war, konnte es schließlich für ihre Sammlung erwerben. In einer opernhaft grandiosen Architekturkulisse und mit Hilfe einer dramatischen Lichtregie hält der in Lüttich geborene Künstler in kultivierter Feinmalerei gewissermaßen die Schlussszene der anrührenden Geschichte fest. Antiochos, der Königssohn, ist schwer erkrankt. Auf der Suche nach der Ursache seines Leidens entdeckt ein Arzt eher zufällig »Symptome«, die darauf hindeuten, dass sich der Jüngling in seine Stiefmutter verliebt hat. Der Liebeskummer scheint an ihm zu zehren. König Seleukos erkennt dies und übt, um seinen Sohn zu retten, großherzig Verzicht: Er führt den Liebenden und die Geliebte zusammen und überträgt dem Genesenden auch die Herrschaft über sein Reich. Lairesse thematisierte Selbstbeherrschung, Selbstlosigkeit und Großmut in diesem und anderen Werken der Historienmalerei, die sich bei holländischen Bürgern ebenso großer Beliebtheit erfreuten wie an deutschen Fürstenhöfen. Winckelmanns Betrachtung des Bildes endet mit den emphatischen Worten: »Ich habe eine lange Episode gemacht; ich finde es aber gleichwohl billig, ein Werk, welches unter die ersten der Welt kann gesezet werden, das es so wenig Kenner gefunden, bekannt zu machen.«[59]

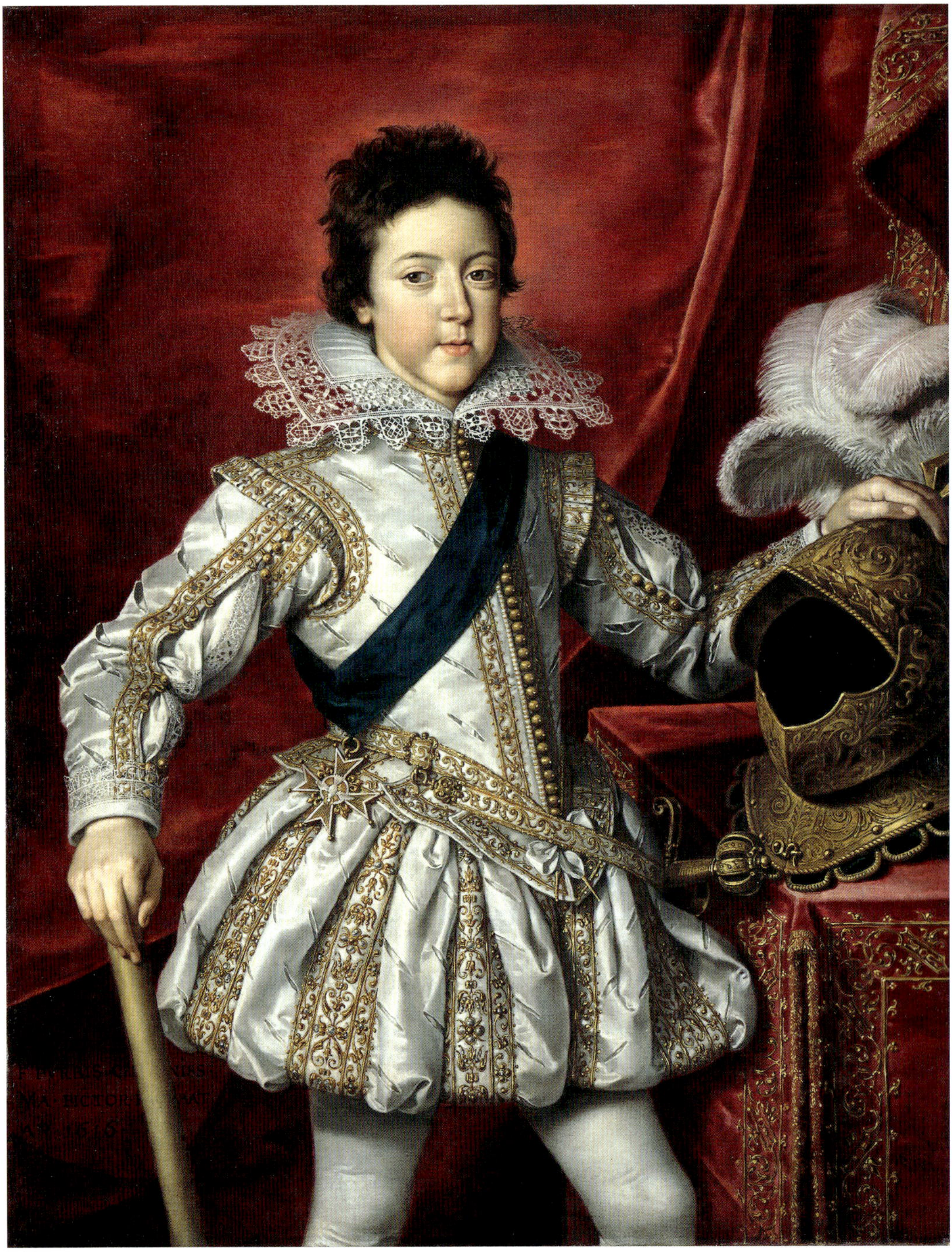

Frans Pourbus d. J., Bildnis Ludwigs XIII. von Frankreich, vermutlich 1616

FRANZÖSISCHE MALEREI

Das 17. Jahrhundert

Die Abteilung der französischen Malerei des 17. bis 19. Jahrhunderts gehört zu den umfassendsten und höchstkarätigen ihrer Art in Deutschland. Der phantastische Bestand, den die badische Markgräfin Karoline Luise schon im 18. Jahrhundert zusammengetragen hatte, setzte Maßstäbe für die Sammelaktivitäten folgender Generationen, sodass sich heute erstrangige Werke des Barock, des Rokoko, des Klassizismus und des 19. Jahrhunderts in der Kunsthalle befinden.

Frans Pourbus d.J. (1569–1622), in Antwerpen geboren, war einer der meistgefragten Porträtisten des europäischen Hochadels. Er arbeitete für Vincenzo Gonzaga in Mantua und avancierte, nachdem er in Innsbruck, Neapel und Turin tätig gewesen war, 1609 in Paris zum Hofmaler von Maria de Medici. Zwei seiner Werke konnte die Kunsthalle 1987 erwerben. Es handelt sich um ein Bildnispaar, das vermutlich im Jahr 1616 entstand. Pourbus porträtierte den fünfzehnjährigen Ludwig XIII. (1601–1643), Sohn Heinrichs IV. und Maria de Medicis. Der jugendliche König, Träger des Heiliggeistordens, erscheint mit den Insignien seiner Macht: Degen, Kommandostab und einem abgelegten prächtigen Helm, auf dem seine Linke ruht. Diese Attribute weisen ihn als Oberbefehlshaber der französischen Truppen aus. Zur Entstehungszeit des Bildes lagen die Regierungsgeschäfte wohl noch in der Hand Maria de Medicis. Sie übergab diese jedoch im April 1617 an ihren Sohn. Die auf dem Gegenstück porträtierte junge Frau wurde über Jahrhunderte hinweg für Anna von Österreich, die Gemahlin Ludwigs, gehalten. Diese Identifikation lag nahe, da der französische Thronfolger und die Tochter des spanischen Königs Philipp III. und der Erzherzogin Margarete von Österreich im Jahr 1615 in Bordeaux vermählt worden waren. Hans Ost konnte jedoch im Jahr 2000 durch ausführliche Bildvergleiche nachweisen, dass Pourbus hier kein zweiteiliges

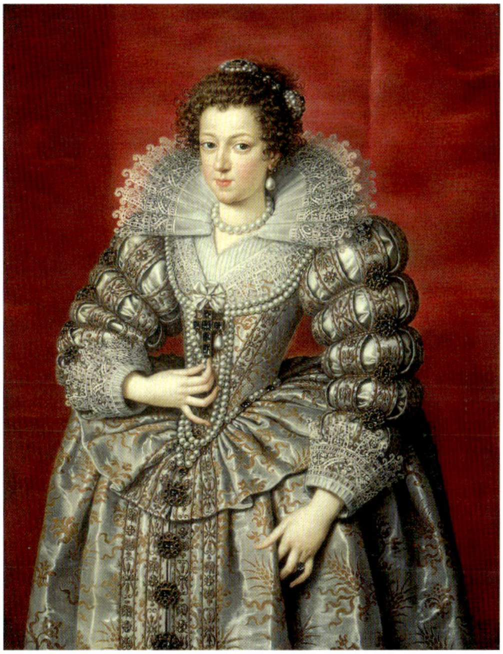

Frans Pourbus d. J., Bildnis Elisabeths von Frankreich, vermutlich 1616

»Hochzeitsbildnis« des königlichen Ehepaars geschaffen hat, sondern dass er Ludwig XIII. und seine Schwester Elisabeth von Frankreich porträtierte.[60] Diese Verwechslung ist eine Ironie der Kunstgeschichte, denn Anna und Elisabeth wurden auch im Leben gegeneinander »ausgetauscht«. Maria de Medici hatte 1612 den so genannten Prinzessinnen-Tausch mit dem spanischen Königshaus vereinbart, der 1615 offiziell an der französisch-spanischen Grenze vollzogen wurde: Anna wurde Ludwig XIII. zugeführt, dafür hatte man Elisabeths Hand Annas Bruder, dem 1605 geborenen Philipp, versprochen, mit dem Elisabeth zunächst verlobt und dann im Jahr 1620 verheiratet wurde. Das Doppelporträt der französischen »Königskinder« bildet in seiner spätmanieristischen Prachtentfaltung, der repräsentativen, unterkühlten Noblesse der Figurenauffassung und der eindrucksvollen ma-

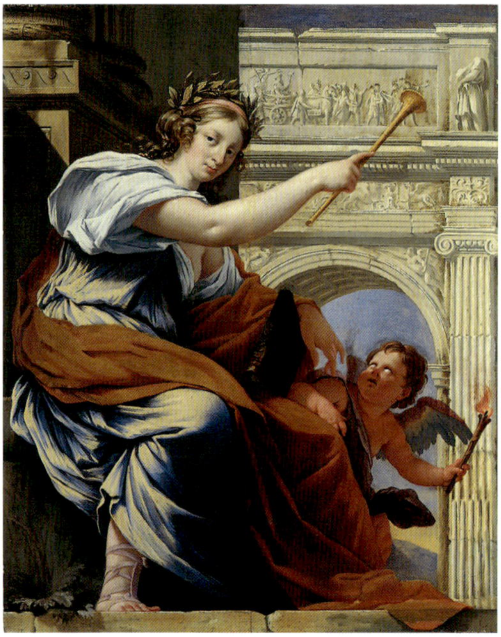

Simon Vouet, Die Muse Klio, um 1640

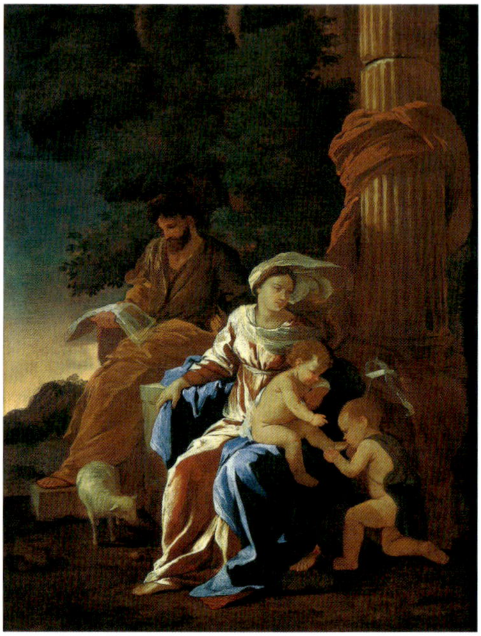

Nicolas Poussin, Die Heilige Familie mit dem Johannesknaben, um 1627/28

lerischen Virtuosität den glanzvollen Auftakt der Abteilung. Außerdem begegnet man hier einem der später einflussreichsten Mäzene der Epoche. Ludwig XIII. berief nämlich im Jahr 1627 Simon Vouet (1590–1649) und 1640 – allerdings für nur zwei Jahre – Nicolas Poussin (1594–1665) an seinen Hof.

Vouet, ein Mann von unerhörtem Fleiß und Organisationstalent, wurde zum Mitbegründer der hochbarocken Malerei in Frankreich mit ihrer Vorliebe für das Zitat klassisch-antiker Vorbilder. Er war schon als Vierzehnjähriger als Porträtist nach England gerufen worden, reiste 1611 mit dem französischen Gesandten nach Konstantinopel und ging anschließend für 15 Jahre nach Venedig. Als Hofmaler in Paris wurde er mit Aufträgen für Porträts und Dekorationen überhäuft. Das klar komponierte und farbstark in strahlenden Blau-, Weiß-, Beige- und Orangetönen gehaltene Werk in der Staatlichen Kunsthalle Karlsruhe stellt »Klio«, die Muse der Geschichtsschreibung, dar. Vermutlich sollte das Gemälde Bestandteil einer Raumausstattung mit Darstellungen der neun Musen und offenbar hoch an der Wand angebracht sein, worauf die starke Untersicht hindeutet, aus der die Frau mit dem immergrünen Lorbeerkranz auf dem Haupt gesehen wird. Sie schaut den Betrachter mit offenem Blick an, trägt antike Gewänder, ein Buch des attischen Historikers Thukydides (5. Jahrhundert vor Christus) und in der erhobenen Rechten eine Trompete, mit der sie als Verkünderin des Ruhmes ausgewiesen wird. Ein geflügelter Putto mit Fackel steht ihr dienstbar zur Seite. An dieser schönen und kraftvollen allegorischen Gestalt vorbei fällt der Blick im Bildhintergrund auf einen hell beleuchteten antiken Triumphbogen, der unter anderem mit dem Fries eines Triumphzuges dekoriert ist. Allein: Das Tor ist schon im Verfall begriffen. Zuverlässiger als ein solches Monument überliefert die Geschichtsschreibung die Erinnerung an Heldentaten und außergewöhnliche Begebenheiten. Vouets Malerei, die sich durch Harmonie und kompositorische Klarheit auszeichnete, beeinflusste die jungen Maler bis zur Gründung der königlichen Akademie im Jahr 1648, an der Vouet nicht mehr beteiligt war.

Nicolas Poussin, ein Künstler, der die stillen Studien für sich entschieden dem Hofleben vor-

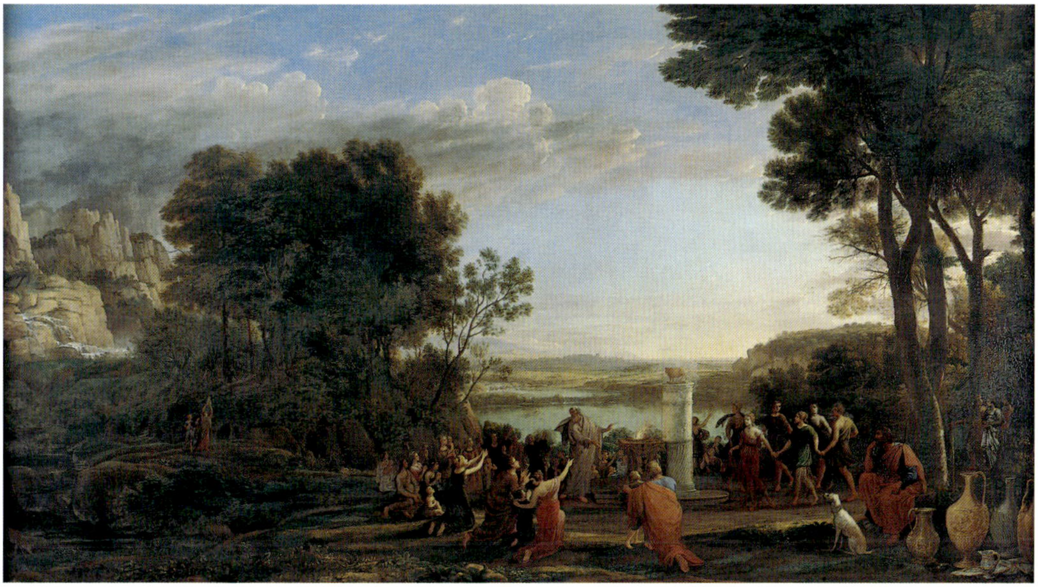

Claude Gellée, genannt »Le Lorrain«, Die Anbetung des Goldenen Kalbes, 1653

zog, verbrachte – mit der kurzen Unterbrechung 1641/42 – die Jahre von 1624 bis zu seinem Tod 1665 in Italien, wo die Werke Raffaels, Tizians und Veroneses ihm wesentliche Impulse vermittelten. In seinem vermutlich Ende der zwanziger Jahre entstandenen Gemälde »Die Heilige Familie mit dem Johannesknaben« zeigt er Jesus, Maria und Josef in einem Moment der Stille und Versenkung. Maria hält das Kind auf dem Schoß, vor ihm kniet der kleine Johannes und küsst dem Heiland den Fuß, während der ihn ermuntert, sich zu erheben. Josef liest in sich gekehrt in der Heiligen Schrift, vor ihm steht ein Lamm, das auf die Unschuld und den Opfertod Christi hindeutet. Kompositorisch monumental überhöht wird diese eigentlich eher intime Szene durch eine rechts am Bildrand steil aufragende antike Säule, die mit einer roten Draperie verziert ist, eine mächtige Eiche hinter der Figurengruppe und das rotgoldene Abendlicht, das am Horizont hinter Bergen versinkt. Poussins pastos-modellierender Umgang mit der Farbe verleiht dem Gewand Marias extreme Kontraste, taucht jedoch die anderen Figuren und die Umgebung in ein eher sanftes, pudrig weiches Licht.

Eng befreundet mit Poussin war Claude Gellée (1600–1682), nach seiner Herkunft aus Lothringen »Le Lorrain« genannt, ein Maler, dessen Ruhm über die Jahrhunderte hinweg ungetrübt blieb. Von ihm besitzt die Kunsthalle ebenfalls ein Werk religiösen Inhalts. Auf fast eineinhalb mal zweieinhalb Metern breitet Lorrain eine arkadische Ideallandschaft aus, in der er die alttestamentarische Geschichte der »Anbetung des Goldenen Kalbes« (1653) ansiedelt (2. Moses 32, 4–6, 19). Unter sanft bewölktem, freiem Himmel hat sich das Volk der Israeliten rund um das Götzenbild versammelt. Auf einer Säule steht das Goldene Kalb, auf einem Altar davor brennt ein Feuer. Ein Priester weist auf das kleine Bildwerk, um das die Menschen tanzen und zu dem sie betend die Hände erheben. Links, weit in der Ferne, sieht man Moses mit einem jugendlichen Begleiter vom Berg Sinai herabsteigen. Beim Anblick des heidnischen Treibens, das sich hier am Ufer eines Flusses vollzieht, hat der Alte die Gesetzestafeln hoch über den Kopf erhoben, als versuche er, sie den Kleingläubigen zu zeigen, um sie von ihrem Tun abzuhalten. Fixiert ist der Moment kurz vor dem wütenden Ausbruch, in dem Moses die Tafeln zertrümmern wird. Claude Lorrain kann zusammen mit Nicolas Poussin als einer der Vorbereiter der französischen Landschaftsmalerei betrachtet werden, der historische,

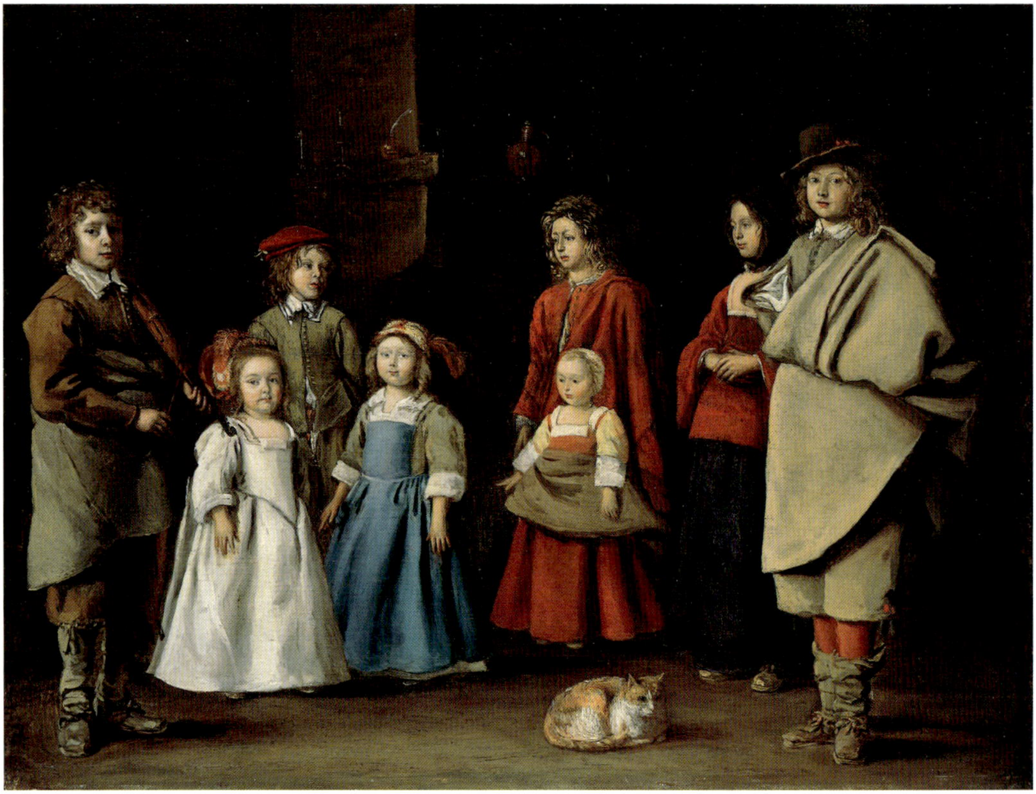

Antoine, Louis und Matthieu Le Nain, Vorbereitung zur Tanzstunde, um 1640

mythologische oder biblische Szenen in stimmungsvoll komponierte und beleuchtete Naturszenerien integrierte und damit Bilder einer harmonischen Einheit von Mensch und Schöpfung schuf. Lorrains nachhaltig wirksamen Beitrag zur Kunstgeschichte stellt jedoch sein feinfühliger Umgang mit dem Licht dar, der ihn zu einem der ganz frühen Vorfahren des Impressionismus machte. In diesem Hauptwerk, das 1653 für den römischen Auftraggeber Carlo Cardelli entstand und das sich seit 1959 in der Sammlung der Staatlichen Kunsthalle Karlsruhe befindet, rückt der Künstler die Szene der Anbetung, aber auch die Landschaft in der Ferne und den Berg Sinai in ein sanftes abendlich verlöschendes Sonnenlicht. Moses wandelt in dieser – einer für ihn dunklen – Stunde einsam im Schatten der hohen Bäume.

Ein singuläres Phänomen innerhalb der Malerei des 17. Jahrhunderts und gleichzeitig einen Rätselfall der Kunstgeschichte stellt das Schaffen der drei Brüder Le Nain dar. Antoine (um 1588–1648), Louis (um 1593–1648) und Matthieu (1607–1677) zählten zu den erfolgreichsten Malern ihrer Zeit. Sie porträtierten die Reichen und Mächtigen mit einer für die Zeitgenossen erstaunlichen Treue zum realen Vorbild. Außerdem bewiesen sie Geschick darin, ihre Gegenüber ausgesprochen vorteilhaft erscheinen zu lassen – Ludwig XIII. soll das Bildnis seiner Gemahlin Anna von Österreich aus der Hand Matthieus für das schönste unter all ihren Porträts gehalten haben. Ihre ganz eigene Ausprägung findet die Kunst der Le Nains jedoch nicht in den Aufträgen für die mondäne Welt und den religiösen Bildern, die sie auch schufen, sondern in den kleinformatigen, manchmal bürgerlichen, aber auch bäuerlichen Genrebildern, die aus dem Atelier der Brüder hervorgingen. Bis heute ist es nicht möglich, die Hände der drei eindeutig voneinander zu scheiden, auch wenn immer wieder neue Spekulationen über die jeweilige Spezialisierung der Brüder angestellt werden. Die Kunsthalle besitzt zwei Gemälde aus dieser Werkstatt: die »Vorbereitung zur Tanzstunde« (um 1640) und »Kinder mit Vogelkäfig und Katze« (um 1640), die beide typisch sind für die Stille und Ernsthaftigkeit, die das Œuvre der Le Nains auszeichnet. Fast immer scheinen die Figuren von einer versonnenen Melancholie erfasst, selbst wenn es gilt, sich einem Vergnügen wie dem Tanz zu widmen.

Das auf Eichenholz gemalte kleinere der beiden Bilder zeigt Mitglieder einer Familie wohl bäuerlicher Herkunft. Sie stehen, eine Katze in ihrer Mitte, in einem offenen Halbkreis, dem Betrachter zugewandt, vor einem Kamin. Die beiden Jünglinge, die diese Szene links und rechts flankieren, und zwei der kleinen Mädchen blicken unverwandt, teils erwartungsvoll aus dem Bild heraus. Die einfache Kleidung und das derbe Schuhwerk der männlichen Figuren sind vor allem in gedeckten Braun- und Ockertönen gehalten, während leuchtendere Farbakzente – Rot, Gelb, Blau und Weiß – den Kleidern, Latzschürzen und dem teilweise mit Federn geschmückten Kopfputz der Mädchen vorbehalten sind. Vermutlich wird gleich die Musik anheben, denn der junge Mann links am Rand hält eine Stockfiedel und einen Bogen bereit. Jedoch deutet sich keine Spur von tänzerischer Eleganz an. Viel eher wird die schlichte Statuarik der reihenden Figurenkomposition noch durch die etwas plumpe Gestalt und zum Teil konische Silhouette gerade der Kinderfiguren verstärkt.

Im anderen auf Leinwand gemalten Karlsruher Bild der Le Nains scheint ein faktischer Grund für die ernste Stimmung der Kleinen vorzuliegen. Zwei Jungen und zwei Mädchen haben sich hier um einen Vogelkäfig versammelt, der leer ist. Möglicherweise hat die Katze den gefiederten Freund der Kinder gefressen. Das kleine Drama wird mit äußerster Verhaltenheit angedeutet. Der Eindruck drängt sich jedoch auf, dass die Protagonisten der Genrebilder der Brüder Le Nain häufig mehr Grund zur Beklommenheit haben als zu ausgelassener Lebensfreude, dass sie eher zur Zurückhaltung neigen als zum unbeschwerten, manchmal ausufernden Überschwang, den man aus Genrebildern niederländischer Künstler kennt. Allerdings: Der Hang der Brüder Le Nain zum Realismus verdankt sich vor allem auch flämischen Vorbildern.

Das 18. Jahrhundert

Vom Zeitalter des Sonnenkönigs Ludwig XIV. (1643–1715) an erfreute sich vor allem die repräsentative Figurenmalerei einer von gut organisierten Werkstattbetrieben getragenen Prosperität, an der Künstler wie Philippe de Champaigne, Maurice-Quentin de La Tour, Jean-Baptiste Perronneau und Pierre Paul Prud'hon mitwirkten, von denen die Staatliche Kunsthalle Karlsruhe wichtige Werke besitzt.

Hofmaler des Sonnenkönigs war Hyacinthe Rigaud (1659–1743) und damit auch erster Chronist seiner Epoche. Von ihm, der 1700 Professor an der Akademie wurde, befindet sich in der Sammlung nicht nur ein höchst distinguiertes und gekonntes Selbstbildnis (um 1692), das auf die Einflüsse Dous und van Dycks verweist, deren Studium Rigaud manche Finesse und Grandezza verdankte, sondern auch das »Bildnis des Marschalls Charles-Auguste de Matignon« (um 1708). Mit seinem ersten, 1694 für den König gemalten Bild, nämlich dem Porträt des Monarchen in Ganzfigur (heute im Prado in Madrid), traf Rigaud die »Idealvorstellung, wel-

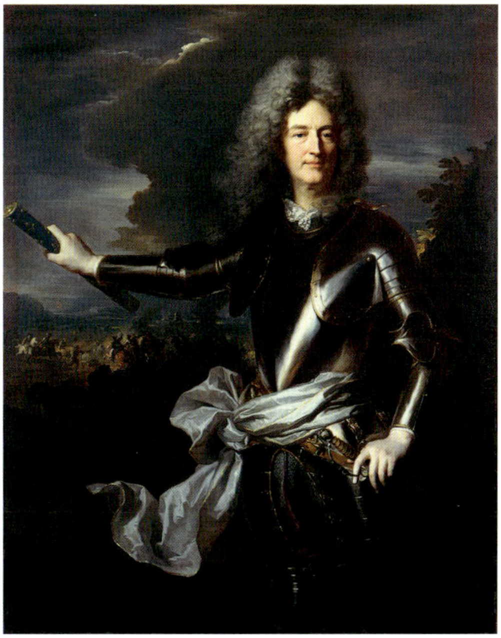

Hyacinthe Rigaud, Bildnis des Marschalls Charles-Auguste de Matignon, um 1708

che diese Zeit des Spätbarock vom Fürsten und Kriegsherrn in sich trug«.[61] Die »stolz gestraffte Haltung und das Pathos von Bewegung und Geste kennzeichnen den sieggewohnten, vom Bewusstsein der Macht und des Gottesgnadentums seiner Würde erfüllten Monarchen, auf dessen Wort Europa hört.«[62] Werke, die diesem Typus entsprachen, forderten Rigauds Auftraggeber immer wieder von ihm.

Auch Charles Auguste de Goüyon Matignon, Comte de Gacé, Baron de Bricquebec, Blosseville, La Houlette et Orglandes, ließ sich von Rigaud in der Pose des kampferprobten und souveränen Feldherrn malen. Tatsächlich hatte Matignon an Feldzügen Ludwigs XIV. in Westfalen, dem Elsass, den Niederlanden und Irland teilgenommen. Im Jahr 1708 war der Comte zu einem von zwanzig Marschällen Frankreichs ernannt worden. Das Bildnis, ein Kniestück, zeigt Matignon wohl kurz nach dieser Beförderung im Zenit seiner Laufbahn – kurz darauf begannen seine militärischen Unternehmungen eher glücklos zu werden. Matignon hält den Marschallstab, der mit blauem Samt kaschiert und mit goldenen Lilien dekoriert war, und trägt eine breite, dramatisch im Wind wehende weiße Schärpe, die gleichfalls zu den Insignien seines militärischen Rangs gehörte. Seine Kleidung – man beachte das Hemd mit dem Spitzenkragen oder die kunstvoll frisierte Allongeperücke – zeigt ihn allerdings nicht tatsächlich gerüstet für die Schlacht im Bildhintergrund, auf die er mit großer Geste deutet, sondern vornehmer und gleichzeitig in gewisser Weise anachronistisch gekleidet. Denn den mit Messing-Beschlägen verzierten Harnisch, unter dem das Kettenhemd sichtbar wird, trug man schon damals nicht mehr im Gefecht, da er keinen Schutz vor Verwundung durch die neu entwickelten Feuerwaffen bot. Die nächtliche Szenerie könnte eine historische Begebenheit schildern. Matignon hatte in der Nacht vom 2. auf den 3. Mai 1705 in Flandern zwei Forts der Stadt Star eingenommen. Die Fama besagt, dass er selbst mit dem Schwert in der Hand in die Festungen eingedrungen sei und so deren Kommandeur und 1400 Soldaten zur Kapitulation aufgefordert habe. Das Porträt zeigt uns jedoch alles andere als einen Furcht gebietenden Krieger oder gar Haudegen, sondern vielmehr einen dem Zeitgeschmack und Standesbewusstsein entsprechend idealisierten, feinsinnigen Aristokraten.

Nicht im martialischen Panzer, sondern in Samt und Seide, dem ländlichen Wohlleben und seiner Jagdleidenschaft hingegeben, begegnet uns ein anderer, allerdings namenloser Porträtierter des 18. Jahrhunderts: Rund fünfzehn Jahre nach dem Tod des Sonnenkönigs, also um 1730, dürfte Nicolas de Largillierre (1656–1746) das »Bildnis eines jungen Edelmannes im Jagdkostüm« gemalt haben. In ein blütenweißes, mit Spitze besetztes Hemd und einen mit Silberfäden reich bestickten blauen Mantel gekleidet, lagert der Aristokrat entspannt zurückgelehnt unter Bäumen, neben sich seinen Hund und erlegtes Wild. Mit der Linken weist er aus dem Bild. Mutmaßlich deutete diese Geste auf ein anderes Gemälde hin, ein Gegenstück zu diesem Porträt, das die Gattin des Edelmannes dargestellt haben dürfte. Largillierres Kunst zeugt stärker als die seines Freundes Rigaud vom Übergang in eine neue Epoche. Largillierre war als Sohn eines Hutmachers auf der Notre-Dame-Brücke geboren worden und übersiedelte mit seinen Eltern zunächst nach Antwerpen, wo er Werke van Dycks und Rubens' studieren konnte und 1672 in die Lucas-Gilde aufgenommen wurde. Später ging er nach England und trat in das Atelier des Flamen Peter van der Faes (genannt Lely) ein, der Largillierre die Porträtmalerei nahe brachte. Auf sie gründete sich schließlich dessen spektakuläre Karriere. Er verstand es – 1682 nach Paris zurückgekehrt – nicht nur aristokratische, sondern vor allem auch zahlungskräftige bürgerliche Auftraggeber für sich zu gewinnen. Sie bewunderten Largillierres hohe technische Raffinesse, seinen Sinn für die köstliche Schönheit edelster Stoffe und Dekors, die Fähigkeit, den Porträtierten in ein schmeichelhaftes und atmosphärisch ausdrucksstarkes Licht zu rücken, kurz: die Brillanz seiner Kunst und die Noblesse seines Geschmacks. Im Bildnis des Edelmanns weicht die mitunter etwas steif anmutende, Respekt gebietende Unnahbarkeit jener der höfischen Etikette geschuldeten Pose und Stilisierung einer leichtlebigeren, verspielt

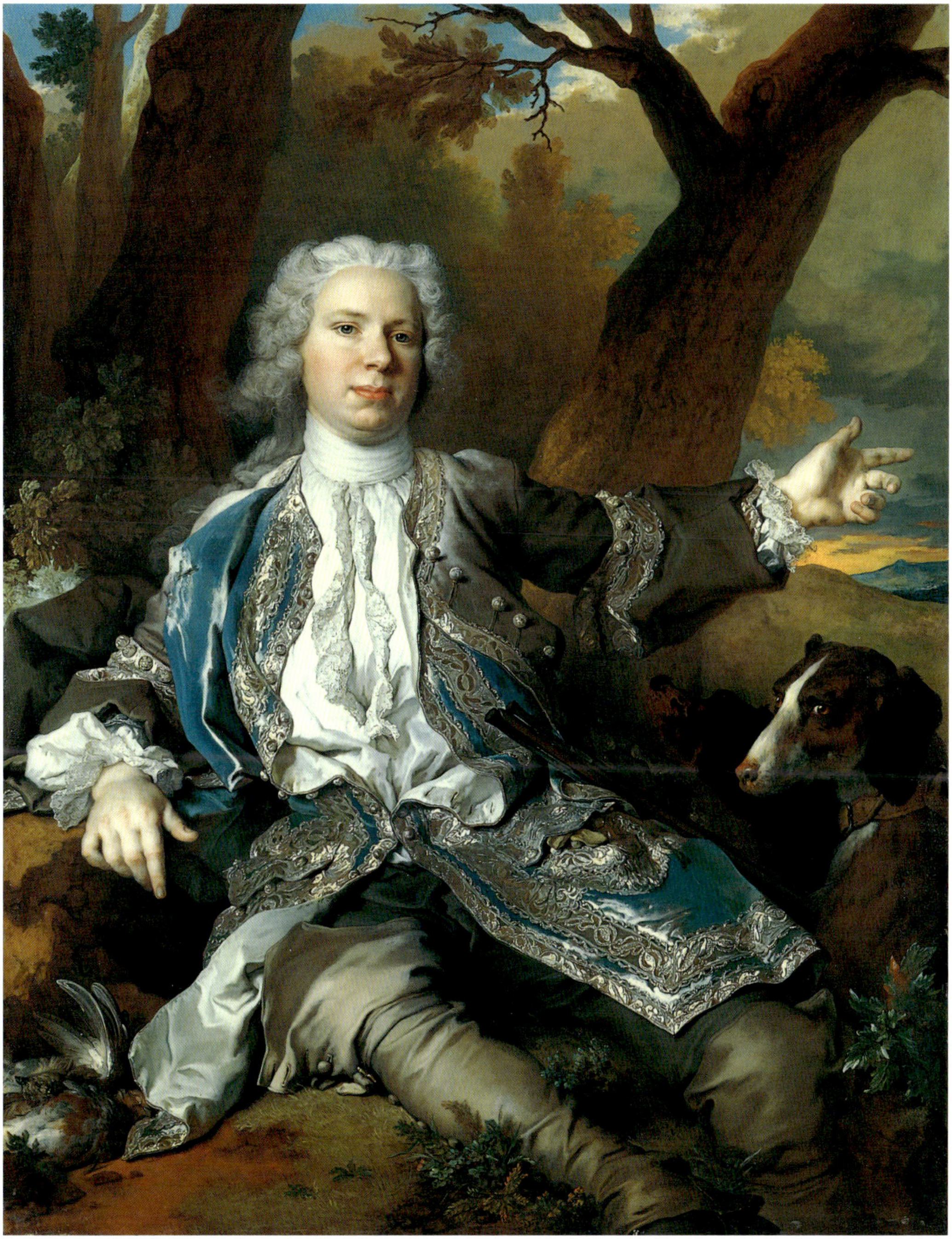

Nicolas de Largillierre, Bildnis eines jungen Edelmannes im Jagdkostüm, um 1730

aufs Rokoko vorausweisenden Form der Selbstinszenierung, die mit schwelgerischer Peinture gefeiert wird. Nicht nur mit alldem, sondern auch indem Largillierre früh das Talent Chardins erkannte, machte er sich wegweisend um die französische Malerei verdient.

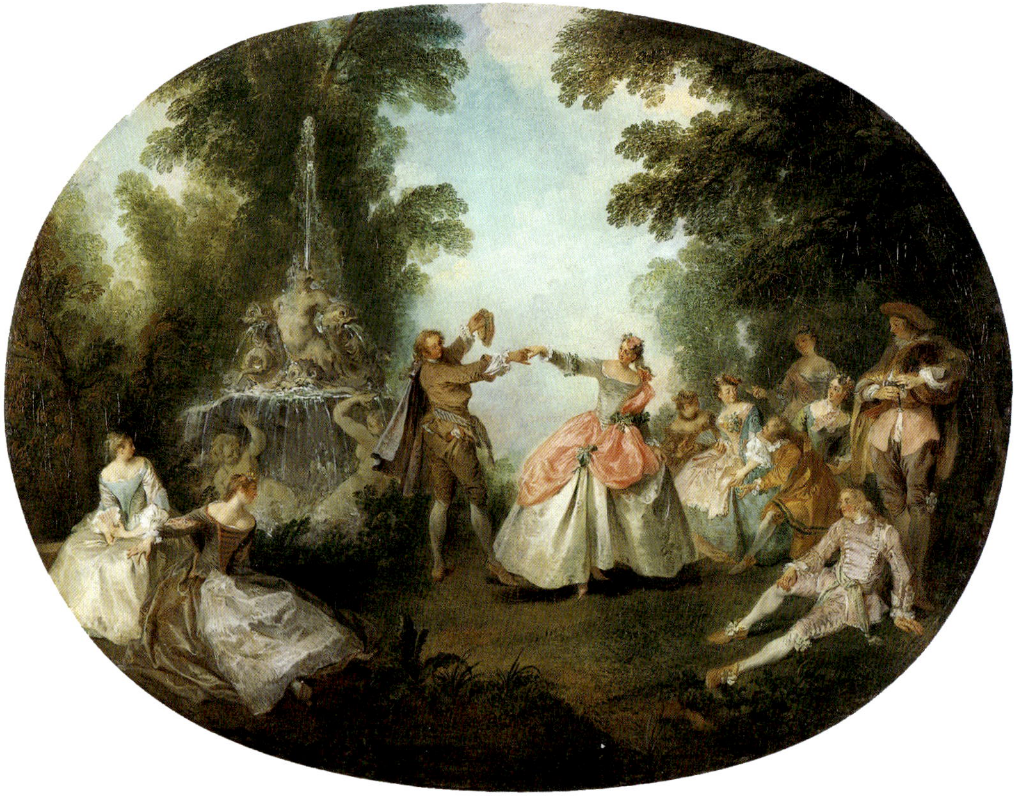

Nicolas Lancret, Das Menuett, um 1720/40

Inszenierungen der Lust am Landleben, wie sie sich in Largillierres Werk zart anzudeuten beginnt, machen ein Hauptsujet der Kunst des »galanten Zeitalters« aus. Wie eine – freilich eher spielerisch-hedonistische – Vorwegnahme von Jean-Jacques Rousseaus (1712–1778) gesellschaftstheoretisch und erziehungspädagogisch motiviertem »Zurück zur Natur« wirkt die wachsende Begeisterung der guten Gesellschaft für das Pastorale. Das Arkadische gewinnt nicht nur innerhalb der Vergnügungskultur am Hof Ludwigs XV., sondern auch als Motiv der Malerei an Bedeutung. Dafür besitzt die Kunsthalle mit den Werken Nicolas Lancrets (1690–1743) und François Bouchers (1703–1770) vorzügliche Beispiele.

Mit tänzerischer Heiterkeit vermittelt sich die Vorliebe der höfischen Gesellschaft für die vergnügliche Flucht ins Freie in Nicolas Lancrets »Menuett« (um 1720/40). Im Zentrum des Bildovals, dessen Form den Aspekt des Geborgen- und Aufgehobenseins der Figuren in der sie rahmenden Natur unterstreicht, vollführt ein Paar jenen hoch kodifizierten, regelgerechten höfischen Tanz, der zum Inbegriff aristokratischer Eleganz, aber auch des vornehmen, sublim erotischen Werbens der Geschlechter umeinander wurde. Buchstäblich bis in die Fuß- und Fingerspitzen dieser manieristisch überlängten Figuren drückt sich der Wille zum Stil, zur Formung, zur Verfeinerung aus. Um das Paar haben sich Zuschauer versammelt, die entzückt der Musik des Dudelsackspielers lauschen und den Tänzern angetan bei ihrem grazilen Auftritt zusehen. Manche nehmen werbend und sehnsüchtig Blickkontakt miteinander auf – wie die beiden Figuren im Vordergrund –, rechts bemüht sich ein Kavalier um eine Dame. Das Gebändigte dieser artifiziellen Kulturformen wird nicht nur im Motiv des Tanzes und der Musik, sondern auch über die mit reichem Skulpturenschmuck verzierten Brunnen in Lancrets Tableaus manifest. Es trifft auf Natur, die etwas von Weltabgeschiedenheit vermittelt, zu einem »locus amoenus«, einem Rückzugsraum für das Ausleben zarterer, auch amouröser Empfindungen wird.

Diesen Regungen vor allem widmeten sich François Bouchers Schäferidyllen, von denen Karoline Luise 1759 zwei bei dem Günstling der Madame Pompadour bestellte. »Schäfer und Schäferin« (1760) lagern in einer urwüchsigen Kulisse, zu der knorrige Bäume und ein Brunnen mit zwei drallen Putti und einem kräftig Wasser speienden Delphin gehören. Ein Schaf und ein angeleintes Hündchen sind dem Paar als Zeichen der Sanftmut und Treue beigegeben. Der junge Hirte pflückt Rosen für seine sehnsuchtsvoll blickende, eng an ihn geschmiegte Geliebte, die in der Linken einen Kranz aus Vergissmeinnicht hält und die blühenden Beweise seiner Liebe in einem kleinen Korb sammelt. Während dieses Gemälde auf Nachstichen als »Lektion der Liebe« bezeichnet wurde, nannte man das andere Bild, das zwei Schäferinnen im traulichen Miteinander und vielleicht bei der Lektüre eines Liebesbriefes zeigt, »Lektion der Freundschaft«. Offensichtlich handelt es sich auch hier um »Theater«, ein Rollenspiel kostümierter Aristokraten, um Projektionsfiguren wachsender Empfindsamkeit, um die Darstellung eines Wunschbildes vom ungezwungenen, erfüllten Dasein in Einfachheit, vom Liebesglück in einer friedlichen Welt fernab vom strengen Reglement des Hofes, dessen Zwistigkeiten, Intrigen und der Staatsräson, die nicht zuletzt einer individuellen Neigungen entsprechenden Lebensführung zuwiderlief.

Ein sammlerischer »Coup« gelang Karoline Luise, indem sie nach jahrelangem Bemühen 1761 schließlich insgesamt fünf Werke von Jean-Baptiste-Siméon Chardin (1699–1779) zusammengetragen hatte. Heute bewahrt die Kunsthalle noch vier dieser Bilder, die 1728 oder kurz vorher oder nachher entstanden:[63] »Stillleben mit toten

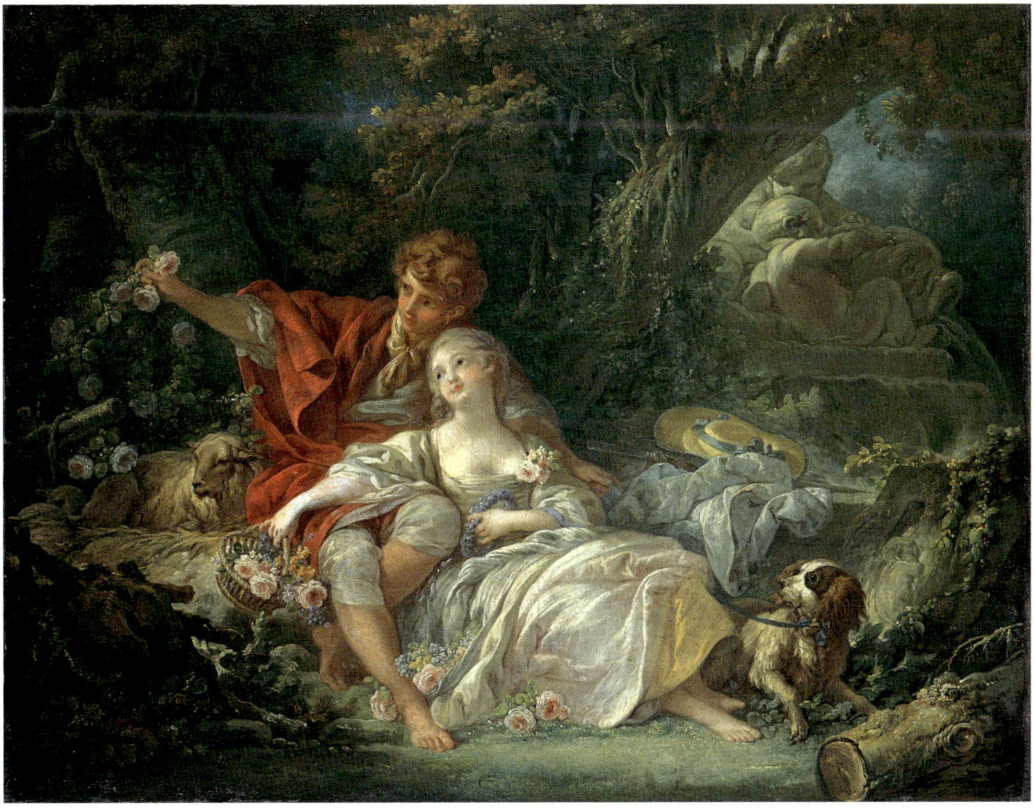

François Boucher, Schäfer und Schäferin, 1760

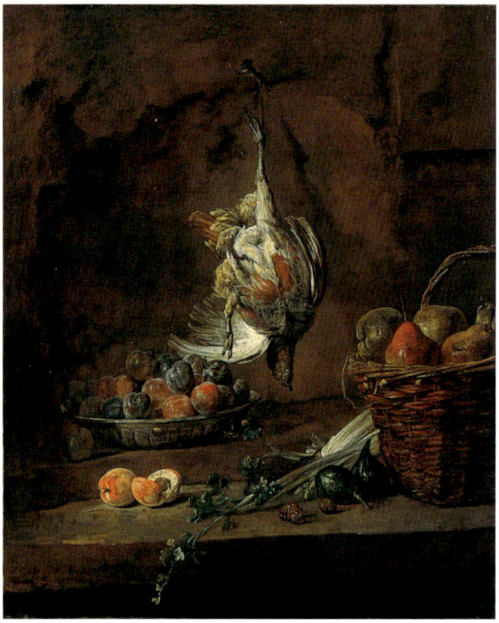

Jean-Baptiste-Siméon Chardin, Stillleben mit totem Rebhuhn, 1728

Kaninchen«, »Stillleben mit totem Rebhuhn«, »Stillleben mit Glasflasche und Früchten« und »Stillleben mit Zinnkrug und Pfirsichen«. Je zwei dieser Stillleben, jene mit Wildbret einerseits und jene mit Früchten andererseits, wurden entweder vom Maler selbst oder später als Pendants zusammengestellt. Was Karoline Luise hier erwarb, zählt heute noch zum Kostbarsten dieser Abteilung, denn »Stillleben mit totem Rebhuhn« und sein Pendant mit den toten Kaninchen gehören – es lässt sich nicht besser ausdrücken, als Dietmar Lüdke es im Katalog zur großen Chardin-Ausstellung in der Staatlichen Kunsthalle 1999 formulierte – »zu den bedeutendsten der innerhalb von fünf Jahren entstandenen Stillleben aus der frühen Schaffenszeit Chardins. An ihm, das zugleich ein Küchen-, Vorratskammer-, Früchte- und Jagdstillleben ist, können in bester Weise die variierende Technik, der nuancierte Farbauftrag, die lebendige Pinselführung, der kreidige Strich, die mitunter skizzenhafte Faktur, die unterschiedliche Konsistenz der lasierenden und pastosen Farben, die tonige, atmosphäregesättigte Helldunkelmalerei mit den leuchtenden, kühlen Farb- und Lichtakzenten, kann kurzum die Meisterschaft des großen, unnachahmlichen Malers studiert werden, zumal es wie sein Gegenstück die mehr als 270 Jahre seit seiner Entstehung scheinbar weitgehend unbeschadet überdauert hat.«[64]

Ein anderes zentrales Thema des späten 18. Jahrhunderts und ein sich wandelnder Blick auf Natur manifestieren sich in den Werken »Der Sturm« (1752) von Claude-Joseph Vernet (1714–1789) und »Der Ausbruch des Vesuvs am 14. Mai 1771« von Pierre-Jacques Volaire (1729 bis 1790 oder vor 1802). Vernet wurde just in jenem Jahr, in dem das Gemälde »Der Sturm« entstand, von Ludwig XV. beauftragt, die Häfen Frankreichs in einer Serie von etwa zwei Dutzend Gemälden darzustellen. Dabei assistierte ihm ab 1754 Pierre-Jacques Volaire. Vernet war der Marine-Spezialist seiner Zeit, der Maler des vom Sturm aufgewühlten Meeres, der bedrohlich an die Küste brandenden, gischtbekrönten Brecher, der windgepeitschten Ufervegetation, der tosenden Naturgewalt, welcher der Mensch schutzlos ausgeliefert ist. In »Der Sturm« gerät ein stolzer Dreimaster in Seenot. Er liegt schon schwer auf der Seite, Teile der Besatzung haben sich in ein Ruderboot geflüchtet und treiben auf die schroffe Felsküste zu, während Fischer am Ufer versuchen, den Seeleuten Planken zuzuwerfen, auf die sie sich retten könnten. Unheilvoll dräuende Wolken verfinstern den Himmel, im Hintergrund allerdings reißt die Wolkendecke auf, und buchstäblich auf einem Felsen in der Brandung ragt ein schlanker Leuchtturm auf, der Orientierung bietet und ein glimpfliches Ende dieser Beinahe-Katastrophe zu verheißen scheint. Vernet beobachtete und spiegelte Naturphänomene mit einer neuzeitlich-realistischen Präzision, die ihn zu einem Vorläufer etwa Corots machte. Seine Kunst zielte jedoch mit der Hinwendung zu dramatisch-aufwühlenden Erscheinungen der Natur auch auf starke Effekte, das heißt das Auslösen von Affekten beim Betrachter, der vom Anblick und in der Reflexion der Größe und Gewalt der Natur ergriffen werden sollte.

Es ist jene kantische Idee des dynamisch Erhabenen, die auch in Pierre-Jacques Volaires viel kleinerem Vesuv-Bild aufgerufen wird. Mit Schaudern und Bewunderung nimmt der Beob-

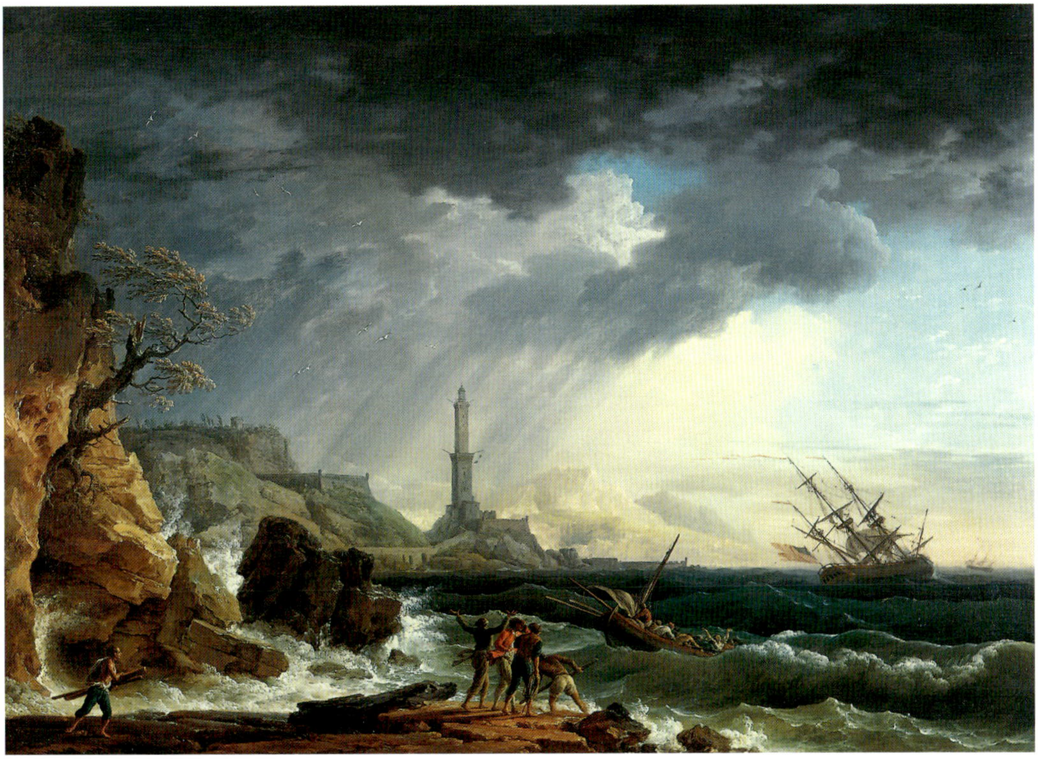

Claude-Joseph Vernet, Der Sturm, 1752

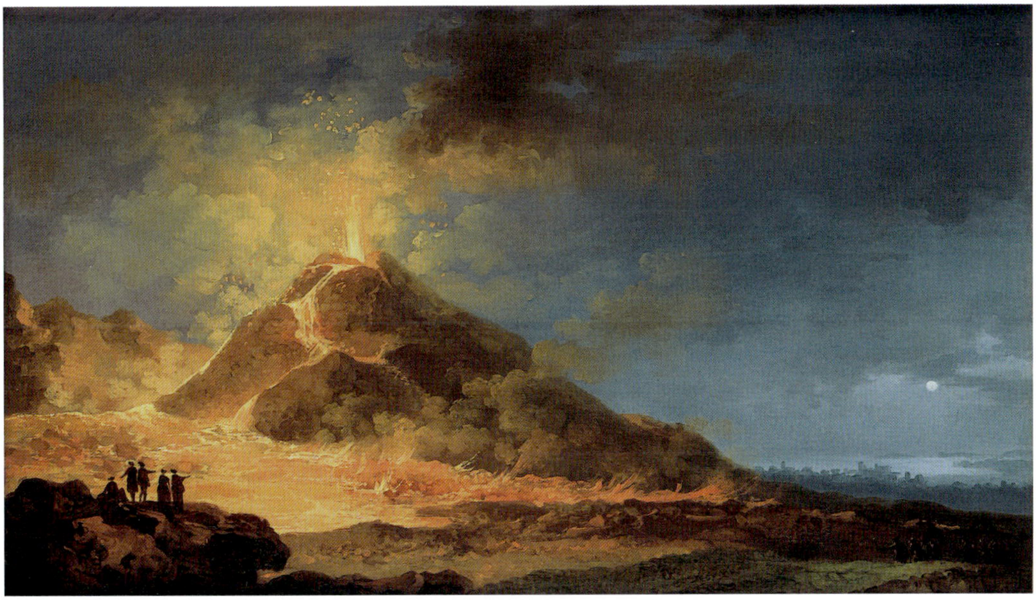

Pierre-Jacques Volaire, Der Ausbruch des Vesuvs, vermutlich 1771

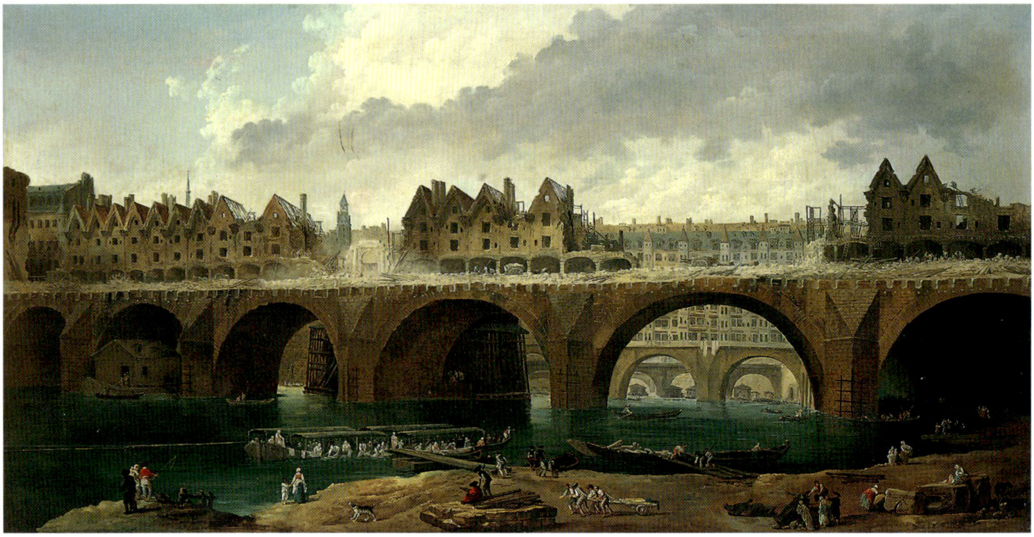

Hubert Robert, Der Abbruch der Häuser auf der Notre-Dame-Brücke in Paris 1786/87, um 1786/88

achter im Angesicht dieser Vorgänge, die sich seinem Einfluss entziehen, seine eigene Winzigkeit und Beschränkung wahr. In diesem Werk manifestiert sich aber auch deutlich das mit der Aufklärung erwachte wissenschaftliche Interesse an der Natur. Volaire schildert mit der Genauigkeit des Augenzeugen, der er war, eine Eruption: das Hochschießen der Lava durch den dünnen Schlot des Vulkankegels, das Austreten von Schwefelqualm und den anschließenden Aschenregen, das Hinabfließen des flüssigen Gesteins über die Flanken zum Fuß des Kegels in den Krater, wo aus schmalen Rinnsalen ein beängstigend breiter, glutroter Strom wird, der sich in Richtung auf Portici und Torre del Greco hinab zum Meer zu ergießen droht. Mit diesem authentisch wirkenden, frisch und flüssig gemalten Werk dokumentierte Volaire einen der kleineren Ausbrüche des Vesuvs, der zwischen 1769 und 1779 dauernd aktiv und ein Magnet für europäische Bildungsreisende war, und somit auch Schauplatz einer frühen Form des »Katastrophentourismus«.

Der Gang durch die Abteilung führt schließlich zu einem ebenfalls historisch-dokumentarischen, faszinierenden Werk aus dem letzten Viertel des 18. Jahrhunderts. Wir sehen eine lang ins breite Querformat gestreckte Brücke, darunter auf dem Fluss und an seinem Ufer geschäftiges Treiben. Es wird geangelt, es werden Steine bearbeitet und Lasten transportiert, von einem Boot aus waschen Frauen Wäsche. Auf der Brücke ist der Abbruch der Bebauung in vollem Gange. In den Häuserreihen klaffen schon große Lücken, Staub wirbelt auf. Hubert Robert (1733–1808) wurde mit »Der Abbruch der Häuser auf der Notre-Dame-Brücke in Paris 1786/87« zum Chronisten dieser Maßnahme, die am Anfang umfangreicher Eingriffe in das Stadtbild stehen sollte. Der Pont Notre-Dame als älteste steinerne Brücke von Paris war in zwölfjähriger Arbeit ab 1500 errichtet und mit Häusern bebaut worden, in denen Luxusartikel wie Bilder, Möbel, Schmuck und Stoffe gehandelt wurden. Die Brücke war eine der kommerziell florierenden und auch für offizielle Feierlichkeiten genutzten Hauptlebensadern der Stadt. Der Abriss der Häuser wurde aus ästhetischen, sicherheitstechnischen und hygienischen Gründen schon im 17., von namhaften Fürsprechern wie Voltaire weiter im 18. Jahrhundert gefordert. Da die Pariser Stadtverwaltung hohe und unverzichtbare Einnahmen aus den Mieten für die Brückenhäuser bezog, verzögerte sich deren Beseitigung jahrzehntelang. In den Jahren 1786/87 wurde sie vollzogen. Hubert Robert dokumentierte die folgenden Abrissaktionen ebenfalls: Durch die Bögen des Pont Notre-Dame fällt der Blick auf drei weitere Brücken. Auch der Pont-au-Change war mit Häusern bebaut, die 1788 zerstört wurden. Robert hielt auch jenes Ereignis fest und avancierte unter anderem mit diesen Werken zu einem Spezialisten seines Fachs und einem Vorläufer der »Ruinen-Romantik«, die besonders für die Kunst des 19. Jahrhunderts von Belang war. Das Motiv der Ruine erlaubte es, sich mit Sentiment und verklärender Wehmut in andere Zeiten zurückzuversetzen, die glorioser oder friedlicher schienen.

Bevor der Besucher den Saal mit französischer Kunst des 19. Jahrhunderts betritt, kann ihn sein Weg durch die Galerie unter anderem auch noch zu Werken von Jean-Simon Berthélemy, Charles Le Brun, Meiffren Conte, Marguerite Gérard, Jacques Linard, Jean-François Millet, François-André Vincent und den wunderbaren kleinen Studien von Pierre-Henri de Valenciennes führen, die in der Unmittelbarkeit ihrer Sicht der Natur auf die Kunst der Schule von Barbizon und der Impressionisten vorausweisen, obwohl sie schon um 1785 entstanden.

Das 19. Jahrhundert

Landschaft wird zum Hauptthema der progressiven Maler des 19. Jahrhunderts. Camille Corots (1796–1875) »Felsiges Waldtal bei Cività Castellana« (1826/27) bildet hier den Auftakt. Corot, geschult im Atelier des Landschafters Victor Bertin, betrachtete Bilder wie das vorliegende lediglich als Studien. Er trieb diese fleißig im Freien, kopierte außerdem mit besonderer Vorliebe Vernet, bewunderte Lorrain und Poussin und erkannte die Notwendigkeit, seine Ausbildung in Italien fortzusetzen: Ende 1825 kam er in Rom an. Ölstudien mit Ansichten der Ewigen Stadt und der Campagna entstanden. Aus dieser Zeit stammt das Karlsruher Bild, in dem sich der junge Corot als Meister einer differenzierten Pinselschrift erweist. Mit ihr, einer offenen und geschickten Malweise, charakterisiert er die schroffe Felsformation der nah an den Betrachter herangerückten Landschaft, die Trockenheit der ausgedörrten Erde mit ihren changierenden

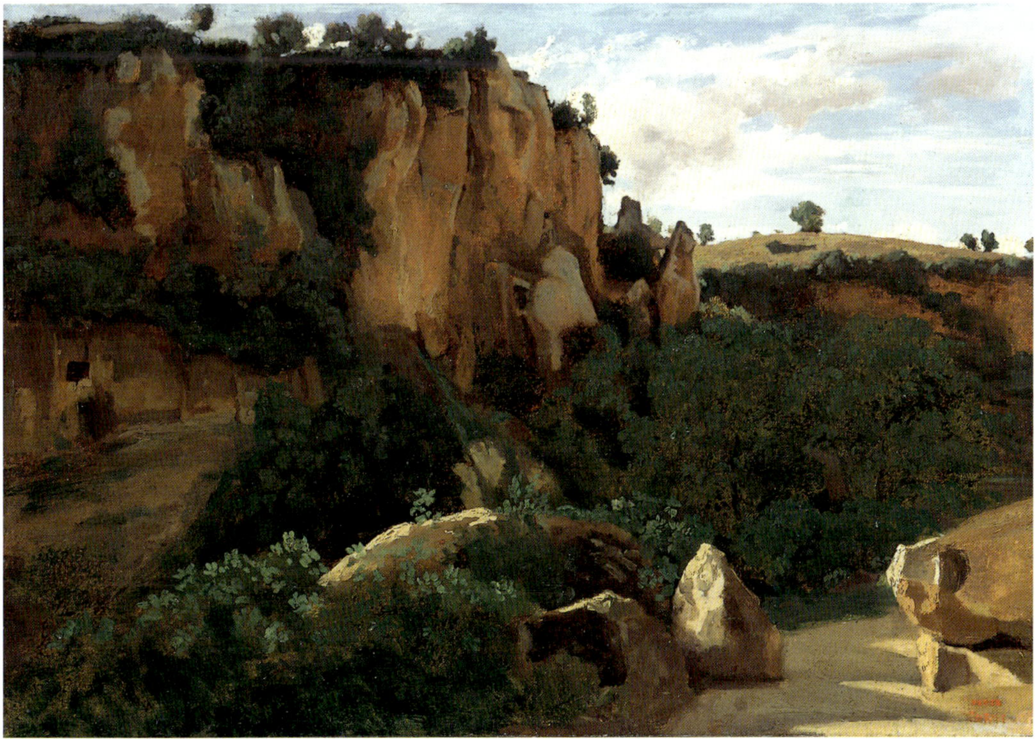

Camille Corot, Felsiges Waldtal bei Cività Castellana, 1826/27

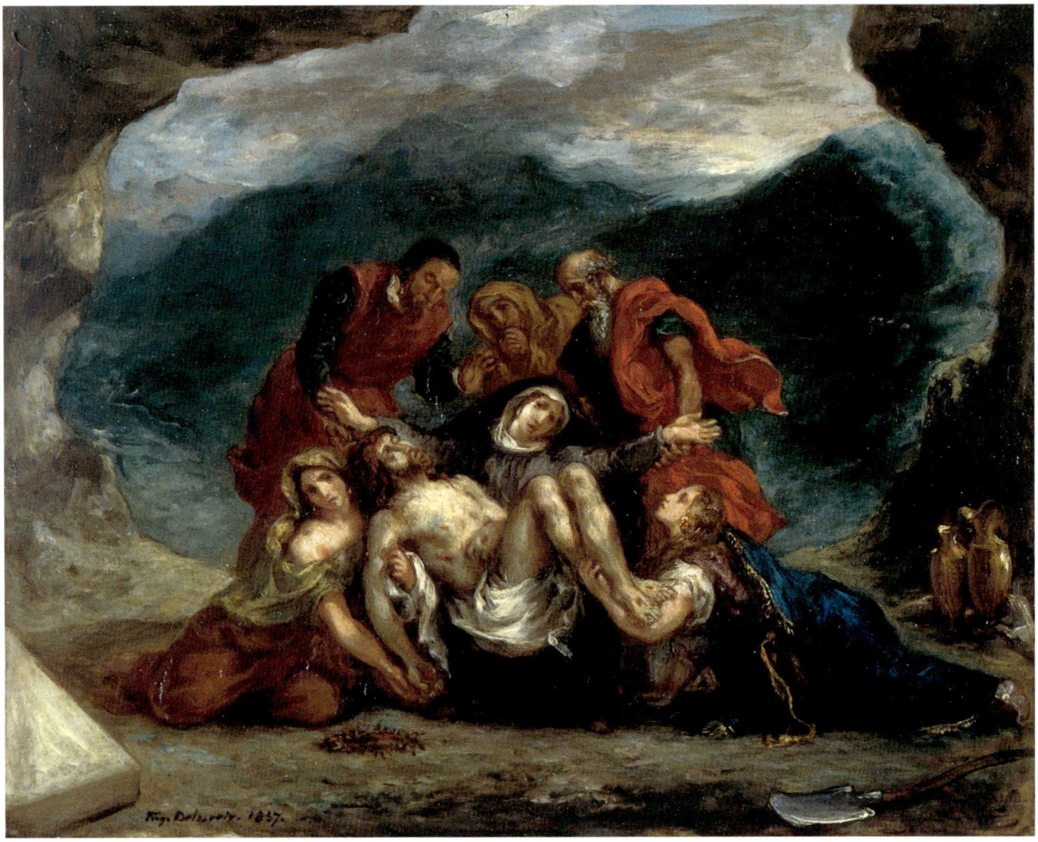

Eugène Delacroix, Die Beweinung Christi, 1857

Ockertönen und das saftig wuchernde, satte Dunkelgrün der Bäume und Sträucher, die im Abendlicht eines heißen Sommertages lange und harte Schatten werfen. Einige, wenn auch nur wenige Male arbeitete Corot auch mit den Künstlern der »Schule von Barbizon« im Wald von Fontainebleau, von denen in der Sammlung Charles-François Daubigny (1817–1878) und Constant Troyon (1810–1865) mit hervorragenden Werken vertreten sind.

Unmittelbarer Generationsgenosse Corots war Eugène Delacroix (1798–1863). Die Kunsthalle besitzt zwei Werke dieses Titanen der französischen Romantik. Im Jahr 1843/44 schuf er für die Kirche Saint-Denis du Saint-Sacrement ein Wandbild mit der »Beweinung Christi«. Das in der Staatlichen Kunsthalle Karlsruhe bewahrte Werk von 1857 malte er als (seitenverkehrte und seinem ursprünglichen Entwurf damit entsprechende) Replik nach dem Monumentalgemälde, dessen Ausdrucksstärke Charles Baudelaire tief beeindruckte. Der Dichter, einer der glühendsten Verehrer und klügsten Anwälte Delacroix', schrieb über ihn: »Er hat intime Genrebilder, er hat groß empfundene Historienbilder gemalt. Er allein vielleicht hat in unserem glaubenslosen Jahrhundert religiöse Bilder geschaffen, die weder leer noch kalt waren wie Wettbewerbsarbeiten, noch pedantisch, mystisch oder neochristlich.«[65] Tatsächlich beeindruckt »Die Beweinung Christi« durch die außerordentliche Expressivität, die Delacroix mit züngelnder Pinselschrift und einer Farbigkeit erzeugt, in der gedämpfte Valeurs mit dramatisch leuchtenden Rot- und Blautönen stark kontrastieren. Kompositorisch versammelt Delacroix die Trauernden zu einer dicht gedrängten Schicksalsgemeinschaft Leidender mit dem Leichnam in ihrer

Édouard Manet, Kinderbildnis (Le petit Lange), um 1861/62 ▶

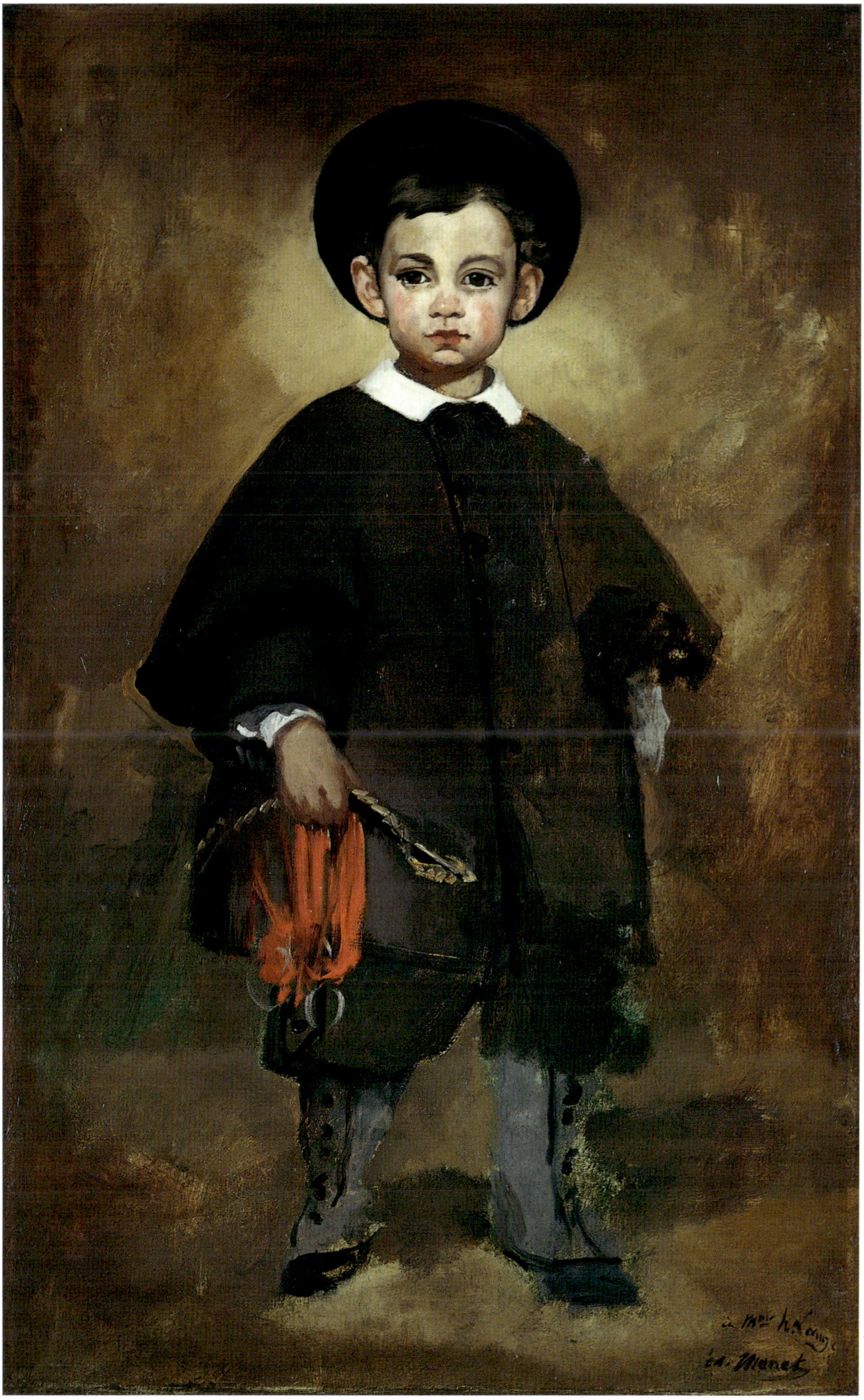

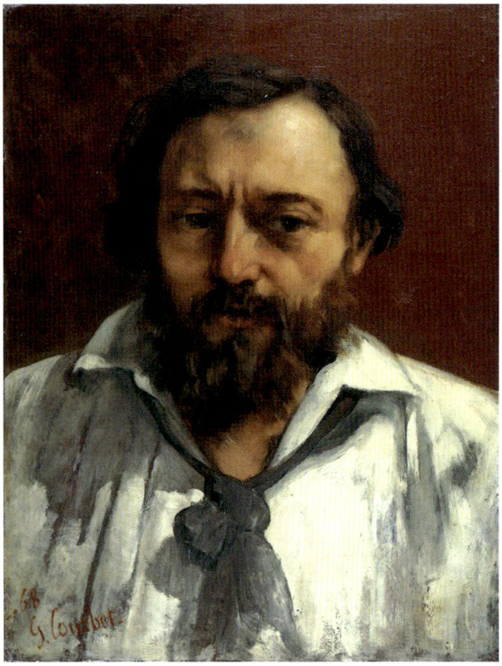

Gustave Courbet, Bildnis des Dichters Pierre Dupont, 1868

Mitte. Maria, auf deren Schoß der tote Christus ruht, breitet weit die Arme aus, und Delacroix deutet mit diesem Rückgriff auf einen von Rosso Fiorentino um 1530/35 geprägten Bildtypus an, dass sie im Schmerz um den toten Sohn gleichsam dessen Martyrium der Kreuzigung am eigenen Leib erfährt.[66] Angesiedelt ist diese Szene in einer Zone zwischen Himmel und Erde, einer Art Grabeshöhle, aus der hinaus der Betrachter über die Beweinungsgruppe hinweg in eine weite Hügellandschaft und zum Himmel blickt. Dieser Ausblick deutet auf das Transitorische dieses Todes hin, weist dezent auf Auferstehung und Himmelfahrt voraus.

Schon im Jahr 1829 hatte Delacroix ein anmutiges, vom Stil englischer Porträtisten beeinflusstes Bildnis der Gattin des Tänzers François Simon geschaffen, das ebenfalls zur Sammlung der Staatlichen Kunsthalle Karlsruhe gehört. Ihm steht eine Reihe eindrucksvoller Porträts gegenüber, in denen sich vor allem die ungezügelt offene Malweise des neuen Zeitalters der Kunst Bahn zu brechen beginnt. Édouard Manet (1832–1883) schuf um 1861/62 das »Kinderbildnis (Le petit Lange)«. Der etwa fünfjährige Knabe wird hier en face, in Ganzfigur, Lebensgröße und unter Verzicht auf alles dekorative Beiwerk dargestellt. In vornehmes, sonntägliches Schwarz gekleidet, einen hübschen Hut mit breiter runder Krempe auf dem Kopf und ein für die Zeit typisches Spielzeug – Zaumzeug und Peitsche – in der Hand, steht der Junge breitbeinig vor uns und blickt ernst und versonnen drein. Manets Malweise bleibt, auch was die nicht näher charakterisierte räumliche Umgebung anlangt, zwar malerisch in der Monochromie wunderbar differenziert, aber doch skizzenhaft – bis auf das Gesicht des Kindes: Hier arbeitet der Maler die vollen Wangen, deren rosige Tönung, die großen dunklen Augen, das Licht, das die klaren Züge erhellt, mit feinerem Pinsel und höherer Genauigkeit aus. Die frontale Haltung des Knaben, die Komposition und vor allem die leise Melancholie, die dieses Bild ausstrahlt, lassen sich mit Antoine Watteaus »Gilles« (1721) in Verbindung bringen, auf den Manet auch in anderen Werken anspielte.[67]

Im Jahr 1868 porträtierte Gustave Courbet (1819–1877), Kind einer Bauernfamilie aus Ornans in der Franche-Comté und Begründer des französischen Realismus, mit derben Pinselhieben seinen engen Freund, den Dichter Pierre Dupont. Dieser Intellektuelle, Autor sozialistischer Revolutionslieder wie des »Chant des ouvriers«, der so genannten Arbeiter-Marseillaise, erscheint als markante Persönlichkeit ohne Allüren, leger gekleidet, in sich gekehrt, mit nachdenklichem Blick – rasch und offensichtlich für die eigene Sammlung Courbets porträtiert, in der das Bild verblieb. Den groben Stoff des weißen Hemdes, das widerborstige Haupt- und Barthaar, Licht und Schatten erfasst Courbet mit trocken-knappem Strich. Der Maler und der Dichter engagierten sich gemeinsam gegen die Monarchie Napoleons III. Dupont wurde 1851 deportiert, Courbet 1871 inhaftiert, beide gingen aus politischen Gründen ins Exil. Courbet kehrte nicht mehr aus der Schweiz zurück, sondern starb dort 1877.[68]

Das »Bildnis der Madame Jeantaud« (um 1877) von Edgar Degas (1834–1917) ist ähnlich wie Manets Kinderbildnis in einem dämmrig wirkenden Innenraum angesiedelt, in dem die

Porträtierte – Gattin eines Ingenieurs, den der Maler während des Krieges 1870/71 kennen gelernt hatte – auf einem hellen Sofa sitzt. Ihren Hund neben sich, blickt sie den Betrachter mit freundlicher Zurückhaltung an. Degas bedient sich einer vergleichbar schmalen Palette wie Manet und Courbet, fokussiert die Darstellungsgenauigkeit auch lediglich auf das Gesicht der Porträtierten, während die Farbe in anderen Zonen des Bildes buchstäblich ins Fließen gerät – etwa im Bereich der aufeinander gelegten Hände. Auch die Haltung der Beine, die Madame Jeantaud wohl übereinander geschlagen hat, bleibt eher vage angedeutet als klar ausgearbeitet. Obschon Degas sein Bild geradezu klassisch und hochüberlegt aus sich überschneidenden Diagonalen (Chaiselongue und Körper) aufbaut, ignoriert er die Regeln der Zentralperspektive, achtet er nicht auf eine korrekte Verkürzung, sondern betont mit seiner breitpin-

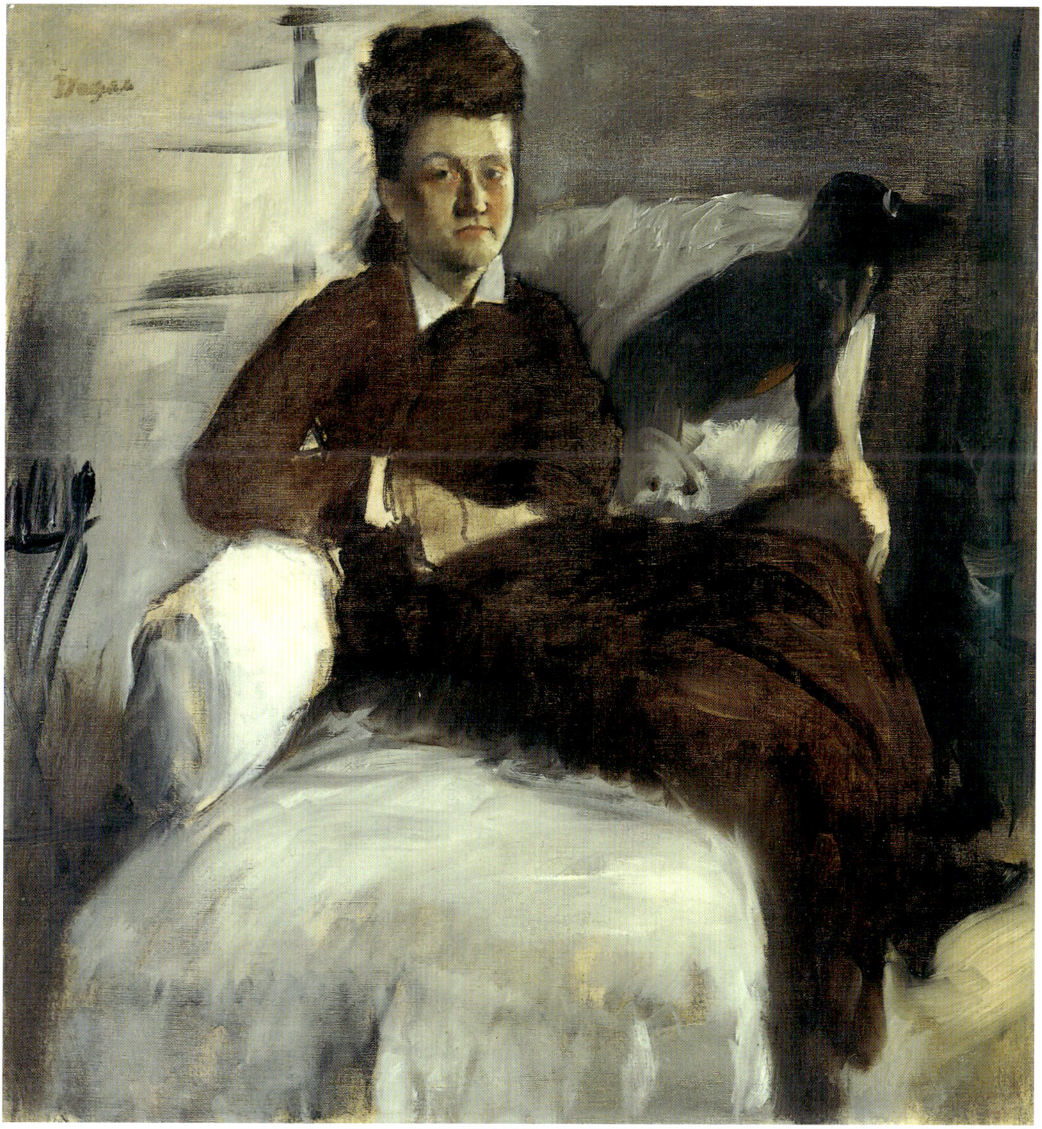

Edgar Degas, Bildnis der Madame Jeantaud, um 1877

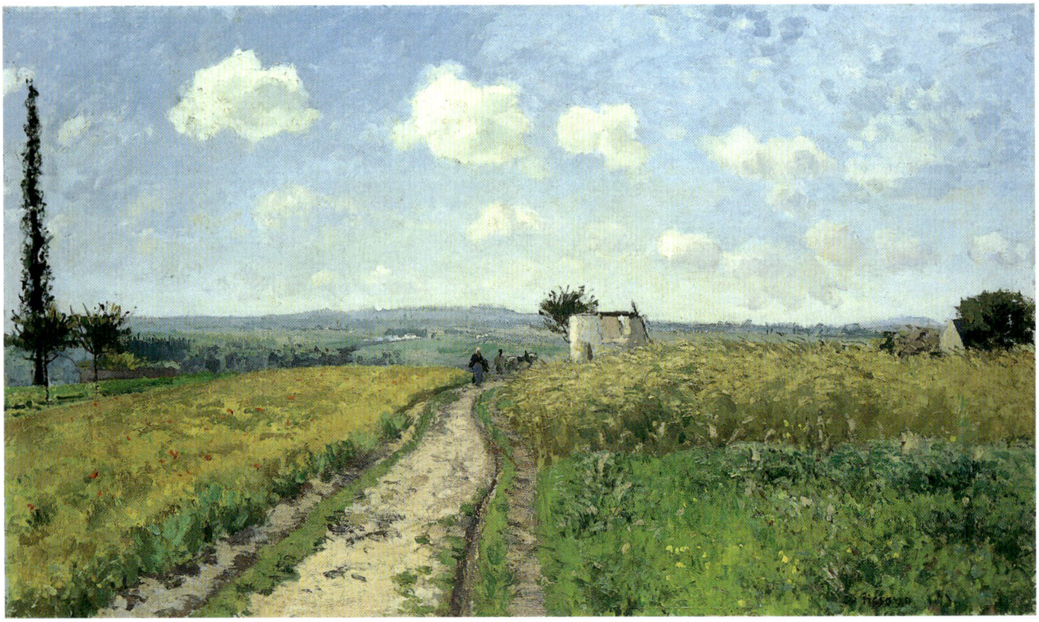

Camille Pissarro, Junimorgen bei Pontoise, 1873

selig-gestischen Malweise und großzügigen, klar voneinander geschiedenen helleren und dunkleren Farbpartien prägnant die Flächigkeit seiner Bildanlage. In der Öffnung des Konturs der Figur und der Gegenstände geht Degas deutlich weiter als Courbet und Manet.

Auch von Auguste Renoir (1841–1919) besitzt die Kunsthalle ein Porträt: das 1906 gemalte Bild »Gabrielle bei der Lektüre«, das die Cousine seiner Frau in jene rosig- und leuchtend-warmen Töne taucht, ihre Erscheinung mit jener frenetischen Farbfreude feiert, mit der man impressionistische Malerei zu verbinden pflegt. Dieses natürliche Licht fingen die Maler des Impressionismus freilich vor allem unter freiem Himmel, in seiner ungebrochenen Kraft ein. Zu diesen Werken zählen innerhalb der Sammlung der Staatlichen Kunsthalle Claude Monets (1840–1926) »Die Seine bei Rouen« (1874), Alfred Sisleys (1835–1899) »Blick in die Rue de Monbuisson in Louveciennes« (1874) und vor allem Camille Pissarros (1831–1903) flirrender »Junimorgen bei Pontoise« (1873).

Pissarro, der als eine Art Vaterfigur der Impressionisten gelten kann, schuf »Junimorgen bei Pontoise« ein Jahr vor der spektakulären Ausstellung 1874, auf die hin die Bewegung ihren Namen erhalten sollte. Auch er malt mit tüpfelndem Pinsel, setzt die Farbe locker auf die hell grundierte Leinwand, löst die festen Formen der Gegenstandswelt in dieser tanzenden Pinselschrift in Licht und kleinste Farbpartikel auf, erzeugt damit für den Vortrag seiner Malerei den Eindruck schwebender Leichtigkeit und Frische. Das Momentane und Flüchtige einer Lichtstimmung wird beschleunigt, scheinbar vorläufig fixiert. Der Akzent des künstlerischen Prozesses liegt auf der möglichst authentischen Schilderung der Wahrnehmung, des Eindrucks, auf dem Bekenntnis dazu, dass moderne Bilder von Erscheinungen, nicht von den Dingen an sich zeugen. Im »Junimorgen bei Pontoise« macht Pissarro keine heroische Landschaft, keine sehenswert-markante Ansicht zum Sujet, sondern er widmet sein Augenmerk einem Landstrich ohne topografische Besonderheiten, ohne Höhepunkte, einer einfachen ländlichen Gegend. Die Schönheit des Alltäglichen erwacht im Blick der Impressionisten; sie sehen es neu, buchstäblich in einem anderen Licht. Ins Bild hinein – eine klassische Kompositionsidee und ein Motiv, das der Künstler besonders liebte –,

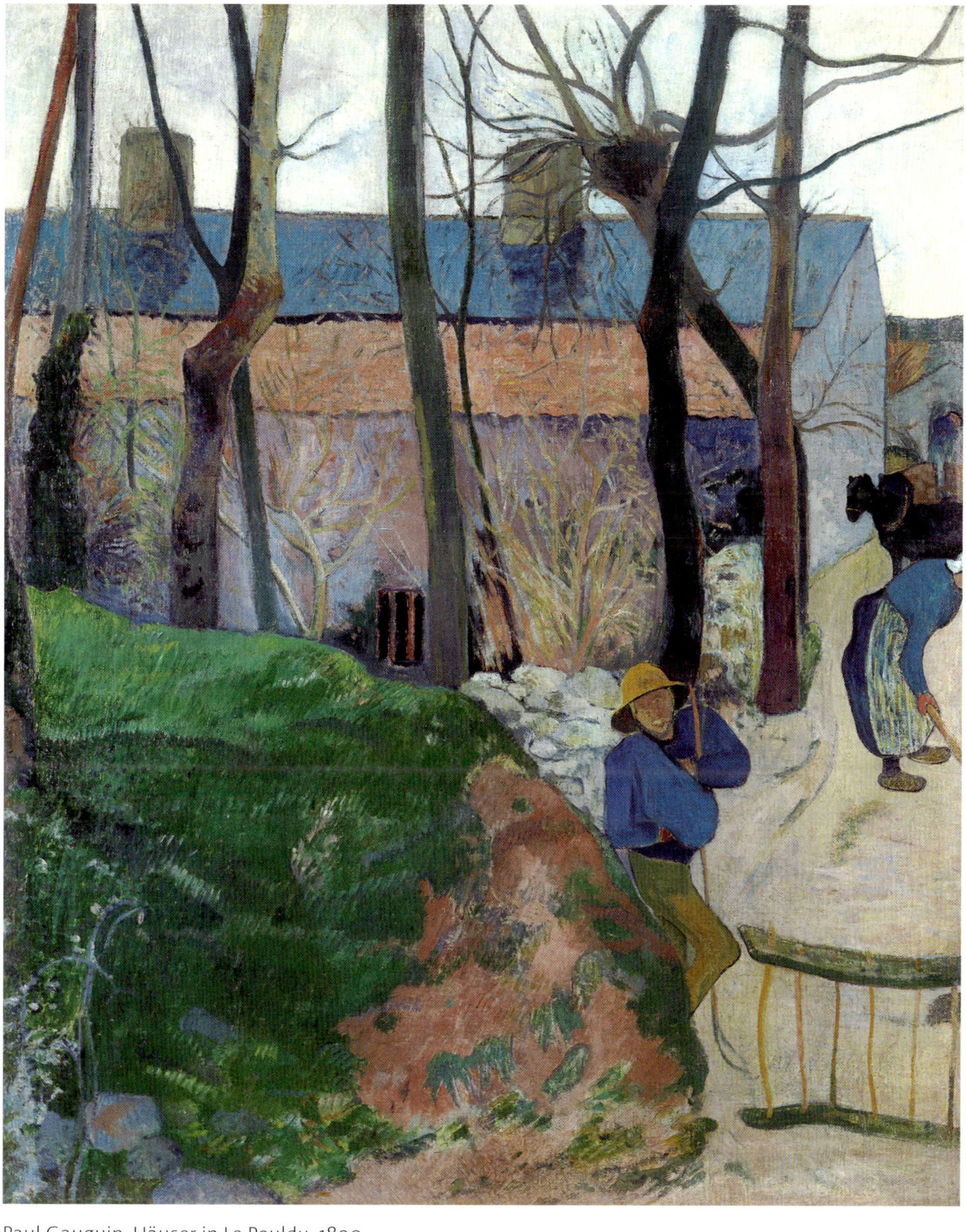

Paul Gauguin, Häuser in Le Pouldu, 1890

zwischen Kornfeldern und Wiesen schlängelt sich ein Feldweg, auf dem sich Landleute, schon in weite Ferne gerückt, und der Blick des Betrachters zum tiefgezogenen Horizont hin bewegen. Dort wird eine sanft geschwungene Hügelkette erkennbar. Der heitere Himmel ist leicht bewölkt und nimmt fast die Hälfte der gesamten Bildfläche ein. Ein Dur-Dreiklang von hell-wogendem Grün, Gelb und nuanciertem Blau beherrscht das Ganze, links am Wegrand blühen Mohnblumen, die einige rote Akzente markieren. Die Komposition wirkt ausschnitthaft und in ihrer gemessen klaren, fast strengen Gliederung monumental zugleich. »Das Bild ist so präzise komponiert«, schreibt Christoph Becker, »und zugleich so auf wesentliche Elemente konzentriert wie kaum ein anderes aus der Pontoise-Zeit. Indem Pissarro eine fast abstrakte Klarheit erreicht, geht er der Kunst seiner Zeitgenossen einen Schritt voran.«[69] Helligkeit und Wärme verströmt dieses Bild, es zeugt von einer freudvollen Harmonie des Schauenden mit der Natur. Nicht weniger faszinierend lebendig und unmittelbar fängt Pissarro aber auch eine ganz andere Licht- und Witterungssituation ein: Im Jahr 1896 malte er »Blick auf die Große Brücke zu Rouen bei Regenstimmung«, eines der großartigsten impressionistischen Werke der Karlsruher Sammlung, in dem sich nicht nur das gesteigerte Interesse der modernen Maler für das Urbane, die Gegenwart und ihre Phänomene manifestiert, sondern auch Pissarros kurzer Versuch der Anwendung neo-impressionistischer Methoden geklärt widerhallt.

Zeitgenossen Pissarros waren Paul Cézanne (1839–1906) und Paul Gauguin (1848–1903), radikale Wegbereiter der Avantgarde. Gauguin, besonders von Pissarros bildnerischer Sprache beeindruckt, stellte 1880 gemeinsam mit den Impressionisten aus und sammelte – damals noch ein durchaus erfolgreicher Bankier – deren Werke. Im Jahr 1890, nachdem Gauguin mit seinen Kollegen, der so genannten Schule von Pont Aven, nach Pouldu übergesiedelt war, entstand sein Bild »Häuser in Le Pouldu«. Es zeigt uns den Künstler im Besitz jener zum Teil vom Studium fernöstlicher oder primitiver Kunst, bretonischer Kreuzigungsbilder oder der Bilderbogen aus Epinal geprägten Mittel, die seine künstlerische Handschrift unverwechselbar machten. Aus großen Flächenformen, die hier allerdings in der Binnenstruktur noch einen bewegten Pinselduktus aufweisen, und einer Häufung rhythmisierender, linearer Komponenten organisiert er die betont unräumliche Bildanlage. Links schiebt sich ein fast bis zur halben Höhe des Bildes reichender, abfallender grün-roter Hügel wie eine Kulisse ins Bild, daneben verstellt ein zerbrechliches und windschiefes, niedriges Gitter den Weg, auf dem Bauern und eine Bäuerin bei der Arbeit und ein Pferd zu sehen sind. Den Mittelgrund der Komposition beherrscht in strenger Vertikalität eine Reihe schlanker und kahler Bäume. Dahinter liegen die Bauernhäuser und Stallungen, eine kubische und hermetisch anmutende Architektur aus violetten, rötlich-orangen und blauen horizontalen Farbbahnen, über denen ein weiß-graues Himmelsband das Bild nach oben hin abschließt. Gauguin arbeitet derart mit Überschneidungen, dass dieses Bild den Eindruck der Unzugänglichkeit, einer Art von Verschanzung, Abgrenzung und Enge vermittelt. Der Raum wird auf diese Weise negiert, die Fläche dominiert.

Paul Cézanne – von Pissarro, mit dem er 1872 in Pontoise zusammen malte, zur Arbeit unter freiem Himmel angeregt – schuf um 1898 das Bild »Blick auf das Meer bei L'Estaque«. Es verdankt sich einem mit Gauguins Vorgehen vergleichbar anti-illusionistischen, abstrahierenden Ansatz. Bei denkbar deutlichen Unterschieden in der Malweise lassen sich Verwandtschaften im Umgang des Malers mit der Distanz zum Sujet und den Distanzen innerhalb des Bildes ausmachen. Beide Künstler entschieden sich außerdem für einen Verzicht auf ein die Effekte des Beleuchtungslichts imitierendes Hell-Dunkel. Der Blick geht in Cézannes Gemälde von einer Anhöhe aus und durch den Wald hindurch, hinweg über einen Felsbrocken, vorbei an den Bäumen auf die See, die lediglich in der linken oberen Bildecke unverstellt sichtbar wird. Warme Gelbvaleurs im Vordergrund, eine Sinfonie von changierenden Grüntönen, helles Orange für die Dächer der Häuser von L'Estaque und schließlich die schmalen Streifen unterschiedlich hellen Blaus für das Meer und den Himmel bestimmen den strahlenden Farbklang des Bildes. Weite Teile, vor allem die Gelb- und Grünpartien, lässt der Maler aus systematisch parallel – gewissermaßen schraffurähnlich – gesetzten Pinselstrichen zu prismatisch wirkenden, ungefähr rechteckigen Farbpartien zusammenwachsen, die den Körpern – im Vergleich zum Impressionismus – eine neue Stabilität verleihen, den abstrahierenden Charakter des Farbeinsatzes aber gleichwohl betonen. Was im Kubismus analytisch zum Programm erhoben wird, deutet sich hier an. Das Bild spiegelt nicht mehr einen fixen Standpunkt, ist nicht länger ein mathematisches Konstrukt, sondern eine Synthese verschiedener Blickpunkte, gleichwohl alles andere als Wiedergabe eines raschen Eindrucks. Cézanne glaubte daran, die Welt im Bild methodisch rekonstruieren, ihre Formenvielfalt modellhaft auf Grundformen zurückführen zu können. Seine Bilder interpretieren Realität als gesehene, als intellektuell geformte Wirklichkeit.

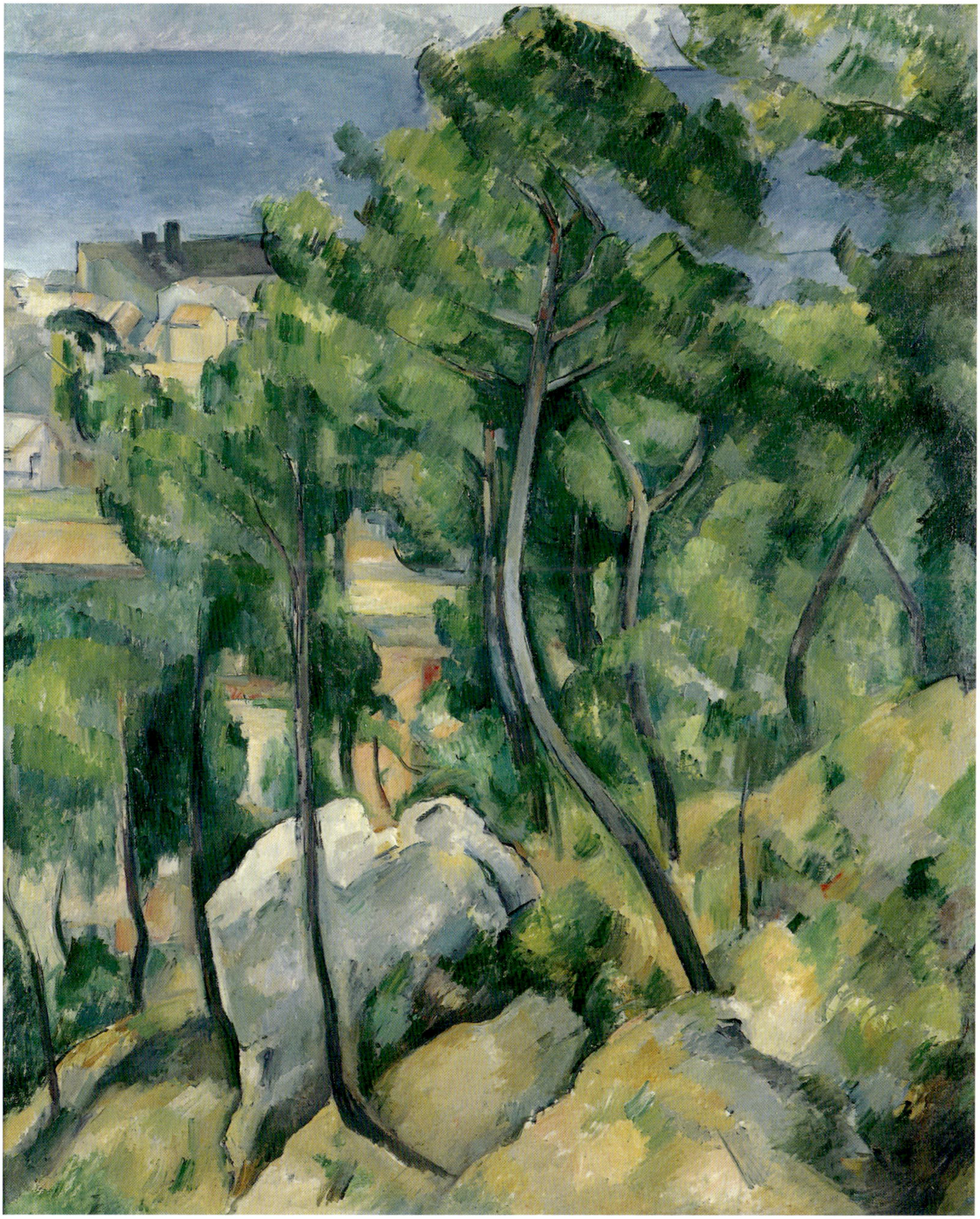

Paul Cézanne, Blick auf das Meer bei L'Estaque, um 1898

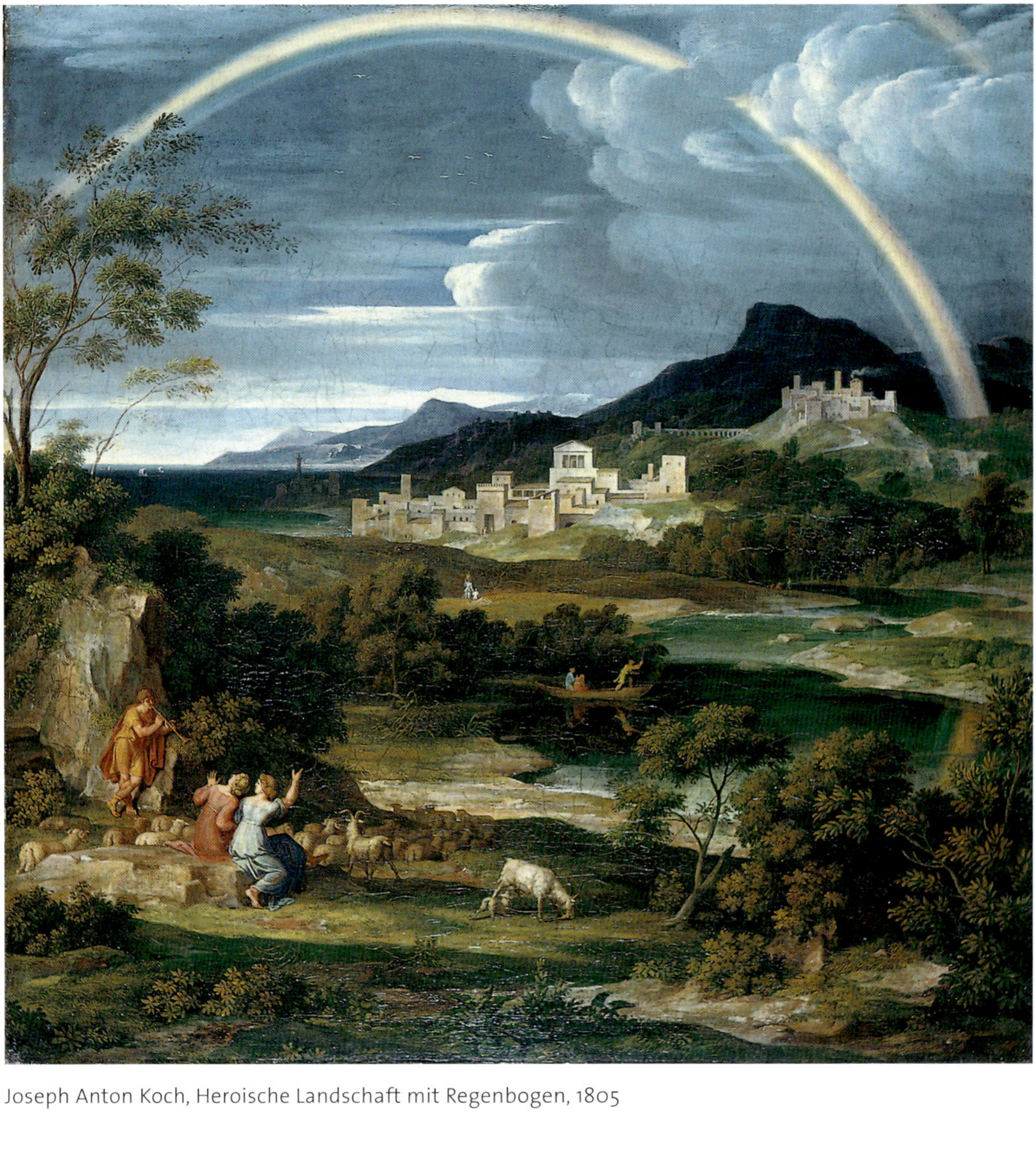

Joseph Anton Koch, Heroische Landschaft mit Regenbogen, 1805

DEUTSCHE MALEREI DES 19. JAHRHUNDERTS

Deutschrömer: Der Traum vom Ideal

Ein Tiroler Hütebub, Sohn einer Familie mit elf Kindern, vom Augsburger Weihbischof, der sein Talent erkannte, in eine Bildhauerlehre vermittelt, Schüler der Hohen Karlsschule in Stuttgart, aus der er 1791 flieht, um sich den Jakobinern in Straßburg anzuschließen. Hier hält es ihn nicht lange. Er zieht nach Basel, wo man ihn jedoch seiner politischen Umtriebe wegen ausweist. Im Jahr 1794 bricht er deshalb nach Italien auf und lässt sich in Rom nieder, lernt unter anderem den dänischen Bildhauer Bertel Thorvaldsen kennen, mit dem er von 1800 bis 1803 eine Wohnung teilt. Nach einem dreijährigen Aufenthalt in Wien kehrt er 1815 in die Ewige Stadt zurück, in der er sich freier fühlt als irgendwo sonst. Er wird zum Mittelpunkt eines großen Künstler- und Dichterzirkels, die Brüder Humboldt und Schlegel etwa suchen ihn auf ihren Reisen auf. – Dieser Künstler, Joseph Anton Koch (1768–1839), gehörte zum Kreis der »Deutschrömer«, jener Maler, die auf der Suche nach einer neuen Religiosität und idealen Inhalten für ihre Kunst um 1800 nach Italien zogen, um dort, in diesem traditionsreichen Arkadien, den Werken ihrer verehrten Vorbilder nahe zu sein: den Meistern der italienischen Frührenaissance. Koch wurde dort zum Hauptmeister einer Landschaftsmalerei mit klassischen, aber auch romantischen

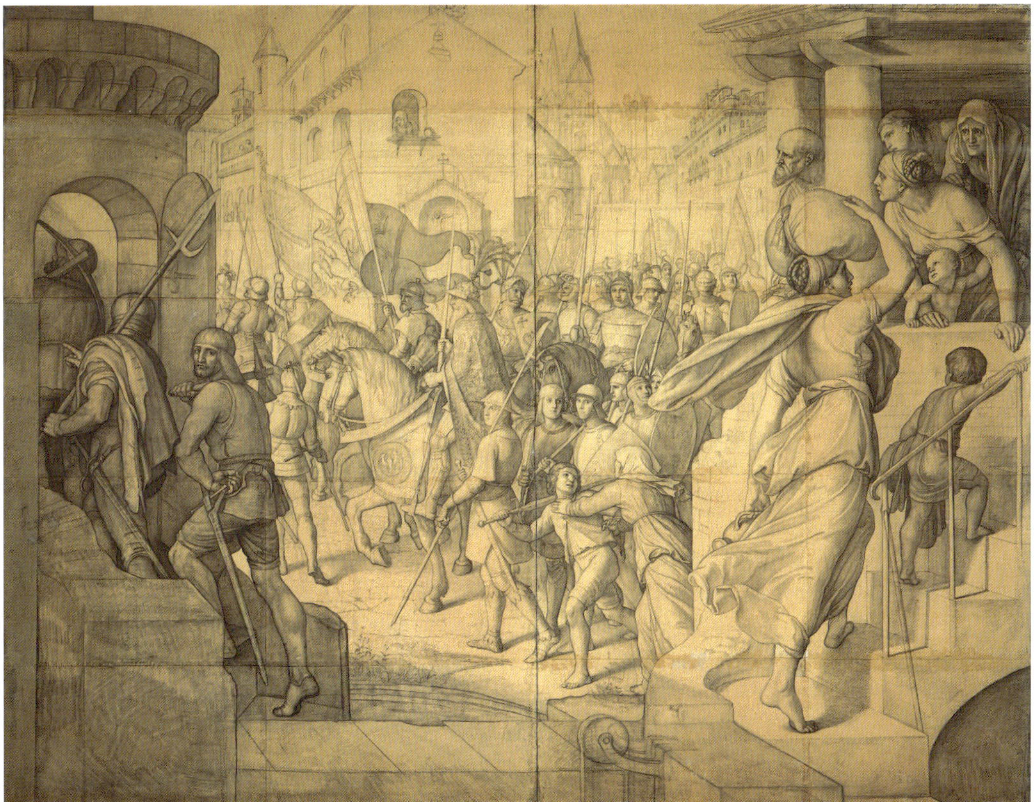

Julius Schnorr von Carolsfeld, Karton »Kaiser Karl mit dem Heer der Franken in Paris«, 1826

Zügen. In seinen Werken spiegeln sich neben seiner tiefen Religiosität eigene Naturerfahrungen: das Erlebnis der alpinen Bergwelt und der mediterranen italienischen Landschaften, der Campagna, der Albaner und Sabiner Berge, die er immer wieder durchstreifte. Die Natur in Kochs eindrucksvollen, erdachten Landschaften wirkt unvergänglich, der Mensch erscheint in ihr aufgehoben, Teil eines nach göttlichem Willen wohlgeordneten Ganzen. Dafür beispielhaft ist das 1805 entstandene Gemälde »Heroische Landschaft mit Regenbogen«. (Neben ihm befinden sich in der Sammlung der Kunsthalle »Die Via Mala in Graubünden« von 1804 und »Das Hospiz auf dem Grimselpass« von 1813.)

Ein großartiges Panorama bietet sich dem Blick dar. Im Vordergrund wacht ein Hirte über seine Herde und musiziert. Seine beiden Zuhörer lauschen nicht nur erfreut der Musik, sondern bewundern auch einen großartigen Regenbogen, der sich weit über die Landschaft spannt. Drei Menschen befahren in einem Kahn den breiten Fluss, der die fruchtbare Ebene behäbig durchzieht. Jenseits des Gewässers erhebt sich im Licht eine imposante, klassische Stadtarchitektur, hinter der dunkle Gebirge aufragen, die nach links zum Meer hin, wo sich der Himmel schon aufgehellt hat, sanft abfallen. Der Regenbogen, der die graue Wolkendecke durchschneidet, deutet nicht nur auf das Abziehen des Gewitters, den erfreulichen Wetterwechsel hin, sondern steht als christliches Symbol für eine Brücke zwischen Himmel und Erde, die Beziehung zwischen Gott und Mensch, den Übergang vom Diesseits in eine jenseitige Welt. Stets zeichnen sich Kochs Landschaften durch ihre Zeitlosigkeit aus. In ihnen sind weder die Tageszeiten mit ihren Lichtstimmungen noch jahreszeitliche Veränderungen der Natur auszumachen. Der Maler verdichtet vielmehr vielfältige Einzelaspekte zu einer idealen Einheit, Teile zu einer Topografie verheißungsvoller Harmonie.

Obschon Protestant, trat auch Julius Schnorr von Carolsfeld (1794–1872) dem katholisch und patriotisch orientierten »Lukasbund« junger Maler bei, den Friedrich Overbeck (1789–1869) und Franz Pforr (1788–1812) 1809 in Wien gegründet hatten und dessen Mitglieder sich einer streng moralischen und mönchisch-asketischen Lebensführung verschrieben. Diese Künstler, später als Nazarener bezeichnet, übersiedelten 1810 nach Rom. Eine ihrer romantisch-restaurativen Bemühungen um die christliche Kunst galt der Wiederbelebung der Technik der Monumentalmalerei. Davon und von ihrem programmatischen Bekenntnis zur Betonung der Linie, des Zeichnerischen und Erzählerischen in ihrer Kunst, zeugt in der Karlsruher Kunsthalle ein ganzer Saal mit Kartons, jenen der Größe der Originale entsprechenden Kohle-Vorzeichnungen zu Wandgemälden. Schnorr von Carolsfeld etwa stattete das Gartenhaus des römischen Marchese Massimo in der Nähe des Lateran mit Bildern zu Motiven italienischer Dichtung aus. Der Karton »Kaiser Karl mit dem Heer der Franken in Paris« (1826) geht auf Ludovico Ariosts epische Dichtung »Orlando furioso«, »Der rasende Roland«, zurück, in dem der Dichter in unzähligen Einzelepisoden den langen abenteuerlichen und schließlich siegreichen Glaubenskrieg der christlichen Ritter gegen die afro-asiatischen Heiden schildert. Schnorr von Carolsfeld verkaufte nach getaner Arbeit in Rom im Jahr 1838 an die Kunsthalle insgesamt zwölf Kartons zu dieser Raumausstattung.[70] Zum Bestand der Karlsruher Karton-Sammlung zählen außerdem großformatige Zeichnungen von Moritz von Schwind (1804–1871), Philipp Veit (1793–1877), Friedrich Overbeck und Jakob Goetzenberger (1800–1866).

Die norddeutsche Romantik: Innerlichkeit und verzauberte Ferne

Der idealistischere und individualistischere Zweig deutscher romantischer Malerei formierte sich in Dresden, als Freundeskreis. Ihm gehörten Georg Friedrich Kersting (1785–1847), Caspar David Friedrich (1774–1840), Carl Gustav Carus (1789–1869) und Johann Christian Clausen Dahl (1788–1857) an. Friedrich, Kersting und Dahl erhielten ihre Ausbildung an der Kopenhagener Akademie, Carus – eigentlich Mediziner, Philosoph und Naturforscher – war als Künstler Autodidakt.

Im Jahr 1811 verewigte Kersting nicht nur Caspar David Friedrich in einem berühmt geworde-

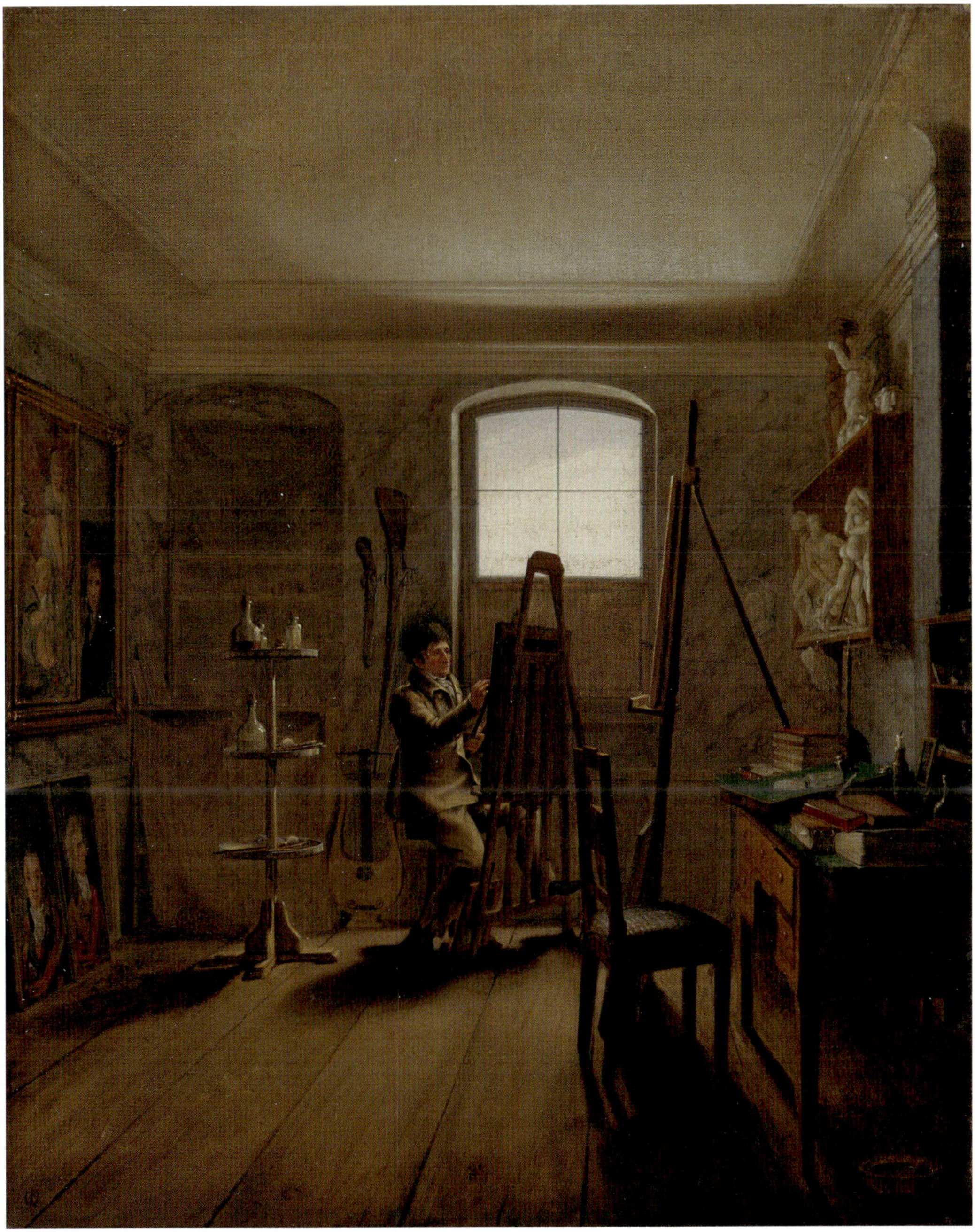

Georg Friedrich Kersting, Der Maler Gerhard von Kügelgen in seinem Atelier, 1811

nen Atelierbild (Hamburger Kunsthalle), sondern auch den fünften Freund in ihrem Bunde in dem Porträt »Der Maler Gerhard von Kügelgen in seinem Atelier« (1811). Der Betrachter blickt wie in eine Guckkastenbühne in dessen – im Vergleich zu Friedrichs karger Werkstatt – reich ausgestattetes Atelier: rechts der mit Büchern bepackte Arbeitstisch, dahinter ein Bord mit Gipsabgüssen, im Raum vor dem Fenster eine größere und eine kleinere Staffelei, an der Kügelgen sitzt, hin-

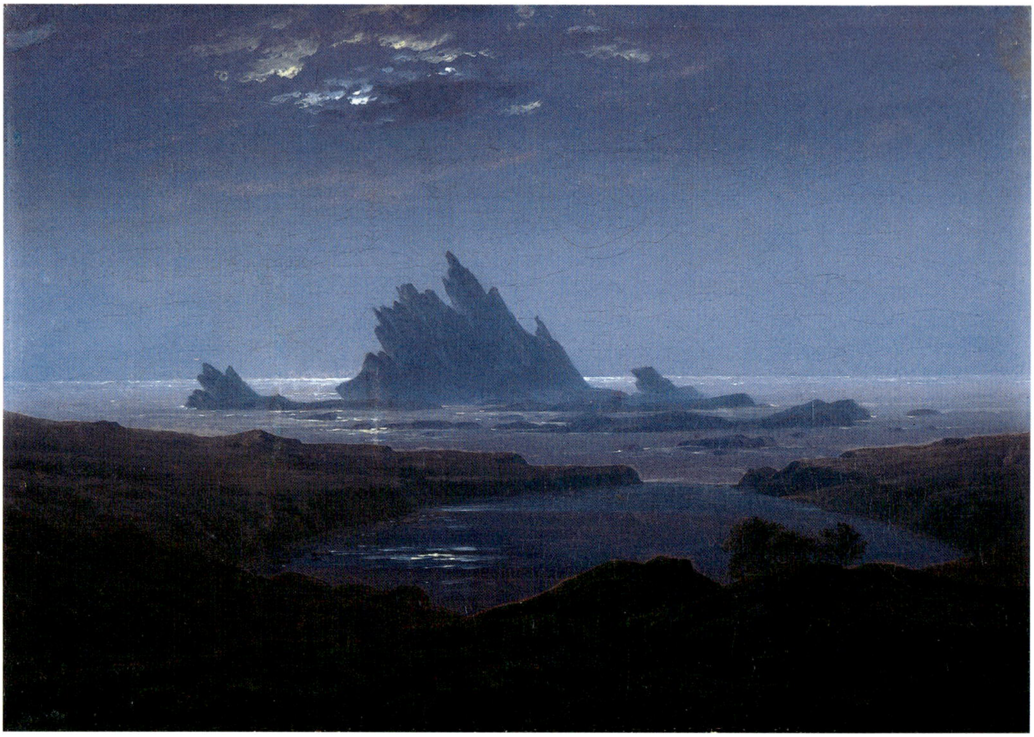

Caspar David Friedrich, Felsenriff am Meeresstrand, um 1825

ter ihm eine Lyra und zwei Schusswaffen an der Wand, davor eine Etagere mit seinen Malutensilien. An der linken Wand des hohen Raumes hängen Porträts seiner Kinder, auf dem Boden darunter stehen Bildnisse von Schiller und Goethe. Kerstings Feinfühligkeit in der Darstellung des nur scheinbar Nebensächlichen spricht aus diesem Werk, das anhand der versammelten Gegenstände Hinweise auf die Eigenschaften und Vorlieben des Porträtierten gibt. Kersting, der 1813 im Befreiungskampf gegen die französischen Besatzer im Lützower Freikorps Mut und Tapferkeit bewiesen hatte, war 1816 für zwei Jahre als Zeichenlehrer nach Warschau in fürstliche Dienste gegangen und kehrte 1818 endgültig nach Dresden zurück. Hier trat er die Stelle als Malervorsteher der Meißner Porzellanmanufaktur an und wurde in der Folge zu einem Spezialisten für Innenraumbilder, die Porträt und Genre vereinten. In ihnen schuf er mit stillem Ernst, einer rationalen Konzentration aufs Wesentliche und dennoch auch einer feinmalerischen Liebe zum Detail stimmungsvoll-aussagekräftige Bilder seiner Zeitgenossen, ihrer Lebens- und Gedankenwelt. Auch Carus widmete sich in seinem kleinen Nachtbild »Malerstube im Mondschein«, das zur Sammlung der Kunsthalle zählt, jenem Thema, das Rudolf Zeitler (mit Hinweis auf dieses Bild) als ein Charakteristikum der Epoche versteht, nämlich der »Verzauberung der Ferne«, die allerdings weitaus signifikanter im Œuvre Caspar David Friedrichs ausgeprägt ist und von ihm nachdrücklich ins Transzendente erweitert wird.[71]

Dem spartanischen Innenraum, in dem Kersting seinen Freund Caspar David Friedrich malte, steht gewissermaßen konträr der Reichtum an inneren Bildern gegenüber, die Friedrichs schöpferisches Potenzial ausmachen. Seine Werke sind Projektionen, deren Erzeugung der Künstler selbst so beschrieb: »Schließe dein leibliches Auge, damit du mit dem geistigen Auge zuerst siehest dein Bild. Dann fördere zutage, was du im Dunkeln gesehen, dass es zurückwirke auf andere von außen nach innen.«[72] Die Kunsthalle besitzt zwei Werke des zweifellos bedeutendsten deutschen Romantikers: die »Kirchhofspforte« (1822) und das um 1825 entstandene »Felsenriff am Meeresstrand«. Tatsächlich klein im Format, erweckt das mit einer ganz schmalen Skala an Farben gemalte »Felsenriff« doch einen monumentalen Eindruck. Von einem erhöhten Betrachterstandpunkt am Ufer aus geht der Blick über die sich eng schließende Bucht auf das im Mittelgrund zentral angesiedelte Felsenriff, das seine schroffen, nadelspitzen Felsen in die blaue Nacht streckt. Steil über ihm hat sich der Mond zwar hinter den Wolken verborgen, aber sein Licht erhellt doch die Landschaft – die Wellen hinter dem Riff etwas stärker als das Gestade im Vordergrund. Am Ufer wachsen zwei Bäume, an deren Größe sich ermessen lässt, wie gigantisch die der Küste vorgelagerte Felsformation sein muss. Vermutlich diente Friedrich hier eine radierte Ansicht der so genannten »Needles« der Insel Wight als Vorbild. Wie andere seiner Seebilder zeugt auch dieses Werk von möglichen Übergängen, beschreibt es eine Schwellensituation und lässt sich symbolisch lesen: Das sichere Ufer und die möglichen Gefahren, die dem Menschen auf seiner Lebensfahrt begegnen, werden in landschaftliche Metaphern gefasst. Das Mondlicht spendet Trost, ermöglicht eine Orientierung, steht für das Licht in der Finsternis, das Christus in die Welt bringt. Der Leitstern, dem Friedrich als Künstler und Mensch zu folgen sucht, bleibt jedoch immer ein individueller, ein innerer. »Bewahre einen reinen, kindlichen Sinn in dir und folge unbedingt der Stimme deines Innern, denn sie ist das Göttliche in uns und führt uns nicht irre. Heilig sollst du halten jede reine Regung deines Gemütes; heilig achten jede fromme Ahndung, denn sie ist Kunst in uns! In begeisternder Stunde wird sie zur anschaulichen Form; und diese Form ist dein Bild.«[73]

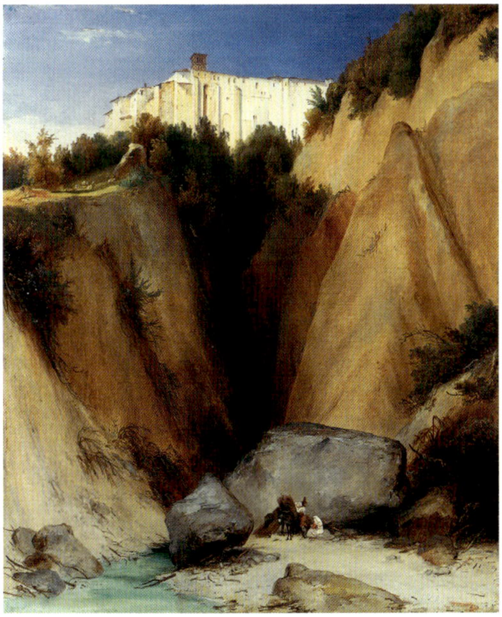

Karl Blechen, Blick auf das Kloster Santa Scolastica bei Subiaco, 1832

Auf dem Weg zur Realität

Nur wenige Jahre später entstehen Bilder, in denen sich kaum noch romantische Innerlichkeit ausdrückt. In Karl Blechens (1798–1840) »Blick auf das Kloster Santa Scolastica bei Subiaco« (1832) oder Johann Wilhelm Schirmers (1807–1863) Ölstudie »Meeresbrandung mit fernen Schiffen« (1836) tritt alles Symbolische weit hinter eine geschärfte Wahrnehmung der Wirklichkeit zurück. Fast wie eine Vorwegnahme der Pleinairmalerei und kühn in der Komposition wirkt das Bild, das Blechen – aus Italien nach Berlin zurückgekehrt – freilich im Atelier schuf. Tatsächlich ist das eigentliche Sujet dieses in strahlend hellen, kontraststarken Farben gemalten Bildes die großartig steile und schroffe Felswand, auf der das Kloster Santa Scolastica angesiedelt ist, nicht etwa die Architektur. Am unteren Rand, neben einem hellgrünen Flusslauf, findet sich als fast miniaturhafte Staffage ein bäuerliches Paar, das einen Esel mit gesammeltem Reisig belädt. Blechen zeigt dem Betrachter das Spiel des Lichtes auf dem ockerbraunen Fels, die spärliche Vegetation, die ungetrübte Himmelsbläue in diesem Gelobten Land der lichthungrigen Maler.

Ähnlich wie Blechen, der seine Wahrnehmungen dramatischer und schwärmerischer überhöhte, fängt auch Johann Wilhelm Schirmer,

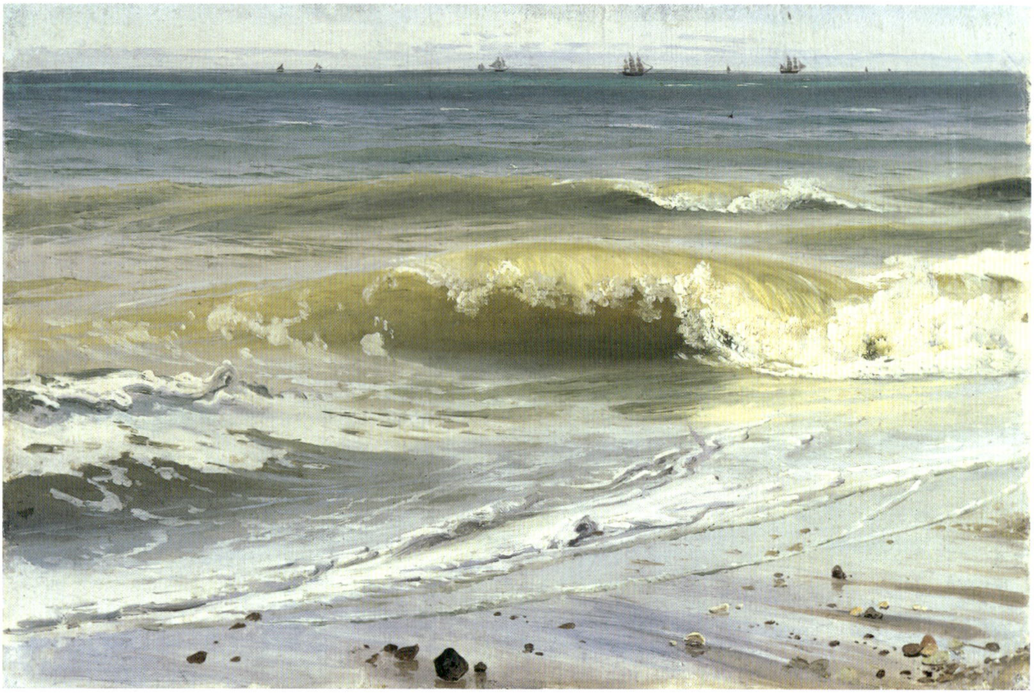

Johann Wilhelm Schirmer, Meeresbrandung mit fernen Schiffen, 1836

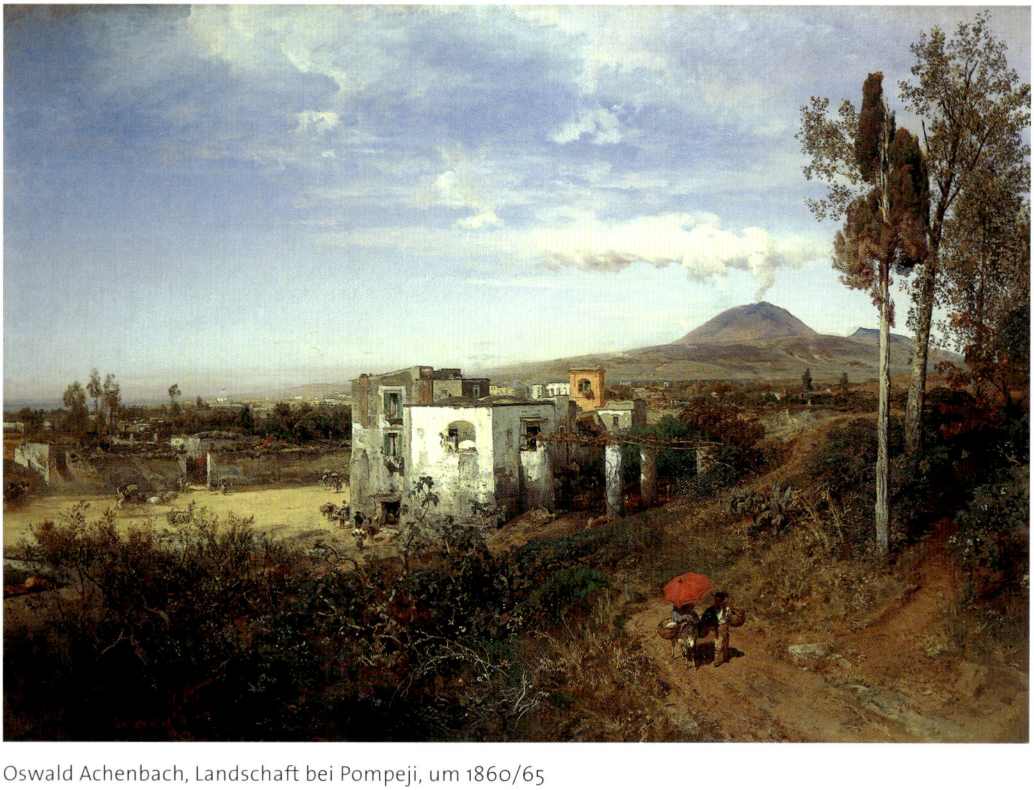

Oswald Achenbach, Landschaft bei Pompeji, um 1860/65

malerisch brillant und wie befreit von allem akademischen Ballast – zumindest in seinen großartigen Ölstudien wie der »Meeresbrandung mit fernen Schiffen« – authentische Erfahrungen der bewegten Natur, ihrer vitalen Schönheit, ihrer Vielfalt und nicht versiegenden Erneuerungskräfte ein. Schirmer, erster Rektor der 1854 gegründeten Karlsruher Kunstakademie, ist mit einem großen Werkkomplex in der Kunsthalle vertreten: den frappierend realistischen, virtuosen Ölstudien, die er von seinen Reisen in die Normandie, die Schweiz und nach Italien mitbrachte, mit beschaulichen Gemälden (den »Großherzoglichen Lieblingspromenaden«[74]) aus der Gegend um Baden-Baden, die er für den badischen Prinzregenten Friedrich und seine Braut Luise 1855 schuf, und den späten Bildern, die er aufgrund ihrer klassischen Komposition und ihres religiösen Gehalts für seine bleibenden Werke hielt.

Anders etwa als Anselm Feuerbach, der für seine Kunst in Italien und Pompeji nahezu archäologische Studien betrieb, reagierte Oswald Achenbach (1827–1905) auf die unmittelbare Gegenwart und damit auch äußerst erfolgreich auf den Geschmack des Publikums. Italienreisende des 19. Jahrhunderts schätzten seine authentischen Ansichten, die Wiedergabe dessen, was man in diesem Sehnsuchtsland angetroffen hatte – des Alltäglich-Pittoresken. Achenbachs »Landschaft bei Pompeji« dürfte um 1860/65 entstanden sein und strahlt noch heute in ungetrübter Farbenfrische die Unbeschwertheit eines südlichen Sommertages aus. Bauer und Bäuerin ziehen mit einem Esel auf einem staubigen Feldweg zwischen Gestrüpp und morsch werdenden Baumriesen dahin. Ein roter Sonnenschirm schützt sie ein wenig vor der sengenden Hitze. Im Zentrum des Gemäldes steht keine prominente Ruine, kein heroisches Naturdenkmal, sondern ein malerisch vom Zahn der Zeit benagtes Gemäuer. Dieses wurde offenbar nicht eben planvoll errichtet, sondern wirkt wie gewachsen aus einem allmählichen Zueinander von Gebäuden, von denen nun der Putz bröckelt. Am Horizont entlässt der Vesuv geradezu beschaulich schmauchend eine aufs Meer hinaus ziehende weiße Rauchfahne. Der hohe, heitere Himmel nimmt fast die Hälfte des gesamten Bildes ein.

Achenbach hielt die Menschen gerne beim Feiern fest, und auch Gustav Schönleber (1851 bis 1917), von 1880 an Professor an der Karlsruher Kunstakademie, zeigt in seinem 1877 gemalten Bild der Sammlung einen besonderen Tag in der Lagunenstadt. »Regatta in Venedig« lautet der Titel des Gemäldes, dessen Thema jedoch buchstäblich in den Bildhintergrund

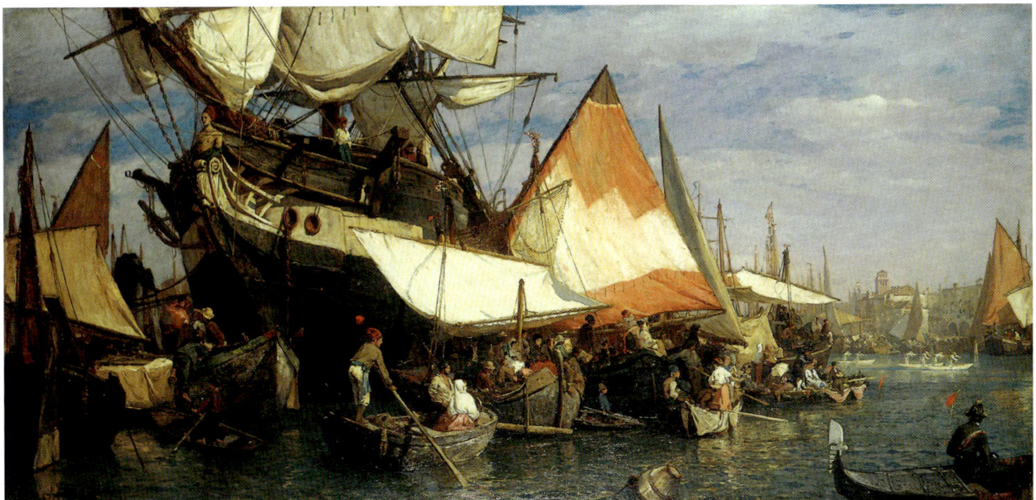

Gustav Schönleber, Regatta in Venedig, 1877

tritt. Dort nämlich spielt sich das Rennen ab, das die Menschen auf den Booten im Vordergrund mit Spannung verfolgen. Vorne links liegt ein mächtiger Zweimaster, der als eindrucksvolles Staffage-Element den Blick fängt und durch die Kompositionslinie von Schiffsrumpf und Segeln in die Bildtiefe führt. Die ausladenden Flächen der hellen Takelage, die Reflektionen des Lichtes auf den Wellen, die bunten Kostüme der Zuschauer gaben dem

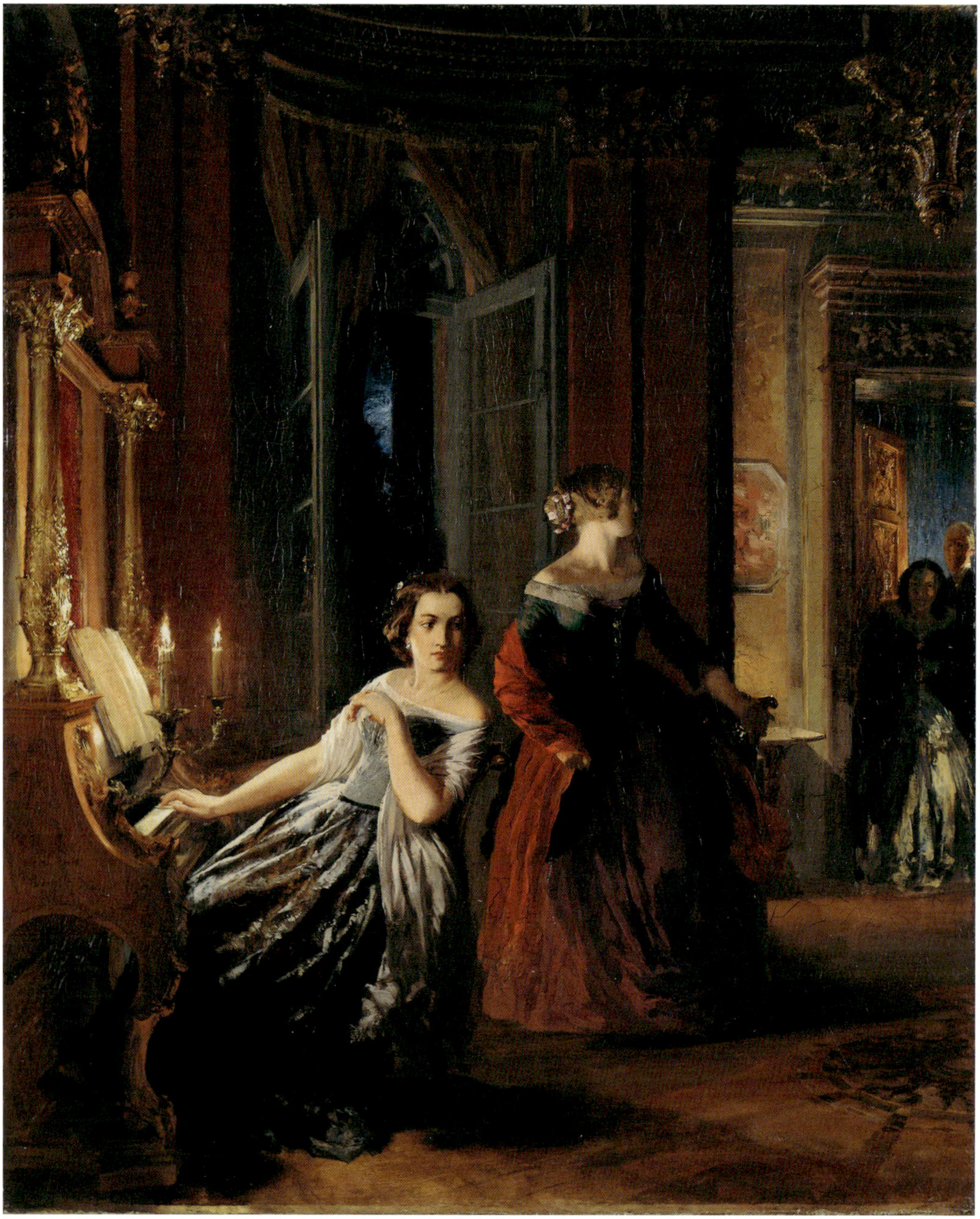

Adolph von Menzel, Die Störung, 1846

Künstler mannigfaltige Gelegenheit, malerisch zu brillieren.

Witz, Esprit und preußische Disziplin, Unbestechlichkeit im Urteil, beispielloser Fleiß und ein begnadetes Talent machen das Genie einer der eindrucksvollsten, fruchtbarsten und sympathischsten Künstlerpersönlichkeiten des Jahrhunderts aus: Adolph von Menzel (1815–1905) schuf Bilder für eine Epoche, die sich einerseits bildungshungrig der Vergangenheit und ihren respektabelsten Gestalten zuwandte, aber auch Werke, die aktuelle politische, soziale und technische Umbrüche dokumentierten und schließlich – Menzel selbst hielt diese für Nebenwerke – den bürgerlichen Alltag vom Vormärz bis zur Jahrhundertwende spiegelten. Die Kunsthalle ist im Besitz zweier Arbeiten Menzels, einer »Kopfstudie« (1855)[75] und eines für das Lebenswerk des Künstlers geradezu programmatischen Bildes mit dem Titel »Die Störung« (1846). Es handelt sich um das erste Werk größeren Formats, an dem Menzel – mit mehreren Unterbrechungen – drei Jahre lang malte. Es ist Abend in einem mit weichen Teppichen, schweren Vorhängen und Stuck ausgestatteten Salon. (Seine Architektur erinnert an die Säle in Schloss Sanssouci, die Menzel für seine Illustrationen zu Franz Kuglers Buch über Friedrich den Großen intensiv studiert hatte.) Zwei junge Damen sitzen bei Kerzenlicht am Klavier. Durch die weit geöffneten Flügeltüren dringt aus dem Garten laue Abendluft in den Raum. Jäh wird dieser glückliche Moment der Muße, des selbstvergessenen Musizierens unterbrochen. Die Tür wird geöffnet, und herein tritt – vorsichtig zwar, lächelnd, aber doch störend – ein älteres Paar. Die Klavierspielerin wendet sich um. Ihre Rechte ruht noch auf den Tasten. Sie scheint nicht gewillt, sich unterbrechen zu lassen. Die Zuhörerin ist schon aufgestanden, um die ungebetenen Gäste zu begrüßen. Das Thema der Störung, das dieses wunderbar malerische Werk mit seiner fulminanten Lichtführung ausdrücklich behandelt, wird zu einem Leitmotiv in Menzels Œuvre. Es scheint die Erfahrung von Disharmonie im Privaten wie Gesellschaftlichen zu spiegeln, des Fragmentarischen, des Chaotischen, das in die heile bürgerliche, biedermeierliche Innenwelt einbricht. Ohne Pathos, im unspektakulär-

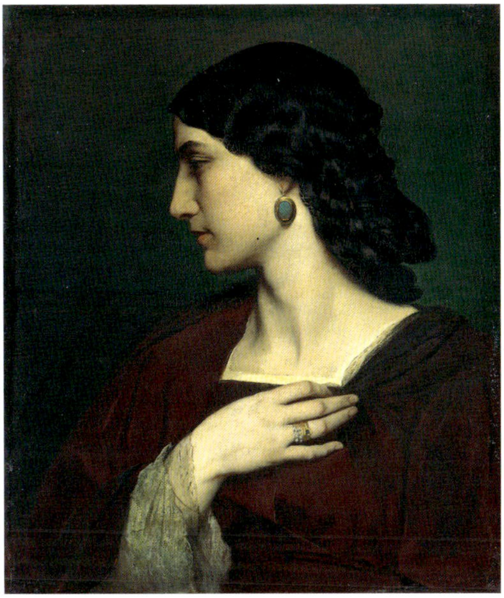

Anselm Feuerbach, Bildnis der Nanna Risi, 1861

alltäglichen Genre festgemacht, weist dieser Topos auf ein modernes Lebensgefühl hin. Es entsteht ein Bruch zwischen Individuum und Gesellschaft. Im Bild werden diese Widersprüche nicht mehr harmonisiert, sondern offengelegt. Menzels Werke, Meisterstücke der Komposition, des Kolorismus und der Lichtregie, zeugen immer wieder von der wachsenden Einsamkeit, den Konflikten des modernen Menschen.

Heroische Idealität: Die Historienmalerei

Das Leben eines Künstlers wie Anselm Feuerbach (1829–1880) war von diesen Konflikten gezeichnet. Peinlich versuchte er jedoch zu vermeiden, dass seine Kunst diese Dissonanzen spiegelte. Alle Anstrengungen des charakterlich höchst komplizierten und labilen Malers, dessen Werken in der Staatlichen Kunsthalle Karlsruhe ein eigener Saal gewidmet ist, richteten sich darauf, das Subjektive aus seinem Schaffen zu verbannen, Idealen nachzustreben, die für ihn und seine Kunst letztlich zu einer schwer erträglichen Hypothek wurden. »Es tauchen mir oft wunderliche Ideen auf, Träume, Phan-

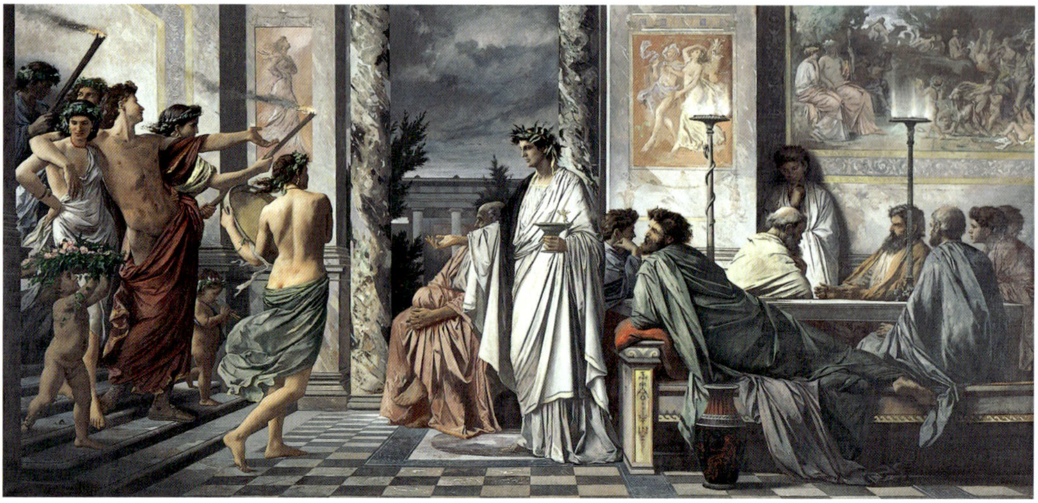

Anselm Feuerbach, Das Gastmahl des Plato, 1869

tasien, ich fürchte mich vor der Nüchternheit und Hohlheit, die die jetzige Welt regiert, man muss sich zurückflüchten zu den alten Göttern, die in seliger, kräftiger, naturwahrer Poesie den Menschen darstellen, wie er sein sollte; in die Zukunft flüchten geht auch nicht, denn welche Zukunft steht denn unseren Geld- und Maschinenmenschen bevor?«[76] Diese Flucht trat Feuerbach nach und in Italien an. Dort lernte er 1860 die Schustersfrau Nanna Risi kennen, die für ihn nicht nur zum Inbegriff seines weiblichen Schönheitsideals, sondern auch für fünf Jahre zu seiner Lebensgefährtin wurde. Seine antiken und mythologischen Frauengestalten nehmen künftig ihre Züge an. In einem 1861 entstandenen, etwas überlebensgroßen Bildnis hält er ihre stolze Erscheinung in den tonig-dunklen Farben klassischer Renaissance-Porträts fest, zeigt sie streng im Profil mit leicht gesenktem Kopf und Blick, die zarte Hand mit den schlanken Fingern vor die Brust gelegt – eine Gestalt von zeitloser Schönheit und Würde.

Solche Figuren sollte auch sein Hauptwerk, das er seit 1860 konzipiert hatte und mit dessen Ausführung er 1867 begann, inszenieren. Feuerbach vollendete »Das Gastmahl des Plato« 1869. Das knapp drei auf sechs Meter messende Werk fand allerdings ganz und gar nicht jenes Echo, das sich Feuerbach erhofft hatte. Den Stoff zu dieser Komposition lieferte Platons »Symposion« – jene Schrift, in der das Wesen des Eros untersucht wird. Der Betrachter wird Zeuge der festlichen Zusammenkunft im Haus des Tragödiendichters Agathon, der gerade einen Preis für ein Stück errungen hat und diesen mit seinen Freunden, unter ihnen Sokrates und der Komödiendichter Aristophanes, feiert. Während sie in ein ernstes Gespräch über Sinnlichkeit, den Stufenweg zur wahren, platonischen Liebe und den pädagogischen Eros vertieft sind, tritt von links auf diese breite Bühne ein lauter und lebensfroher Zug: Der trunkene Jüngling Alkibiades mit seinem bacchantischen Gefolge will sich in die Schar der Gratulanten einreihen und wird von Agathon mit vornehmer Geste und einem Trunk willkommen geheißen. Für die antikische Architekturkulisse, vor der diese zweigeteilte Szene angesiedelt ist, und die Wandmalereien, die er für die malerisch am besten gelungenen Partien des Bildes hielt, studierte Feuerbach pompejianische Fresken. Er verwandte größte Mühen auf dieses Werk und die anschließende, kulinarischer dekorierte und kolorierte Fassung, die sich heute in Berlin befindet. Es sollte zu einem Resümee seines eigenen Verständnisses vom Dasein des Künstlers werden, freilich auch eines unaufgelösten Zwiespalts. Tatsächlich unvermittelt – was schon die Bildanlage verrät – trifft in diesem Raum die Welt der Denker, der geistig Tätigen, auf die Sinnenfreude des jugendlichen

Alkibiades, der Züge des belvederischen Apolls aufweist. Mit diesem hatte sich Feuerbachs Vater intensiv befasst. Das Apollinische und das Dionysische, Maß und Überschwang, werden miteinander konfrontiert, aber nicht versöhnt, sodass der Gesamteindruck des Bildes damals wie heute der eines nicht tatsächlich mit Leben oder Emotion erfüllten Werkes ist. Es zeugt eher von der unerhörten Anstrengung, klassisches Maß zu finden und zu halten, nicht aber von jener von Bildungsballast unbeschwerten, spontanen Virtuosität, zu der Feuerbach durchaus fähig war. Er zeigt dies zum Beispiel in den frischen Blumenstücken und Porträts – etwa auch in seinem großartigen frühen Selbstbildnis von 1851/52 –, die in dem ihm gewidmeten Saal hängen. Am »Gastmahl« wurden schon zu Feuerbachs Lebzeiten die marmorn-fahle Farbigkeit und die Starre der Figuren bemängelt. Dass dieses Bild nicht in öffentlichen, sondern zunächst in privaten Besitz gelangte, war für Feuerbach die herbste aller Enttäuschungen.

Welch immense Rolle eine christlich-nationale und politisierte Historienmalerei für die Kunstgeschichte in der zweiten Hälfte des 19. Jahrhunderts spielte, lässt sich in der Staatlichen Kunsthalle Karlsruhe anhand weiterer großformatiger, zum Teil in einem eigenen Saal versammelter Gemälde studieren. Zu ihren Urhebern zählen unter anderem Carl Friedrich Lessing (1808 – 1880) mit der »Disputation zwischen Luther und Eck auf der Pleißenburg zu Leipzig 1519« und »Die Kreuzfahrer in der Wüste«, Anton von Werner (1843 – 1915) mit »Konradin von Hohenstaufen und seinem Jugendfreund Friedrich von Baden wird 1268 zu Neapel im Kerker durch Robert von Bari das Todesurteil auf Befehl Karls von Anjou verkündet« und schließlich Ferdinand Keller (1842 – 1922). Kellers »Ludwig Wilhelm von Baden in der Schlacht von Salankamen« (1879) arbeitet ein Stück europäischer Geschichte mit regionalem Bezug auf. Keller zeigt den Markgrafen in einem glühenden und chaotisch anmutenden Schlachtengemälde: Im Jahr 1691 tobt das entscheidende Gefecht, in dem Ludwig Wilhelm dem Vordringen der Osmanen nach Europa ein Ende setzt. Der Markgraf, später aufgrund dieses Ereignisses als »Türkenlouis« tituliert, wird theatralisch in jenem Moment gezeigt, in dem er das Feldlager des Großwesirs Köprili erstürmt. Hilflos umrunden dessen Getreue den sterbend in sich Zusammengesunkenen und starren mit schreckgeweiteten Augen auf den heranpreschenden

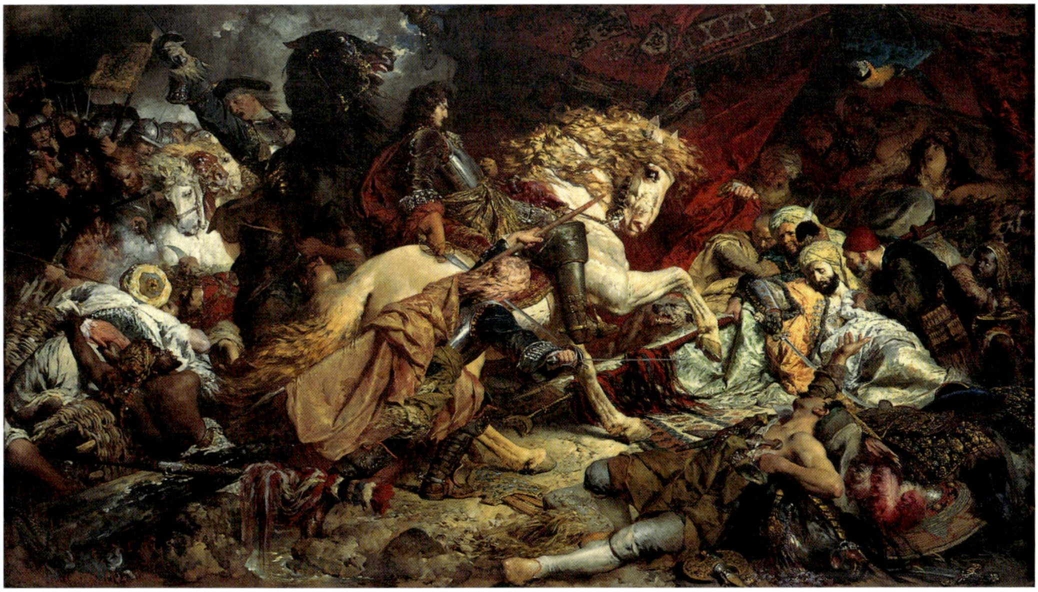

Ferdinand Keller, Ludwig Wilhelm von Baden in der Schlacht von Salankamen, 1879

Feind. So präzise Keller die Requisiten dieses Kampfes schildert – er studierte Waffen und Gewänder anhand der von Ludwig nach Baden mitgebrachten »Trophäen« der so genannten »Türkenbeute«, die heute im Badischen Landesmuseum Karlsruhe aufbewahrt wird –, so phantasievoll ging er doch mit der Geschichte um: Dass sich die beiden Führer der feindlichen Heere je begegneten, ist nicht überliefert.

Realismus und Impressionismus

Prägend für die Karlsruher Abteilung der Kunst des 19. Jahrhunderts war Hans Thoma (1839 bis 1924) einerseits als Direktor der Kunsthalle, der von 1899 bis 1920 amtierte und die Sammlungsgeschicke in dieser Zeit bestimmte. Andererseits bleibt er es mit seiner Kunst, die – wie schon im Eingangskapitel erwähnt – an seiner einstigen Wirkungsstätte prominent vertreten ist. Das Kupferstichkabinett bewahrt mehr als 100 Zeichnungen, zwei Skizzenbücher und fast alle Radierungen und Lithographien dieses Künstlers. Außerdem zählen rund 40 Ölstudien und ebenso viele Gemälde zum Bestand der Sammlung. Die bedeutendsten unter ihnen sind »Mutter und Schwester des Künstlers, in der Bibel lesend« (1866), die »Hühnerfütterung«, »Im Sonnenschein« (beide 1867), der »Kinderreigen« (1872), »Raufende Buben« (1872) und das »Selbstbildnis mit Amor und Tod« (1875). Im Jahr 1873 erinnert sich der Vierunddreißigjährige in dem atmosphärisch dichten Bild »Die Geschwister« an seine Kindheit im Schwarzwald: Bruder und Schwester sitzen einträchtig beieinander am Tisch in der karg eingerichteten bäuerliche Stube, in der sich lediglich ein Spinnrad, ein Kruzifix im Herrgottswinkel und ein Frauenbildnis befinden. Der Junge träumt vor sich hin, das Mädchen liest versunken, mit schwer in die Hand gestütztem Kopf in einem Buch. Hell dringt das Sonnenlicht durchs Fenster und bringt ein wenig Glanz in den schlichten Raum, den Thoma mit sanft nuancierten Hellgrau- und Braun-Tonwerten malte. Ludwig Justi, der Direktor der Berliner Nationalgalerie, schrieb 1922 über dieses Gemälde: »Das Ganze ist durchaus licht, während die anderen, auch Liebermann, damals ihre Gemälde noch dunkel hielten: Thoma erweist sich als der ›Modernste‹ unter den deutschen Künstlern jener Jahre, und das kommt, weil er längst in Bernau helle Bilder gemalt hatte, denn er stimmte seine Palette nicht nach alten Leinwänden in den Galerien, wie es sonst zu der Zeit geschah, sondern nach der freien Natur, in deren Licht er aufgewachsen war.«[77]

Dass sich diese »Modernität« tragischerweise so nicht erhielt, belegt Thomas Spätwerk. Max Liebermanns (1847–1935) »Korbflechter« (um 1872/73) und »Beim Hufschmied« (1874) bezeugen die Richtigkeit von Justis Kommentar. Dennoch schritt der Berliner Maler mit seinem Œuvre insgesamt konsequenter und kühner ins 20. Jahrhundert voran. Er war ein im Vergleich mit Thoma denkbar konträres Temperament: Städter, Sezessionist, unnachgiebiger Kritiker seiner Kollegen, zuweilen nicht nur in ästhetischen, sondern auch in sozialen und politischen Fragen ein scharfzüngiger, stets hochintelligenter Spötter. Die Staatliche Kunsthalle Karlsruhe besitzt neben diesen frühen flächig-summierenden kleinen Bildern auch den »Gemüsemarkt in Amsterdam« (1908), das »Erntefeld« (1912) und schließlich als 1986 zuletzt erworbenes Bild »Am Strand von Noordwijk« (1908). Liebermann reiste zwischen 1906 und 1913 jeden Sommer in die Niederlande, deren Kunst und Landschaft er als Quell der Inspiration über alles schätzte. Er verfügt 1908 souverän über seine Mittel, malt eine Strandszene, in der die Figuren nur mehr virtuos gesetzte Kürzel aus Farbe sind, aufgehen in Licht, Luft und heiterer Bewegung zwischen den Strandkörben, promenierende Grenzgänger zwischen den Elementen. Details verflüchtigen sich gleichsam in der pastosen Malmaterie, die der Künstler mit Pinsel und Palettmesser grob und markant auf die Leinwand setzt, stürmisch, locker, fröhlich und ganz frei, wie bewegt und mitgerissen vom Wind, der ihm Sandkörner in seine noch feuchten Farben weht, mit denen er einen erfrischend reinen Dreiklang von Rot, Blau und Ocker anschlägt.

Den Anfang des 20. Jahrhunderts markieren diese und weitere sehenswerte Werke impressionistischer Maler: Max Slevogts (1868–1932) »Geschlachtetes Schwein« (1906), das »Früch-

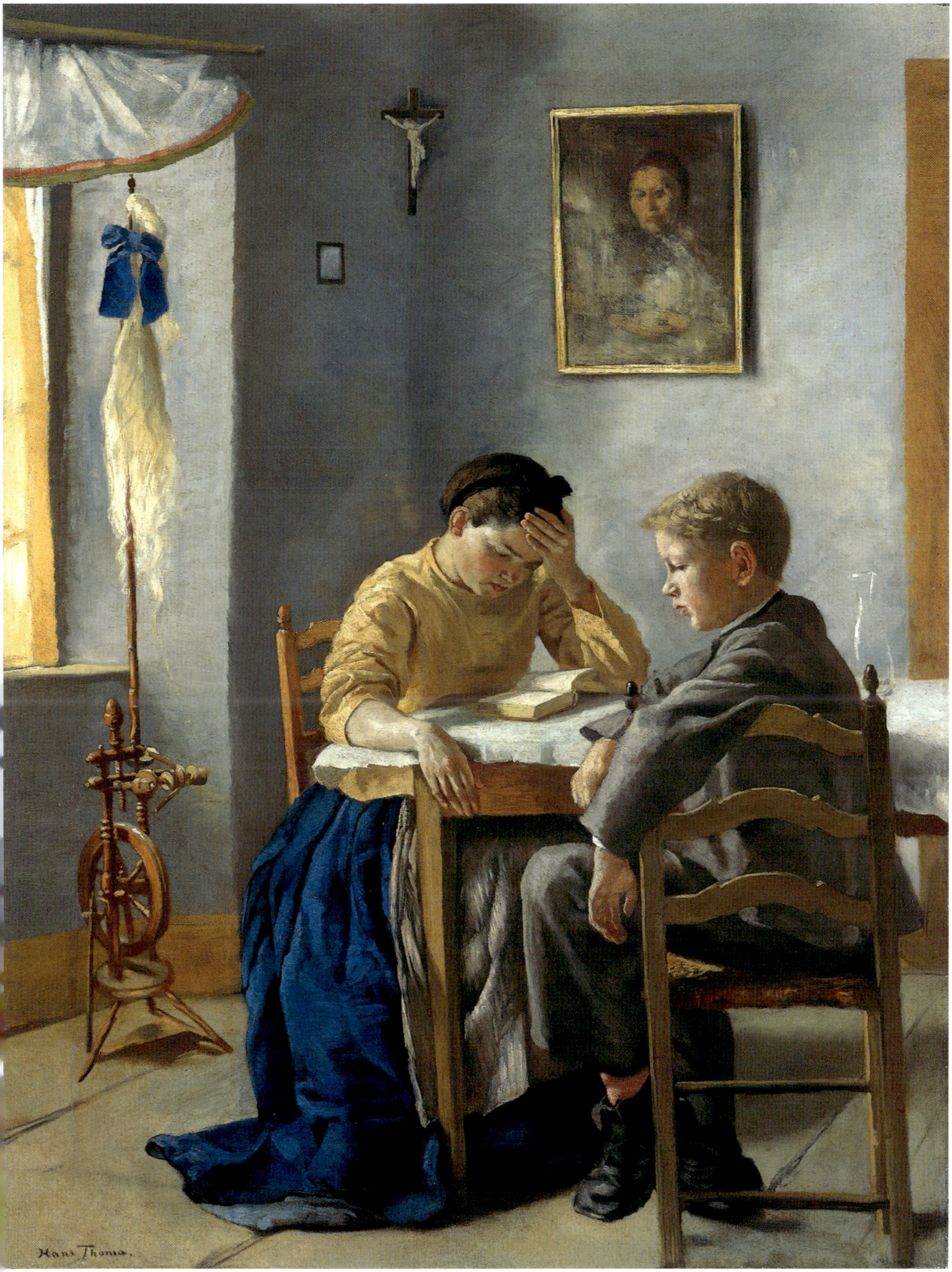

Hans Thoma, Die Geschwister, 1873

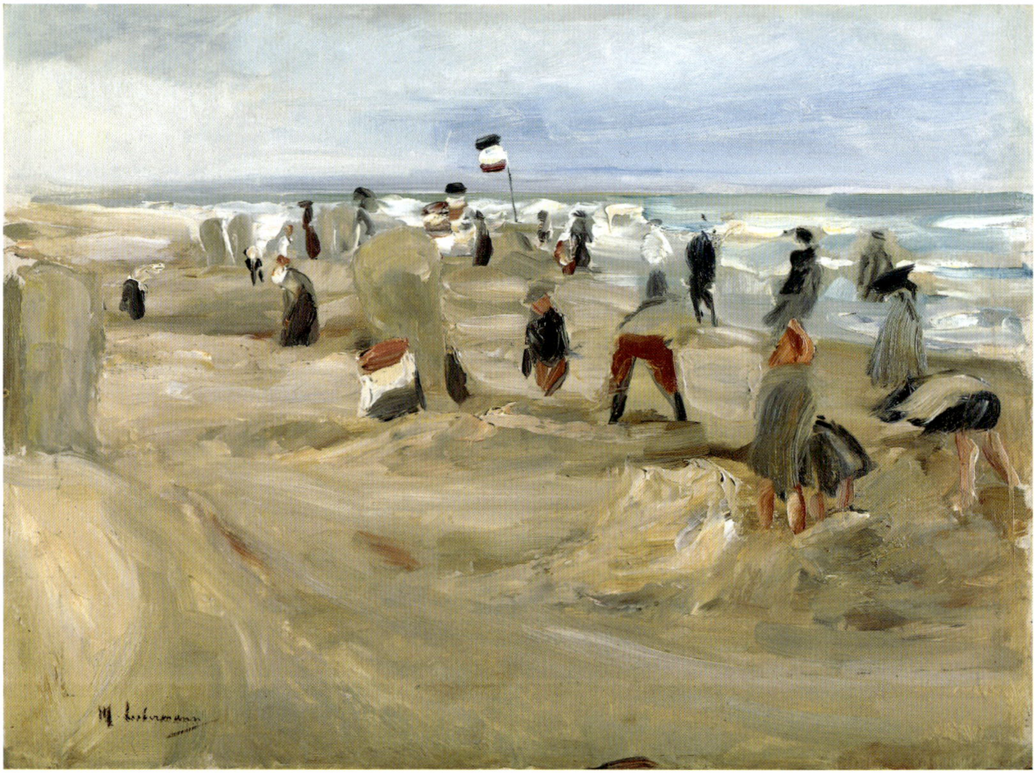

Max Liebermann, Am Strand von Noordwijk, 1908

testillleben« (1911) und die »Pfälzische Landschaft« (1921). Im Jahr 1891 hält Lovis Corinth (1858–1925) den Blick aus seinem Münchner Atelier fest, und noch vor der großartigen »Landschaft am Walchensee« (1918) malt er das »Bildnis Charlotte Berend-Corinth im Garten« (1908). Charlotte Berend-Corinth, zunächst begabte Schülerin des Malers, dann ab 1903 seine Ehefrau, beschrieb selbst sehr anschaulich die Entstehung dieses duftig wirkenden Bildnisses, das von ihrer entspannten Sanftmut zu zeugen scheint: »Wir hatten uns in einer Mühle in Waitlage für den Sommer eingemietet. Den Reiz des an sich bescheidenen Aufenthaltes bildete eine große, von Geißblatt und kleinen Obstbäumen umwachsene Laube. ... Einst zurückkehrend von einem städtischen Ausflug, setzte ich mich etwas ermüdet in diese Laube, ehe ich ins Haus ging. Lovis stand vor mir. ›Würdest Du mir‹, fragte ich, ›vom Hause ein Glas frisches Wasser bringen? Ich bin recht erschöpft.‹ ›Hm‹, sagte Lovis, ›ich möchte, offengestanden, lieber Dich da malen, und zwar sofort.‹ Er begann die Anlage des Bildes und rief bei der Arbeit immer wieder sein Entzücken aus. ... Er malte dreimal an dem Bild. Doch gleich am ersten Tag vollendete er den Kopf. Ich glaube, dass der etwas träumerische Ausdruck ihn besonders interessierte.«[78]

Der Reichtum der Abteilung kann hier nur angedeutet werden. Weitere Aufmerksamkeit sollte der Besucher bei seinem Gang durchs Museum außerdem den Werken von Ferdinand Georg Waldmüller (1793–1865), Friedrich Mosbrugger (1804–1830), Carl Spitzweg (1808 bis 1885), Arnold Böcklin (1827–1901), Hans von Marées (1837–1887), Wilhelm Leibl (1844–1900), Fritz von Uhde (1848–1911), Wilhelm Trübner (1851–1917) und Max Klinger (1857–1920) widmen.

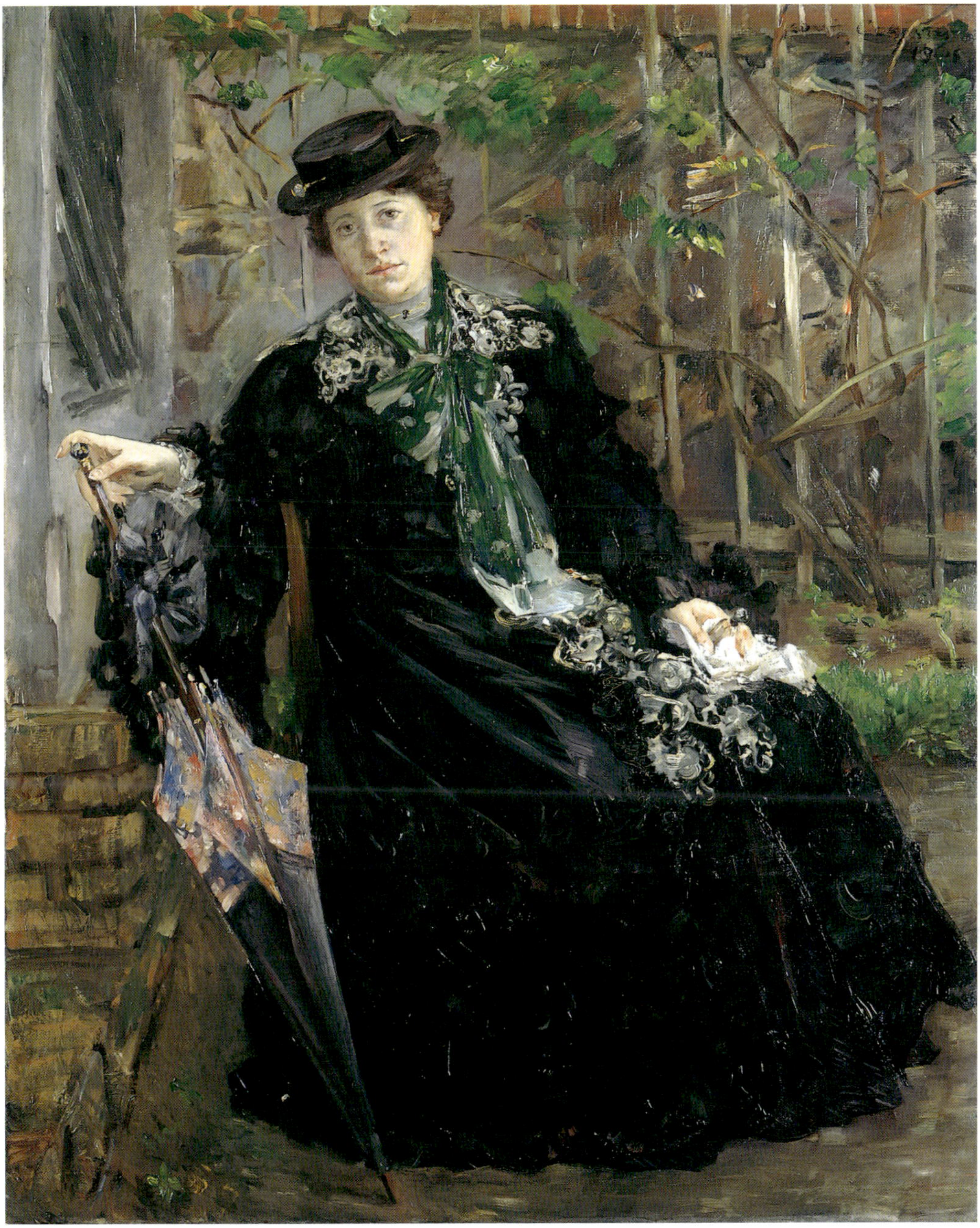

Lovis Corinth, Bildnis Charlotte Berend-Corinth im Garten, 1908

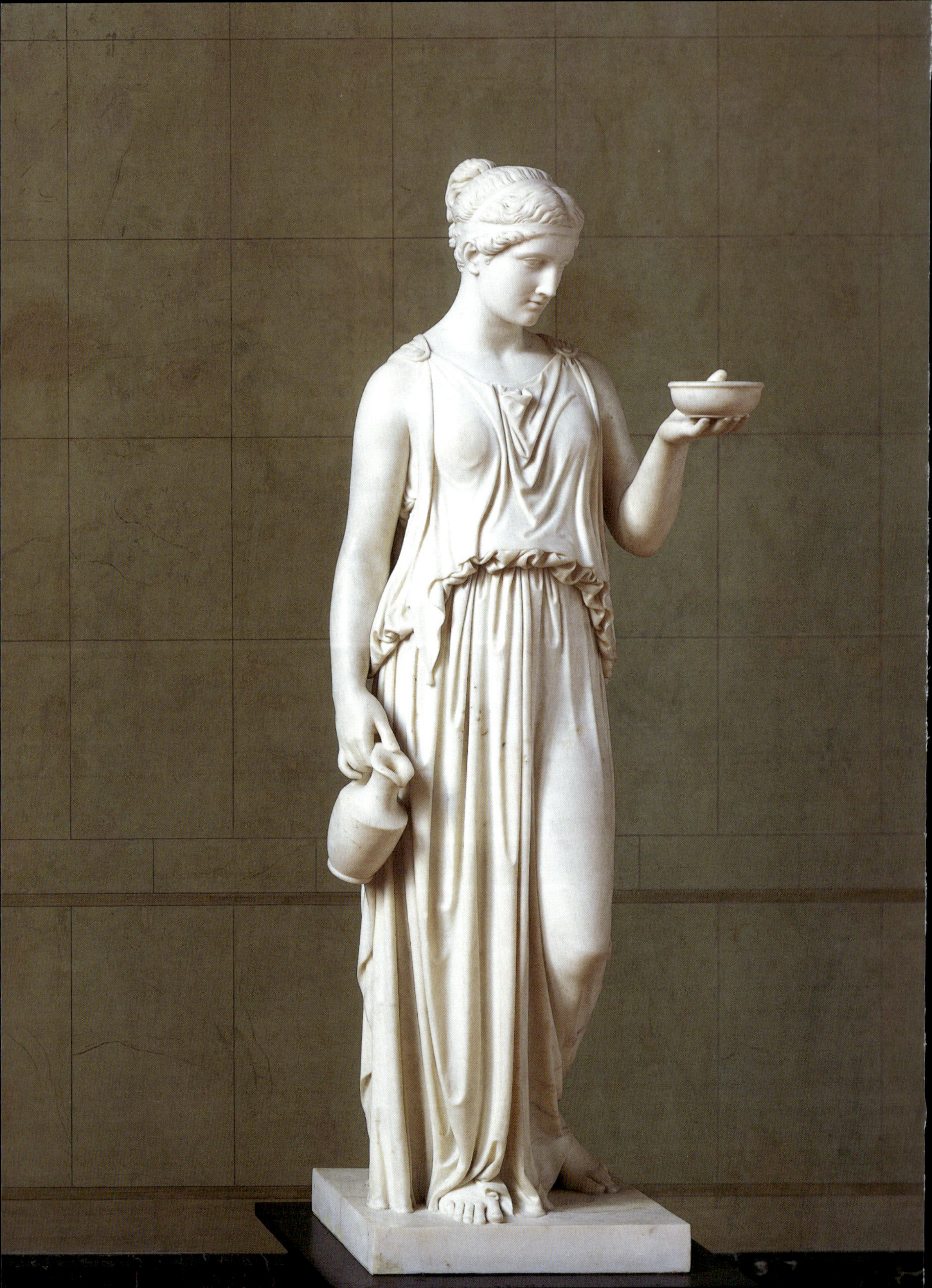

SKULPTUR VOM KLASSIZISMUS BIS ZUR GEGENWART

Skulptur wurde seit der Gründung der Großherzoglichen Kunsthalle 1846 für dieses Haus gesammelt – allerdings nicht in erheblichem Umfang. Erst Mitte der siebziger Jahre des 20. Jahrhunderts widmete man diesem Feld intensivere Bemühungen. So trifft der Besucher der Gemäldegalerie immer wieder auf Skulpturen und Plastiken, die in jeweils stilgeschichtlicher oder thematischer Beziehung zu den Gemälden zwischen diesen platziert sind.[79] Zu den vertretenen Künstlern zählen unter anderen François Masson (1745–1807), Antoine-Louis Barye (1796–1875), Albert-Ernest Carrier-Belleuse (1824–1887), Jean-Baptiste Carpeaux (1827 bis 1875), Constantin Meunier (1831–1905), Reinhold Begas (1831–1911), Jules Dalou (1838–1902), Ernst Barlach (1870–1938), Franz Marc (1880 bis 1916), Wilhelm Lehmbruck (1881–1919), Amedeo Modigliani (1884–1920), Henri Laurens (1885 bis 1954), Jacques Lipchitz (1891–1973), Henry Moore (1898–1986), Gustav Seitz (1906–1969), Wilhelm Loth (1920–1993), Franz Bernhard (1934–2013), Franz Erhard Walther (*1939) und Bogomir Ecker (*1950).

Die Sammlung ermöglicht damit einen Streifzug durch die Kunstgeschichte vom Klassizismus bis zur Gegenwart, den man zum Beispiel vor Bertel Thorvaldsens (1770–1844) »Hebe« beginnen kann. Es handelt sich bei dieser Skulptur des in Kopenhagen geborenen, zu seiner Zeit hochgeschätzten Bildhauers um die zweite Marmorfassung eines 1816 umgearbeiteten Gipsmodells. Thorvaldsen zeigt in antikisierender Strenge die Tochter des Zeus und der Hera, hier mit einer Kanne in der herabhängenden Rechten und einer Schale, die sie darbietet, in der erhobenen Linken. Hebe war die Mundschenkin der olympischen Götter, die diese mit dem Unsterblichkeit verleihenden Nektar bewirtete. Damit wird sie zum Sinnbild von ewiger Jugend, Schönheit und Fruchtbarkeit. Ihre Füße sind nackt, was auf ihre Göttlichkeit, das heißt Unverletzbarkeit, hindeutet, und sie steht in der Haltung des klassischen Kontraposts. Thorvaldsen hatte diese Fassung der Skulptur 1838 in fast vollendetem Zustand aus Rom nach Kopenhagen bringen lassen. Nach dem Tod des Künstlers vollendete dessen Mitarbeiter Hermann Vilhelm Bissens das Werk.

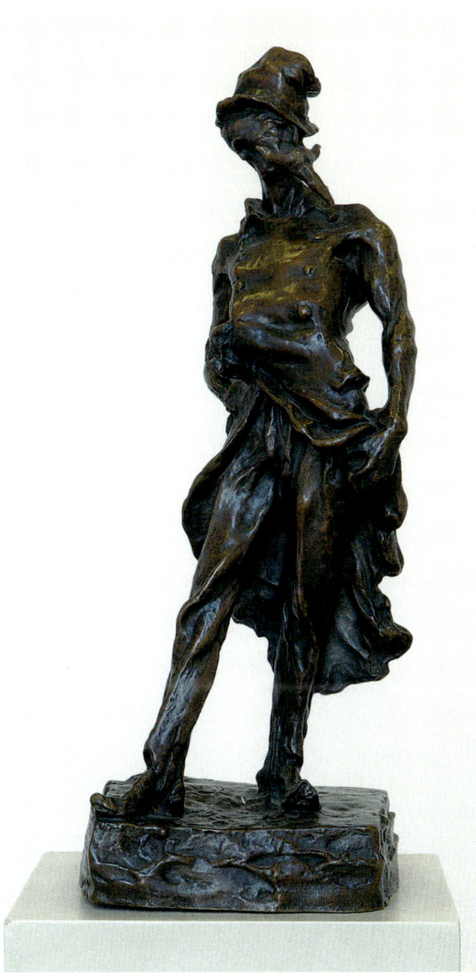

Honoré Daumier, Ratapoil, 1850/51

Obschon nur rund zwölf Jahre später entstanden, meint man, vor Honoré Daumiers (1808–1879) kühnstem plastischem Werk, dem »Ratapoil« von 1850/51 (was soviel heißt wie

◄ Bertel Thorvaldsen, Hebe, 1816/44

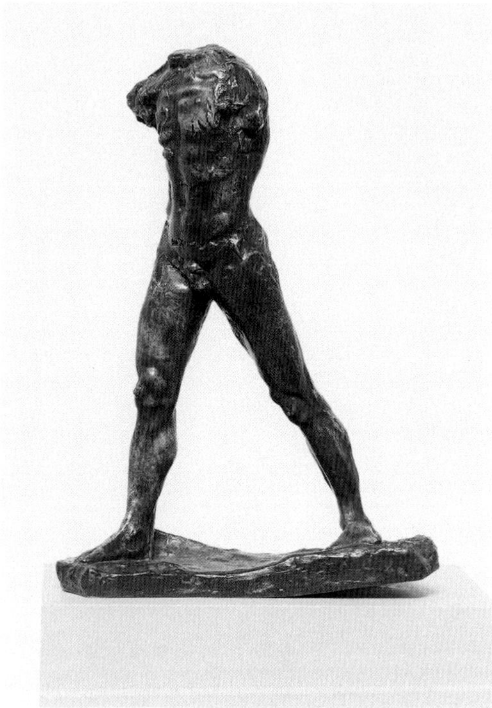

Auguste Rodin, Schreitender Mann, um 1900

»Rattenfall«), in eine gänzlich andere Epoche versetzt zu werden. Diese kleine Bronze barg nicht nur inhaltlich, sondern auch formal eine unerhörte Brisanz. Mit der grotesk im gestelzten Kontrapost posierenden Phantasiefigur karikierte Daumier die politische Rankune Charles Louis Bonapartes und der von ihm angeheuerten Aufwiegler, die ihm halfen, 1851 einen Staatsstreich zu unternehmen. Bonaparte, dessen gezwirbelten Bart der »Ratapoil« trägt, hatte sich durch Volksabstimmung 1848 zum Präsidenten der Republik wählen lassen und betrieb erfolgreich die Auflösung der Nationalversammlung, um sich schließlich 1852 selbst zum französischen Kaiser Napoleon III. zu ernennen. Daumier hatte diese Figur schon 1850 in einer Reihe satirischer Lithographien verwandt, was ihm die unliebsame Aufmerksamkeit der Zensoren beschert hatte. Den Gips, nach dem die Bronzeversion posthum gegossen wurde (1891), verbarg der Künstler wohl deshalb mehr als zwanzig Jahre lang vor den Augen der Öffentlichkeit. Bei dem Exemplar der Kunsthalle handelt es sich um den fünften Guss der vermutlich 20 Exemplare umfassenden ersten Auflage. Mit seiner starken Auflösung und heftig bewegten Modellierung der Oberfläche, dem jähen und bizarren Wechsel von Volumen und Höhlung, konvexer und konkaver Linienführung, zählt der »Ratapoil« zu den wegweisenden Bildwerken des 19. Jahrhunderts, von dem zum Beispiel Auguste Rodin (1840–1917) tief beeindruckt war.

Von dessen Leistungen für die neue Plastik zeugen in der Kunsthalle »Das Haupt Johannes des Täufers« (wohl 1887), ein Terrakotta-Modell, dessen ungeglättete Oberfläche authentisch die Spuren seines Zugriffs auf das Material, nämlich seine Fingerabdrücke aufweist, und der »Schreitende Mann«, der vermutlich um 1900 gegossen wurde. Rodin, der als Modelle einfache Menschen mit natürlicher Haltung suchte, – für den lebensgroßen Kopf des Täufers saß ihm ein Bauer aus den Abruzzen Modell –, fügte den Schreitenden offensichtlich aus zwei Fragmenten, den Studien eines Torsos und eines Beinpaares, zusammen. So erklärt sich die Diskrepanz zwischen dem weiten, raumgreifenden Schreiten, das die Beinpartie darstellt, und der nur verhaltenen Bewegung des Oberkörpers. Auch stilistisch weisen die beiden Elemente einen deutlichen Bruch auf: Gegenüber den relativ realistisch wiedergegebenen Beinen bedient sich Rodin bei der Studie des Oberkörpers einer eher abstrahierenden Formensprache. Der Künstler erzielt eine Vitalisierung der Skulptur in jeder ihrer formalen Komponenten – dem Standmotiv, der Linienführung, dem Umgang mit dem atmenden Volumen und schließlich auch mit der Oberfläche, die uneben, aufgeraut, sich aufwerfend auch Auflösung andeutet. Mit diesen Kunstgriffen begründete Rodin eine für die Plastik neue Ästhetik des Fragmentarischen, scheinbar Momentanen und Imperfekten, die den Aufbruch in die Moderne mit ihren sich wandelnden Wahrnehmungsweisen indiziert.

Einem Torso wie Aristide Maillols (1861 bis 1944) Allegorie »Der Sommer« (1925) mit seiner sinnlich prallen Darstellung eines reifen Frauenkörpers, der in festumrissenen, geschlossenen Formen eine in sich ruhende Stabilität ausstrahlt, stehen mit Wilhelm Lehmbrucks (1881 bis 1919) Werken – »Gesenkter Frauenkopf«

(1910) und »Geneigter Frauentorso« (1913) – Manifestationen eines von Skeptizismus getragenen Menschenbildes, die sichtbar gewordene Erfahrung existenzieller Verletzlichkeit und Innerlichkeit gegenüber. Inbegriff dieser Haltung, die sich in den Werken der Künstler des Expressionismus im Vorfeld des Ersten Weltkrieges besonders deutlich niederschlägt, ist Ernst Barlachs Holzskulptur »Panischer Schrecken« (1912), die zwei entgeistert zum Himmel starrende, vom Wind und einer offensichtlich überwältigenden und unerwarteten Erscheinung fast aus dem Gleichgewicht gebrachte Männer zeigt.

Ein Werk, das an einer kunsthistorischen Gelenkstelle, nämlich als ein Phänomen des Übergangs von der dadaistischen Fundstück-Collage zum surrealistischen Objekt entstand, konnte die Kunsthalle im Jahr 2001 erwerben: Max Ernst (1891–1976) dürfte seinen materiell völlig unprätentiösen, aber formal raffinierten »Vogel« um 1924 aus den Holzabfällen einer Möbelschreinerei geschaffen haben. Vom Sockel erhebt sich der Körper dieses Wesens in einem stolzen Schwung und elegant zurückgebogen in die Höhe. Etwas unterhalb der Leibesmitte setzen kurze Flügel an, die nach hinten gelegt sind. Die Aufwärtsbewegung endet in einem kantigen, fast rechteckigen Kopf, der zu beiden Seiten mit je einem kreisförmig ausgeschnittenen Holzbrettchen eingefasst ist, die zusammen eine Art Schnabel bilden. Der Vogel spielt in Max Ernsts Œuvre eine zentrale Rolle, fungiert vor allem als bildnerisches Alter Ego des Künstlers, der diese Vogelkreaturen und sich selbst zeitweilig als »Loplop« bezeichnete. Nach Angaben von Werner Spies war die Assemblage für kurze Zeit Bestandteil eines Arrangements von Vogelwerken auf einer Holzplatte, die Ernst als »Vogelfriedhof« bezeichnete.[80] Die Anmutung dieses Geschöpfs, das hocherhobenen Hauptes, spannkräftig und vital aus den Bruchstücken, den Abfällen anderer, handwerklicher Schöpfungsprozesse hervorgegangen ist, wirkt jedoch geradezu triumphal, wie ein Zeichen der Überwindung – der Schwerkraft und der bildnerischen Konvention.

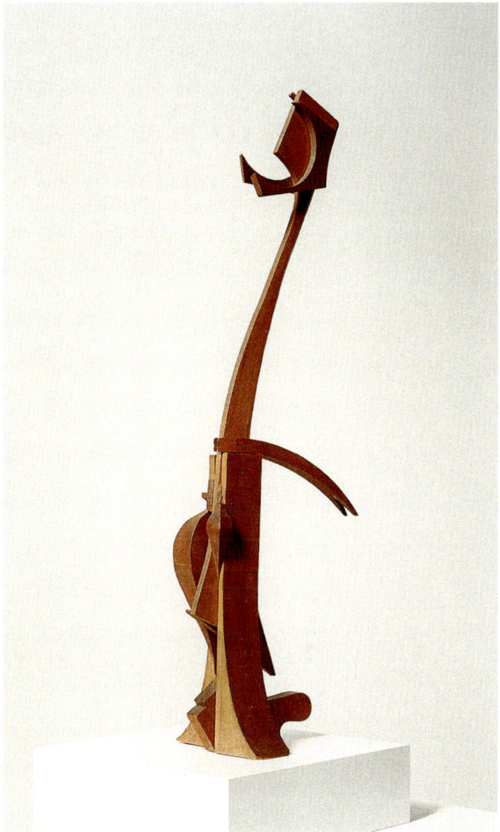

Max Ernst, Der Vogel, um 1924

In Frankreich hatte die Beschäftigung mit formanalytischen und wahrnehmungstheoretischen Fragestellungen schon vor dem Ersten Weltkrieg an Bedeutung gewonnen. Ein Werk wie Amedeo Modiglianis steinerner »Kopf« (1909/14) zeugt von der Auseinandersetzung der frühen Avantgarde mit der Plastik der Naturvölker. Sie bildete eine der Voraussetzungen eines neuen bildnerischen Denkens, das zur Entwicklung der kubistischen Formzerlegung führte – Jacques Lipchitz' »Harlekin mit Umhang« (1919) steht dafür exemplarisch. Früh, systematisch und an der Seite Pablo Picassos – ja als dessen Lehrer in dieser »Disziplin« – hatte sich Julio González (1876–1942) mit diesen Fragestellungen befasst und die moderne Skulptur revolutioniert, indem er ihr ein neues Material und damit neue Darstellungsdimensionen erschloss. Das geschmiedete und geschweißte Eisen eröffnete dem Bildhauer die Möglichkeit, sich vom geschlossenen Volumen des Körpers

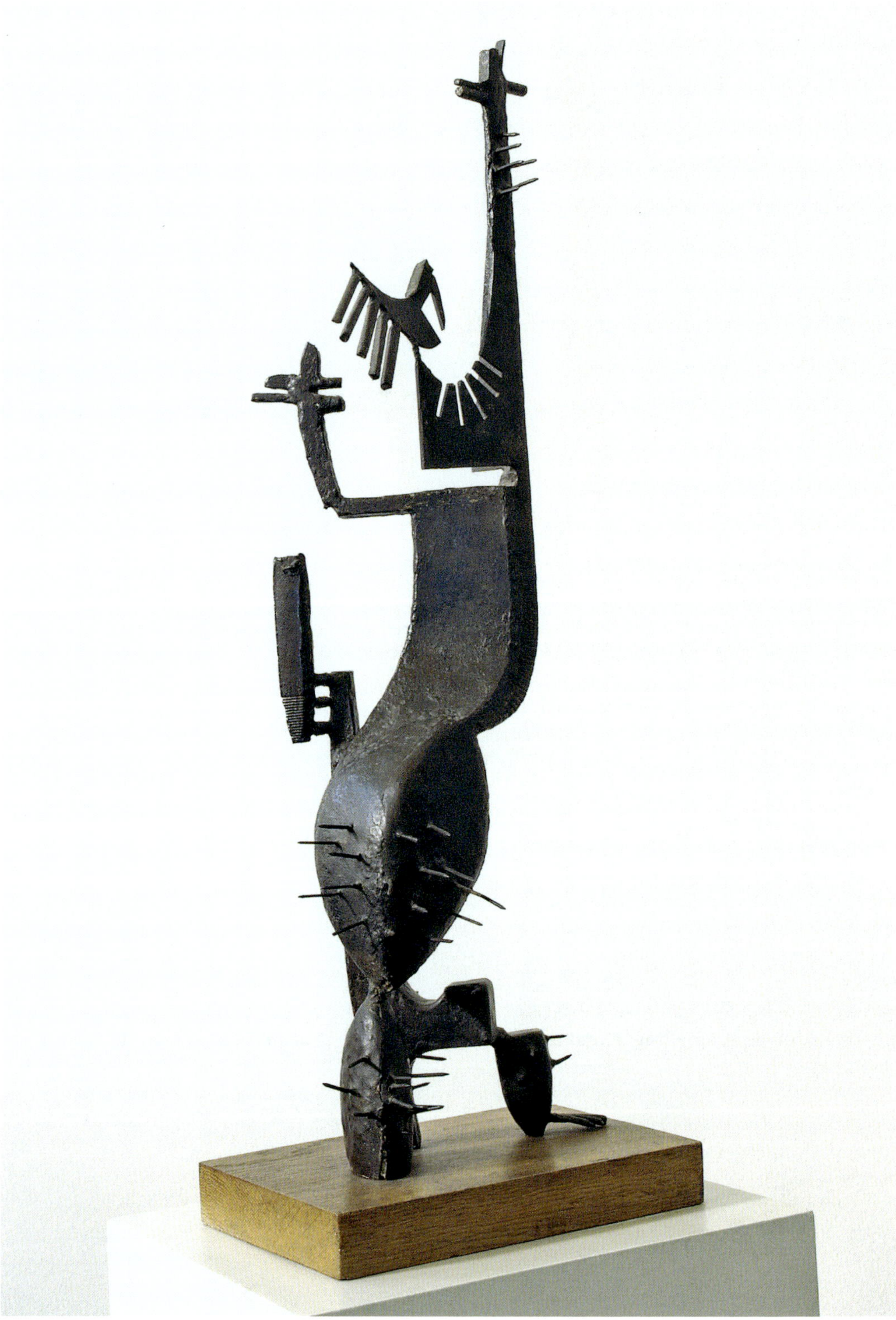

Julio González, Kaktusmensch II, 1939/40

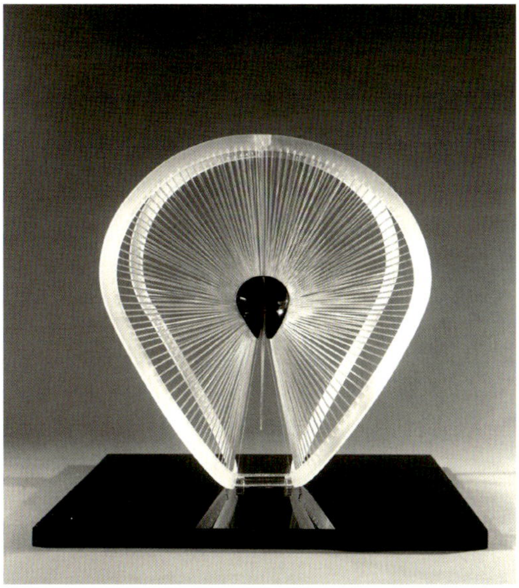

Naum Gabo, Sphärisches Thema (2. Variation), 1937/38

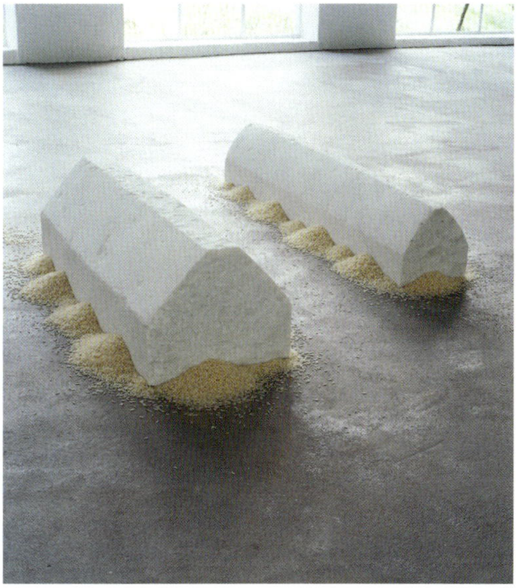

Wolfgang Laib, Zwei Reishäuser 01, 2001

zu lösen und stattdessen Plastik aus kulissenhaft flachen Teilen, aus Platten und Stäben, aus Scheiben und Gestänge zusammenzusetzen, ja schließlich sogar eine chiffrenhafte Gebärdensprache, das heißt eine plastische Zeichnung im Raum zu entwickeln. In der Kunsthalle stehen Arbeiten wie jene Norbert Krickes (1922–1984) oder Wilhelm Loths für die Weiterentwicklung dieses Prinzips. González' Überzeugung war es, dass es höchste Zeit sei, dass das Eisen aufhöre, »mörderisch« zu sein. Folgerichtig und in gewissem Sinn auch tragisch erscheint insofern »Kaktusmensch II«, eine Skulptur, die González 1940 kurz vor seiner Flucht aus dem besetzten Paris vollendete. Tatsächlich schafft der Künstler hier mit dem Eisen eine fragile und zerrissene, ebenso ausgesetzt und gequält wie aggressiv und wehrhaft anmutende Figur, ein Wesen, das auf zwei Beinen steht, einen Arm hoch zum Himmel streckt und den Kopf – vielleicht mit zum Schrei geöffnetem Mund – weit in den Nacken legt. »González verbindet im ›Kaktusmensch‹ die kubistischen Prinzipien, eine Figur aus Teilen zusammenzusetzen bzw. in mannigfaltige Ansichtsfacetten aufzulösen, mit dem surrealistischen Verfahren der Verfremdung, das im unerwarteten Aufeinanderprallen von Disparatem Assoziationen auslöst«, schreibt Siegmar Holsten im Katalog der Skulpturen der Kunsthalle.[81] In seiner Formensprache erinnert diese Skulptur an Picassos »Guernica« (1937), scheint wie dieses ein Dokument kreatürlichen Leidens unter den Schrecknissen des Krieges.

Die völlige Loslösung vom eigentlichen Sujet der Skulptur – nämlich der menschlichen oder tierischen Gestalt – führt ein Werk vor, das im Jahr 1937 ersonnen und etwas später ausgeführt wurde. Scheinbar endlos kreist ein Band ein- und ausschwingender Kurven aus Plexiglas in sich. Ein schwarzer Bakelitkern hält die Konstruktion in ihrem »Inneren«, das nur mehr ein Zentrum ist, zusammen. Von ihm gehen speichenartig Stäbchen aus, die zu den Innenrändern des Bandes hin ausstrahlen und an ihm befestigt sind. Um den schwarzen »nucleus«, der durchaus auch an den Kern einer Frucht erinnert, entspinnt sich scheinbar eine flirrende Bewegung, die der Betrachter beim Umrunden dieser Raumkonstruktion selbst erzeugt. Das Ganze aus präzise aufeinander bezogenen Teilen formiert sich zu einem abstrakten, transparenten Anschauungsobjekt über Beziehungen im Raum. Die Wahrnehmung dieses komplexen Werks erfordert und provoziert die Bewe-

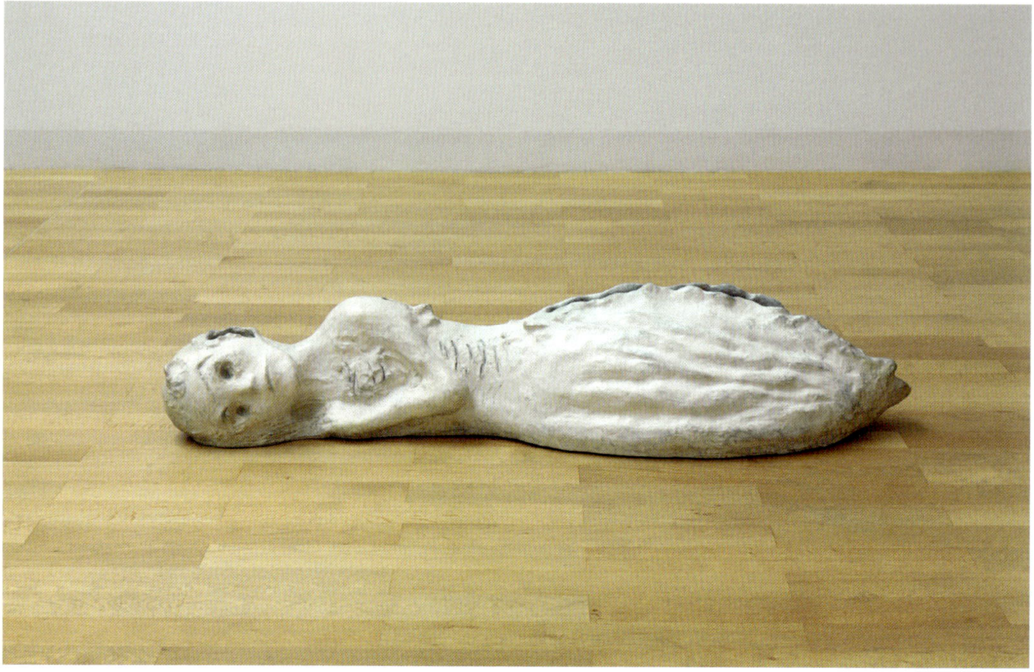

Leiko Ikemura, Memento Mori, 2013

gung des Betrachters um das Objekt herum, das heißt durch den Raum und die Zeit. Naum Gabo (1890–1977), der Schöpfer von »Sphärisches Thema (2. Variation)«, wurde in Russland geboren und studierte in München zunächst Medizin, Naturwissenschaften und Architektur. In seinem Werk strebte er – gemeinsam mit seinem Bruder Antoine Pevsner – die modellhafte und versuchsweise Konstruktion und Veranschaulichung eines dynamisierten Raumbegriffs an. Die Version des »Sphärischen Themas« in der Karlsruher Kunsthalle zeigt Gabo noch im folgenreichen Experimentierstadium zu diesem Problem. Seine Entdeckung von Plexiglas für diese Zwecke lag erst kurz zurück, und das »Sphärische Thema« sollte ihn bis zu seinem Spätwerk beschäftigen.

Zu den jüngeren Erwerbungen der Kunsthalle im Bereich der Kunst des 21. Jahrhunderts zählt eine Suite von Werken des Künstlers Wolfgang Laib (*1950). Auch er studierte einst, wie Gabo, Medizin, doch sein Weg führte von der Naturwissenschaft weg zum Studium der Indologie. Laib lernte Sanskrit, Hindi und Tamil, reiste in den Nahen Osten, nach Afghanistan, Mesopotamien und Indien. Sein Werk ist von diesen Erfahrungen, einem meditativen und spirituellen Verhältnis zu den Gegenständen, den Stoffen, den Phänomenen und der eigenen Existenz geprägt. Seit Jahrzehnten verleiht Laib dieser Haltung konzentrierter Ehrfurcht vor der Natur und ihren Erscheinungen, vor Prozessen des Werdens, der Konservierung oder Erneuerung mit eindrucksvollen und ökonomisch reduzierten Mitteln Ausdruck: Dazu gehören die Werke mit Blütenpollen, die er bei ausgedehnten Streifzügen in der Natur sammelt und die er zu leuchtend schönen Feldern auf dem Boden auslegt; dazu zählen aber auch die so genannten Reishäuser und Milchsteine. Die Kunsthalle besitzt den »Milchstein 01–04« (2001–2004), zwei Werke mit dem Titel »Reishaus 01« (2001) und eine »Konsole mit einer Reihe von 5 Blütenstaubgläsern« (1992–2001). Organische Substanzen, Nährstoffe treffen in diesen Werken in ebenso poetisch wie asketisch anmutenden Konstellationen auf Anorganisches, Weiches trifft auf Hartes, Stabiles auf Elemente, die ein

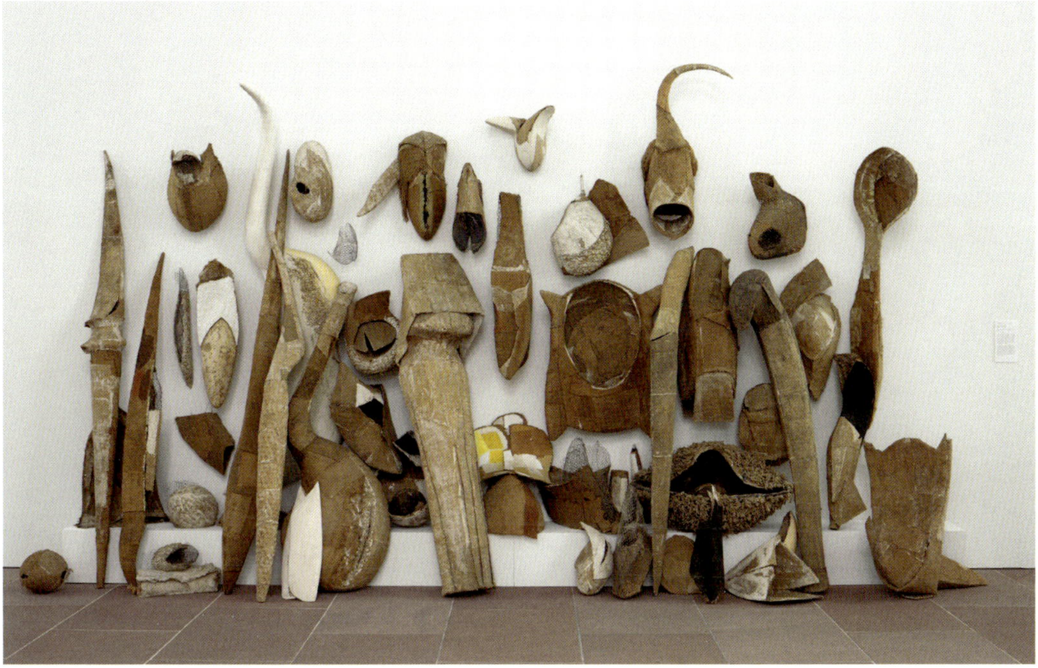

Jakob Broder, Katharsis, 1975–1980

Lufthauch davontragen oder zerstören könnte. Insofern zeugen Laibs Werke immer von der Veränderbarkeit, von labilen Gleichgewichten, von Situationen, die eigentlich Vorsicht, höchste Sorgfalt und Achtsamkeit im Umgang erfordern – als forderten sie auf, so freilich nicht nur mit Kunst, sondern auch mit sich selbst, dem menschlichen Gegenüber und jeder Form von Existenz umzugehen.

Im Jahr 2013 fand eine Bronze-Skulptur der Bildhauerin Leiko Ikemura (*1951) Eingang in die Sammlung: »Memento Mori« (2013) heißt die schlanke weiße Liegefigur, die in ihrer Zerbrechlichkeit auf die Unbeständigkeit des Lebens, Gefährdung und Vergehen hindeutet.

Im Sektor installativer plastischer Kunst konnte die Kunsthalle ihre Sammlung im Jahr 2012 um eine fünf mal knapp drei Meter große Installation von Jakob Broder (*1943) erweitern: Das vielteilige Ensemble vollplastischer, doch wandorientierter Elemente mit dem Titel »Katharsis« (1975–1980) besteht aus weiß, grau und beige getönten masken-, fetisch-, rüstungs- oder kleidungsartigen Hohlkörpern aus Maschendraht und Rupfen. Deren gedrängte Versammlung erinnert einerseits an Artefakt-Präsentationen in Museen, Kunst- und Wunderkammern, lässt aber andererseits auch an eine gleichsam geisterhafte Zusammenrottung von Figur-Fragmenten denken. Der Begriff »Katharsis«, gemeint als Reinigung und Läuterung durch die Wahrnehmung eines dramatischen Geschehens, das wir als Zuschauer mitfühlend und uns identifizierend beobachten, fügt sich sinnvoll zu der bühnenhaften Formation, die der Künstler vor uns aufbaut – ein archaisches und gleichzeitig phantastisch anmutendes Tableau.

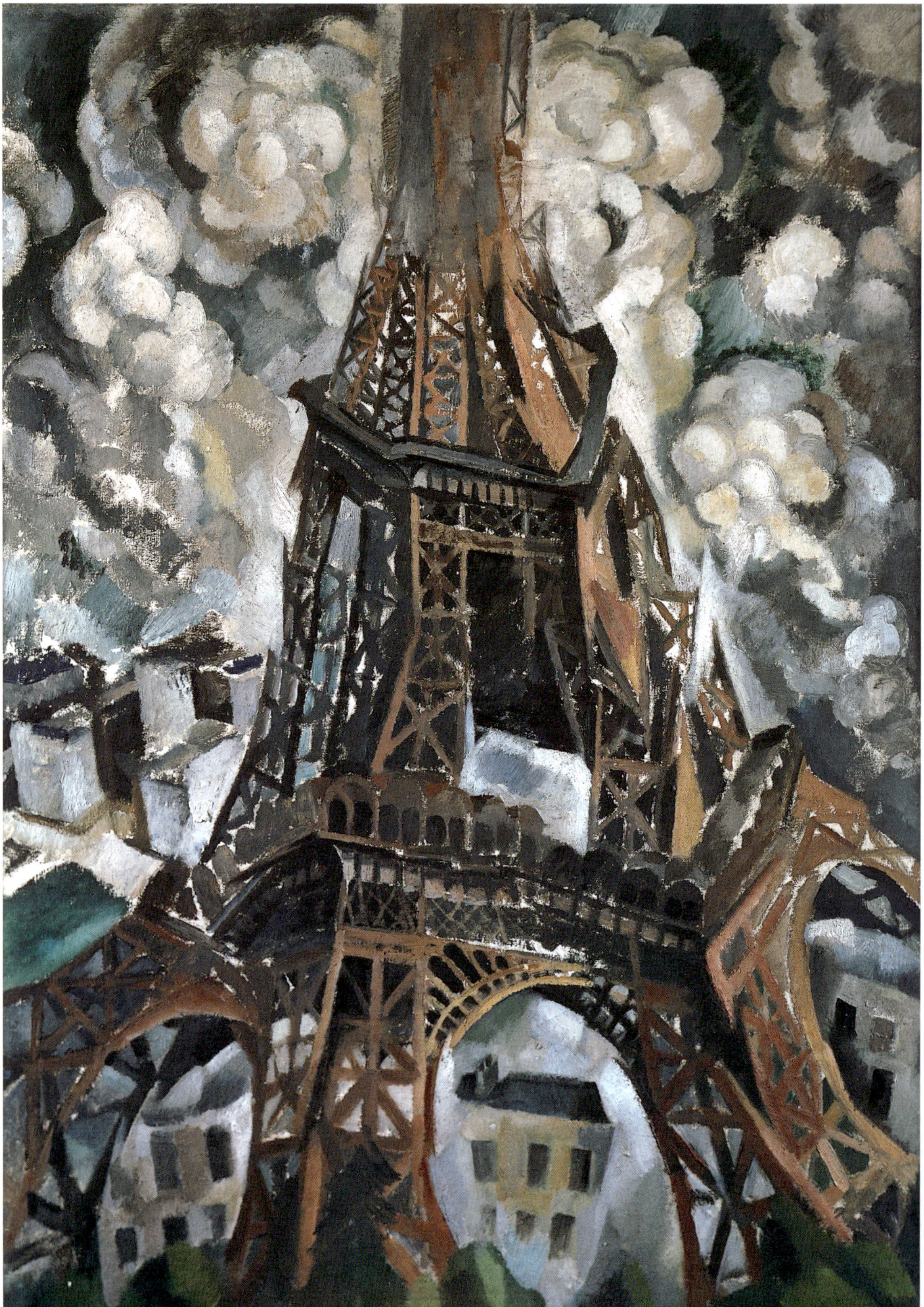

MALEREI DES 20. UND 21. JAHRHUNDERTS

Bewegung und Licht: Futurismus und Orphismus

Das zwanzigste Jahrhundert beginnt als Epoche der Revolten und Utopien, der Manifeste und kämpferischen Grundsatzerklärungen und setzt sich fort als Widerstreit zwischen realistischen und abstrakten Positionen. Die französischen »Fauves« – in der Sammlung befinden sich ein Werk von Maurice de Vlaminck (1876–1958) und nach-fauvistische Bilder von Albert Marquet (1875–1947) und Henri Matisse (1869–1954) – verabschiedeten sich in ihren Werken von der naturgetreuen Farbigkeit und verwandten die Farbe als emphatischen Ausdrucks- und Stimmungsträger. Die stürmischste Bewegung der klassischen Avantgarde keimte in Italien auf. Künstler um den Dichter Filippo Tommaso Marinetti (1876–1944) propagierten eine Kunst, die sich neuer Inhalte annehmen sollte, nämlich der zukunftszugewandten Verherrlichung des modernen Lebens mit seinen bahnbrechenden technischen Errungenschaften. In ihren Texten und Bildern besangen diese Künstler die Schönheit der Geschwindigkeit, die Kraft der röhrenden Motoren, das sonore Gebrumm der Flugzeuge, die Produktivkräfte der gigantischen Industrieanlagen, das elektrische Gleißen der Glühbirnen, das rasante Tempo, mit dem sich die moderne Welt bewegte. In diesem Taumel, in den Gegenstände und Figuren in den Bildern der Futuristen geraten, lösen sich die festen Körper in Facetten, in ein Stakkato von Wiederholungen einzelner Elemente auf. Die Erfahrung der Gleichzeitigkeit des Verschiedenen geht in diese Werke ein, »Simultanität« und »Dynamismus« werden zu Leitideen von Künstlern im ersten Viertel dieses Jahrhunderts.

Am italienischen Futurismus beteiligt war der Maler Gino Severini (1883–1966). Die Staatliche Kunsthalle besitzt sein 1913 entstandenes Werk »Tänzerin + Meer = Blumenstrauß«, das die assoziative Verknüpfung von Wahrnehmungen und Vorstellungen zum Inhalt hat.

◄ Robert Delaunay, Der Eiffelturm, 1909/10

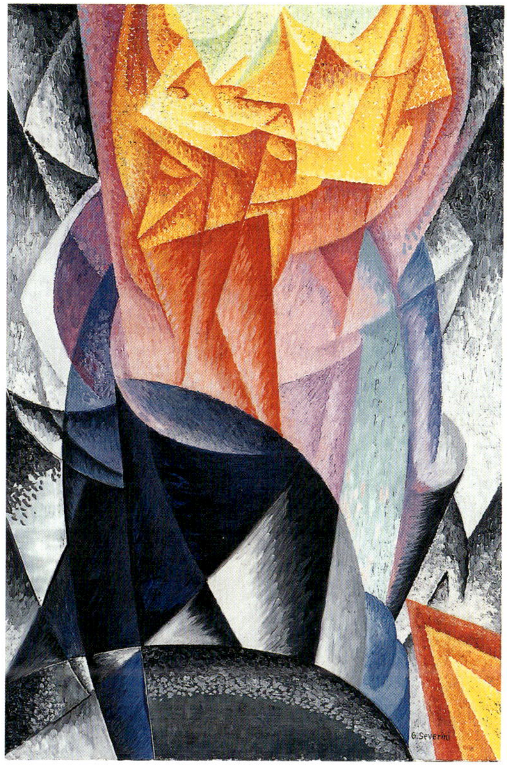

Gino Severini, Tänzerin + Meer = Blumenstrauß, 1913

Von flirrendem Sonnenlicht umspielt, werden die im Titel angedeuteten Motive allenfalls erahnbar. Severini hat selbst eine einleuchtende Schilderung seines kreativen Vorgehens gegeben, die sich just auf dieses Werk zu beziehen scheint: »Es gibt zwei Arten von Analogien: die realen Analogien und die erscheinenden Analogien. Zum Beispiel, eine reale Analogie: das tanzende Meer, seine Zick-Zack-Bewegungen und sein kontrastierendes Silber und Smaragdgrün erweckt in meiner bildnerischen Sensibilität die entfernte Vision einer Tänzerin, die, in funkelnden Pailletten in eine Welt aus Licht, Lärm und Klang gehüllt ist. Deshalb: Meer = Tänzerin. Scheinbare Analogie: Der bildnerische (plastische) Ausdruck des selben Meeres, der in der realen Analogie in mir eine Tänzerin erweckt, gibt mir in einem Prozess erscheinender (auftauchender) Analogien eine Vision eines großen Blumenstraußes. Diese erscheinenden Analogien, oberflächlich, laufen zusammen im expressiven Wert des bildnerischen Werks. Sie verbinden sich zu: Meer = Tänzerin + Blumenstrauß [sic!].«[82]

Während Severini eine sprühende Kaskade von Licht und dessen Reflexionen malte und mehrere kleine blanke (1919 von ihm erneuerte) Aluminiumstücke in sein Gemälde eincollagierte, arbeitete Robert Delaunay (1885–1941) wenige Jahre zuvor in seinem Bild »Der Eiffel-Turm« (1909/10) mit einer gedeckten und ins Braun- und Grau-Tonige gebrochenen Palette. In dieser Farbwahl und seinem bildnerischen Nachdenken über die Mehransichtigkeit der Gegenstände zeigt er sich beeinflusst durch den analytischen Kubismus von Pablo Picasso (1881 bis 1973) und Georges Braque (1882–1963). Aus der Erweiterung und Beschleunigung der Wahrnehmung, der perspektivischen Relativierung des Realen durch einen vielfachen Blickpunktwechsel, der im Bild zu einer neuen Einheit geführt wird, resultiert Delaunays Formensprache. Der schwindelerregende Turm nimmt in Knickungen und Brechungen und doch majestätischer Größe die gesamte Bildhöhe ein. Unten grätscht sich die Stahlkonstruktion über kulissenhaft wirkende Häuserzeilen bis zu den vertikalen Bildrändern, oben stößt der Turm durch die Decke aus rund kumulierten weiß-grauen Wolken. Was wie die Vorwegnahme der Zertrümmerung dieses Monuments der Moderne anmuten könnte – tatsächlich wurde 1909 über einen Rückbau des Eiffelturms nachgedacht –, ist eine dynamische Addition, die dieses Signum des Aufbruchs in ein neues technisches Zeitalter erhaben erfassbar machen sollte. Zu einer Dynamisierung der Bildfläche vor allem auch über die Farbe fand Delaunay etwa gleichzeitig in seinen Fensterbildern, die den französischen Dichter Guillaume Apollinaire anregten, Delaunays Kunst als »Orphismus« zu bezeichnen. Auch Delaunay wurde – nicht mehr divisionistisch arbeitend wie Severini – zu einem Sänger des Lichts, der sich theoretisch mit den Wirkungen des so genannten Simultankontrastes befasste und praktisch seine Motive in eine in leuchtenden Farbscheiben kreisende Bewegung versetzte, wie zum Beispiel in dem kleinen Bild »Verbrechen aus Leidenschaft (Drame politique)« von 1914, das ebenfalls zum Bestand der Kunsthalle gehört.

Geist und Geste: Der deutsche Expressionismus

Mit herausragenden Werken ist die Malerei des deutschen Expressionismus in der Sammlung vertreten. Die »Improvisation 13« (1910) von Wassily Kandinsky (1866–1944) zeigt uns den Künstler als Pionier der Abstraktion. Wie aus einem Vexierbild tritt nach längerer Betrachtung dieses Gemäldes, das aus impulsiv gesetzten Farbflächen und diese scheidenden oder verklammernden schwarzen Linien gebaut ist, ein Figurmotiv hervor: Man erkennt einen diagonal ins Bild komponierten Pferdeleib, auf dem ein weit zurückgelehnter Reiter sitzt. Neben dem sich aufbäumenden Schimmel, der den Kopf so scharf herumwendet, dass seine Mähne jäh auffliegt, steht links am Rand eine weitere Figur. Das Motiv des Reiters, dem märchenhafte und romantische Züge eigen sind, beschäftigte Kandinsky fortgesetzt – schließlich wurde es auch titelgebend für den 1912 von ihm und Franz Marc herausgegebenen Almanach, in dem die Künstler ihre Ziele formulierten. Geistige Werte, spirituelle Erfahrungen, Einsichten in seelische Zusammenhänge und prästabilierte Harmonien hinter den Erscheinungen sollte ihre Arbeit in einer neuen, reinen und geklärten Bildsprache vermitteln, die sich im Falle Kandinskys schließlich ganz vom Gegenstand löste. Die »Improvisation 13« lässt noch erahnen, dass Kandinsky Bildideen sowohl aus Vorbildern der symbolistischen russischen Malerei als auch aus der deutschen Volkskunst mit ihren religiösen Motiven – etwa jenem des Heiligen Georg – schöpfte. Der Reiter begegnet uns als Bewegter, Ergriffener, als eine romantische Figur des Aufbruchs, die äußere und innere Energien versinnbildlicht, die der Maler jedoch nicht nur über das Motiv, sondern auch durch seine emotional bewegte, impulsive Malerei zu vermitteln suchte.

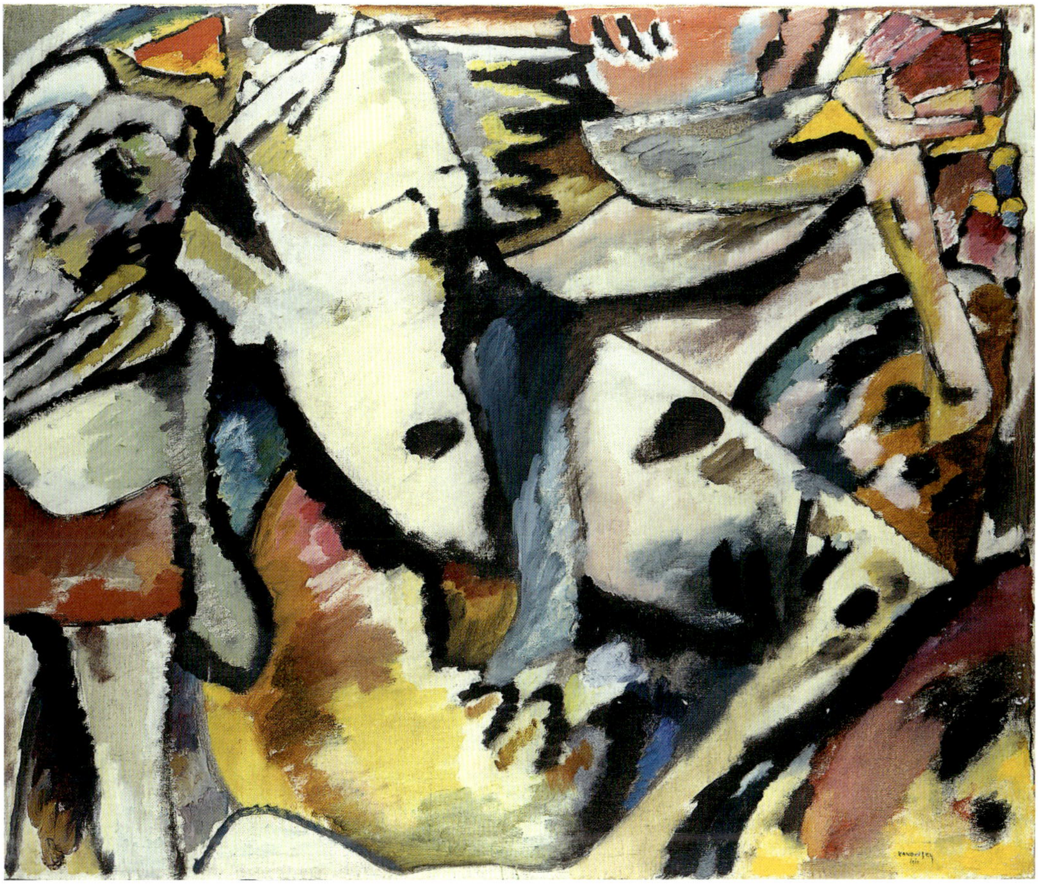

Wassily Kandinsky, Improvisation 13, 1910

Gemessener, feierlicher, ohne jeden Hang zum spontanen Gefühlsausdruck, sondern mit der ernsten Absicht, in seinen Bildern das Wesen der Natur und vor allem der Tiere fühlbar zu machen, arbeitete Franz Marc (1880–1916). »Rehe im Walde II« stammt aus dem Jahr 1914 und zählt zu seinen letzten großen Bildern. Der Komposition liegt die Form eines Dreiecks zugrunde, in dem der Rehbock, die Ricke und das Kitz zueinander in Beziehung gesetzt sind. Jedem der Tiere ist eine eigene Farbe zugeordnet, sodass ein harmonischer und sonorer Dreiklang aus den Grundfarben Rot, Gelb und Blau entsteht, der eingebettet ist in das frische und doch auch dunkel verschattete, vielfach gebrochene und in manchen Partien durch andere Valeurs gänzlich verdrängte Grün des sie umgebenden Waldes. Die ruhenden Tiere sind einander durch Blicke verbunden und durch Formanalogien integriert in die natürliche Umgebung, die gleichwohl architektonisch gegliedert wirkt und in ihrer Struktur damit an das Innere eines säulenreichen gotischen Kirchenraums erinnert. Die Rehe verwachsen mit dem Bildorganismus, der sich aus prismatisch kristallinen Formen aufbaut. Sie verschränken Figur und Grund ineinander und suggerieren eine scheinbare Durchsichtigkeit und Durchlässigkeit der Körper, ein Verschmelzen von Geschöpf und Schöpfung. Marcs Umgang mit dem Licht erinnert nicht nur an Delaunays »Orphismus«, in der Orchestrierung der Valeurs wird auch ein Bezug zur Farbigkeit sakraler Glasfenster deutlich. Auch motivisch orientierte sich der Maler mit diesem Werk an religiösen Vorbildern, indem er das Motiv der Heiligen Familie in seine Sprache des Kreatürlichen übersetzte.[83]

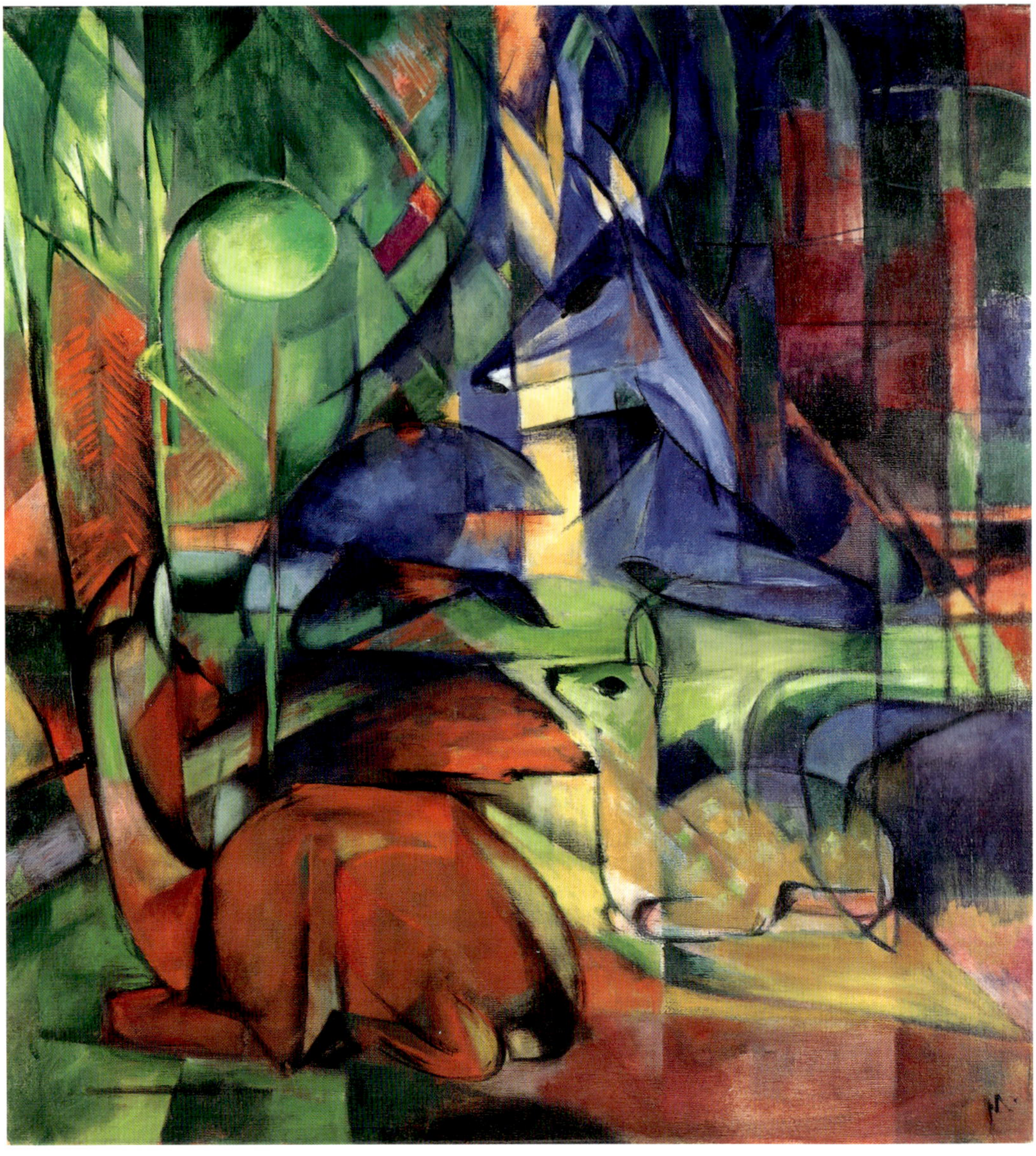

Franz Marc, Rehe im Walde II, 1914

Derartige religiöse Implikationen birgt das Werk von August Macke (1887–1914) nicht. Während Marc stets das Jenseitige und das jenseits der menschlichen Erfahrung Liegende mit thematisierte, scheinen die Bilder seines rheinischen Freundes ganz von dieser Welt, getragen von unbeschwerter Lebensfreude und Zuversicht, die sich noch heute unvermindert vital mitteilt. Macke malte seine »Leute am blauen See« 1913, ein Jahr vor seinem Tod bei Verdun – Franz Marc fiel zwei Jahre später an der Marne. Auch in Mackes Bild sehen wir wohl eine Familie, Vater, Mutter und ein kleines Mädchen mit Strohhut. Sie flanieren am See. Zum Typus abstrahiert werden sie malerischer Teil ihrer Umgebung, eines wunderbaren Miteinanders von Farbe und Form, die sich – die Andeutungen der Bäume und die Figuren ausgenommen – stel-

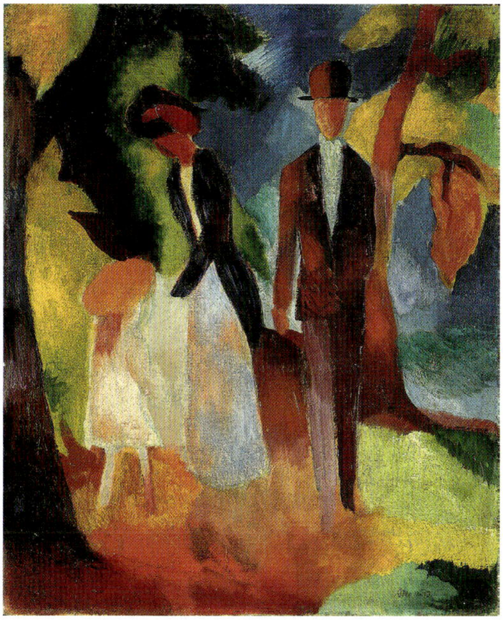

August Macke, Leute am blauen See, 1913

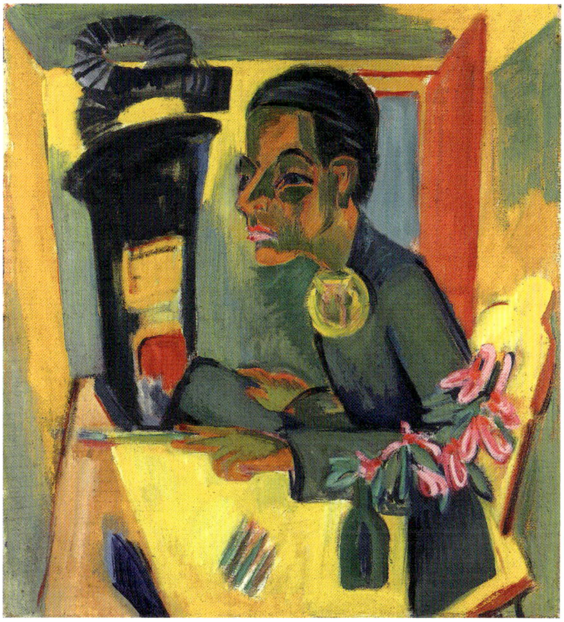

Ernst Ludwig Kirchner, Der Maler (Selbstbildnis), 1919

lenweise ganz verselbstständigen, um Atmosphärisches anzudeuten und schließlich reine Malerei zu werden.

In Dresden schlossen sich 1905 Ernst Ludwig Kirchner (1880–1938), Erich Heckel (1883–1970) und Karl Schmidt-Rottluff (1884–1976) zur Künstlergruppe »Die Brücke« zusammen, deren Mitglieder später auch Max Pechstein (1881 bis 1955), Emil Nolde (1867–1956) und Otto Mueller (1874–1930) wurden. Anders als die stärker philosophischem, religiösem und wissenschaftlichem Gedankengut verpflichteten Künstler des Münchner Kreises, setzten sich die Brücke-Künstler mit Phänomenen der urbanen Moderne und der Erforschung der eigenen Seelenzustände auseinander. Gegenbilder zur Erfahrung der Großstadt, der Einsamkeit und Bedrohung schufen sie andererseits mit ihren arkadischen Reminiszenzen gemeinsam verlebter Aufenthalte an den Moritzburger Seen oder den Stränden der Ostsee. Mit Ernst Ludwig Kirchners »Varietétänzerin« (um 1910) und »Gaskessel und Vorortbahn« (um 1913/14), Erich Heckels »Badende« (1911) und dessen Bild »Geschwister« (1913), Otto Muellers »Zwei Mädchen im Walde« (um 1920–25), Max Pechsteins »Stillleben mit exotischer Schale, maurischer Kanne und Holzfigur« (1913) und Emil Noldes »Gewitterlandschaft« (1916) besitzt die Kunsthalle großartige Bilder dieser Bewegung. Man versuchte, Figuren und Zeichen, »Hieroglyphen« des neuen Zeitalters, eine malerische Gebärdensprache zu entwickeln, die dem elektrisierenden Rhythmus der modernen Welt, ihren Umbrüchen, Auswüchsen und Aufschreien gerecht werden sollte.

Ein erhellendes Selbstzeugnis lieferte Ernst Ludwig Kirchner um 1919/20 mit seinem »Selbstbildnis«. Nach den erschütternden Erlebnissen des Ersten Weltkriegs, die seinen völligen körperlichen und psychischen Zusammenbruch heraufbeschworen, zog er sich 1919 nach Davos zurück. Sein dort in der Ruesch-Hütte auf der Staffelalp entstandenes Bild markiert einen Neubeginn, den Kirchner am 25. Juli so beschrieb: »Selbstportrait angefangen. Die Farben der Blumenwiesen geben mir Kraft in den Farben. Hoffe auf neue Arbeiten auf der Alp.«[84] Diese »Kraft in den Farben« vermittelt das Bild mit ungebrochener Energie: Nicht nur der klaustrophobisch enge Innenraum erstrahlt

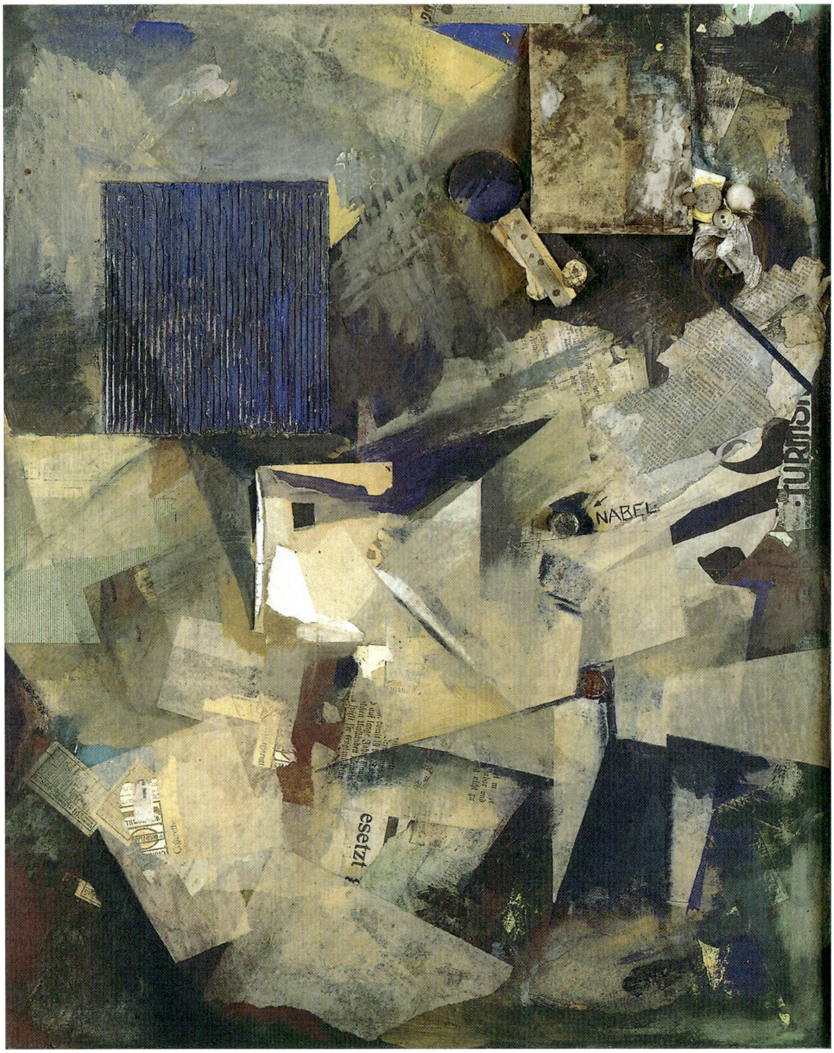

Kurt Schwitters, Merzbild 21b, Das Haar-Nabelbild, 1920

im heftigen Komplementärkontrast aus Grün und Rot, begleitet von sattem Gelb und hellem Orange, selbst Kirchners Inkarnat ist aus einem spannungsvollen Zweiklang von Grün und Orange entwickelt. Für die Lippen wählte er ein ins Altrosa gebrochenes Rot, das den Ton der Blumen neben ihm aufnimmt. Der Maler sitzt an einem Tisch. Mit aufgelegtem Arm arbeitet er an einem Bild, dessen Motiv für den Betrachter unsichtbar bleibt. Wägend konzentriert richtet sich sein Blick auf das Werk, die aufrechte, gespannte Gestalt wirkt schlank, fast hager, der Schädel mächtig. Einen wuchtigen Widerpart zur Figur bildet – mit seinem schwungvoll gebogenen Rohr, das ihm den Charakter eines kalligraphischen Zeichens verleiht – der wärmende schwarze Ofen. Er zeugt von schützender Behaglichkeit, ja Geborgenheit in dieser ansonsten leeren Hütte. Kirchners Schaffen hatte zu dieser Zeit annähernd selbsttherapeutische Züge: »Nur arbeiten, arbeiten und sonst nichts denken, Farben ganz frisch, wie ein Kind alles Schöne gerne geben«, schrieb er am 4. August 1919.[85] Das Selbstbildnis vermittelt den Eindruck, dass sich zu dieser Schaffensfreude ein hohes Maß an Disziplin und anstrengender Wachsamkeit sich selbst, den eigenen Möglichkeiten und Grenzen gegenüber gesellte.

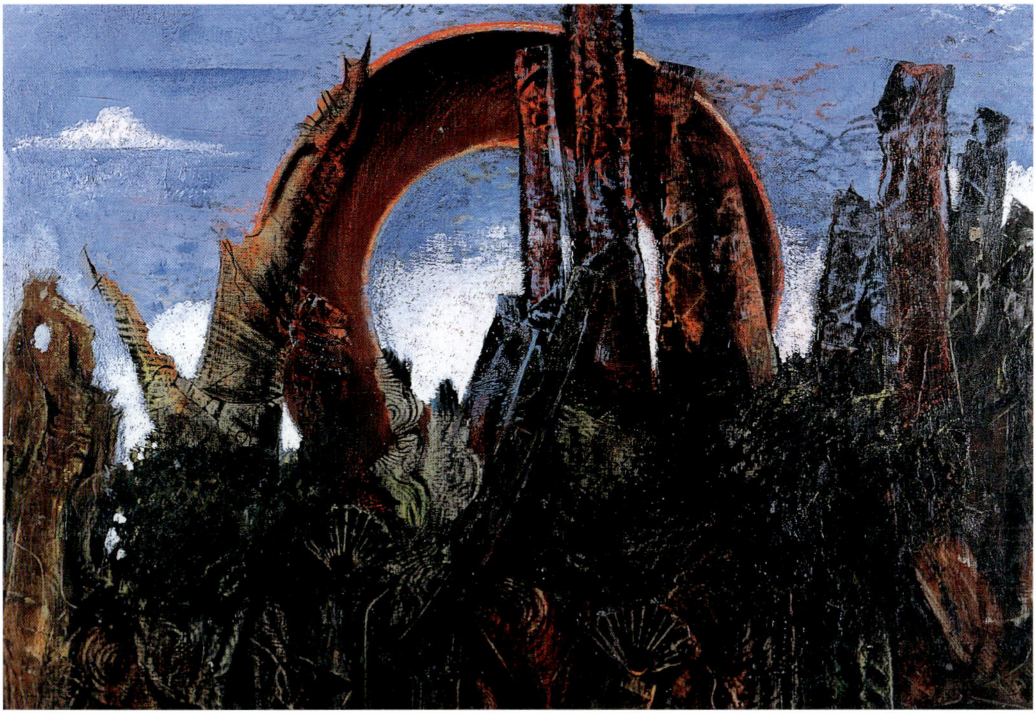

Max Ernst, Der Wald, 1927

Anti-Logik und Unbewusstes: Dadaismus und Surrealismus

Auf die Verwerfungen und Umbrüche im ersten Drittel des 20. Jahrhunderts reagierten die Künstler des Dadaismus mit einer durchaus kämpferischen und distanziert-ironischen Haltung. Sie engagierten sich mit provokanten Agitationen sowohl gegen die Doppelmoral und Selbstzufriedenheit des Bürgers, den sie mit Angriffslust und Vergnügen zu verschrecken suchten, als auch gegen die todbringenden mechanischen Ausgeburten des Rationalismus. Gleichzeitig konterkarierten sie mit ihren Werken auch den klassischen Kunst- und Werkbegriff. Das führte freilich dazu, dass der »musealisierbare« Teil ihrer Kunstproduktion quantitativ eher gering ausfiel. Robert Michels (1897–1983) »Neueste Schule der Geläufigkeit« (1918–19) und Johannes Molzahns (1892–1965) »Mit wertvollem Glühstoff über alle Teile der Erde und über das Weltgebäude« (1919) zeugen davon, wie wichtig die von den Dadaisten fortentwickelten Techniken der Collage und Montage für Künstler jener Jahre waren – als Grundprinzip, das zuweilen in die Malerei überführt, mitunter mit ihr kombiniert wurde. Zum sympathischsten, produktivsten und konsequentesten Urheber von Werken dieser Gattung entwickelte sich der auf sich gestellte, von den Berliner Dadaisten vor allem wegen seiner eher apolitischen Haltung brüsk zurückgewiesene Solitär Kurt Schwitters (1887–1948). Er erfand für seine spezifische Technik und Ästhetik den Begriff »Merzkunst«, vom Fundwort »Commerz« abgeleitet – aber gewiss auch sprachspielerisch an den Begriff »ausmerzen« angelehnt. Sein »Merzbild 21 b, Das Haar-Nabelbild« (1920) besteht aus Zeitungsausschnitten, Knöpfen, Holzplättchen, Wellpappe, Korken und Haaren. Als manischer Sammler des Verbrauchten, Weggeworfenen, Übersehenen und achtlos Zurückgelassenen, verarbeitet Schwitters Fundstücke zu dichten Bildarchitekturen, die er der-

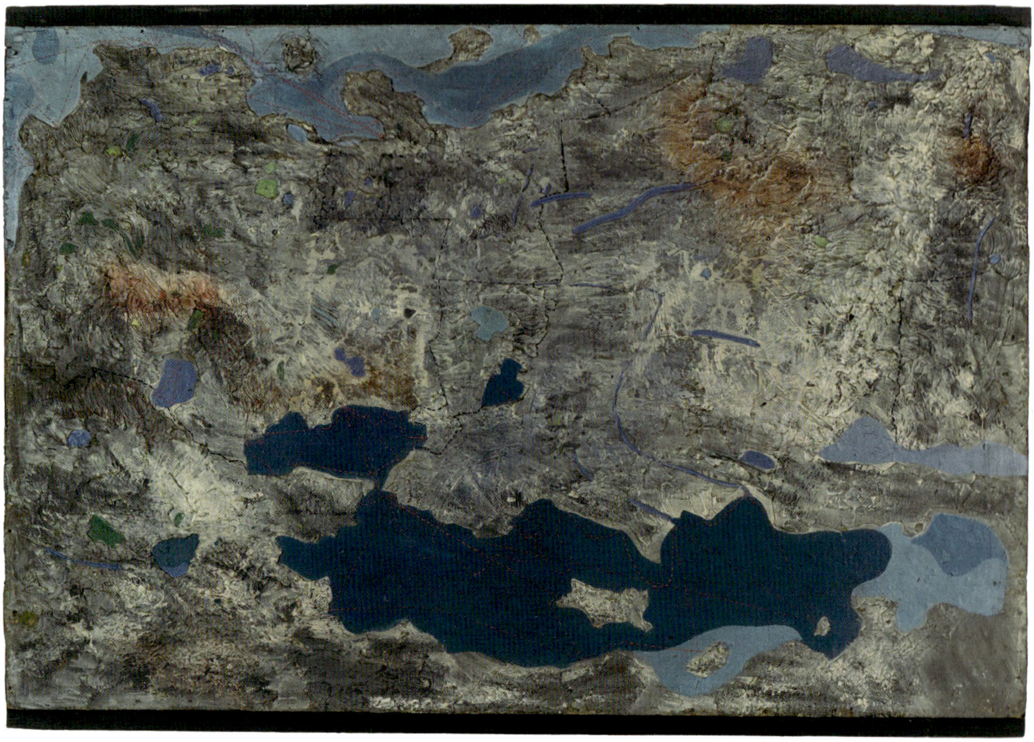

Max Ernst, Europa nach dem Regen I, 1933

art malerisch integriert, dass das Disparate in einem größeren Ganzen aufgeht. Häufig wächst aus dem Minimalen eine Art in sich kreisender, eiernder, quietschender, aber bei allen Schwankungen dynamischer Bildkosmos voller Anspielungen und Brechungen hervor. Das »Haar-Nabelbild« scheint eine figurative Assoziation aufzurufen: Der Nabel wird durch einen Korken markiert und buchstäblich mit einer Inschrift und einem Hinweispfeil als solcher bezeichnet; in der oberen rechten Bildecke erinnert die Konfiguration aus Knöpfen und Haaren an eine Art Schnurrbart. Ahnungen führen nur zu Fragmenten. Alles bleibt ein kaleidoskopisches und bei jedem neuen Blick potenziell veränderliches Zueinander aus kuriosen und sprechenden Fund- und Bruchstücken.

Auch Max Ernst (1891–1976) arbeitete in seiner Frühzeit in dadaistischer Manier und griff auf das Prinzip Collage immer wieder zurück. Daraus ließen sich neue Funken schlagen, löste man Dinge, Bilder, Darstellungen, die künftigen Collage-Elemente aus ihren ursprünglichen Kontexten und verpflanzte sie in andere, ungewöhnliche, ganz offenkundig widersinnige Zusammenhänge. Mit dieser Methode suchten die Surrealisten den Weg in eine neue Welt, den Sigmund Freud gewiesen hatte. Literarisch und bildnerisch wurden sie zu Pionieren bei der Erforschung des unbekannten Kontinents der Seele, in dem sie ungeahnte Ressourcen für die Entwicklung erregender Visionen und Mittel zu tieferer Seelen- und Selbsterkenntnis vermuteten. Freuds Theorie des Unterbewussten bildete die wissenschaftliche Grundlage für die automatischen Verfahren, die Künstler vor allem in Frankreich zur Methode kreativen Schöpfens machten.

Verschiedene Spielarten des Surrealismus lassen sich in der Sammlung der Kunsthalle anhand exzellenter Werke betrachten: zum einen die poetisch und mit ungetrübter Lebensfreude ins Abstrakte entwickelte Bildsprache Joan Mirós (1893–1983), zum anderen Yves Tanguys

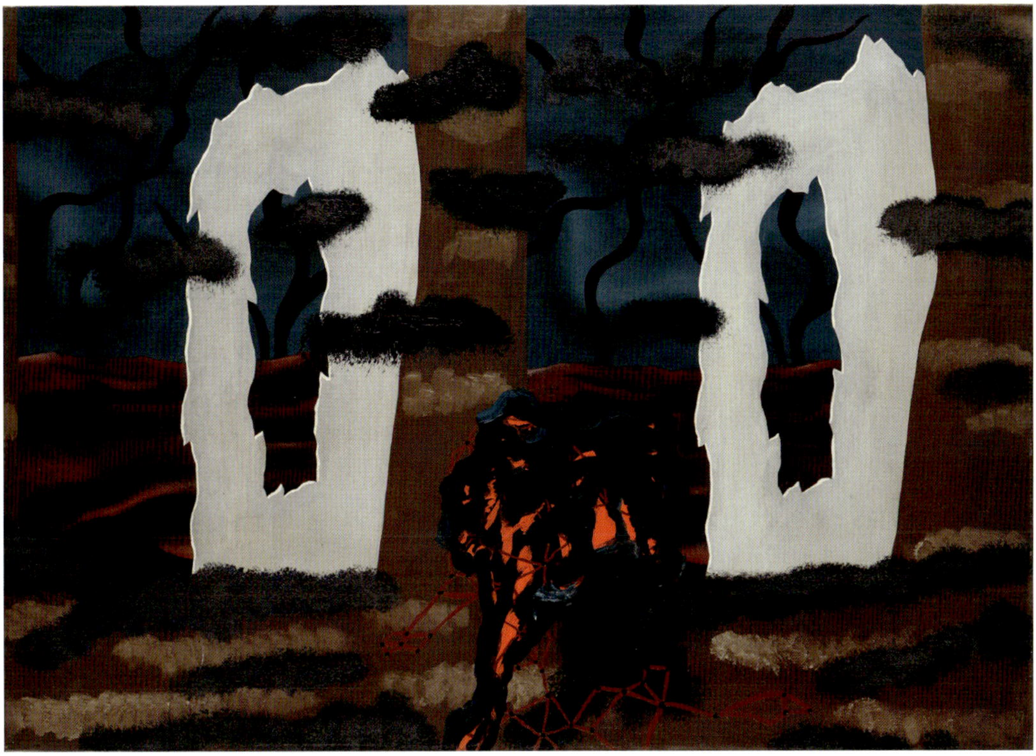

René Magritte, Le Gôut de l'Invisible, 1927

(1900–1955) phantastisch-amorphe, dunklere Gestalten in extraterrestrisch anmutenden weiten Gegenden. Neben der schon erwähnten »Vogel«-Skulptur besitzt die Staatliche Kunsthalle Karlsruhe drei Gemälde von Max Ernst: Das dramatisch-erregte Bild der »Windsbraut« (1926–27), das archaisch und ins Schimärische gewendet den leidenschaftlichen und gewalttätigen (Liebes-)Kampf der Geschlechter, aber auch den Widerstreit zwischen Eros und Thanatos (Todestrieb) versinnbildlicht, und das eindrucksvoll sperrige Gemälde »Der Wald« von 1927. Der Blick wird hier nicht bequem ins Bild hineingeführt, sondern abgewiesen. Er prallt zurück von dem düsteren Dickicht aus aufragenden, verkanteten Strukturen, die sich vor ihm aufbauen. Sie wirken hölzern, nicht mehr lebendig, sondern verkohlt; es scheint, als stiegen Rauchschwaden oder Nebel aus dem Gehölz auf. Über dieser düsteren Formation erhebt sich großartig prangend eine Art rotglühendes, ringförmiges Gestirn – wie auch in der »Windsbraut« –, das von einem hellblauen Himmel mit gemächlich dahinziehenden weißen Wölkchen umstrahlt wird. Offenbar hat Ernst bei der Ausbildung der unteren, zum Teil auch fossil versteinert wirkenden Bildpartie auf seine Technik der Grattage zurückgegriffen, ein von ihm entwickeltes Durchreibe-Verfahren, mit dessen Hilfe er die oft inspirierende, assoziative Ausdeutungen provozierende Textur von Materialien in seine Werke integrierte. Der Wald in seiner unergründlichen Dunkelheit steht – nicht erst bei Max Ernst – für das Verborgene (und ambivalent auch für das Bergende), das Lauernde, Geheimnisumwitterte und Unerkennbare. Er bildet die Szenerie von Märchen und Albträumen, wird zu Gegenwelt und Freiraum und nicht zuletzt zur Metapher für die Psyche, den Wildwuchs in ihr, das Animalisch-Ungezähmte.

Im Jahr 2006 kaufte die Kunsthalle Max Ernsts »Europa nach dem Regen I« (1933) aus der einstigen Sammlung von Siegfried Giedion und Cornelia Giedion-Welcker an. Auch in die-

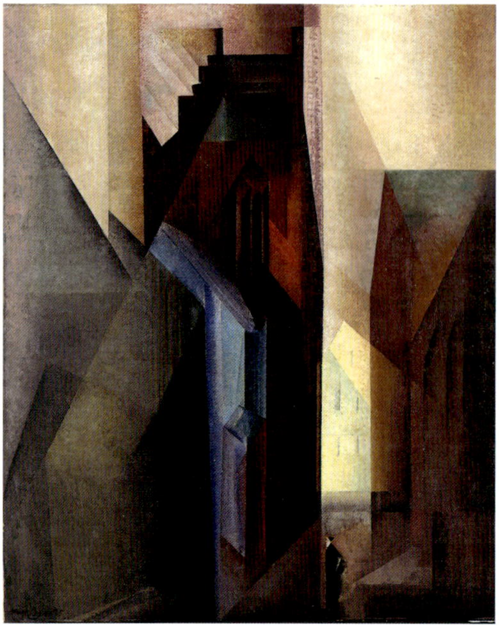

Lyonel Feininger, Torturm II, 1925

sem Werk arbeitet Max Ernst – wie in frühen Assemblagen oder der Vogel-Skulptur – mit einem »objet trouvé« oder Relikt aus einem anderen Werkzusammenhang. Der Träger dieses an eine Reliefkarte mit eingetragenen Schifffahrtslinien erinnernden Bildobjekts war Teil einer Dekoration für Luis Buñuels Film »L'Âge d'Or«. Ernst trat in ihm als Räuberhauptmann auf. Das Werk spielt mit der Idee eines tiefgreifend und großflächig geographisch verwandelten europäischen Kontinents. Im Jahr der Machtergreifung Hitlers gemalt, gibt das Werk zu divergierenden, mal utopisch, mal dystopisch akzentuierten Interpretationen Anlass, je nachdem wie stark zeithistorisch-politisch gebunden oder geradezu naturhistorisch visionär Ernsts künstlerische Haltung veranschlagt wird. Eine besondere Pointe gewinnt dieses Gemälde auf jeden Fall, wenn man sich vor Augen führt, dass seit 1929 eine Projekt-Skizze von Herman Soergel publizistisch für Furore sorgte, in der ein »Panropa«- oder »Atlantropa«-Großprojekt entworfen wurde, das eine kontinentale Metamorphose durch die Bewässerung der Sahara bei gleichzeitiger Austrocknung des Mittelmeeres vorsah.

Weiteren bedeutsamen Zuwachs erhielt die Sammlung surrealistischer Kunst im Jahr 2015 mit René Magrittes »Le Goût de l'Invisible« (1927). In gewissem Sinne handelt es sich auch hier um ein Landschaftsbild. Allerdings thematisiert und bricht Magritte zugleich die Logik der andeutungsweise illusionierten Raumentwicklung, indem er dem Bild verschiedene kulissenhaft plane oder lineare Elemente einpflanzt, die sowohl dessen Flächencharakter stark betonen als auch auf die moderne Methode der Erzeugung von Bildern hinweisen: auf das Prinzip Collage. Wie so oft in seinem Œuvre spielt Magritte auch hier mit Ebenen der Bedeutung und Mitteln der Täuschung und Desillusionierung, um uns spielerisch und rätselhaft dazu aufzufordern, unsere Wahrnehmungen und Vorstellungen fortgesetzt zu überprüfen und an ihnen zu zweifeln.

Bauhaus und klassische Ordnung

Dieser Sphäre der dunklen poetischen Ahnungen, Konvulsionen und Abgründe steht in der Kunstgeschichte des 20. Jahrhunderts das wegweisende Bekenntnis zur rational geklärten Form, auch einer konstruktiven Abstraktion gegenüber, das prominent und prägend – auch für Architektur und Design – am Bauhaus propagiert wurde. Werke wie László Moholy-Nagys (1895–1946) schwebende Komposition »E IV (Konstruktion VII)« von 1922, Paul Klees (1879 bis 1940) träumerisch-verspielte und nächtlich anmutende »Flussbaulandschaft« (1924) und Oskar Schlemmers (1888–1943) großartiges, seine Auseinandersetzung mit der Monumentalmalerei andeutendes Bild »Drei vor Schatten« (1932) stammen von Lehrern am Bauhaus und lassen erahnen, wie vielschichtig deren bildnerische Interessen und Temperamente waren. Lyonel Feininger (1871–1956) gehörte zu den stilleren, ganz gewiss allem Ideologischen und Missionarischen abholden Künstlern am Bauhaus. Typisch für seine Bildsprache ist »Torturm II« (1925). Die Architektur scheint wie prismatisch zergliedert in Bahnen, Segmente, Streifen von Licht, das zu einem leuchtenden orchestralen Klang gebündelt ist. Baukörper verlieren ihre Körperlichkeit, ihr Volumen, Raum wird zu einer imaginären Kategorie, die nur mehr durch Flächenschichtungen angedeutet wird. Außerdem scheinen Feiningers Architekturen zumeist Himmel und Erde zu verklammern. An ihnen manifestieren sich Übergänge von der Dunkelheit zum Licht, vom Schweren hin zu ätherischer Leichtigkeit, vom Geschlossenen ins Durchsichtige, vom kristallin Verfestigten zum Entmaterialisierten.

Aus demselben Jahr stammt das »Stillleben« des französischen Künstlers Fernand Léger (1881–1955), von dem die Staatliche Kunsthalle insgesamt drei Bilder (und ein wunderbares Aquarell im Kupferstichkabinett) besitzt. Légers Kubismus – dessen Frühphase sich in »Rauch über den Dächern« (1911) manifestierte – hat 1925 eine eigene synthetisch-klassische und puristische Phase erreicht, die zu dem kraftvollen und prägnanten Bildkonstrukt dieses Stilllebens führt. Eine Terrine, eine Fruchtschale, ein Topf auf einer Tischplatte, Tischtuch, Bodenbelag, Fenster und ein Bild im Bild schieben sich zu einem dichten, verschachtelten Flächenplan zusammen, auf dem alles Gegenständliche in teilweise grisailleartig-harte Farbkontraste übersetzt wird. Légers Sprache ist immer noch die des »Monteurs«, allerdings nicht nur inspiriert von der Collage- und Montage-Kunst, sondern auch von der Ästhetik des Films mit seinen schnellen Schnitten, Schwenks und sich überlagernden, überstürzenden Großaufnahmen. Der Künstler trägt damit der Rapidität, der Vervielfältigung der Wahrnehmung Rechnung. Er ersinnt eine Bildsprache der markanten Abkürzungen und irritierenden Überlagerungen, der knappen Andeutungen und harten Überschneidungen. Sie beruht auf einem die Moderne und ihre Errungenschaften gänzlich bejahenden Optimismus, der sich auch in »Konstruktion« (1950), dem spätesten Werk des Malers in der Kunsthalle, ausdrückt. Alles Gebaute, Geschaffene, Künstliche faszinierte Léger – die Tragfähigkeit menschlicher Vorstellungen und Erfindungen, seiner konstruktiven Tatkraft.

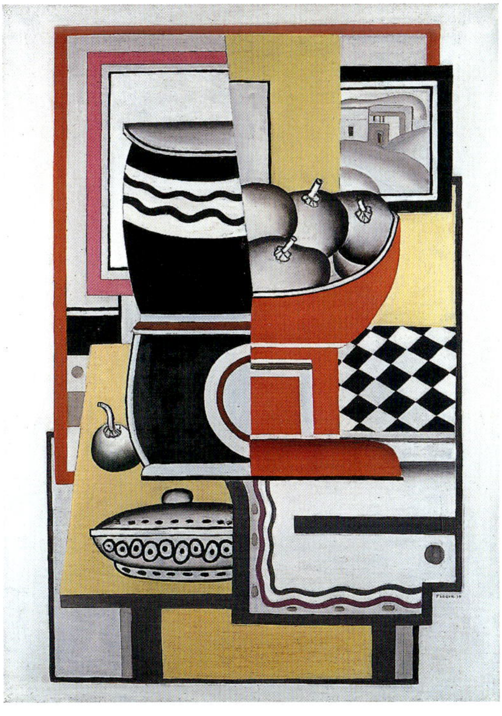

Fernand Léger, Stillleben, 1925

Neue Sachlichkeit, Verismus und das Ende der klassischen Avantgarde

Wenig von Légers Fortschrittsglauben ist in den in der Karlsruher Sammlung vereinten Werken der deutschen Künstler der Neuen Sachlichkeit, des Verismus und Magischen Realismus zu spüren. Allenfalls noch Carl Grossberg (1894 bis 1940) zeigt sich 1933 mit seinem Bild »Ölraffinerie« (das als Auftragswerk entstand)[86] als realistischer Apologet stählerner Schönheit. Was östlich des Rheins zwischen 1918 und 1933 entsteht, strahlt kaum Zuversicht aus, ist von den Erschütterungen des Ersten Weltkriegs geprägt, vom menschlichen Leid, dem sozialen Elend, das ihm folgte. Häufig konfrontieren Künstler der Neuen Sachlichkeit das Lebendige mit dem Toten: Georg Scholz (1890–1945) etwa stellte in »Weiblicher Akt mit Gipskopf« (1927) einen stummen Dialog zwischen beidem her und goss 1921–22 bissigen Spott über die chauvinistischen Scharfmacher aus, die schon wieder ihr Unwesen im »Kriegerverein« (so der Titel des Bildes) trieben. Die tiefsitzende Skepsis und Wachsamkeit, mit der Scholz – von 1923 bis 1933

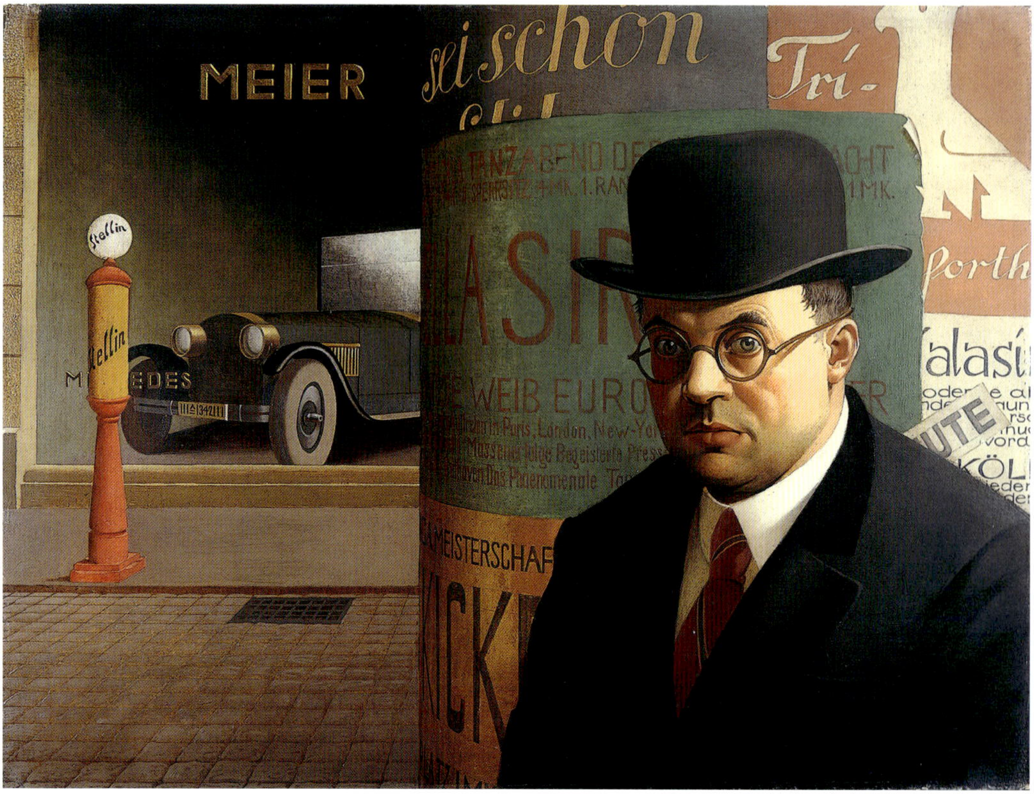

Georg Scholz, Selbstbildnis vor der Litfaßsäule, 1926

Lehrer an der Karlsruher Kunstakademie – nicht nur diesen Zeiterscheinungen, sondern sogar sich selbst begegnete, drückt sein »Selbstbildnis vor der Litfaßsäule« (1926) aus. Mit offenem und geradem Blick zum Betrachter stellt er sich unmittelbar im Bildvordergrund dar, hinter sich ein modernes »Medium«, die Litfaßsäule, auf der Unterhaltungs-Veranstaltungen – ein Tanzabend, bei dem das dickste Weib Europas auftreten soll – und Sportereignisse angepriesen werden. Im Hintergrund links daneben fällt der Blick auf eine Benzin-Zapfsäule, das Schaufenster eines Autohändlers und einen dort ausgestellten Mercedes. Gespenstische Einsamkeit und eine unwirkliche Kühle grundieren diese Szene atmosphärisch. Ursache dieses Eindrucks scheint vor allem die uneinheitliche Beleuchtung – den Künstler trifft scharfes Seitenlicht von rechts, wohingegen das Schaufenster von links ausgeleuchtet wird. Scholz ist zu diesem Zeitpunkt ein Arrivierter, der sich allerdings ohne Überhöhung porträtiert, auch nicht etwa ein elitäres Umfeld für seinen Auftritt wählt, sondern im wahren Wortsinn als Mann von der Straße daherkommt, umgeben von Zeitgenossenschaft, Trivialem, Realem und damit für seine Kunst Unabdingbarem. Die Kunsthalle besitzt von ihm, den die Nationalsozialisten als entarteten Künstler verfemten und seines Amtes enthoben, neben fünf Bildern eine Reihe meisterlicher, teils karikierend-kritischer Graphiken und Zeichnungen.

Außer an neun Werken von Alexander Kanoldt (1881–1939) lässt sich die Neue Sachlichkeit hier ausführlich auch an Bildern von Wilhelm Schnarrenberger (1892–1966) und Franz Radziwill (1895–1983) studieren. Unerreichte Höhepunkte dieser Epoche sind jedoch zweifellos die beiden Bilder von Otto Dix (1891–1969): »Die Schwangere« (1930) und »Die Sieben Todsünden« (1933). Während »Die Schwangere« eine realistische Milieuschilderung ist, ver-

Otto Dix, Die Sieben Todsünden, 1933 ▶

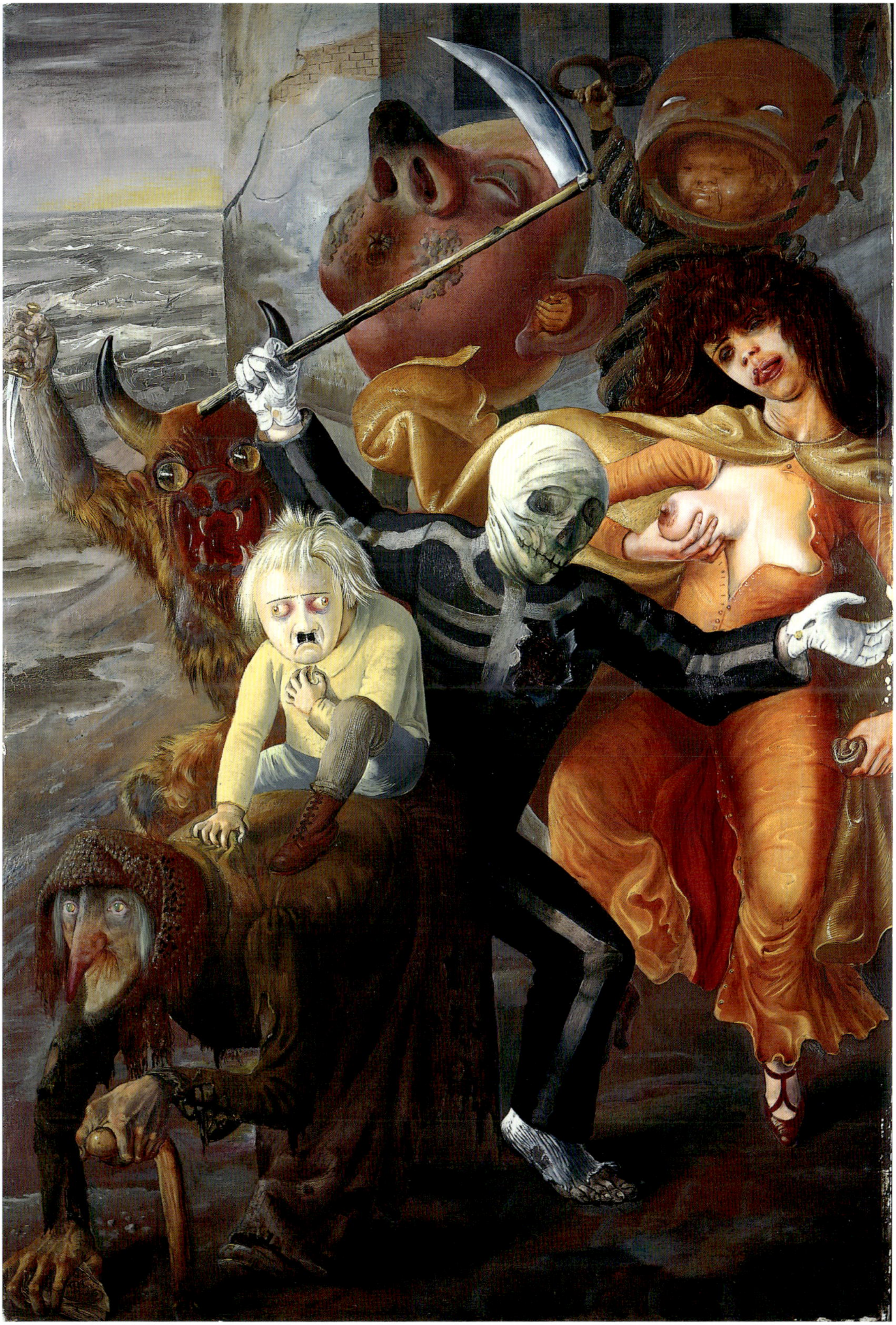

knappt aufs Motiv einer Frau im Elend, die in eine düstere Welt ein Kind setzen wird, erdichtet Dix in »Die Sieben Todsünden« einen phantastischen Zug der Monstrositäten. Einflüsse von Bosch, Brueghel und Grünewald lassen sich nachweisen.[87] Dix kleidet die Darstellung von Geiz, Neid, Trägheit, Zorn, Wollust, Hochmut und Völlerei (von links nach rechts in diagonal aufsteigender Reihe angeordnet) in die Metapher eines karnevalistischen Umzugs, der zum Totentanz gerät. Verkörpert durch Schauder erregende Gestalten, ziehen die Todsünden an einer zerfallenden Häuserfront entlang durch eine schlachtfeldartige Einöde: Angeführt wird der Zug von einer buckligen, auf einen Krückstock und ein Bündel Geldscheine gestützten Alten. Auf ihr hockt herrisch ein grimmig maskierter, schielender blonder Zwerg. Ihnen folgt ein Sensenmann mit bandagiertem Kopf, der einen schwarzen Anzug mit aufgemaltem weißem Skelett trägt – in der Brust, über der das Kostüm aufreißt, sitzt anstelle eines Herzens eine fette Kröte, Symbol der Trägheit. Links neben ihm droht ein behaarter Dämon mit gezücktem Dolch und aufgerissenem Rachen, wohingegen rechts eine breitbeinig-lasziv tanzende Prostituierte obszön ihre Brust darbietet und sich die durch Blasen verunstalteten Lippen leckt. Von Ausschlag und Grind entstellt ist auch die Visage des Hochmuts – der Mund zieht sich als Anus zusammen, die hoch erhobene Nase scheint schwarz verfault. Den Zug beschließt

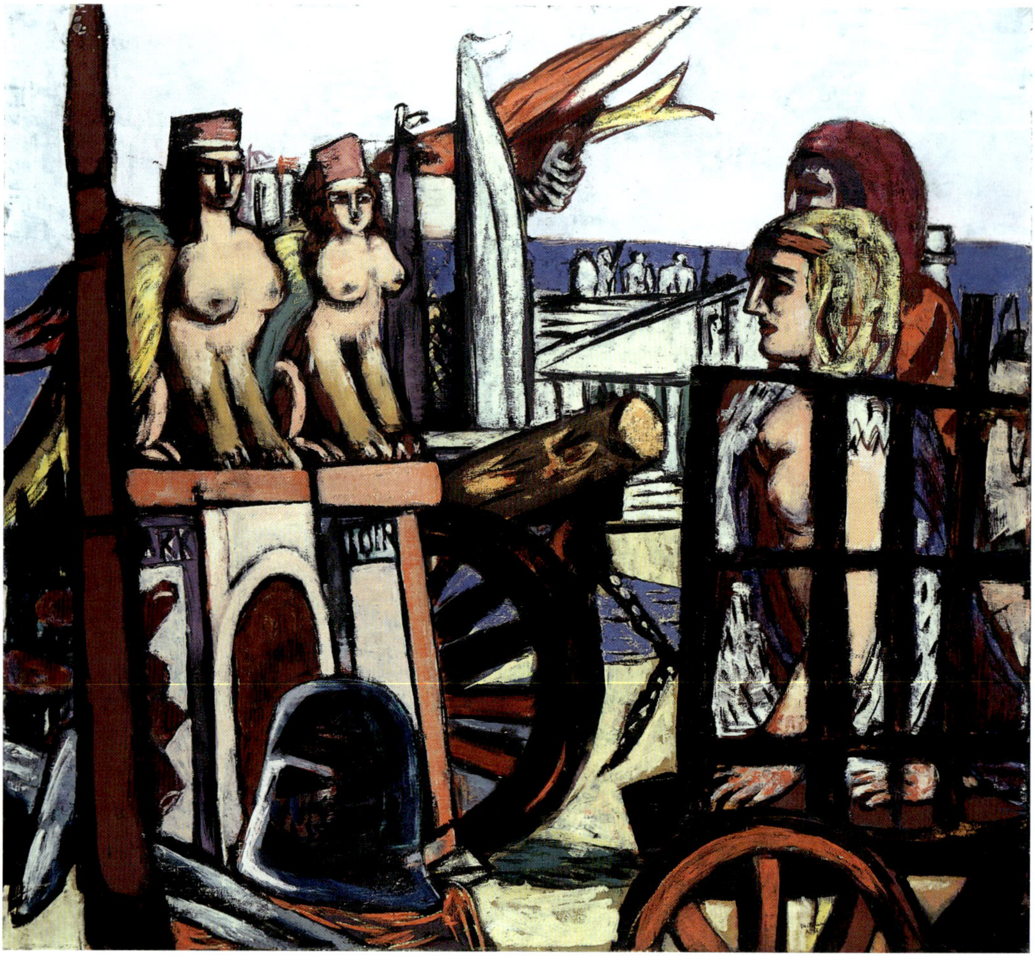

Max Beckmann, Abtransport der Sphinxe, 1945

ein Gierschlund: Durch das gefräßig geöffnete Maul der Maske, die einem umgekehrten Topf gleicht, sieht man den Kopf des pummeligen Trägers. Sein Leib ist mit Wurstringen umwickelt, und hoch in die Luft hält er eine Brezel und an einem Stock baumelnde Würste. In altmeisterlicher Maltechnik, grellen Farben, mit monumentaler Wucht und einer geradezu wütenden Freude an der Überzeichnung hat Dix dieses Panoptikum des Bösen, einen schrillen Aufmarsch des Verderblichen, inszeniert. Er kommentiert damit die Verhältnisse im Jahr 1933. Den kleinen Schnurrbart, den die Figur des Neides trägt und der dem Bild einen eindeutigen Hinweis auf Adolf Hitler gibt, fügte Dix erst zwischen 1948 und 1950 hinzu.[88] Als wäre all dies nicht drastische Warnung genug, trägt die zerbröckelnde Wand auch noch ein verbales Menetekel – zitiert wird der Anfang des Nietzsche-Wortes aus den Dionysos-Dithyramben: »Die Wüste wächst: weh dem, der Wüsten birgt!« und das sich fortsetzt: »Stein knirscht auf Stein, die Wüste schlingt und würgt. Der ungeheure Tod blickt glühend braun und kaut –, sein Leben ist ein Kaun. ... Vergiss nicht, Mensch, den Wollust ausgeloht: du – bist der Stein, die Wüste, bist der Tod.«[89]

Dieser unmissverständlichen, moralisierenden und politisch engagierten Ausdrücklichkeit, die für Dix' Schaffen insgesamt steht, begegnet im Werk Max Beckmanns (1884–1950) eine Rätselhaftigkeit und Komplexität, die sich eindimensionalen Entschlüsselungen nachhaltig widersetzt. Dieses Charakteristikum der späten Beckmann'schen Malerei lässt sich geradezu prototypisch an einem – gewiss dem geheimnisvollsten – Bild in der Moderne-Abteilung der Staatlichen Kunsthalle Karlsruhe festmachen. Beckmann malte den »Abtransport der Sphinxe« 1945 im holländischen Exil. Tatsächlich hat dieses Werk nichts von einem Bild der Befreiung. Im Gegenteil: Eng drängen sich Sieger und Besiegte auf dem schmalen Uferstreifen einer Meeresbucht. Eine Sphinx, mit einer Art hermelinbesetztem Königsmantel bekleidet, wird auf einem Karren von einem Schergen abtransportiert. Links vorn auf einem Richtblock liegen ein Schwert und ein Helm. Dahinter erhebt sich ein Tor, das die Form eines Triumphbogens zitiert. Auf ihm thronen weitere Sphinxe mit bunten Flügeln wie Wächter, die mit festem Blick die Szene fixieren. Wiederum dahinter erkennt man eine Lafette mit einem wie ein Kanonenrohr aufgelegten Holzbalken, Masten vor Anker gegangener Schiffe und eine strahlendweiße Tempelarchitektur. Über das Meeresblau spannt sich die Horizontlinie, und durch einen heiteren Himmel zieht ein riesiger roter Vogel mit mächtigen Krallen seine Bahn. So tief der imaginierbare Bildraum sein mag, Beckmann zieht die Szene dicht zusammen, wodurch allein schon der Eindruck äußersten Bedrängtseins, der Gefangenschaft entsteht. Am Bild entzünden sich Fragen: Wie ähnlich sind sich Sieger und Besiegte, Täter und Opfer? Welches Schicksal droht der Sphinx, deren Hände/Pfoten blutbeschmiert sind? Wird sie hingerichtet werden oder tatsächlich lediglich abtransportiert? Symbolisiert das Tor den Durchgang in eine andere Welt? Endet die Spirale der Gewalt? Lässt sich das Rätsel der Sphinx lösen, das einst, an seinem mythologischen Ursprung die Frage nach dem Menschen war? »Abtransport der Sphinxe« verharrt in einer großartigen Unbestimmtheit, die es auszuhalten gilt, aus der immer wieder neue Antworten resultieren können.

Nach dem Zweiten Weltkrieg

Zu den humorvollsten und – was seine Schriften belegen – intellektuell brillantesten Künstlern des 20. Jahrhunderts zählt Jean Dubuffet (1901 bis 1985), ursprünglich Weinhändler und als Maler Autodidakt. Er misstraute dem Kunstbetrieb ebenso wie dem Wertekanon der westeuropäischen Kultur. Zweifel dem Konventionellen gegenüber ließen Dubuffet nach anderen Anknüpfungspunkten, nach originären Inspirationsquellen suchen. Er fand sie in der Kunst der Naturvölker, der Kinder und Geisteskranken – und damit Ausdrucksmöglichkeiten, die allem Akademischen, Kanonisierten oder Genialischen fern standen. Kunst sollte direkter und roher, leidenschaftlicher und ungeglätteter Ausdruck des Instinktiven, der Vorstellungen und inneren Bewegungen sein, besser grobschlächtig als feinnervig, unbedingt unzivilisiert. Von

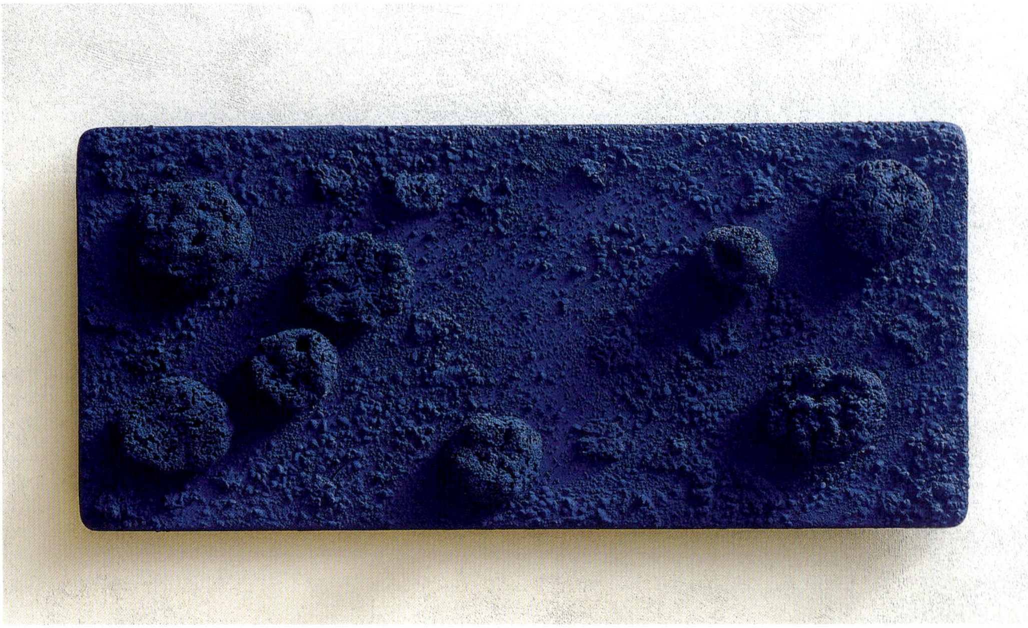

Yves Klein, Schwammrelief ›RE 48: Sol. 1960‹, 1960

1947 bis 1949 hielt sich Dubuffet dreimal und insgesamt etwa zehn Monate in der algerischen Sahara auf.[90] Was ihm hier begegnete und ihn beeindruckte, schlägt sich in dem Bild »Araber mit Fußspuren« (1948) nieder. Die große, wie von Kinderhand gezeichnete Figur eines Beduinen beherrscht das Hochformat. Halb im Profil, halb frontal gesehen, streckt er die Hände wie zu einer Begrüßung aus. Direkt unterhalb des hohen Horizonts, über den zwei Kamele ziehen, stehen weitere Figuren, möglicherweise jene Ankömmlinge, die er so freundlich, mit breitem Lächeln begrüßt. Übersät ist der ocker-braune Sand, der ihn umgibt, mit Fußspuren, Abdrücken, die für Dubuffet eine Art idealer Analogie zum bildnerischen Prozess darstellten, wie er ihn selbst verstand: das Bild als unmittelbarer Abdruck einer Form in die Materie. In diesem wie auch in »Landschaft des Formlosen« (1952) wirft sich das Malmittel dick auf und wird durch Kratzspuren versehrt. Der Titel jenes rotbraunen Landschaftsbildes bezeichnet indirekt auch, welche Entwicklung Dubuffet mit seiner im Endeffekt bildnerisch hochdifferenzierten Arbeit beeinflusste: die Kunst des Informel. Sie ist in der Kunsthalle unter anderem mit Werken von K. R. H. Sonderborg (1923–2008), Karl Otto Götz (1914–2017) und Asger Jorn (1914–1973) vertreten.

Während Dubuffet als Apologet der Materie und Vertreter einer Malerei gelten kann, die auf »Verkörperung« zielte, wurde Yves Klein (1928 bis 1962) zu einem Propheten des Immateriellen und Spirituellen. Durch die Philosophie der Rosenkreuzer und seinen ausgedehnten Aufenthalt in Japan geprägt – wo er als Judo-Kämpfer den Schwarzen Gürtel erwarb –, rief er im Jahr 1957 seine »époque bleu« aus. Die Kunsthalle besitzt »RE 48: Sol. 1960« – die Bezeichnung bedeutet »relief éponge«, also Schwammrelief. Das monochrome Blau sollte Vorschein der Unendlichkeit sein, eine ideale Fläche der Kontemplation darstellen, so wie das Azur des Himmels oder jenes Blau, dem Klein in der Unterkirche von San Francesco in Assisi begegnet war. Zunächst hatte er mit anderen Farben, vor allem auch Gold experimentiert, das noch in einer kunsthistorisch eher traditionellen, wenn auch völlig autonomen Weise die Präsenz des Transzendenten suggerierte – vergleichbar den Goldgründen mittelalterlicher Altartafeln. Selbstentgrenzung und -überwin-

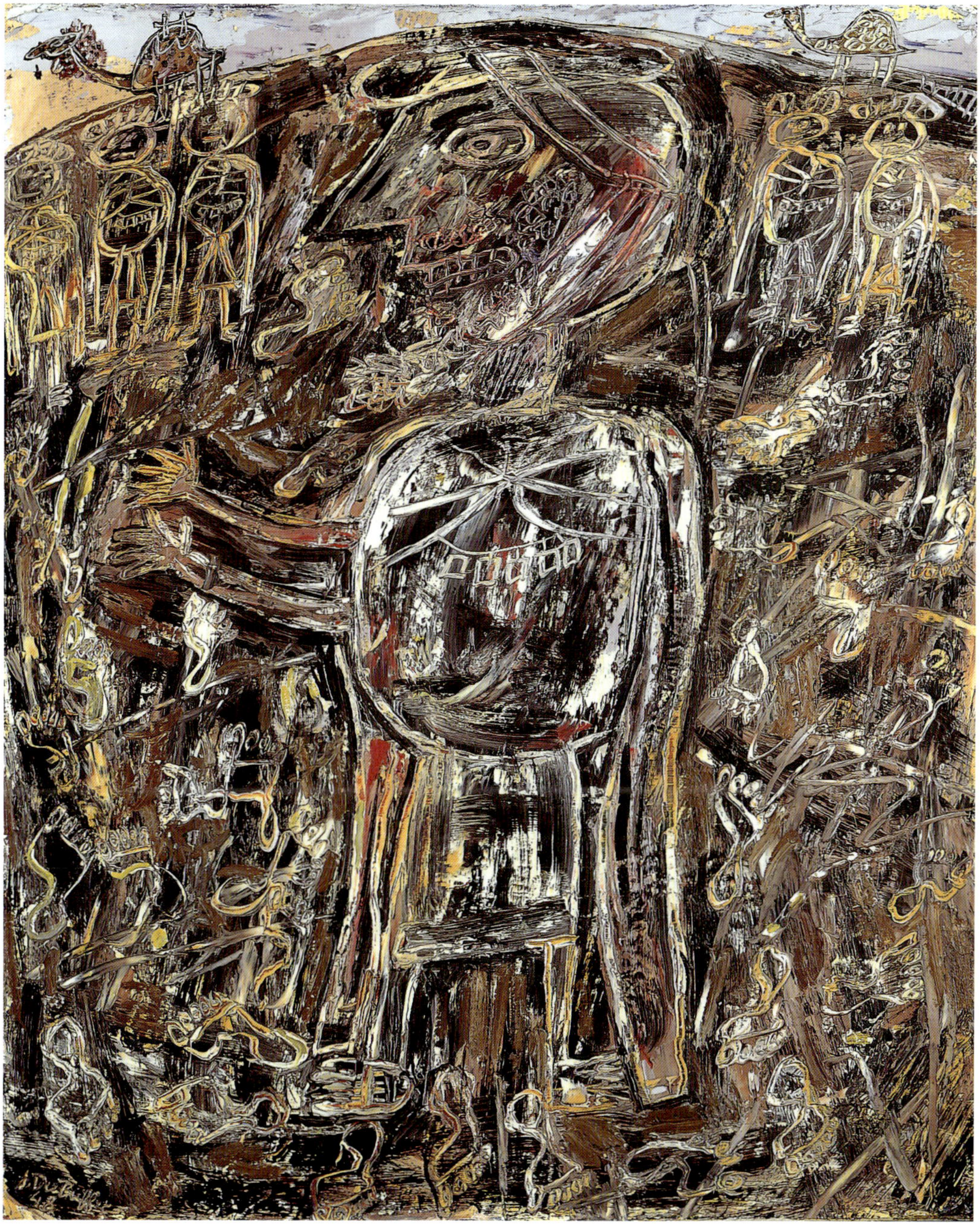

Jean Dubuffet, Araber mit Fußspuren, 1948

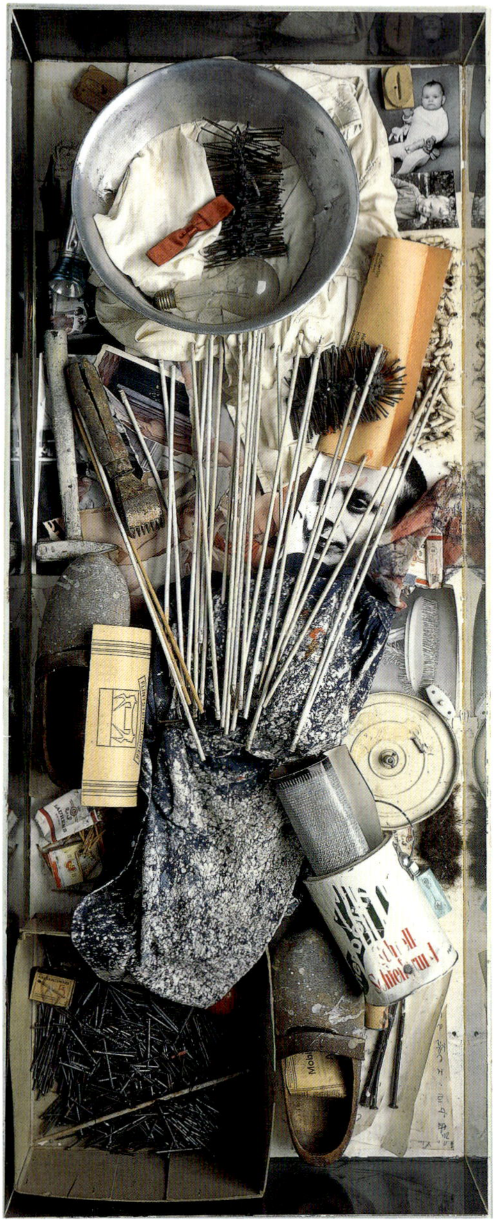

Arman, Phantombild Günther Ueckers, 1963

dung, ein Überschreiten der eigenen, körperlich-seelischen, aber auch der irdischen Grenzen gehörten zu Kleins künstlerischem Programm – es war die Zeit himmelstürmender künstlerischer Großprojekte und idealistischer Utopien, von »Sputnik-Schock und Mondlandung«.[91] Das Schwammrelief vereint das ätherische, von Klein in den fünfziger Jahren entwickelte »International Klein Blue« mit jenen haptisch interessanten, grobstrukturierten Schwämmen, deren Ursprung der Grund der Meere ist, deren kraterähnliche Strukturen aber gleichzeitig an die Oberflächen von Monden oder fernen Planeten erinnern. Die Schwämme sind Zeugen eines Prozesses der Absorption von Farbe, der größtmöglichen Sättigung, in der ein Stoff den anderen durchdrungen hat.[92]

Klein und sein Freund Arman hatten, nach eigenem, etwas selbstironischem Bekunden, eines Tages die »Welt« gerecht zwischen sich aufgeteilt: Yves Klein war mit seinem bildnerischen Wirken der Herrscher des Organischen, Arman (1928–2005) Herr über alles Artifizielle.[93] Mit wie viel Spielfreude und Humor Arman – wie seine Freunde und Weggefährten des »Nouveau Réalisme« – dem Diesseitigen, den Realien, dem Greifbaren und Alltäglichen vertraute, ihre Sprache erkundete und benutzte, veranschaulicht sein »Phantombild Günther Ueckers« (1963). Während Raymond Hains (1926–2005) dem Verfahren der destruierenden Decollage dekorative ästhetische Reize abgewann – sein Plakatwandabriss von 1960 zeugt davon –, erweiterte Arman die Technik der Montage zum Verfahren der Akkumulation ähnlicher oder gleicher Gegenstände, das zum Inbegriff der Darstellung serieller Vermassung im 20. Jahrhundert wurde, oder zu Objekt-Assemblagen aus Diversem. Nägel und Hammer, schwere Holzschuhe und Arbeitskittel, Streichhölzer, Zigarettenkippen und -schachteln, Pfeile, Fotos und Papierrollen, Taschenlampe und Glühbirne, Farbeimer, Schüssel und eine rote Fliege vereint Arman zu einem sprechenden Porträt seines Freundes, einer facettenreichen Hommage an einen Kollegen, der offenkundig so direkt und treffsicher mit dem Material umgeht wie er selbst, und der sich – was die Lichtsymbole in der Nähe der Schüssel, also der Kopfzone dieser »Figur« andeuten – durch einen hellen Verstand auszeichnet.

Im Bereich des klassischen Mediums der Malerei eröffnet sich gegen Ende eines Rundgangs durch die Abteilung der Kunst des 20. Jahrhunderts eine Vielfalt zunehmend individualistischer Ansätze. Josef Albers' (1888–1976) »Ehrung des Quadrats: Gelbes Zentrum« führt einerseits noch einmal zurück in das erste Viertel des Jahrhunderts, zurück ans Bauhaus, an dem Albers zunächst von 1920 an studierte und später lehrte, und gleichzeitig in die Neue Welt, in die der Künstler 1933 exilierte. Hier wurde er Professor am legendären Black Mountain College. Über Jahrzehnte hinweg trieb er – auch gemeinsam mit seinen Studenten – malerische Versuchsreihen, deren Ergebnis die großartigen »Hommages to the Square« sind. In einer bei aller Strenge dennoch aufregenden Variationsbreite arbeitete er praktisch und theoretisch an der präzisen Analyse der »Interaktion der Farbe«, der Wechselwirkungen zwischen Form und Farbe und ihrer Effekte auf das menschliche Auge und die hirnphysiologische Verarbeitung dieser Sinnesreize. Das Bild der Karlsruher Sammlung veranschaulicht eindrucksvoll, wie die ineinander gesetzten Quadrate aus Gelb, Rostrot, Anthrazit und Schwarz einen atmenden, changierenden Bildraum suggerieren. Der ausdauernde Blick wird dynamisiert und verunsichert, die Aufmerksamkeit des Betrachters allmählich vom Bild auf den Akt des Sehens selbst umgelenkt, begleitet von Empfindungen der Unschärfe, Erkenntnissen über die Wechselhaftigkeit der Erscheinung, die Relativität und Labilität von Wahrnehmung. Albers' Werk steht als hochreflektierter Auftakt gleichzeitig am Beginn der Epoche der Farbfeldmalerei, der Op-Art, und weist voraus auf Werke wie etwa die »Himmelsrichtungen II« von Palermo.

Sie sind eine von drei Arbeiten des 1943 als Peter Schwarze in Leipzig geborenen Künstlers in der Kunsthalle, der nach seiner Adoption den Namen Peter Heisterkamp trug und sich 1965 das Pseudonym Palermo gab.[94] Im Jahr 1964 wurde er Schüler von Joseph Beuys. Zwischen 1966 und 1972 entstanden vor allem Werke wie das Karlsruher »Stoffbild Rosa-Weiß-Schwarz«, für das Palermo, vermutlich 1970, vorgefertigte Stoffe in drei horizontal übereinander angeordneten Bahnen zum Bild vernähte. Ein Jahr vor seinem überraschend frühen Tod während einer Reise auf die Malediven 1977 entstand »Himmelsrichtungen II«, in dem Palermo seine geometrisch-minimalistische Formsprache beibehält, von einem ausgesprochen weichen jedoch zu einem harten Material wechselt. Die

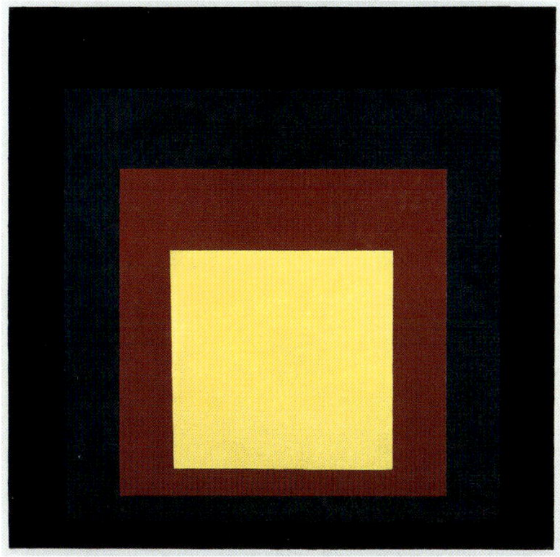

Josef Albers, Ehrung des Quadrats: Gelbes Zentrum, 1954

»Himmelsrichtungen« – außer der Karlsruher Version existieren noch eine frühere und eine spätere Fassung – sind Acrylmalerei auf Metall. Das dritte Werk – »Ohne Titel« (1973) – besteht aus Edelstahl. Es handelt sich um eine einfache Konstellation in Form eines T-Kreuzes, für das Palermo aber keinerlei zeichenhafte oder symbolische Bedeutung reklamierte. Seine bildnerischen Interessen blieben rein formal, konkret und dennoch schwebend.

Auch Imi Knoebel (*1940) wurde Schüler in der Beuys-Klasse und gehört zu jenen Künstlern, die sich einer mit minimalistischen Mitteln operierenden Kunst verschrieben. Im Jahr 2009 konnten die beiden provisorisch und robust anmutenden, auf Zerstörung und Konflikt hinweisenden Arbeiten »Radio-Bild« (1982) aus der auf den Israelisch-Arabischen Krieg verweisenden Serie »Radio Beirut« und »Ohne Titel (Metallschlange)« (1982) angekauft werden.

Aus den sechziger Jahren stammen die Werke der beiden derzeit weltweit öffentlichkeitswirksamsten deutschen Maler-Heroen: Gerhard Richter (*1932) und Georg Baselitz (*1938). Beide bleiben figurativ arbeitende Künstler, Baselitz unverbrüchlich, Richter in Partien seines Œuvres; beide wurden im östlichen Teil Deutschlands geboren und verbrachten zumindest die Frühphase ihres künstlerischen Werdegangs in

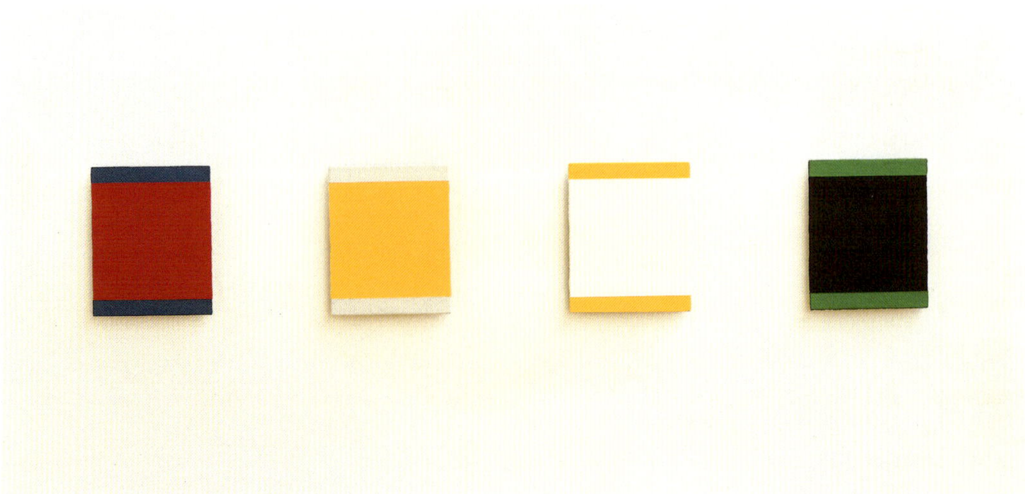

Palermo, Himmelsrichtungen II, 1976

der DDR – dennoch entwickelten sich Werkläufe gänzlich verschiedenen Charakters. Richter agiert eher als nüchterner Beobachter, der mit seiner Malerei diese selbst befragt – von der reinen, zuweilen geometrischen Farbmalerei bis zum Vexierspiel mit der (paradoxerweise) präzisen Unschärfe der Motive. Baselitz hingegen bedient sich leidenschaftlich und expressiv bildnerischer Verfahren, die sich letztlich auf die Entdeckungen der Surrealisten gründen.

Richters »Stadtbild F« zählt zu einer kleinen Reihe von Werken aus den Jahren 1968/69. Mit bravourös bewegtem Pinselduktus verwandelt der Künstler eine Ansicht Münchens in eine Art grob gerasterte Grisaille – »Grau-Malereien« dieser und hochverfeinerter Art bilden bis heute im Œuvre des Künstlers eine bedeutende Werkreihe. Ähnlichkeitsbezüge zum Ausgangsmotiv sind derart verunklärt, dass das Bild jahrelang für eine Ansicht Frankfurts gehalten werden konnte.[95] Die Entleerung der Motive, die Banalisierung des Sujets, die Befreiung vom Ballast des Bedeutenden und Bedeutsamen, des Aussagekräftigen, gehört zu den Werkstrategien Richters. Es ist dies ein Verfahren, mit dem der Künstler darauf beharrt, seinen Malakt vom Gegenstand auslösen zu lassen, auch immer wieder zu ihm zurückzukehren, ohne von ihm dirigiert zu werden. Richters Malerei oszilliert mittlerweile seit Jahrzehnten zwischen Realismus und dessen Infragestellung. Sie kann geradezu als Paradefall einer kontinuierlichen Auseinandersetzung mit der vor allem für das letzte Jahrhundertviertel beherrschenden Frage nach einer Theorie des Bildes betrachtet werden – allerdings als durchweg praktischer Beitrag hierzu, denn der Künstler selbst enthält sich standhaft verbaler Äußerungen zu diesen Fragen.

Ganz anders Georg Baselitz: Nicht nur am Beginn seiner Karriere standen manifestartige Äußerungen. Der Künstler flankierte seine verstörenden und provozierenden, selten ohne heftige emotionale Anteilnahme und eruptiv-subjektive Spontaneität gemalten Bilder immer wieder mit zuweilen geradezu literarischen Äußerungen über sein Selbstverständnis und seine Sicht auf die Malerei. Vom Interesse für den Symbolismus und Surrealismus getragen, von Dichtung inspiriert – vor allem auch von den Texten Antonin Artauds –, stellt sich das Frühwerk als schonungslose und ungebärdige Auseinandersetzung mit den eigentlichen kreativen Triebenergien, existenziellen Grenzerfahrungen, Gefährdungen und seelischen Abgründen dar. Die wütende Wucht und der Schmerz, mit denen diese Bilder gemalt sind, rühren nicht aus privatistischen Befindlichkeiten oder Frustrationen, sondern vor allem aus einem Unbehagen an der Kultur – und nicht zuletzt an der damals noch unmittelbaren deutschen Vergangenheit. Baselitz, der sein

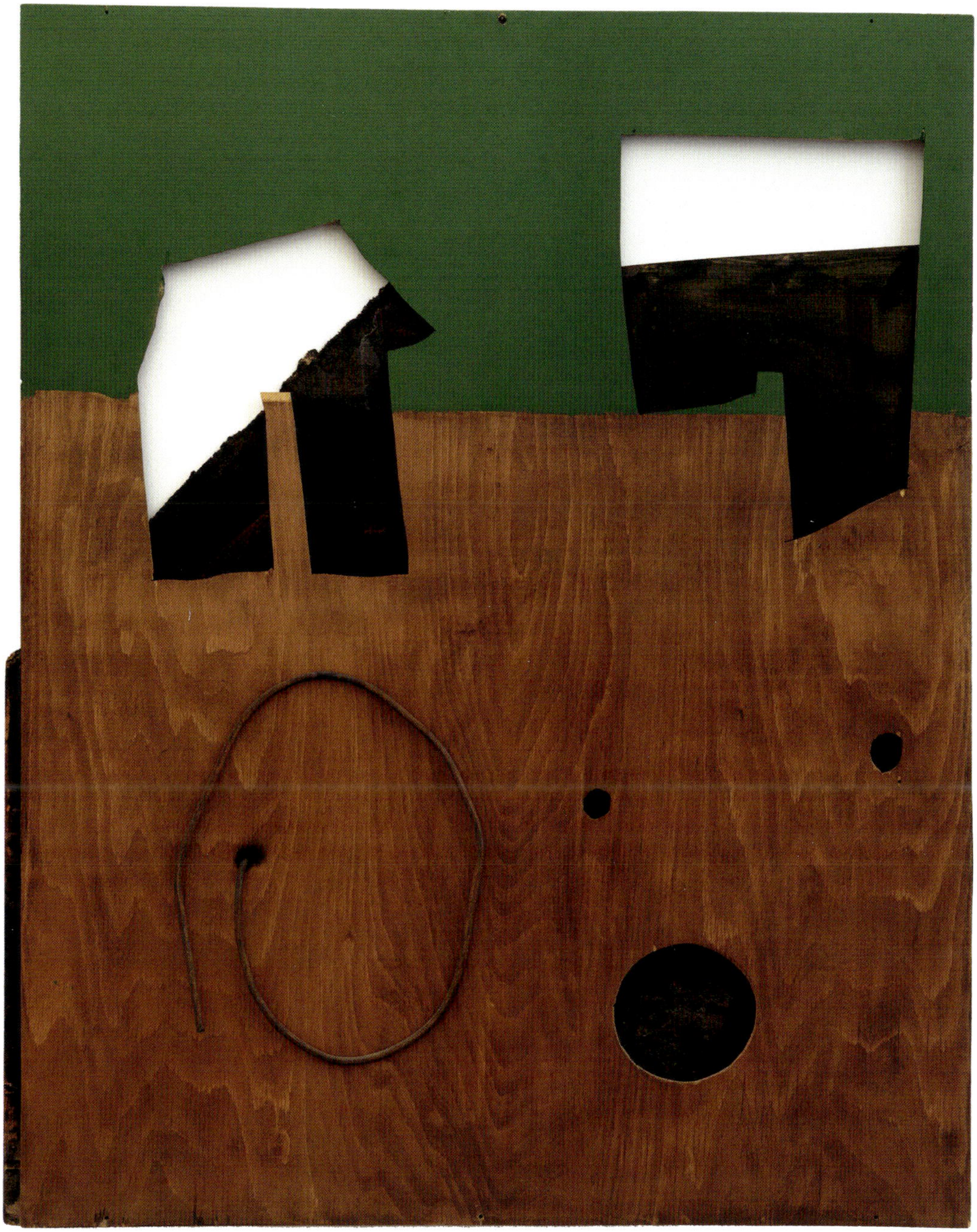

Imi Knoebel, Radio-Bild, 1982

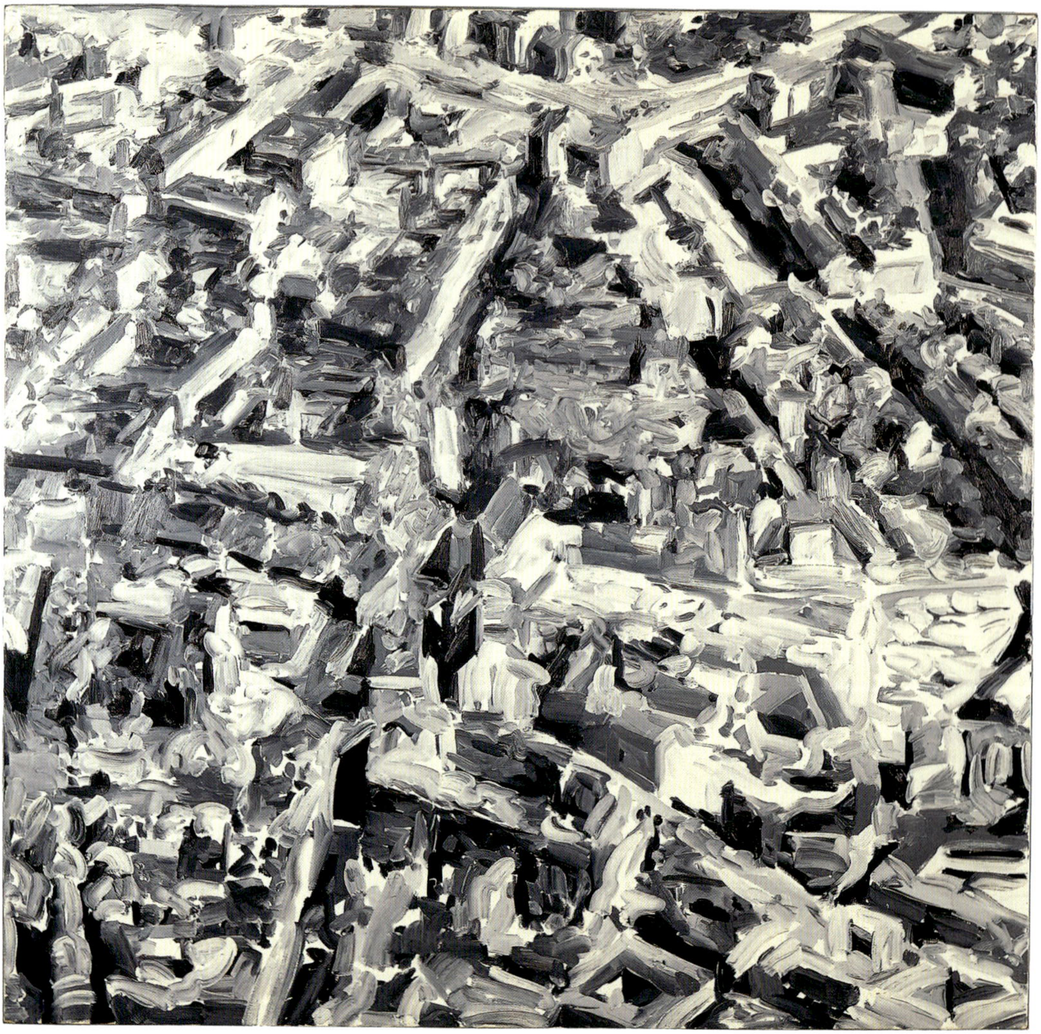

Gerhard Richter, Stadtbild F, 1968

Schaffen in der Tradition der hässlichen deutschen Bilder verortet, schafft aus einem überbordenden Fundus an inneren Bildern, obsessiv, bewusst enthemmt und ähnlich automatistisch wie die Surrealisten. Eine der drastischsten Ausgeburten dieser Phase ist die »Fixe Idee« von 1964. Ein Kreuz aus phallusartigen Stängeln, die in drei kleinen Köpfen enden, ist hier vor einem hellrosa Hintergrund aufgerichtet. Geschlechtsteile – kleine Brüste und ein blutroter Penis – sitzen an diesem gleichzeitig fragilen und albtraumhaft bedrohlichen »Gewächs«. Siegmar Holsten hat verschiedene kunsthistorische und literarische Quellen entdeckt, die den Humus gebildet haben dürften, aus dem Baselitz' Bild emporwuchs: Zu ihnen zählen Odilon Redons Lithographie »Sumpfblume«, Gustave Moreaus »Fleur mystique«, Edvard Munchs »Giftblume«, Kreuzigungsbilder Picassos und Bacons und nicht zuletzt Georg Büchners »Woyzeck«.[96] Dass Baselitz diesem Fundus etwas genuin Neues und trotz größtmöglicher Verknappung höchst Komplexes hinzuzufügen weiß, macht dieses Werk auf stupende Weise deutlich. Die beiden Bilder von Baselitz und Richter aus den sechziger Jahren markieren damit zwei fundamental ver-

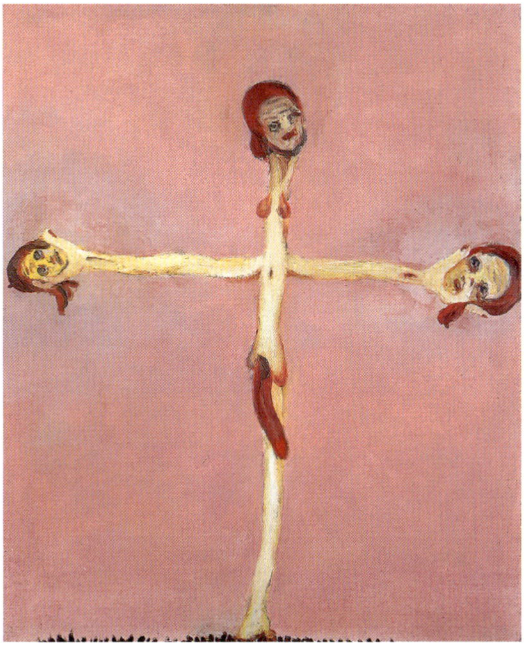

Georg Baselitz, Fixe Idee, 1964

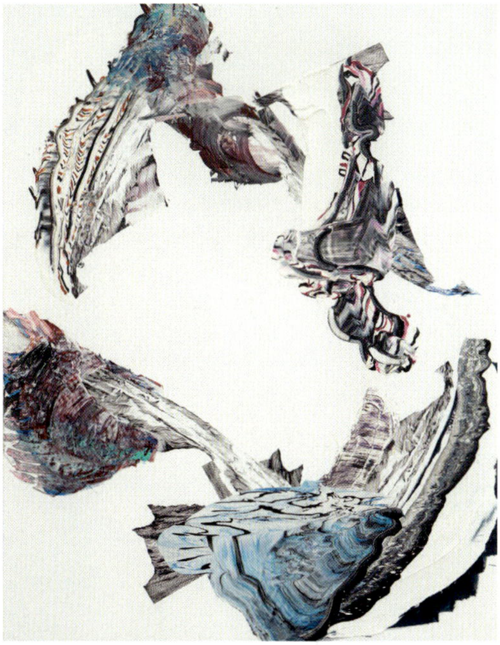

Pia Fries, Fahnenbild, 2011

schiedene Haltungen gegenüber der Moderne: die Absage an Bedeutsamkeit einerseits und andererseits den Versuch, Bedeutung neu zu markieren, zu potenzieren, ohne sie zu fixieren.

Längst gehören zu den Erwerbungen für das Haus jedoch auch Arbeiten der nächsten und übernächsten Generation: Von der Richter-Schülerin Pia Fries (*1955) zum Beispiel kaufte die Kunsthalle 2011 vier Bilder aus dem Jahr 2010 mit dem Serientitel »Fahnenbild« (5, 7, 8 und 11) an. Diese Werke entstanden für die Ausstellung »Pia Fries. Krapprhizom Luisenkupfer«, die 2010/2011 in der Kunsthalle stattfand und innerhalb derer sich die Künstlerin auch mit Werken der Sammlung für ihre eigene Bildproduktion auseinandersetzte.

Mehr als all dies bietet ein Rundgang durch die Abteilung, der schließlich auch zu weiteren Werken führen könnte: von Christian Rohlfs (1849–1938), Paula Modersohn-Becker (1876 bis 1907), Otto Freundlich (1878–1943), Willi Baumeister (1889–1955), Jean Fautrier (1898–1964), Lucio Fontana (1899–1968), Ernst Wilhelm Nay (1902–1968), Fritz Klemm (1902–1990), Emil Schumacher (1912–1999), Nicolas de Staël (1914–1955), Gerhard Hoehme (1920–1989), François Morellet (1926–2016), Arnulf Rainer (*1929), Gotthard Graubner (1930–2013), Peter Dreher (*1932), Horst Antes (*1936), Walter Stöhrer (1937–2000), Markus Lüpertz (*1941), Sigmar Polke (1941–2010) und Christian Boltanski (*1944).

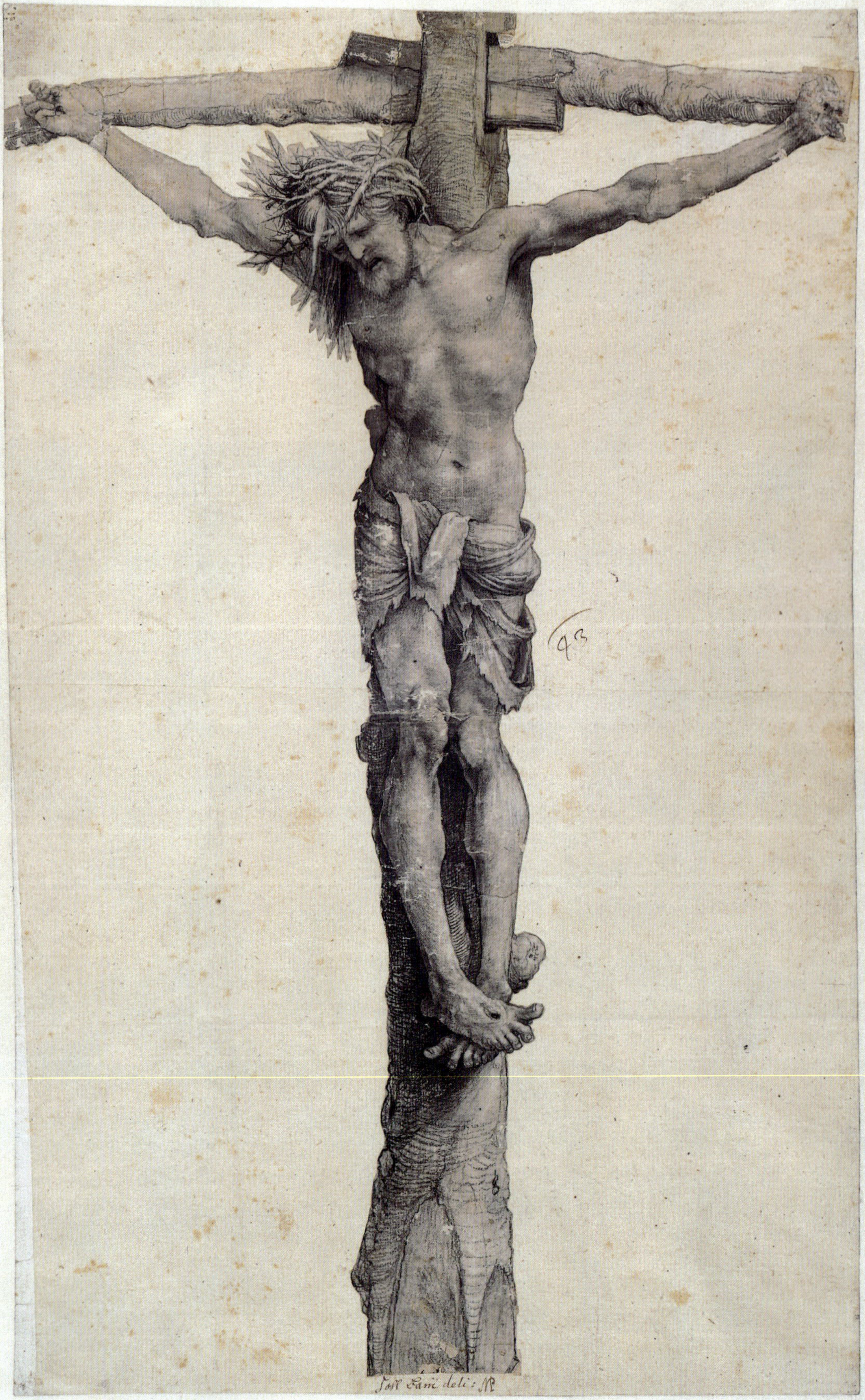

KUPFERSTICHKABINETT

Das Kupferstichkabinett der Staatlichen Kunsthalle Karlsruhe gehört zu den ältesten Graphiksammlungen Europas.[97] Den Grundstein für diesen mittlerweile auf mehr als 90 000 Zeichnungen, druckgraphische Blätter, illustrierte Bücher und Druckplatten angewachsenen Bestand legte Markgraf Friedrich V. von Baden-Durlach während des Dreißigjährigen Krieges in seinem Straßburger, später Basler Exil. Geprägt ist die Sammlung zunächst von ihrem Entstehungsort. Im Bereich der altdeutschen Zeichnung und Druckgraphik des 15. bis frühen 17. Jahrhunderts setzen vor allem am Oberrhein und im Bodenseegebiet entstandene Meisterwerke glanzvolle Akzente.

Allein von Martin Schongauer (1445/50–1491) besitzt die Kunsthalle fast die Hälfte seines 116 Kupferstiche umfassenden Werkes, darunter zum Beispiel das »Weihrauchfass«, das zu seinen Meisterblättern zählt. Es belegt die enge Verwandtschaft des Kupferstichs mit der Goldschmiedekunst, der Schongauer in der Werkstatt seines Vaters bereits als Kind begegnete. Das Blatt könnte ein schon vorhandenes Weihrauchgefäß darstellen oder aber als minutiöser Entwurf für ein solches gedacht gewesen sein. Zweifellos zeugt es von der unübertrefflichen Brillanz des Künstlers in seinem Metier: Mit äußerster Präzision gibt er die reiche Dekoration des Gegenstandes, Maß- und Laubwerk, Fialen, Krabben und Engel wieder, mit tief gestochenen, dunklen Linien und durch verschiedene Schraffuren differenziert angelegten Grauabstufungen verleiht er ihm eine frappierende Gegenwärtigkeit und Plastizität.

Von den weltweit nur gut 30 Matthias Grünewald (1475/80–1528) zugeschriebenen Zeichnungen besitzt die Karlsruher Kunsthalle ein überaus wertvolles Blatt: Es handelt sich um eine Darstellung Christi am Kreuz, der ein besonderer Rang zukommt, da es sich bei ihr offensichtlich um die einzige erhaltene Studie Grünewalds nach einem lebenden Aktmodell handelt. Die ursprüngliche Zeichnung wurde – vermutlich aufgrund einer Beschädigung des Blattes – entlang der Konturen des Körpers und des Kreuzes ausgeschnitten und auf einen neuen Bogen montiert. Nicht nur thematisch, sondern vermutlich auch zeitlich steht Grünewalds Zeichnung in engem Zusammenhang mit der Kreuzigungsdarstellung des Tauberbischofsheimer Altars in der Staatlichen Kunsthalle (Abb. Seite 45 und 46).

Auch von dem dritten großen, die oberrheinische Kunstregion prägenden Künstler der Renaissance, von Hans Baldung Grien (1484/85 bis 1545), besitzt die Kunsthalle eine Reihe Aufsehen erregender Arbeiten: Eine unvergleichliche Rarität ist das 110 Silberstiftzeichnungen umfassende Skizzenbuch. In ihm sind zwischen 1510 und 1545 entstandene Blätter zusammengefasst, auf denen Baldung eindrucksvolle Studien trieb, Ansichten Straßburgs oder mittelalterlicher Burganlagen festhielt, Skizzen von

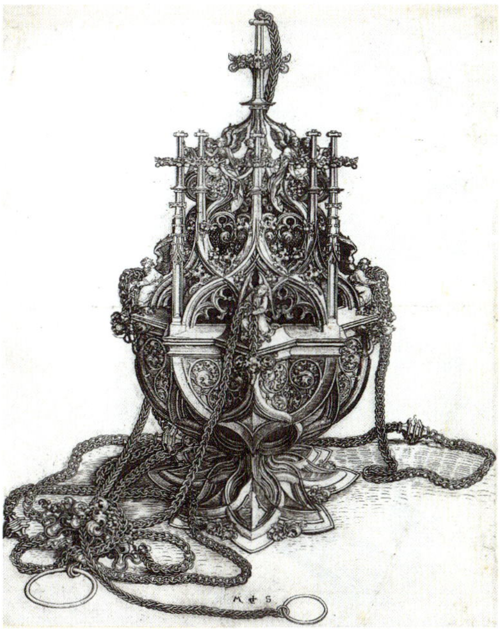

Martin Schongauer, Weihrauchfass, 2. Hälfte des 15. Jahrhunderts

◀ Matthias Grünewald, Christus am Kreuz, vermutlich um 1524

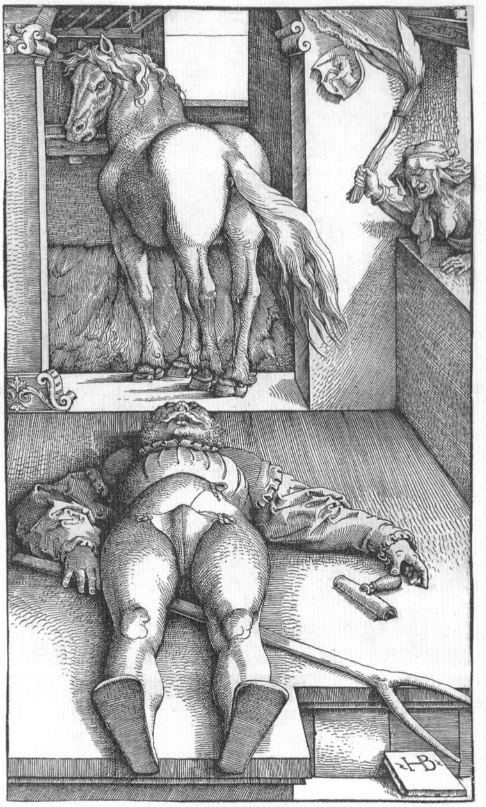

Hans Baldung Grien, Der behexte Stallknecht, vermutlich um 1544

Tieren, Rüstungen, Körperteilen oder Porträts von Kindern und Erwachsenen schuf. Zeichnungen der »Thronenden Maria«, des »Heiligen Christophorus« oder von »Vier kämpfenden Hengsten« existieren hier, aber auch Baldungs ironische Auseinandersetzung mit dem Hexenglauben belegen mehrere Blätter, zum einen die lavierte Federzeichnung »Nackte junge Hexe und fischgestaltiger Drache«, zum anderen der Holzschnitt »Der behexte Stallknecht«. In starker Verkürzung zeigt Baldung einen am Boden liegenden Mann, schräg über seine Heugabel hingestreckt. Das Pferd hinter ihm blickt böse zurück auf diese Szene, rechts schaut eine Alte mit entblößter Brust und einer lodernden Fackel in der Hand durch ein Fenster in den Stall. Das mysteriöse Blatt hat verschiedenste kunsthistorische Interpretationen erfahren, jene einer Allegorie des Zorns oder einer Vision des Künstlers, in der er den eigenen Tod nahen sah. Gewiss ist, dass Pablo Picasso diesen Holzschnitt zitierte, als er 1937 begann, »Guernica« zu konzipieren.

Das fast vollständige druckgraphische Werk Albrecht Dürers (1471–1428) verdankt das Kabinett ebenfalls der Sammeltätigkeit Friedrich V.; darunter sind die deutsche Ausgabe der Apokalypse des Johannes, die Meisterstiche »Melancholie«, »Ritter, Tod und Teufel« und »Der Heilige Hieronymus im Gehäus«. Im Jahr 1978 konnte außerdem eine Zeichnung Dürers mit der Darstellung Christi am Ölberg erworben werden. Werke des Meisters E. S. (tätig bis 1467 am Oberrhein), die Blätter Hans Burgkmairs (1473–1531), Urs Grafs (1485–1527/29), Hans Schäufeleins (um 1484–1538/40) und Christoph Murers (1558–1614) sind weitere Höhepunkte dieses Sektors. Doch auch Werke italienischer Zeitgenossen dieser Künstler – ein so berühmter und wirkmächtiger Kupferstich wie Andrea Mantegnas (1430/31–1506) »Das Bacchanal mit Silen« oder eine gehöhte Kreidezeichnung Donato Bramantes (1444–1514) – zeigen die bildkünstlerischen Zeichen eines Epochenwandels, der die Kunstzentren diesseits und jenseits der Alpen um 1500 erfasst hatte.

Neben einigen Beständen niederländischer Graphik bilden Werke französischer Künstler – komplementär zur Gemäldeabteilung – einen bedeutenden Bereich der Sammlung, der vor allem im 20. Jahrhundert zusammengetragen wurde. Jene Zeichnungen französischer Herkunft, die Markgräfin Karoline Luise gesammelt hatte, sind zum Teil verschollen, wohingegen sich unter anderem ein umfangreicher von ihr angelegter Bestand an Blättern englischer Schabkunst erhielt, anhand dessen sich ein aufschlussreicher Einblick in die Kunst- und Kulturgeschichte Englands im 17. und 18. Jahrhundert gewinnen lässt. Im Bereich der französischen Graphik des 17. Jahrhunderts besitzt die Kunsthalle unter anderem 341 Drucke von Jacques Callot (1592–1635), die – ähnlich wie ein Großteil der rund 500 Blätter Wenzel Hollars und mehr als 400 Werke Stefano della Bellas – wohl schon durch Friedrich V. in die Sammlung gelangten. Außerdem werden hier 25 druckgraphische Werke und Zeichnungen von Claude

Lorrain (1600–1682) bewahrt. Eine Besonderheit sind die neun – von insgesamt lediglich 47 existierenden – Radierungen des 1602 bis 1616 als Hofmaler in Nancy tätigen Jacques Bellange. Zeichnungen von Hubert Robert (1733–1808) und François Boucher (1703–1770) eröffnen die Möglichkeit, diese Künstler noch näher als lediglich über die von ihnen in der Gemäldeabteilung ausgestellten Werke kennen zu lernen, während Blätter von Antoine Watteau (1684–1721) und Jean-Honoré Fragonard (1732–1806) Künstler repräsentieren, die nicht mit Werken der Malerei in der Sammlung vertreten sind. Neben einem Gemälde (dem Bildnis des Don Juan Bautista de Goicoechea y Urrutia) und einer Zeichnung Francisco Goya y Lucientes (1746–1828) besitzt die Kunsthalle – wenn auch in späteren Ausgaben – alle radierten Folgen dieses bedeutenden spanischen Neuerers der Kunst.

Exzeptionell ist der Fundus, mit dem das Kabinett im Bereich deutscher Zeichnungen des 19. Jahrhunderts aufwarten kann. Nicht zuletzt aufgrund der institutionellen Nähe zur einstigen Großherzoglichen Kunstschule und späteren Akademie finden sich hier rund 5000 Einzelblätter und 130 Skizzenbücher mit weiteren 5500 Blättern von deutschen, vor allem auch vielen badischen Klassizisten, Romantikern und Realisten. Schenkungen oder Nachlässe der einstigen Hofmaler, Direktoren, Professoren oder Schüler der Akademie gingen nicht selten in den Besitz des Kupferstichkabinetts über. Herausragend ist in diesem Sektor der Bestand von rund 1000 Radierungen und Lithographien von Hans Thoma.

Aber auch die großartige graphische Kunst eines der prominentesten und bis heute populärsten Künstler des 19. Jahrhunderts, jene Adolph von Menzels (1815–1905), ist im Karlsruher Kabinett an vorzüglichen Exempeln zu studieren: Acht Zeichnungen, zwei Holzschnitte und neun Lithographien werden hier bewahrt, darunter »Bärenzwinger im zoologischen Garten«, das letzte Blatt der Folge »Versuche auf Stein mit Pinsel und Schabeisen«, die 1851 erschien. Menzels Sinn fürs Reale und dessen Doppelbödigkeit wird hier offensichtlich: Wir sehen fünf Braunbären in einem tiefen Graben, von einer hohen Mauer umgeben, von der fünf neugierige Zoobesucher auf die Tiere hinabblicken, die in

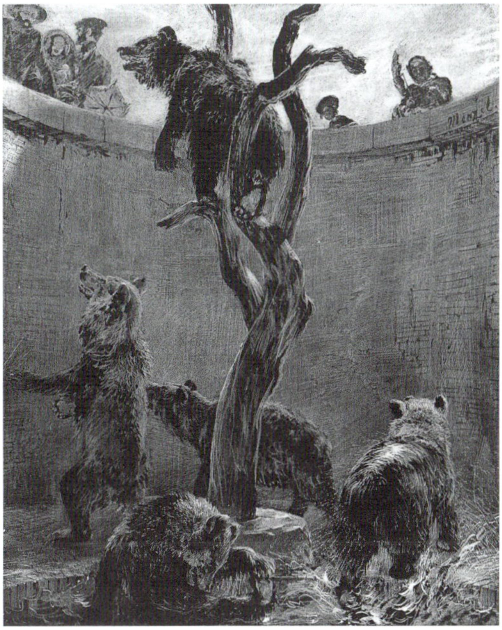

Adolph von Menzel, Der Bärenzwinger im zoologischen Garten, 1851

unterschiedlichsten Haltungen – aufrecht stehend, auf allen vieren, beim ausgiebigen Sich-Putzen, dem Verlassen des Wasserbeckens oder hoch oben auf einem Baum – gezeigt werden. Zwischen Bären und Menschen entsteht eine Spannung des Blicks, des Sich-Beäugens – und daraus wiederum ein Verhältnis, das den tragischen Gegensatz von Freiheit und Gefangenschaft deutlich macht.

Im 20. Jahrhundert gelangen für das Kupferstichkabinett auch mit Blick über die Grenzen

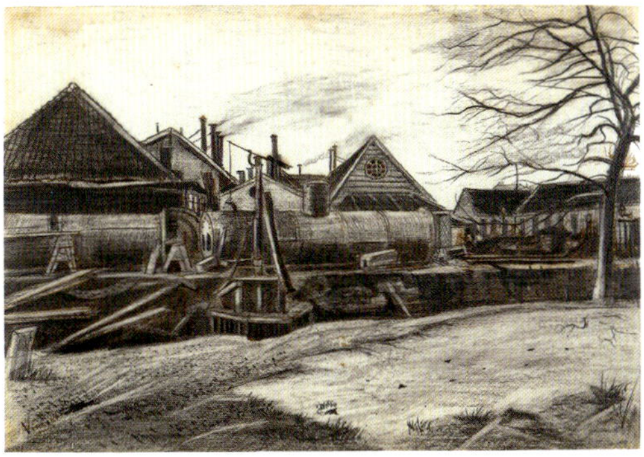

Vincent van Gogh, Fabrik in Den Haag, 1882

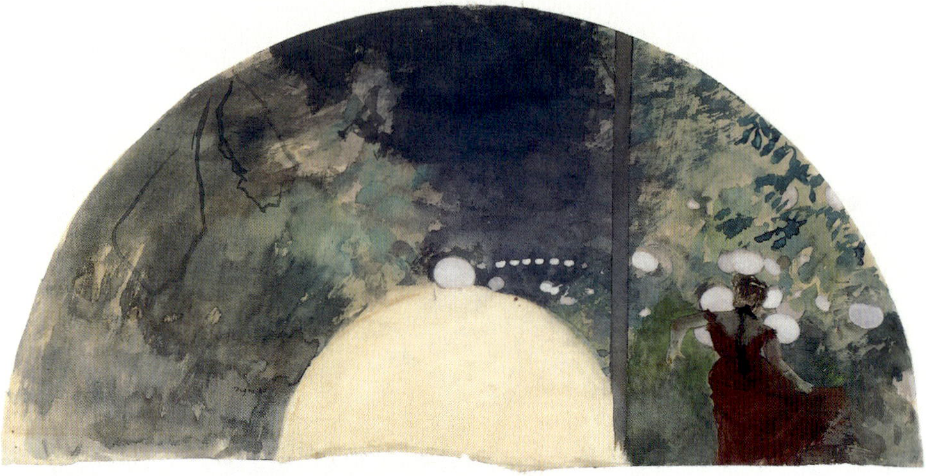

Edgar Degas, Sängerin in einem Pariser Garten, 1880

Deutschlands hinweg wichtige Neuerwerbungen, die dem Komplex der Kunst des 19. und beginnenden 20. Jahrhunderts internationale Konturen verliehen und den Aufbruch in die Moderne dokumentieren: Es gingen Arbeiten etwa von Charles-François Daubigny (1817 bis 1878), Henri-Joseph Harpignies (1819–1916), Édouard Manet (1832–1883), Paul Cézanne (1839–1906), Edgar Degas (1834–1917) – der wunderbare Fächer mit der Darstellung einer »Sängerin in einem Pariser Garten« sei hier nur erwähnt –, Henri Matisse (1869–1954), Fernand Léger (1881–1955) und Georges Braque (1882 bis 1963) in die Sammlung ein. Vincent van Goghs (1853–1890) mit Bleistift, Kreide und Sepia ausgeführte Zeichnung »Fabrik in Den Haag« stellt in doppelter Hinsicht eine Ausnahme im Werk des Holländers dar. Sie zählt einerseits zu den wenigen Auftragsarbeiten, die der Künstler übernahm. Von März bis April 1882 zeichnete er, damals 29-jährig, zwölf Ansichten von Den Haag für den Kunsthändler Cornelis Marinus van Gogh, der sein Onkel war. Andererseits ist diese Auseinandersetzung mit einer Industrielandschaft für den Künstler, der sich ansonsten auf die Darstellung von Mensch und Natur konzentrierte, ungewöhnlich. Sichtlich emotional beteiligt, schildert er die einstige Eisengießerei nicht mit kühler Sachlichkeit, sondern düster und trist in ihrer abweisenden Härte.

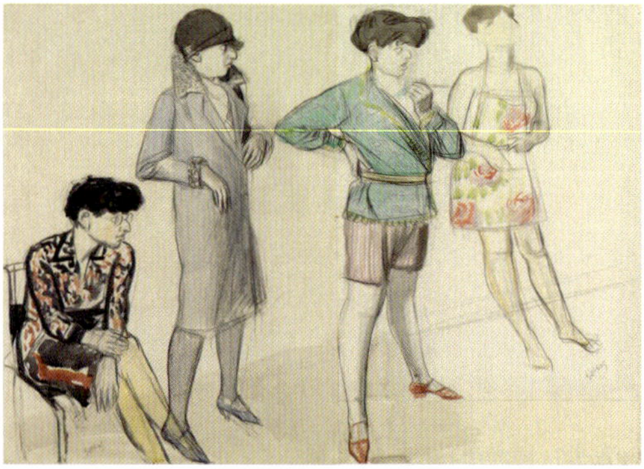

Karl Hubbuch, Viermal Hilde, um 1929

Außerordentliches für die Graphik leisteten auch die deutschen Impressionisten, was sich anhand von acht Zeichnungen und 40 Druckgraphiken Max Liebermanns (1847–1935) und etwa achtzig Blättern Lovis Corinths (1858–1925) belegen lässt. Bedeutende Blätter von Künstlern der Neuen Sachlichkeit und des Verismus deu-

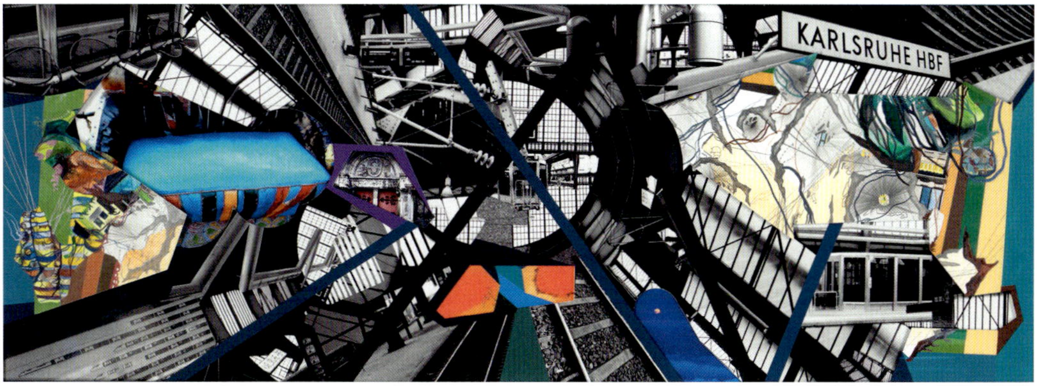

Franz Ackermann, Späte Ankunft, 2014

ten die wichtige Rolle sozialkritischer Kunst in Karlsruhe – nicht nur – in der ersten Hälfte des 20. Jahrhunderts an. Hierzu zählen vor allem 16 Werke Rudolf Schlichters (1890–1955), zehn Lithografien und eine Zeichnung von George Grosz (1893–1959) und die Werke zweier einstiger Karlsruher Akademieprofessoren: 28 Blätter von Georg Scholz (1890–1945) und mehr als 60 Werke von Karl Hubbuch (1891–1978). Quantitativ überragt werden diese Werkblöcke noch von den außerordentlichen Beständen an expressionistischer Graphik des Kabinetts: darunter mehr als fünfzig Druckgraphiken Max Beckmanns (1884–1950), 333 bearbeitete Radierplatten, acht farbige Druckstöcke, 58 Zeichnungen, 74 druckgraphische Blätter aus dem Nachlass Ernst Ludwig Kirchners (1880–1938) und 76 Zeichnungen und 536 druckgraphische Arbeiten seines Brücke-Kollegen Erich Heckel (1883–1970).

Alle wesentlichen künstlerischen Bewegungen in der europäischen Kunst des 20. und 21. Jahrhunderts lassen sich anhand der Bestände des Kupferstichkabinetts dokumentieren. National und international bedeutende Künstler von der Klassischen Moderne bis zur Gegenwart haben mit graphischen Arbeiten ihren Platz im Karlsruher Kupferstichkabinett gefunden – genannt seien hier abschließende lediglich stellvertretend für viele mehr: Pablo Picasso (1881–1973), Alberto Giacometti (1901–1966), Wols (1913–1951), Pierre Soulages (*1919), Antoni Tàpies (1923–2012), Arnulf Rainer (*1929), Gotthard Graubner (1930–2013), Günther Uecker (*1930), Gerhard Richter (*1932), Walter Stöhrer (1937–2000), Georg Baselitz (*1938), Brice Marden (*1938), Helmut Federle (*1944), Jürgen Partenheimer (*1947), Hanns Schimansky (*1949), Richard Deacon (*1949), Paco Knöller (*1950) Jenny Holzer (*1950), Rosemarie Trockel (*1952), Silvia Bächli (*1956) und Franz Ackermann (*1963). Damit bildet das Kupferstichkabinett eine profunde, kostbare und schier unerschöpfliche Ausgangsbasis für die kunstwissenschaftliche Forschung und die Ausstellungstätigkeit der Staatlichen Kunsthalle Karlsruhe.

JUNGE KUNSTHALLE

Eine große Attraktion nicht nur für kleine Besucher der Staatlichen Kunsthalle Karlsruhe ist das Kinder- und Jugendmuseum – eine der ältesten Institutionen ihrer Art in Deutschland. »Museum macht Spaß« hieß die erste Ausstellung, die 1973 im hinteren Teil der Orangerie gezeigt wurde, und dieses Motto blieb über nun mehr als fünfundvierzig Jahre hinweg das fruchtbare Leitmotiv der museumspädagogischen Arbeit. Seither bietet die Kunsthalle jährlich mehrere für Kinder und Jugendliche entwickelte, abwechslungs- und lehrreiche Ausstellungen, die sich mit einer phantasievoll-animierenden Palette von Angeboten und Methoden einem breiten Spektrum kunst- und kulturhistorischer Inhalte vom Mittelalter bis zur Gegenwart widmen. In der überwiegenden Mehrzahl stellen Originale aus der Sammlung der Kunsthalle den jeweiligen Ausgangspunkt für die Konzeption der Ausstellungen dar. Publikumsmagneten für Einzelbesucher, Kindergärten und Schulklassen waren Präsentationen wie »Als Großmama ein Backfisch war« (1975), »Katze, Kuh und Kakadu« (1975/76), »Herkules und Supermann« (1978), »Karlsruher Kinder im Dritten Reich« (1982/83), »Schulspott – Die Schule in der Karikatur« (1984), »Aus dem Rahmen gefallen – Bilder erleben in lebenden Bildern« (1987/88), »Meine Güte, was für Hüte!« (1993/94), »Jeder denkt, die sind perdü! Aber nein – noch leben sie! Wilhelm Busch für Kinder« (1999), »Loplops Traum – Die phantastische Welt des Max Ernst« (2000), »allerDings – oder: Was Gegenstände erzählen. Die Kunst Armans« (2000), »Fenster zum Mittelalter – Wie Kunst vor 500 Jahren entstand« (2001), »Wilde Tiere, Orient und Abend-

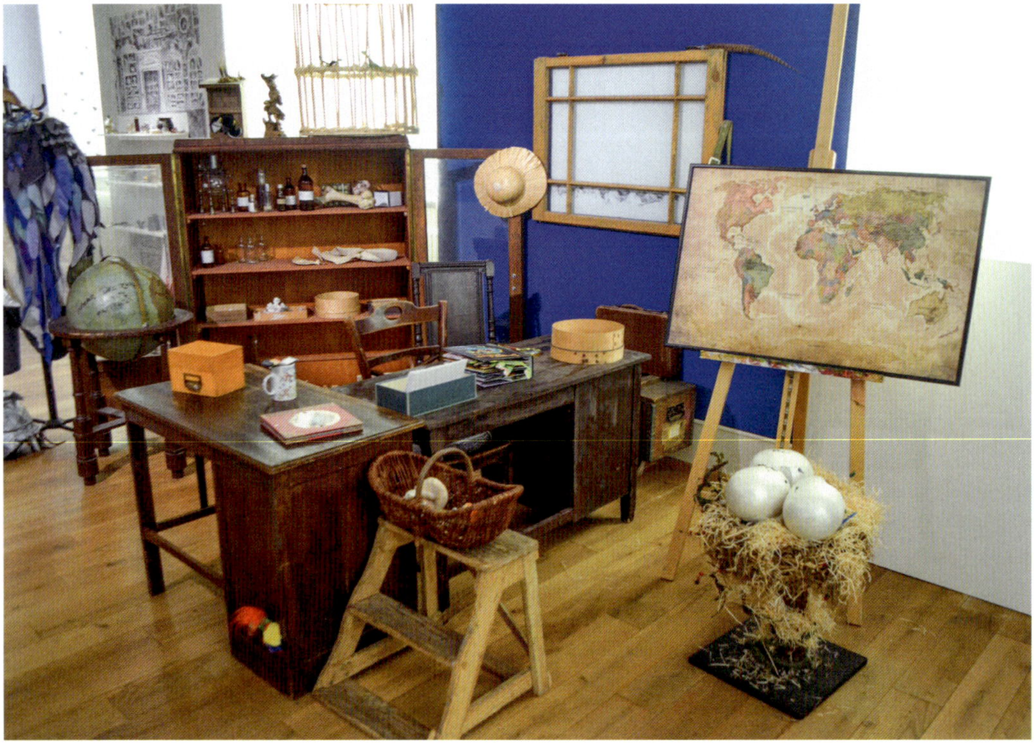

land. Geschichten zu Bildern Eugène Delacroix'« (2003), »Hamamelis – Zaubernuss. Unser Botanischer Garten wird zum Atelier« (2004) oder »Wald-Meister. Bilder vom Wald« (2007).

Im Jahr 2009 zog das Kinder- und Jugendmuseum in das von Heinrich Hübsch entworfene, 1843 fertiggestellte Haus des einstigen »Hofgarten Inspectors« am Botanischen Garten um und erhielt so erstmals ein eigenständiges Domizil, ideal gelegen zwischen Hauptgebäude und Orangerie. Unter dem neuen Namen »Junge Kunsthalle« (JUKU) wurde das Programm hier fortgesetzt mit Ausstellungen zur Sammlung und solchen, die mit zeitgenössischen Künstler*innen konzipiert werden. Kunstwerke aller Gattungen und Epochen werden auf einer Ausstellungs- und einer Aktions-Etage mit innovativen medialen Mitteln und pädagogischen Methoden dem jungen Publikum in Theorie und Praxis nahe gebracht. Fast immer werden Kinder und Jugendliche aber auch schon in die Vorbereitung der Präsentationen einbezogen. So gelingt es, sie nicht nur mit künstlerischen Produktionsbedingungen, sondern auch mit den Aufgaben und Möglichkeiten des Museums und seinen Präsentationsformen vertraut zu machen. Zu den Künstler-Präsentationen der vergangenen Jahre gehörten unter anderem »Tierisch gut! Thomas Putze und Irmela Maier« (2009), »Extrem süß! Gemalt gehäkelt gegossen« (2011), »Alexandra Huber. oops!« (2013) und »Cornelia Funke. Zauberwelten« (2017).

Zweck der Präsentationen und sie begleitenden Aktionen ist es, Kinder und Jugendliche mit allen Sinnen an Kunstwerke heranzuführen, dadurch spielerisch Erkenntnisse zu vermitteln und sie schließlich auch immer wieder selbst kreativ werden zu lassen. Neben gemeinsamen Werkbetrachtungen im Gespräch dienen dazu etwa Rollen- und Schreibspiele, Experimente mit Musik, Instrumenten und Tanz, mit Düften oder Tast-Utensilien, die Assoziationen auslösen, der Einsatz historischer Gegenstände und Kostüme, die Fremdes unmittelbar anschaulich und gegenwärtig machen. Wer die Junge Kunsthalle der Staatlichen Kunsthalle Karlsruhe besucht, nimmt immer etwas mit: die Kinder nicht nur bleibende Eindrücke, sondern auch eigene Bilder, Skulpturen, Texte, Objekte, die sie, angeregt durch die Begegnung mit den Kunstwerken, geschaffen haben. Es entstehen Performances, Videos, Bücher, Hörspiele und Internet-Projekte. Erwachsene können hier mitunter einen derart amüsanten, unverstellten, wenig »musealen« Umgang mit Kunst erleben, dass sich auch ihnen neue Erlebnishorizonte und Fragestellungen eröffnen. Als Pionierinstitution auf diesem Sektor kommt der Abteilung Kunstvermittlung der Staatlichen Kunsthalle Karlsruhe bundesweit seit jeher auch die Rolle eines häufig konsultierten »Kompetenzzentrums« in Fragen der Besucheransprache und Bildung zu, eben unter dem Motto: »Museum macht Spaß«.

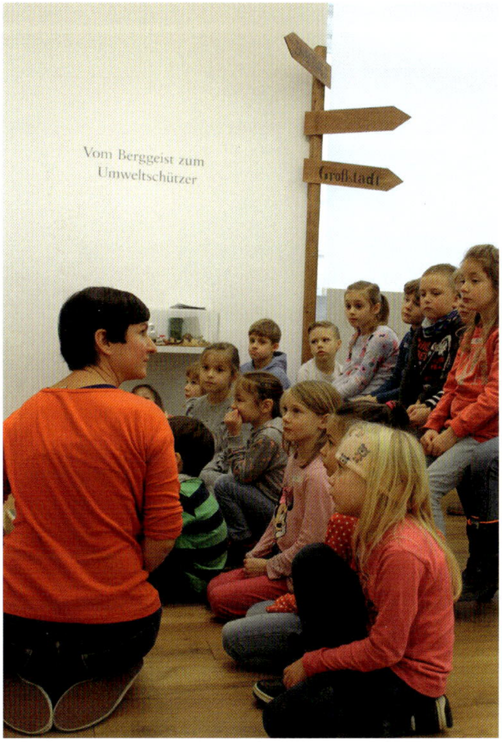

Kunstvermittlung in der Jungen Kunsthalle – Aktion und konzentriertes Schauen und Hören: Junge Besucher erfahren Aufschlussreiches und werden kreativ in den Ausstellungen Cornelia Funke »Zauberwelten« und »Bilder, Bücher, Bohnenranken«

ANMERKUNGEN

1 Zitiert nach Uta Hassler: Die Kunsthalle als Kunstwerk – Bilder aus ihrer Baugeschichte, Band 5, Staatliche Kunsthalle Karlsruhe, Karlsruhe 1993, S. 9.
2 Ebd.
3 Die Titelei im Original: In welchem Style sollen wir bauen?; Beantwortet von Heinrich Hübsch, Großherzoglich Badischem Residenz-Baumeister und Mitglied der Baudirection, Karlsruhe, Verlag der Chr. Fr. Müllerschen Hofbuchhandlung und Hofbuchdruckerey 1828. Gewidmet ist die Schrift »Den Künstlern, welche sich zur Säcular-Feier Albrecht Dürers am sechsten April 1828 zu Nürnberg versammeln.« Hübsch war nicht in der Lage, an dieser Feier teilzunehmen und sandte sozusagen in Vertretung seine Schrift, die dazu beitragen sollte, dass sich auch die Architektur – wie Malerei und Skulptur es schon längst getan hatten – endlich von »den Fesseln der Antike« befreie.
4 Heinrich Hübsch: Die Architectur und ihr Verhältnis zur heutigen Malerei und Sculptur, Stuttgart und Tübingen, Cottascher Verlag 1847 – der Autor wird hier als »Großherzoglich Badischer Baudirector, Ritter des Ordens vom Zähringer Löwen, Mitglied der königlichen Academie der Künste zu München und des Royal Institut of British Architects« tituliert, hier S. 208.
5 Zititert nach Uta Hassler, vgl. Anmerkung 1, S. 18. Hübsch publizierte sein Projekt in »Bauwerke von Heinrich Hübsch«, 1. Folge, 1. und 2. Heft, Text und Tafelband, Karlsruhe 1838.
6 Zitiert nach Uta Hassler, vgl. Anmerkung 1, S. 18.
7 Ebd., S. 31.
8 Gottfried von Semper: Vorläufige Bemerkungen über bemalte Architektur und Plastik bei den Alten, Hamburg-Altona 1834.
9 Zitiert nach Uta Hassler, vgl. Anmerkung 1, S. 41.
10 Wilfried Rößling: Studien zur Baugeschichte des »Academie-Gebäudes« und der Großherzoglichen Kunsthalle in Karlsruhe, in: Jahrbuch der Staatlichen Kunstsammlungen in Baden-Württemberg, Band 23, 1986, S. 117. Insgesamt baute Hübsch rund 30 Kirchen für beide Konfessionen im Land.
11 Katalog Heinrich Hübsch (1795–1863), Der große badische Baumeister der Romantik, Ausstellung des Stadtarchivs Karlsruhe und des Instituts für Baugeschichte der Universität Karlsruhe, Prinz-Max-Palais 17. Dezember 1983 bis 25. März 1984, Karlsruhe 1984, S. 178.
12 Heinrich Hübsch, vgl. Anmerkung 4, S. 1.
13 Rainer Graefe: Die Konstruktion der Gewölbe, in: Arbeitshefte 8 des Sonderforschungsbereichs 315, ›Erhalten historisch bedeutsamer Bauwerke‹, Bauaufnahme, Befunderhebung und Schadensanalyse an historischen Bauwerken, 1988, S. 71–75, hier S. 73; zitiert nach Uta Hassler, vgl. Anmerkung 1, S. 38.
14 Zitiert nach Barbara Rommé: Moritz von Schwind – Fresken und Wandbilder, hrsg. v. der Landesbildstelle Baden und der Staatlichen Kunsthalle Karlsruhe, Ostfildern-Ruit 1996, S. 52.
15 Sie zeigte Profilmedaillons berühmter Künstler und war ornamentiert. Über den Namen des Künstlers – von Meule oder Maul – herrscht keine Einigkeit: vgl. Barbara Rommé, vgl. Anmerkung 14, S. 60 und Uta Hassler, vgl. Anmerkung 1, S. 49.
16 Die Kartons für Karlsruhe scheint Schwind dann nochmals in München gezeigt zu haben, denn das »Kunstblatt« vom 27. Februar 1841 berichtet von deren Ausstellung in den Räumen der Münchner Kunstakademie. Vgl. Barbara Rommé, vgl. Anmerkung 14, S. 57.
17 Katalog Moritz von Schwind, Meister der Spätromantik, Staatliche Kunsthalle Karlsruhe 12. Oktober 1996 bis 6. Januar 1997, Ostfildern-Ruit 1997, S. 153. Am 3. September 1842 heiratete Schwind Luise Sachs in der Klosterkirche Lichtenthal bei Baden-Baden.
18 Ausführlich zum Fresko: Doris Strack: Die historisierenden Wandbilder Schwinds im Treppenhaus der Karlsruher Kunsthalle, in: Katalog Moritz von Schwind, vgl. Anmerkung 17, S. 55–75, hier S. 61.
19 Das Zitat ursprünglich bei Joseph August Beringer: Moritz von Schwinds Karlsruher Zeit, ein Beitrag zur badischen Kunstgeschichte des 19. Jahrhunderts, in: Zeitschrift für die Geschichte des Oberrheins 30 (1915), S. 137–200, hier S. 144. Zitiert nach Barbara Rommé, vgl. Anmerkung 14, S. 58.
20 Vgl. Barbara Rommé, vgl. Anmerkung 14, S. 59. Es wird angenommen, dass Schwind in der Rückenfigur Baldungs seinen Künstlerfreund Wilhelm Kaulbach porträtierte. Vgl. dazu Doris Strack, vgl. Anmerkung 18, S. 69f.
21 Zitat bei Joseph August Beringer, vgl. Anmerkung 19, hier zitiert nach Uta Hassler, vgl. Anmerkung 1, S. 43.
22 Zitiert nach Barbara Rommé, vgl. Anmerkung 14, S. 62.
23 Schwind aquarellierte zunächst in einem überbordend dichten Entwurf die Geburt der Athena, die Jugend des Dionysos, Hermes, die Rinder des Apollo wegtreibend, und die Erziehung des Achill durch Chiron. Abbildung bei Barbara Rommé, vgl. Anmerkung 14, Abb. 25.
24 Im Motiv des die schlafende Ariadne bewundernden Dionysos zitiert Schwind zum Beispiel die Venus von Urbino. Vgl. hierzu Barbara Rommé, vgl. Anmerkung 14, S. 65 und ausführlich Endnote Nr. 225.
25 Katalog Moritz von Schwind, vgl. Anmerkung 17, S. 153.
26 Uta Hassler, vgl. Anmerkung 1, S. 110.
27 Brief des Präsidenten der Generalintendanz der Zivilliste, Nicolai, an Thoma, zitiert in Uta Hassler, vgl. Anmerkung 1, S. 73.
28 Eva-Marina Froitzheim: Hans Thoma (1839–1924), Ein Begleiter durch die Hans-Thoma-Sammlung in der Staatlichen Kunsthalle Karlsruhe, Karlsruhe 1993, S. 49.
29 Klaus Gallwitz: Beiträge zur Kunstgeschichte, Festschrift für Heinz Rudolf Rosemann zum 9. Oktober 1960, S. 301–322, hier S. 308.
30 Zitiert nach Katalog Heinrich Hübsch, vgl. Anmerkung 11, S. 103.
31 Uta Hassler, vgl. Anmerkung 1, S. 110.
32 Ausführlich zu diesen Ausweichresidenzen, die unter anderem während des Dreißigjährigen Krieges, des Holländischen Krieges, des Spanischen und des Polnischen Erbfolgekrieges aufgesucht wurden, und der

regen Sammeltätigkeit der Markgrafen Horst Vey: Die Gemälde der Markgrafen von Baden-Durlach nach den Inventaren von 1688, 1736 und 1773, in: Jahrbuch der Staatlichen Kunstsammlungen in Baden-Württemberg, Band 39, München, Berlin 2002, S. 7–72.

33 Dazu ausführlich Johann Eckart von Borries: Zu den Anfängen des Karlsruher Kupferstichkabinetts im 17. Jahrhundert, in: Jahrbuch der Staatlichen Kunstsammlungen in Baden-Württemberg, Band 26, München, Berlin 1989, S. 93–109.

34 Ebd., S. 97.

35 Ebd., S. 98.

36 Detailliert dazu: Horst Vey: Die Gemälde der Markgrafen von Baden-Durlach nach den Inventaren von 1688, 1736 und 1773, vgl. Anmerkung 32.

37 Vgl. Jan Lauts: Die Staatliche Kunsthalle Karlsruhe, in der Reihe: Meisterwerke deutscher Museen, Hanau 1968, S. 19.

38 Ebd., S. 14.

39 Vgl. Staatliche Kunsthalle Karlsruhe (Hrsg.): 150 Gemälde vom Mittelalter bis zur Gegenwart, in der Reihe: Ausgewählte Werke der Staatlichen Kunsthalle Karlsruhe, Band 1, Karlsruhe 1988, S. 72.

40 Vgl. Jan Lauts: Die Staatliche Kunsthalle Karlsruhe, vgl. Anmerkung 37, S. 16. Wobei nicht ganz klar ist, auf welchem Wege das Bild nach Böhmen gelangte. Auf sein »bewegtes Schicksal« weist Jan Lauts hin. Das Bild wurde zersägt, der untere Teil war lange verschollen. Bei der Versteigerung einer Privatsammlung in Berlin im Jahr 1895 tauchte er wieder auf. Dort erwarb es der Kunstgelehrte Max J. Friedländer, der es einige Jahre später der Karlsruher Galerie schenkte. 1937 wurden beide Teile wieder zusammengefügt.

41 Hierzu ausführlich Sabine Müller-Wirth: Eine Bibliothek der Kunst gewidmet. Die planvoll angelegte Sammlung der Markgräfin Karoline Luise von Baden (1723–1783) entwickelt sich zur modernen Kunst- und Museumsbibliothek in Karlsruhe, in: Jahrbuch der Staatlichen Kunstsammlungen in Baden-Württemberg, Band 38, München, Berlin 2001, S. 65–88.

42 Jan Lauts: Karoline Luise von Baden, Ein Lebensbild aus der Zeit der Aufklärung, 2. Auflage, Karlsruhe 1990, S. 103.

43 Ebd., S. 198ff.

44 Ebd., S. 201.

45 Jan Lauts: Die Staatliche Kunsthalle Karlsruhe, vgl. Anmerkung 37, S. 23.

46 Ebd.

47 Vgl. Staatliche Kunsthalle Karlsruhe (Hrsg.): 150 Gemälde vom Mittelalter bis zur Gegenwart, vgl. Anmerkung 39, S. 174.

48 Jan Lauts: Die Staatliche Kunsthalle Karlsruhe, vgl. Anmerkung 37, S. 23.

49 Eine weitere Tafel befindet sich im Wallraf-Richartz-Museum Köln.

50 Weiterführende Literatur zu diesem Werk und den folgenden Werken dieser Abteilung unter anderem Jan Lauts: Die Staatliche Kunsthalle Karlsruhe, vgl. Anmerkung 37; Staatliche Kunsthalle Karlsruhe (Hrsg.): Neuerwerbungen Alter Meister 1966–1972, bearbeitet von Jan Lauts, Karlsruhe 1973; Staatliche Kunsthalle Karlsruhe (Hrsg.): Meisterwerke in der Staatlichen Kunsthalle Karlsruhe, erworben von Jan Lauts, Eine Auswahl, Karlsruhe 1973; Staatliche Kunsthalle Karlsruhe (Hrsg.): Neuerwerbungen für die Gemäldegalerie 1972–1984, Karlsruhe 1984; Staatliche Kunsthalle Karlsruhe (Hrsg.): 150 Gemälde vom Mittelalter bis zur Gegenwart, vgl. Anmerkung 39; Katalog Christus und Maria, Auslegungen christlicher Gemälde der Spätgotik und Frührenaissance aus der Karlsruher Kunsthalle, Ausstellung vom 6. Juni bis 20. September 1992, Staatliche Kunsthalle Karlsruhe 1992; Staatliche Kunsthalle Karlsruhe (Hrsg.): Neuerwerbungen für die Gemäldegalerie 1984–1994, bearbeitet von Angelika Beckmann, mit Beiträgen von Dietmar Lüdke, Karlsruhe 1995; Katalog Spätmittelalter am Oberrhein, Maler und Werkstätten 1450–1525, Ausstellung vom 29. September 2001 bis 3. Februar 2002, Stuttgart 2001.

51 Vgl. Anm. 49. Auf der Tafel im Wallraf-Richartz-Museum ist die »Gefangennahme und Fortführung Christi« dargestellt. Ausführlich dazu: Die Karlsruher Passion, Ein Hauptwerk Straßburger Malerei der Spätgotik, Katalog zur Ausstellung vom 4. April bis 30. Juni 1996 in der Staatlichen Kunsthalle Karlsruhe, Ostfildern-Ruit 1996.

52 Die Figurengruppe befindet sich seit 1952 in den Cloisters des Metropolitan Museum New York.

53 Die Inschrift auf der Wand verrät: »Da man 1545 jar Zelt / war ich 53 jar alt / GP«.

54 Auf den Außenflügeln werden die Geschichten der »Jünglinge im Feuerofen« und des Propheten Jonas erzählt – typologische Vorausdeutungen der Auferstehung Christi.

55 Weiterführende Literatur Jan Lauts: Stilleben alter Meister, I. Niederländer und Deutsche, Bildheft der Staatlichen Kunsthalle Karlsruhe Nr. 6, Karlsruhe 1969.

56 Dietmar Lüdke in: Staatliche Kunsthalle Karlsruhe (Hrsg.): 150 Gemälde vom Mittelalter bis zur Gegenwart, vgl. Anmerkung 39, S. 104.

57 Ebd.

58 Johann Winckelmann: Sämtliche Werke, Band 1, Donaueschingen 1825, S. 92–97.

59 Ebd. S. 97.

60 Hans Ost: Anna von Österreich und Elisabeth von Frankreich, Zu einigen Porträts von Frans Pourbus d. J., Peter Paul Rubens und Cornelis de Vos, in: Jahrbuch der Staatlichen Kunstsammlungen in Baden-Württemberg, Band 37, München, Berlin 2000, S. 57–80.

61 Jan Lauts in: Staatliche Kunsthalle Karlsruhe (Hrsg.): Französische Bildnisse des 17. und 18. Jahrhunderts, Karlsruhe 1971, S. 20.

62 Ebd.

63 Eine kleinformatige Fassung der »Briefsieglerin« wurde leider 1853 aus der Sammlung der Markgrafen versteigert und gilt seither als verschollen. Eine größere Version des Themas befindet sich heute in Potsdam, Stiftung Preußische Schlösser und Gärten Berlin-Brandenburg.

64 Dietmar Lüdke in: Staatliche Kunsthalle Karlsruhe (Hrsg.): Jean Siméon Chardin (1699–1779): Werk, Herkunft, Wirkung, Ostfildern-Ruit 1999, S. 94.

65 Zitiert nach: Staatliche Kunsthalle Karlsruhe (Hrsg.): Eugène Delacroix, Ausstellung vom 1. November 2003 bis 1. Februar 2004, Karlsruhe und Heidelberg 2003, S. 322.

66 Ebd.

67 Vgl. hierzu Hans Körner: Édouard Manet, Dandy, Flaneur, Maler, München 1996, S. 57f.

68 Von Courbet besitzt die Staatliche Kunsthalle außerdem die in den sechziger Jahren entstandene »Felsige Landschaft mit Rehen«.
69 Christoph Becker: Camille Pissarro, Impressionist, in: Staatsgalerie Stuttgart (Hrsg.): Camille Pissarro, 11. Dezember 1999–1. Mai 2000, Stuttgart, Ostfildern-Ruit 1999, S. 57.
70 Das Städelsche Kunstinstitut in Frankfurt am Main hatte zehn weitere Entwürfe erworben. Vgl. hierzu Staatliche Kunsthalle Karlsruhe (Hrsg.): 150 Gemälde vom Mittelalter bis zur Gegenwart, vgl. Anmerkung 39, S. 198.
71 Rudolf Zeitler: Die Kunst des 19. Jahrhunderts, Propyläen Kunstgeschichte in zwölf Bänden, Band XI, Berlin 1984, S. 36.
72 Sigrid Hinz (Hrsg.): Caspar David Friedrich in Briefen und Bekenntnissen, München 1973, S. 92.
73 Ebd., S. 83.
74 Dazu Rudolf Theilmann: Großherzogliche Lieblingspromenaden, Johann Wilhelm Schirmers fünf Ansichten aus der Umgebung von Baden-Baden, Bildheft der Staatlichen Kunsthalle Karlsruhe, Karlsruhe 1999.
75 Sie entstand vermutlich als Vorarbeit für ein religiöses Bild – ihre direkte Verwendung konnte allerdings nicht nachgewiesen werden. Vgl. Staatliche Kunsthalle Karlsruhe (Hrsg.): Neuerwerbungen für die Gemäldegalerie 1984–1994, vgl. Anmerkung 50, S. 82f.
76 Anselm Feuerbach zitiert nach: Staatliche Kunsthalle Karlsruhe (Hrsg.): Anselm Feuerbach, Gemälde und Zeichnungen, Ausstellung vom 5. Juni – 15. August 1976, Karlsruhe 1976, S. 64.
77 Zitiert nach: Staatliche Kunsthalle Karlsruhe (Hrsg.): 150 Gemälde vom Mittelalter bis zur Gegenwart, vgl. Anmerkung 39, S. 248.
78 Katalog Lovis Corinth: Das Portrait, Gemälde, Aquarelle, Zeichnungen, Ausstellung im Badischen Kunstverein Karlsruhe, 4. Juni bis 3. September 1967, Karlsruhe 1967, S. 32.
79 Vgl. hierzu: Staatliche Kunsthalle Karlsruhe (Hrsg.): 35 Bildwerke vom Klassizismus bis zur Gegenwart, in der Reihe: Ausgewählte Werke der Staatlichen Kunsthalle Karlsruhe, Band 3, Karlsruhe 1988; Staatliche Kunsthalle Karlsruhe (Hrsg.): Katalog der Skulpturen, bearbeitet von Anja Eichler und Siegmar Holsten, Karlsruhe 1994.
80 Vgl. Jahrbuch der Staatlichen Kunstsammlungen in Baden-Württemberg, Band 39, München, Berlin 2002, S. 121ff.
81 Vgl. Staatliche Kunsthalle Karlsruhe (Hrsg.): Katalog der Skulpturen, vgl. Anmerkung 79, S. 57.
82 Zitiert nach Staatliche Kunsthalle Karlsruhe (Hrsg.): Neuerwerbungen für die Gemäldegalerie 1972–1984, vgl. Anmerkung 50, S. 82.
83 Vgl. hierzu: Klaus Lankheit: Franz Marc – sein Leben und seine Kunst, Köln 1976; Johannes Langner: »Symbole auf die Altäre der kommenden geistigen Religion« – Zur Sakralisierung des Tierbilds bei Franz Marc, in: Jahrbuch der Staatlichen Kunstsammlungen in Baden-Württemberg, Band 18, München, Berlin 1981, S. 79ff.; Roland Mönig: »Auftauchen an einem anderen Ort« – Bildwelt und Weltbild bei Franz Marc, in: Jahrbuch der Staatlichen Kunstsammlungen in Baden-Württemberg, Band 38, München, Berlin 2001, S. 105–120.
84 Zitiert nach Staatliche Kunsthalle Karlsruhe (Hrsg.): Die Sammlung der Moderne, bearbeitet von Siegmar Holsten, Heidelberg 1993, S. 47.
85 Ebd.
86 Vgl. ebd., S. 89. Auftraggeber waren die Ölwerke Brinkmann & Mergell.
87 Vgl. Birgit Schwarz in: Staatliche Kunsthalle Karlsruhe (Hrsg.): Werke von Otto Dix, Karlsruhe 1986.
88 Ebd. S. 42.
89 Zitiert nach ebd., S. 45.
90 Vgl. hierzu: Jean Dubuffet – »Er hat die Sandalen ausgezogen«, von Nina Zimmer, hrsg. v. Uwe M. Schneede und Klaus Schrenk, Hamburger Kunsthalle / Staatliche Kunsthalle Karlsruhe, aus Anlass der Ausstellung »Jean Dubuffet – Er hat die Sandalen ausgezogen«, Hamburg und Karlsruhe 2005, S. 7.
91 Thomas Kellein: Sputnikschock und Mondlandung, Künstlerische Großprojekte von Yves Klein zu Christo, Stuttgart 1989.
92 Kleins Verwendung des Schwamms wurde auch auf die Lektüre der Schriften des Rosenkreuzers Max Heindel zurückgeführt (»The Rosicrucian Cosmos-Conception«, 1937), in dem der Schwamm als Symbol des Verschmelzens verschiedener geistiger Sphären zitiert wird. Vgl. Staatliche Kunsthalle Karlsruhe (Hrsg.): Neuerwerbungen für die Gemäldegalerie 1984–1994, vgl. Anmerkung 50, S. 69f.
93 Arman erklärte dazu: »Zu einem gewissen Zeitpunkt haben Yves Klein und ich uns die Welt wie kaiserliche Barone aufgeteilt. Er hatte mir gesagt: ›Ich werde mich für das Organische interessieren und Du wirst das von Hand Gemachte für Dich nehmen.‹ Sie sehen deshalb, dass, wenn ich meine Wahl in der Fabrik treffe, dies die logische Erfüllung meiner Haltung darstellt. Denn schließlich ist die Fabrik eine der Kirchen meines Kultes.« Zitiert nach: Das Ding als Objekt, Europäische Objektkunst des 20. Jahrhunderts, Kunsthalle Nürnberg (Hrsg.), Text: Harald Szeemann und Willy Rotzler, Nürnberg 1970, o. S.
94 »Pate« dieses Namens war ein amerikanischer Mafioso, mit dem Heisterkamp eine physiognomische Ähnlichkeit verbunden haben soll.
95 Vgl. dazu Staatliche Kunsthalle Karlsruhe (Hrsg.): Neuerwerbungen für die Gemäldegalerie 1972–1984, vgl. Anmerkung 50, S. 100f. Richter bestätigte zwar 1986 die Deutung, dass es sich um eine Ansicht Frankfurts handele, eine spätere Veröffentlichung der Fotovorlagen zu diesem Bild lässt aber erkennen, dass »Stadtbild F« nach einer Luftaufnahme Münchens entstand.
96 Staatliche Kunsthalle Karlsruhe (Hrsg.): Neuerwerbungen zeitgenössischer Kunst 1995–2004, Malerei und Skulptur seit 1960, Karlsruhe 2004, S. 85–88.
97 Vgl. ausführlich zur Sammlungsgeschichte: Johann Eckart von Borries: Zu den Anfängen des Karlsruher Kupferstichkabinetts im 17. Jahrhundert, in: Jahrbuch der Staatlichen Kunstsammlungen in Baden-Württemberg, Band 26, München, Berlin 1989, S. 93–109. Außerdem: Staatliche Kunsthalle Karlsruhe (Hrsg.): 100 Zeichnungen und Drucke aus dem Kupferstichkabinett, in der Reihe: Ausgewählte Werke der Staatlichen Kunsthalle Karlsruhe, Band 2, Karlsruhe 1988.

PUBLIKATIONEN DER KUNSTHALLE SEIT 2005

(Ältere Titel finden sich in der ersten Auflage dieses Buches von 2005. Sämtliche Titel, für die kein anderer Herausgeber genannt wird, wurden von der Staatlichen Kunsthalle Karlsruhe herausgegeben.)

David Teniers der Jüngere. 1610–1690. Alltag und Vergnügen in Flandern, hrsg. v. Margret Klinge und Dietmar Lüdke, Heidelberg, Karlsruhe 2005

Stefano della Bella. Ein Meister der Barockradierung, bearb. v. Dorit Schäfer, Karlsruhe 2005

Staatliche Kunsthalle Karlsruhe, bearb. v. Kirsten Claudia Voigt (= Museumsstück), München 2005

Max Beckmann. Druckgraphik 1914–1924, bearb. v. Holger Jacob-Friesen, Karlsruhe, Heidelberg 2005

Jean Dubuffet. »Er hat die Sandalen ausgezogen«, hrsg. v. Uwe M. Schneede und Klaus Schrenk, Hamburger Kunsthalle, bearb. v. Nina Zimmer, Staatliche Kunsthalle Karlsruhe, Hamburg, Karlsruhe 2005

Jürgen Partenheimer. Roma – Sao Paulo. Zeichnungen, bearb. v. Klaus Schrenk, Karlsruhe 2006

»Ich bin interessiert an Transformation, Veränderung, Revolution«. Joseph Beuys, Zeichnungen, bearb. v. Kirsten Claudia Voigt, Karlsruhe 2006

Picasso, Matisse, Chagall. Französische Druckgraphik 1900–1950, bearb. v. Dorit Schäfer und Holger Jacob-Friesen, Heidelberg 2006

Malte Spohr – am Horizont. Zeichnungen und Fotografien, hrsg. von Kunsthalle Bremen und Staatliche Kunsthalle Karlsruhe, bearb. v. Anne Buschhoff, Heidelberg 2007

Max Klinger. Die druckgraphischen Folgen, bearb. v. Holger Jacob-Friesen und Anja Wenn, Karlsruhe, Heidelberg 2007

Max Ernst, Europa nach dem Regen I, 1933, hrsg. v. Kulturstiftung der Länder und Staatliche Kunsthalle Karlsruhe, mit einem Text von Ralph Ubl, Berlin 2007

Von Houdon bis Rodin. elegant // expressiv. Französische Plastik des 19. Jahrhunderts, bearb. v. Siegmar Holsten, Heidelberg 2007

Grünewald und seine Zeit, Große Landesausstellung Baden-Württemberg, bearb. v. Dietmar Lüdke, Astrid Reuter und Jessica Mack-Andrick, München, Berlin 2007

Staatliche Kunsthalle Karlsruhe, bearb. v. Kirsten Claudia Voigt, Englische Ausgabe (= Museumsstück), München 2008

Gotthard Graubner. Radierungen, bearb. v. Dorit Schäfer und Nina Trauth, Karlsruhe 2008

Kräftespiel. Zeichnung und Grafik von Thomas Meier-Castel, bearb. v. Dorit Schäfer, Heidelberg 2008

Édouard Vuillard, bearb. v. Holger Jacob-Friesen und Astrid Reuter, Heidelberg, Karlsruhe 2008

Vom Glück zu sammeln. Erwerbungen des Kupferstichkabinetts seit 1995, bearb. v. Dorit Schäfer und Astrid Reuter, Karlsruhe 2009

Tony Cragg. Second Nature, bearb. v. Kirsten Claudia Voigt, Köln 2009

Von Rodin bis Giacometti. Plastik der Moderne, hrsg. und bearb. v. Siegmar Holsten, Heidelberg 2009

Leuchtende Beispiele. Zeichnungen für Glasgemälde aus Renaissance und Manierismus, bearb. v. Ariane Mensger, Tübingen, Berlin 2009

Staatliche Kunsthalle Karlsruhe, bearb. v. Kirsten Claudia Voigt. Französische Ausgabe (= Museumsstück), Berlin, München 2010

Viaggio in Italia. Künstler auf Reisen 1770–1880, bearb. v. Astrid Reuter, Bielefeld 2010

Miroslaw Bałka. Wir sehen Dich, hrsg. v. Staatliche Kunsthalle Karlsruhe und Julian Heynen, Nürnberg 2010

Pia Fries. Krapprhizom Luisenkupfer, bearb. v. Pia Müller-Tamm und Regine Heß, Düsseldorf 2010

Malerei des 20. Jahrhunderts. Bestandskatalog Staatliche Kunsthalle Karlsruhe, bearb. v. Siegmar Holsten, Petersberg 2011

Unsere Moderne für junge Besucher, bearb. v. Britta Borger, Heidelberg, Berlin 2011

Lumière Noire. Neue Kunst aus Frankreich, bearb. v. Alexander Eiling, Köln, Karlsruhe 2011

Von Schönheit und Tod. Tierstillleben von der Renaissance bis zur Moderne, bearb. v. Holger Jacob-Friesen und Markus Lörz, Heidelberg, Berlin 2011

Déjà-vu? Die Kunst der Wiederholung von Dürer bis YouTube, hrsg. v. Ariane Mensger und Staatliche Hochschule für Gestaltung Karlsruhe, bearb. v. Juliane Betz, Alexander Eiling, Ariane Mensger, Pia Müller-Tamm, Wolfgang Ullrich, Bielefeld, Berlin 2012

Camille Corot. Natur und Traum, Große Landesausstellung Baden-Württemberg, hrsg. v. Staatliche Kunsthalle Karlsruhe in Zusammenarbeit mit Margret Stuffmann, bearb. v. Dorit Schäfer, Heidelberg, Berlin 2012

Die Scheibenrisse der Staatlichen Kunsthalle Karlsruhe, bearb. v. Ariane Mensger, 2 Bde., Köln, Weimar, Wien 2012

Fragonard. Poesie & Leidenschaft, bearb. v. Astrid Reuter, Berlin, Karlsruhe 2013

Unter vier Augen. Sprachen des Porträts, bearb. v. Kirsten Claudia Voigt, Bielefeld 2013

Leiko Ikemura. i-migration, bearb. von Pia Müller-Tamm und Sonja Maria Krämer, Karlsruhe 2013

Bauen und Zeigen. Aus Geschichte und Gegenwart der Kunsthalle Karlsruhe, hrsg. v. Staatliche Kunsthalle Karlsruhe und Regine Heß, bearb. v. Pia Müller-Tamm und Regine Heß, Bielefeld 2014

Grünewalds Kreuztragung. Die Restaurierung eines Hauptwerkes deutscher Kunst, bearb. v. Holger Jacob-Friesen und Karin Achenbach, Karlsruhe 2014

Franz Ackermann. Mental Maps – Eikones, bearb. v. Dorit Schäfer, Köln 2014

Degas. Klassik und Experiment, hrsg. v. Alexander Eiling und Staatliche Kunsthalle Karlsruhe, München 2014

Ich bin hier! Von Rembrandt zum Selfie, Kooperationsprojekt der Staatlichen Kunsthalle Karlsruhe, des Musée des Beaux-Arts, Lyon und der National Galleries of Scotland, Edinburgh, hrsg. v. Pia Müller-Tamm und Dorit Schäfer, bearb. v. Pia Müller-Tamm, Dorit Schäfer, Alexander Eiling, Köln 2015

Aufgeklärter Kunstdiskurs und höfische Sammelpraxis. Karoline Luise von Baden im europäischen Kontext, hrsg. v. Christoph Frank und Wolfgang Zimmermann in Verbindung mit Holger Jacob-Friesen und Pia Müller-Tamm, Berlin 2015

Die Meister-Sammlerin. Karoline Luise von Baden, Große Landesausstellung Baden-Württemberg, hrsg. v. Holger Jacob-Friesen und Pia Müller-Tamm in Verbindung mit Christoph Frank und Wolfgang Zimmermann, bearb. v. Holger Jacob-Friesen mit Astrid Reuter, Sarah Salomon, Max Tillmann, Katharina Weiler, Berlin 2015

Bethan Huws. Forest, hrsg. v. Staatliche Kunsthalle Karlsruhe und Dieter Association, bearb. v. Pia Müller-Tamm, Paris, Köln 2015

Double Vision. Albrecht Dürer / William Kentridge, hrsg. v. Klaus Krüger, Andreas Schalhorn, Elke Anna Werner, unter Mitarbeit von Nadine Rottau, Berlin, München 2015

Erworben aus »jüdischem Vermögen«. Grafische Blätter der Sammlung Haymann, hrsg. v. Pia Müller-Tamm und Tessa Friederike Rosebrock, bearb. v. Tessa Friederike Rosebrock und Dorit Schäfer (= Spurensuche. Provenienzforschung an der Staatlichen Kunsthalle Karlsruhe, Bd. 1), Karlsruhe 2016

Elger Esser. Zeitigen, Oskar-Schlemmer-Preis 2016, Großer Staatspreis für Bildende Kunst Baden-Württemberg, hrsg. v. Pia Müller-Tamm, bearb. v. Kirsten Claudia Voigt, München, Karlsruhe 2016

Cornelia Funke, Zauberwelten, bearb. v. Sibylle Brosi, Petra Erler-Striebel, Sandra Trevisan, Bianca Werner, Karlsruhe 2017

Carl Blechen, Blick auf das Kloster Santa Scolastica bei Subiaco, 1832, hrsg. v. Kulturstiftung der Länder und Staatliche Kunsthalle Karlsruhe, mit einem Text v. Tessa Friederike Rosebrock, Karlsruhe 2017

Unter freiem Himmel. Landschaft sehen, lesen, hören, hrsg. v. Kirsten Voigt und Pia Müller-Tamm, Bielefeld 2017

Cézanne. Metamorphosen, Große Sonderausstellung des Landes, hrsg. v. Alexander Eiling für die Staatliche Kunsthalle Karlsruhe, München, London, New York 2017

Architektenwettbewerb zur Sanierung und Erweiterung der Staatlichen Kunsthalle Karlsruhe, Dokumentation, Karlsruhe 2018

Sean Scully. Vita Duplex, hrsg. v. Staatliche Kunsthalle Karlsruhe, LWL-Museum für Kunst und Kultur, Münster, bearb. v. Kirsten Claudia Voigt und Tanja Pirsig-Marshall, Berlin 2018

Inner. Gesammelte Schriften und ausgewählte Interviews Sean Scully, Originalausgabe hrsg. v. Kelly Grovier, deutsche Ausgabe hrsg. v. Kirsten Claudia Voigt, Berlin 2018

Sehen Denken Träumen. Französische Zeichnungen aus der Staatlichen Kunsthalle Karlsruhe, hrsg. v. Dorit Schäfer und Astrid Reuter für die Staatliche Kunsthalle Karlsruhe, Berlin 2018

Matthias Mansen. Alles ist Ausschnitt! Potsdamer Straße, hrsg. v. Dorit Schäfer für die Staatliche Kunsthalle Karlsruhe, Köln 2019

Selbstbildnis mit Dämonen. Hofers Gemälde im Kontext, hrsg. v. Pia Müller-Tamm und Tessa Friederike Rosebrock, bearb. v. Tessa Friederike Rosebrock und Nele Bordt (= Spurensuche. Provenienzforschung an der Staatlichen Kunsthalle Karlsruhe, Bd. 2), Karlsruhe 2019

Licht und Leinwand. Fotografie und Malerei im 19. Jahrhundert, hrsg. v. Leonie Beiersdorf, G. Ulrich Großmann und Pia Müller-Tamm, bearb. v. Leonie Beiersdorf und Sebastian Borkhardt, Berlin 2019

Silvia Bächli – shift, hrsg. v. Kirsten Claudia Voigt für die Staatliche Kunsthalle Karlsruhe, Berlin 2019

Eric Hattan – entlang, hrsg. v. Kirsten Claudia Voigt für die Staatliche Kunsthalle Karlsruhe, Karlsruhe 2019

Hans Baldung Grien. Neue Perspektiven auf sein Werk, hrsg. v. Holger Jacob-Friesen und Oliver Jehle, Berlin 2019

Hans Baldung Grien. heilig | unheilig, Große Landesausstellung Baden-Württemberg, hrsg. v. Holger Jacob-Friesen, bearb. von Holger Jacob-Friesen, Julia Carrasco, Johanna Scherer, Berlin 2019 (auch als französische Ausgabe)

PERSONENREGISTER

Bildnachweis